JULIUS EVOLA

LE MYTHE DU SANG

&

SYNTHÈSE DE DOCTRINE DE LA RACE

ÉLÉMENTS POUR UNE ÉDUCATION RACIALE

OMNIA VERITAS.

Julius Evola
(1898-1974)

Le mythe du sang
&
Synthèse de doctrine de la race
Éléments pour une éducation raciale

Il mito del sangue, Milano, Hoepli, 1937

Sintesi di dottrina della razza, Milano, Hoepli, 1941

Indirizzi per una educazione razziale, Napoli, Conte, 1941

Publié par
OMNIA VERITAS LTD

ⓄMNIA VERITAS®

www.omnia-veritas.com

LE MYTHE DU SANG

INTRODUCTION

La théorie et le concept même de la race peuvent s'entendre de trois façons : par rapport à une réalité, à un certain ordre de connaissances scientifiques et, enfin, à un « mythe ».

Dans sa première acception, la conscience de la valeur de la race se révèle dans un ensemble de normes que l'on peut retrouver dans les anciennes civilisations, surtout là où furent en vigueur le système des castes et la loi de l'endogamie, normes qui se sont maintenues en partie jusqu'à une époque relativement récente dans les traditions de l'aristocratie. Ce fut là un racisme non théorisé, mais vécu. C'est pourquoi il est fort rare de rencontrer le mot de « race » dans le monde antique : on n'éprouvait pas le besoin de parler de race dans le sens moderne, parce qu'on *en* avait. Ce qui importait le plus, pour ainsi dire, c'étaient les forces mystiques qui étaient à l'origine des forces du sang et de la *gens* : comme dans les cultes patriciens romains et, en général, aryens, des lares, des pénates et des héros fondateurs. On sentait cependant très clairement la nécessité de préserver le sang, de maintenir et de transmettre dans son intégrité un patrimoine précieux et irremplaçable lié au sang. C'est pourquoi la contamination d'un sang apparut souvent à l'homme antique, traditionnel, non pas tant comme une faute sociale que comme un véritable sacrilège. En Orient et, surtout, au Japon, des formes précises de ce racisme existent et sont en vigueur aujourd'hui encore.

Le mot d'« anthropologie » signifiait primitivement la science de l'homme en général, pris dans sa totalité physique et spirituelle. C'est le sens dans lequel il fut utilisé dans le monde antique (par exemple, chez Aristote) et qu'il conserva dans certaines écoles philosophiques occidentales jusqu'à Kant. Mais, dans le développement de la civilisation occidentale, un changement de point de vue s'opéra graduellement on s'habitua de plus en plus à considérer l'homme, non pas comme un être privilégié dans la création, qui doit être compris essentiellement selon son origine et son essence surnaturelles, mais comme une des nombreuses espèces naturelles et même, pour finir, animales. Aussi l'anthropologie en arriva-t-elle à prendre une nouvelle signification : ce ne fut plus la science de l'homme comme tel, mais de l'homme comme être naturel, à qui l'on peut appliquer des méthodes classificatoires semblables à celles de la zoologie et de la botanique : ce fut une science naturelle de l'homme.

Dans ces conditions, on prêta de plus en plus attention aux différences corporelles et physiques entre les êtres humains, et on en arriva graduellement à l'examen des diverses races de l'humanité. Ainsi, l'idée de race devint de plus en plus courante dans l'anthropologie moderne, et se précisa de plus en plus grâce à divers apports de la biologie et de la génétique. La race, donc, devint un concept scientifique, pour ne pas dire scientiste : elle se fonda sur des connaissances de caractère « positif » qui avaient été obtenues par la méthode classificatoire et expérimentale.

En troisième lieu, on a la race comme « mythe » c'est surtout de cette façon que le racisme a pris forme en Europe dans le dernier quart de siècle et qu'il est devenu ensuite partie intégrante de mouvements politiques rénovateurs, d'abord du national-socialisme, ensuite du fascisme lui-même. Par « mythe » nous n'entendons pas ici une simple invention, un produit arbitraire de l'imagination, mais une idée qui tire principalement sa force persuasive d'éléments non rationnels, une idée qui vaut surtout par la force suggestive qu'elle condense et, donc, par sa capacité à se traduire finalement dans l'action.

Alfred Rosenberg, un des représentants les plus officiels de la nouvelle doctrine, présenta la théorie de la race de cette façon : comme un « nouveau mythe de la vie » qui doit créer un « nouveau type de vie » et, par suite, d'État et de civilisation.

La somme des éléments et des raisons d'une passion ne suffit pas à expliquer à elle seule la force mystérieuse de celle-ci. De même, le « mythe » transcende ce qui peut se rapporter aux divers éléments, scientifiques, philosophiques ou historiques, qui le composent, dans lesquels il a sa source et par lesquels il prétend se justifier. C'est pour cela que l'analyse d'un mythe par une critique froidement rationaliste ne mène pas à grand-chose. Elle n'atteindra jamais le noyau profond, c'est-à-dire la nécessité intime, le fait sentimental qui sert d'appui, donne une force et un caractère d'évidence au mythe. On peut en dire autant des formes modernes, politiques, de la théorie de la race : assurément, elles se prévalent de bases historiques, philologiques, anthropologiques, philosophiques, biologiques et, même, juridiques et religieuses. Mais il y a quelque chose de plus que tout cela, quelque chose par rapport à quoi tout cela n'a qu'une signification « fonctionnelle ». Ce « quelque chose de plus », ce « différentiel », dans les formes les plus hautes du racisme moderne, doit être compris comme quelque chose qui nous est parvenu et s'est conservé du sens profond que l'homme antique, traditionnel avait du sang et de la race : c'est comme la réapparition - dans de nouvelles formes d'expression, qui se servent de matériaux très variés - d'une hérédité intérieure qui semblait s'être dissipée dans le développement des diverses civilisations de type moderne.

Des formulations qui doivent être celles d'une doctrine de la race bien consciente de cette origine très profonde qui est la sienne, source de sa puissance comme mythe ou « idée-force » ; des déviations dont elle doit se garder ; de la manière dont l'on doit utiliser les apports anthropologiques et, en général, étroitement scientifiques dont elle a bénéficié ; de la façon dont elle peut refléter l'esprit traditionnel et, donc, accroître potentiel du fascisme comme révolution restauratrice de out cela, nous avons parlé dans *Synthèse de doctrine de la race*. La tâche que nous nous sommes fixée dans cette œuvre est différente : nous voulons esquisser une sorte de genèse du racisme ou, pour mieux dire, des divers thèmes qui y apparaissent, après en avoir bien précisé la signification ; nous voulons donner une idée des sources qui ont alimenté le « mythe », des influences qui en ont favorisé graduellement la formation et l'affirmation dans l'histoire contemporaine.

Cette tâche qui est la nôtre, nous la répartirons de la manière suivante : nous donnerons d'abord un aperçu de quelques-uns des antécédents pré-modernes du racisme ; nous examinerons ensuite les formulations de celui qui, à un certain point de vue, peut être considéré comme le père du racisme moderne, de Gobineau. Nous étudierons ensuite l'époque à laquelle, sous l'influence des thèses de Chamberlain, le racisme se « politise » et se développe surtout par rapport aux idéologies pangermanistes de l'immédiat après-guerre. Nous passerons ensuite aux formes plus récentes, d'après-guerre, du racisme, soit à caractère « scientifique », soit à caractère historico-spéculatif, formes dans lesquelles l'aspect politique et social prend de plus en plus d'importance et auxquelles appartient l'idéologie formulée à ce sujet par Hitler. Dans cet exposé, nous resterons fidèles au principe de la plus grande objectivité, car, en matière de critique et d'orientation, le lecteur peut trouver tout ce qu'il veut dans l'œuvre déjà citée. Il va de soi qu'il est impossible de séparer les divers aspects de la question et d'isoler celui qui a trait au problème raciste dans le sens étroit, c'est-à-dire ethnique, anthropologique et biologique. C'est précisément des nombreuses influences qu'il a reçues et cristallisées autour d'un noyau central que le mythe raciste a tiré sa toute nouvelle signification de *Weltanschauung*, c'est-à-dire de vision générale de la vie.

CHAPITRE I

LES ORIGINES

Les axiomes fondamentaux du racisme. L'idée de race dans les anciennes traditions. Théorie des astres et des tempéraments. La théorie biblique. Polygénisme. Races mystiques. L'âme des nations. Fichte et le « peuple originel ». La thèse philologique aryenne.

Dans son essence, le racisme s'appuie sur deux principes fondamentaux :

1) L'humanité, le « genre humain », est une idée abstraite. La nature humaine est différenciée et ses différenciations correspondent avant tout aux sangs, aux races. Il existe une inégalité fondamentale entre les races, une inégalité qui est déterminée par des causes naturelles et non accidentelles. Ce n'est pas l'égalité, mais l'inégalité, qui est la donnée originelle et la condition normale.

2) Chacune des différenciations raciales du genre humain correspond à un « esprit » déterminé, qui en constitue l'aspect intérieur et, selon certains, la force formative : dans ce cas, il est corrélatif à ce qui se manifeste dans les caractères physiques d'une race et à ce qui est à l'origine de la forme de la civilisation, des créations et des hauts faits des individus qui la composent.

À ces deux principes fondamentaux on peut en ajouter, en guise de corollaire, un troisième :

3) Une race peut demeurer plus ou moins fidèle à son esprit et à son type, elle peut correspondre plus ou moins à ses caractéristiques originelles. Une race peut donc être plus ou moins « pure ». La pureté de la race est soumise à des lois particulières, semblables à celles de l'hérédité et de l'endogamie. L'importance attribuée à la pureté de la race dans un peuple peut être illustrée par cet extrait de

certaines directives officielles sur l'éducation raciale en Allemagne :
« Les peuples et les civilisations ne peuvent vraiment remplir la
mission qui leur est confiée que lorsqu'ils s'acquittent, dans leur
histoire, des devoirs définis par leur race, c'est-à-dire lorsqu'ils
s'efforcent d'atteindre les buts qui leur sont propre en partant de leur
nature propre. Tout mélange avec des races physiquement ou
psychiquement hétérogènes constitue, pour tout peuple, une trahison
de son devoir et, finalement, un déclin. »

Selon toute probabilité, le mot de « race » vient de *radix* est donc,
étymologiquement, synonyme de « souche » : les deux mots se
rapportent à la continuité de la souche d'origine qui produit des
individus toujours identiques à eux-mêmes. De là, les définitions les
plus courantes : « la race est une unité vivante d'individus d'origine
commune qui ont les mêmes caractéristiques corporelles et
spirituelles » (Woltmann) ; « La race représente un groupe humain qui,
du fait d'une combinaison de caractéristiques physiques et de qualités
psychiques qui lui est propre, se distingue de tout autre groupe humain
et engendre des éléments toujours semblables à eux-mêmes » (Günther)
ou encore, d'une manière synthétique : « La race est un type
héréditaire » (Topinard).

Ceci étant, il nous faut dire quelques mots des plus lointains
antécédents du racisme. Remarquons donc, d'abord, que l'on peut déjà
trouver des idées racistes fondamentales dans la théorie des influences
planétaires et zodiacales, doctrine qui date de la plus haute antiquité.
Selon l'enseignement traditionnel, les individus et, même, les divers
peuples se différencient par les influences spirituelles dont les astres
sont les manifestations symboliques : puisque l'apparition des hommes
et des races sur la terre est liée à ces influences, on peut tirer de leur
étude une classification déjà presque raciste comprenant le
tempérament, le caractère, les tendances, la constitution physique et,
parfois même, la couleur des peuples. Sous ce rapport, les points de
repère étaient soit les sept planètes, soit les douze signes du zodiaque.
C'est à Ptolémée qu'est due une classification zodiacale qui, comme l'a
bien noté Gueydan de Roussel, « est la source de toutes les
classifications dualistes ou multiples qui viendront ensuite. Ainsi, par
exemple, les grandes classifications dualistes du début du dix-neuvième
siècle en races conquérantes et races soumises, en peuples diurnes et
peuples nocturnes, en races masculines et races féminines, sont déjà
implicites dans la division des signes du zodiaque en signes dominants
et signes dominés, en signes diurnes et signes nocturnes, en signes
masculins et signes féminins ».

On peut donc déjà voir, dans l'antiquité, l'idée de différences entre les êtres humains, différences innées, congénitales et même, dans une certaine mesure, « fatales », puisqu'elles tirent leur origine d'un état antérieur à l'état humain. Ainsi, par exemple, la tradition romaine disait que celui dont l'astre dominant est le soleil était *dominus natus*, maître par droit de naissance.

L'ancienne tradition biblique comporte aussi des idées racistes dans la théorie selon laquelle les principaux peuples de la terre descendent des trois fils de Noé, Cham, Japhet et Sem. Il s'agit ici de trois races qui se différencient, non seulement par le sang et par le corps, en tant que ce sont trois « semences » distinctes, mais aussi par l'esprit, puisque l'une d'entre elles est « maudite », tandis qu'une autre est « bénie ». Cham, nom qui veut dire « chaleur », « multitude », serait lepère de la race « torride » des Chamites, peuples qui habitaient autrefois l'Egypte et le Proche-Orient, des Phéniciens, des Ethiopiens, etc. ; Sem, fils aîné de Noé, serait le père des Sémites - Juifs, Assyriens, Chaldéens, etc. ; enfin, on affirme que c'est de Japhet que seraient issues les principales souches de la race blanche, les Celtes, les Scythes, les Mèdes et, même, les Grecs et les Romains.

La tradition biblique se caractérise par une autre classification raciale, liée aux douze tribus juives qui se seraient dispersées dans le monde et auraient donné naissance à des souches distinctes. Ce qui est singulier, c'est que certains milieux anglais, qui plus est traditionalistes, n'ont pas eu de difficulté à ce jour à faire leurs ces conceptions juives pour créer un racisme *sui generis*, en soutenant que les plus anciennes souches britanniques sont issues d'une de ces tribus.

Chose peu connue, Julien l'Empereur, que l'on appelle parfois, à tort, Julien l'Apostat, fut un défenseur résolu de l'idée raciste, au point d'obliger saint Cyrille à écrire une œuvre pour réfuter ses thèses. Julien l'Empereur soutint la thèse du *polygénisme* ; considérant les Germains, les Phéniciens, les Scythes, les Ethiopiens et d'autres peuples, il se refusa à penser que leurs différences physiques et spirituelles pussent résulter de facteurs externes, de l'environnement, du climat et ainsi de suite ; au contraire, il considéra qu'elles se rapportaient nécessairement à des différences essentielles, de nature, d'origine ; aussi s'opposa-t-il à la théorie judéo-chrétienne du monogénisme, c'est-à-dire l'hypothèse que tout le genre humain serait issu d'un seul et même couple et donc, en définitive, d'un seul et même sang. Au contraire, les dieux immortels auraient créé, avec le monde, *ab initio*, diverses souches humaines.

Pourtant, le mot de *genos* qui veut dire « génération », « lignée » ou

« race », se rencontre très souvent dans la littérature chrétienne, et particulièrement dans les écrits pauliniens et gnostiques, où, cependant, il désigne essentiellement une « race de l'esprit » (*theoû génos)* un *genus misticus.* Cependant, le gnosticisme rapporte cette notion à trois races différentes : celle des hommes *pneumatiques*, celle des hommes *psychiques* et celle des hommes *hyliques* suivant l'élément de l'être humain qui prédomine en chacune d'elles, l'élément spirituel (*pneuma*), l'élément animique (*psyché)* ou l'élément matériel (*ulé*). Ces différences ont un caractère « ontologique » : elles concernent la substance et se manifestent dans l'agrégat le plus subtil du corps. Des idées racistes persistèrent au Moyen Âge et à la Renaissance, dans les doctrines qui envisageaient l'être humain par rapport aux anciens enseignements sur les influences astrales et sur les correspondances entre l'homme et le monde, entre le « microcosme » et le « macrocosme ». En particulier, c'est par rapport aux théories d'Hippocrate et de Galien que se développa la doctrine des quatre tempéraments, qui définit presque quatre grandes races humaines : les tempéraments se manifestent dans les individus par des caractéristiques physiques et physiologiques bien reconnaissables et par différentes formes de caractère et d'attitude. On peut ajouter que cette doctrine des tempéraments, qui peut être attribuée, entre autres, à Paracelse, après être tombée dans le discrédit et avoir été considérée comme « dépassée », connaît actuellement un regain d'intérêt dans divers milieux, qui reconnaissent qu'elle a de nombreux aspects réellement valables. Du reste, Jean Bodin en 1593 et Pierre Charron en 1601 l'utilisèrent dans leurs classifications proprement ethniques, qui visaient à préciser les qualités générales des différents peuples, qui furent divisés, non seulement selon leur origines mais aussi selon leur constitution intérieure, en septentrionaux, intermédiaires et méridionaux.

Il ne faut pas non plus omettre les curieuses idées racistes, en quelque sorte déjà modernes, que l'on trouve dans Thomas Campanella (1568-1639). Dans « La Cité du Soleil » de son utopie, l'idée de race fait l'objet d'une reconnaissance nette. Les « Solariens », qui gouvernent cet État hypothétique, se moquent des Européens de l'époque, qui « prennent grand soin d'améliorer la race des chiens et des chevaux, mais ne daignent pas s'occuper de la race des hommes ». Au contraire, les Solariens ont créé dans leur État un ministère qui, assisté d'experts, de médecins et d'astrologues, contrôle toutes les unions matrimoniales. Pour se marier et, même, pour avoir des enfants et les faire baptiser dans « La Cité du Soleil », il faut l'autorisation de ce ministère. Le but est de former « la plus belle race possible » ; et « les Solariens confient religieusement aux magistrats le soin de cette race, qui est le premier élément de la République ». Roussel, se rappelant de certains passages de l'œuvre du philosophe italien, déclare que, « pour avoir une vision aussi claire de l'avenir, Campanella, considéré au siècle dernier comme le prophète de l'État socialiste, mérite d'être appelé aujourd'hui le prophète de l'État raciste ».

Venons-en maintenant à des époques plus récentes, où les développements de l'idée de race sont liés à la formation progressive du concept romantique de nation.

Même si sa conception est fort imprécise, Montesquieu avait parlé dès 1748 d'un « esprit des nations » qui naît de plusieurs facteurs - climat, croyances, mœurs, histoire, etc. -, mais qui est différent pour chaque peuple et constitue le principe dont doit s'inspirer toute législation normale. Cette notion ne fut cependant développée que plus tard, à l'époque du romantisme allemand, d'abord par Herder, ensuite par Fichte.

Contrairement à Lessing, pour qui les causes de la différence de sentiments, de talents et d'aptitudes corporelles entre les peuples sont uniquement physiques, c'est-à-dire accidentelles, externes, liées à l'environnement, au climat, Herder adopta une position presque théologique en affirmant que « l'esprit des nations » (*Vôlkergeist*) constitue autant de manifestations divines qui déterminent de l'intérieur la substance des divers groupes humains en en faisant pour ainsi dire autant de personnes et que, en se transmettant de génération en génération, il les relie dans un destin commun. « C'est par les nations, écrivait Herder, que Dieu agit sur la terre ». Pourtant, la notion d'individualité des peuples, chez Herder, n'atteint pas encore le plan spécifique de la race. Pour lui, c'est la religion, la langue et la littérature, plus que le sang et les caractéristiques ethniques, qui sont les témoignages décisifs de l'esprit des peuples.

Sous ce rapport, on peut d'ailleurs ajouter que c'est sur le même plan que prirent forme les caractérisations et les oppositions de différents types de civilisation qui donnèrent naissance au fameux concept d'« aryen ». En effet, c'est essentiellement à des études philologiques que Franz Bopp, d'abord, puis August Friedrich Pott, son disciple auteur d'un roman sur *L'Inégalité des races humaines* et, enfin, Jakob Grimm empruntèrent leurs hypothèses sur l'origine commune des civilisations indoeuropéennes et l'opposition entre celles-ci et les civilisations sémites. Les recherches de ce groupe de penseurs, auquel devaient se joindre ensuite l'Anglais Max Müller et son école, firent apparaître l'existence d'une langue « indo-germanique » ou « aryenne » originelle commune et d'une mythologie correspondante commune. C'est alors que se fit jour l'hypothèse d'une race originelle indo-germanique ou aryenne porteuse de cette langue et de cette mythologie communes dans les diverses civilisations européennes et asiatiques qui en conservent les vestiges. Cette hypothèse dite « aryenne » fut formulée par Franz Bopp, auteur d'une *Grammaire Comparée du Sanskrit, du Zend, du Latin, du Lituanien, du Gothique et de l'Allemand*, publiée à Berlin en 1833. Selon Müller, cette race aryenne originelle aurait existé « à une certaine époque dans une région de l'Asie centrale », d'où elle se serait répandue en Perse, en Inde et en Europe, en plusieurs vagues ; leurs langues et leurs civilisations auraient donc une souche commune, et leurs différences seraient liées aux diverses circonstances et aux diverses formes d'adaptation. Ce n'est qu'ensuite que se fit jour l'interprétation proprement raciste, interprétation, à vrai dire, abusive, puisque l'on en arriva à associer l'idée d'une langue donnée à celle d'un type anthropologique et ethnique déterminé et à parler de peuples « aryens », alors qu'il aurait fallu parler de peuples de civilisation et de langue « aryennes ». Ce sont pourtant là les origines du mythe aryen moderne (qui, dans cette phase, ne veut pas encore dire nordique, car, comme nous l'avons indiqué, on attribuait une origine caucasienne aux Aryens germaniques), origines sur lesquelles il y eut donc une méprise évidente, car, s'il fallait inférer la race de la langue, nous devrions par exemple considérer que tous ceux qui parlent aujourd'hui l'anglais parce qu'ils ont été absorbés par la civilisation et l'éducation anglo-saxonnes appartiennent à une seule et même race, alors que cette langue est parlée par des Américains, des Nègres, des Indiens et des Australiens. Mais nous reviendrons là-dessus ainsi que sur l'ensemble des recherches par lesquelles on essaya de compléter et de définir encore davantage le concept d'aryen. Ce que nous voulions faire remarquer ici, c'est que la terminologie la plus connue du racisme a son origine non pas tant dans des considérations raciales que dans des considérations philologiques et culturelles.

Après la conception de Herder, il nous faut rappeler celle de Fichte, qui est déjà plus proche d'une idéologie de type raciste. Ici, nous ne pouvons naturellement pas faire un exposé des prémisses métaphysiques de cette conception, qui se rattachent aux principes généraux de la philosophie « idéaliste ». Nous nous limiterons à dire que, pour Fichte, le monde est le théâtre d'un immense effort de l'Idée pour être identique à elle-même dans la nature et dans l'histoire. Dans tous les domaines, il y a donc une correspondance, une transparence, ou conformité, plus ou moins grande entre l'élément naturel et l'idée qui s'y manifeste. Fichte applique cette conception au plan ethnique, et c'est ainsi qu'apparaît chez lui la notion d'un « peuple primordial » *(Urvolk)* distinct des « peuples dérivés » et celle d'un « peuple normal » distinct des « peuples hybrides », notions qui se rapprochent déjà beaucoup de celle de « race pure ».

Fichte définit le peuple comme « un ensemble d'hommes vivant en société, se reproduisant sans cesse par eux-mêmes, spirituellement et naturellement, obéissant à une certaine loi particulière d'après laquelle le divin peut s'épanouir au sein de cette communauté (...) sans mélange ni altération par quelque élément étranger ». Il ajoute : « La nature spirituelle n'a pu représenter les caractères essentiels de l'humanité qu'en affectant des formes variées dans les individus et dans les individualités plus générales, c'est-à-dire les peuples. C'est dans la mesure où chaque nation et, au sein de cette nation, chaque individu se développe et se forme en toute liberté selon sa nature, et selon l'individualité de la collectivité, c'est dans cette mesure seulement que l'image de Dieu se reflète dans l'humanité comme dans le miroir qui lui est propre ; et seul celui qui ignore l'ordre divin et les lois qui gouvernent le monde et qui en est l'ennemi acharné osera contrevenir cette loi suprême du monde spirituel. Ces particularités invisibles de la nation, cachées à ses propres yeux, constituera l'élément qui la rattache aux sources originelles de la vie, c'est en elles que se trouve la garantie de sa dignité, de ses vertus de ses mérites à venir ; lorsque ces particularités sont émoussées par des mélanges ou des frottements, l'uniformité banale qui s'ensuit entraîne une scission entre l'humanité et sa nature spirituelle, et tous les individus se trouvent confondus dans une même déchéance. »

On pourrait déjà y voir les points fondamentaux de ce que sera l'idéologie raciste : différenciation originelle des peuples persistance héréditaire des types, principe de pureté et condamnation de tout mélange et de toute altération, déduction des caractéristiques, des vertus et de la dignité de chaque peuple à partir des qualités innées de la souche d'origine.

Le « peuple normal » de Fichte est bien celui qui est étranger à tout mélange corrupteur et demeure fidèle à son type originel, au point d'apparaître directement comme une « image fidèle de l'Idée ». Alors que les peuples hybrides n'on qu'un « moi historique », c'est-à-dire un esprit forgé uniquement par les contingences terrestres, le « peuple normal » a donc un « moi métaphysique ». La notion de « peuple normal », chez Fichte, s'associe ensuite à celle d'un « peuple primordial » qui, à une époque préhistorique, se serait répandu dans le monde entier et aurait « apporté la civilisation aux sauvages ». Avant de Gobineau et Chamberlain, Fichte reconnaît qu'il y avait deux éléments ethniques distincts dans la Rome antique : « Il apparaît bien clairement que, dans la Rome primitive, il y avait deux classes principales, les patriciens, descendants des souches aristocratiques colonisatrices, et le peuple, descendant des premiers habitants de l'Italie. »

Fichte se distingue donc de beaucoup de ses contemporains romantiques pleins de nostalgie pour la lointaine lumière spirituelle perdue des origines, car il ne réduit pas le « peuple primordial » à une simple réalité révolue. Il existerait encore des peuples qui ont conservé une pureté les rendant capable de rester en communication constante avec leur « idée » et, donc, une sorte de fraîcheur éternelle et de caractère originel. Dans ses *Discours à la Nation Allemande*, Fichte érige son peuple en « peuple primordial », préfigurant ainsi une des idées fondamentales du racisme pangermaniste : F Allemand, héritier direct présumé de la race aryenne primordiale : « seul l'Allemand, c'est-à-dire l'homme de l'origine, et non point celui qui a péri à force d'observer des règles arbitraires, a véritablement un peuple, et est en mesure de coïncider avec lui : il est le seul qui soit capable d'éprouver pour sa nation un amour véritable et conforme à la raison. »

Un grand tournant dans l'histoire européenne aurait été la différenciation entre les Germains purs et les Germains impurs (les Francs) à l'aube du Moyen Âge. La souche des Germains purs aurait hérité, non seulement de la « langue originelle » (*Ursprache*) elle-même sans mélange, mais aussi d'une sensibilité pour ainsi dire métaphysique ; et ceci amène Fichte à faire des affirmations quelque peu curieuses, comme celle qu'il existerait une identité entre toute philosophie « originelle » (celle qui vient de la vie une, pure et divine) et la philosophie allemande, ou que seuls les Allemands pourraient comprendre le christianisme à l'état pur. Si, outre ces vues, on prend en considération le fait que Fichte était convaincu que « le peuple métaphysiquement prédestiné a le droit moral de réaliser son destin par tous les moyens de la ruse et de la force », on comprend que ceux qui ont vu en lui le père du pangermanisme d'avant-guerre n'ont pas eu complètement tort. Pour ce qui nous intéresse proprement, si Fichte est un précurseur du racisme, par là même qu'il considère la différence entre les peuples comme conforme à une loi spirituelle originelle et rattache la possession exclusive de dons particuliers à des conditions de race et d'origine, il faut reconnaître que ces notions racistes se transforment en idées complètement contraires, que certains racistes extrémistes d'aujourd'hui n'hésiteraient pas à appeler juives ou... catholiques, quand il assigne au peuple allemand, conçu, donc,. comme « primordial » et comme miroir de l'Idée, la tâche de « représenter ce postulat d'une unité du royaume, d'un État qui soit, intérieurement et organiquement, entièrement unifié », selon le principe d'« une liberté fondée sur l'égalité de tout ce qui porte un visage humain ».

Cette contradiction résulte des deux aspects de Fichte, qui, d'un côté, fut un philosophe « idéaliste » et, de l'autre, défendit des principes libertaires et démocratiques plus ou moins jacobins, en vue de l'affranchissement de son peuple.

Chez Hegel se fait aussi jour l'idée que tout peuple a un esprit déterminé et que, en plus d'être une manifestation particulière de l'Esprit du Monde, « l'esprit d'un peuple est déterminé selon le degré historique de son développement ». Pourtant, la signification raciste de cette vue disparaît dans l'ensemble de la philosophie hégélienne, soit parce que « l'Esprit de la Nation », pour Hegel, s'exprime plus dans l'État et, même, dans son Chef, le Monarque, que dans la race ou dans le sang, soit parce qu'il serait naturellement porté vers l'universel et, donc, vers un point de repère qui relativise et dépasse nécessairement ce qui, dans le particularisme de ses traditions, peut être propre à une souche particulière.

Cela devrait suffire pour donner un aperçu des diverses sources de l'idée raciste. En définitive, on voit donc qu'elle se confond encore avec l'idéologie nationaliste. Ce n'est qu'avec de Gobineau qu'elle s'en libérera, se précisera et prendra pleinement conscience d'elle-même. En attendant, il est bon de faire allusion aux sources, d'ordre scientifique et anthropologique, de la théorie en question.

CHAPITRE II

LA DOCTRINE DU COMTE DE GOBINEAU

Les origines du racisme anthropologique. Le problème de la décadence des civilisations. Première typologie raciste : les Aryens, les Nègres et les Jaunes. Le cycle héroïque aryen. Une nouvelle méthode historique. La Rome « sémitique ».

Ici, il faut remonter à l'Allemand Johan Friedrich Blumenbach (1752-1840) qui, en raison de l'explication et de la définition qu'il a données des différentes formes de crânes humains et des tentatives qu'il a faites pour en tirer une répartition scientifique des diverses races humaines, peut être considéré comme le précurseur de la science anthropologique contemporaine.

C'est à Blumenbach que remonte la classification bien connue, mais désormais dépassée, des cinq races fondamentales, la blanche, ou caucasienne, la nègre, ou africaine, la jaune, ou mongole, l'olivâtre, ou malaise, la rouge, ou américaine. C'est à lui qu'est due l'introduction de méthodes dont le climat général de l'époque nouvelle devait favoriser de plus en plus l'application et la diffusion. En effet, c'était aussi l'époque du matérialisme évolutionniste de Darwin et du matérialisme transformiste de Lamarck. On s'habituait de plus en plus à considérer l'homme dans son aspect naturaliste et biologique, qui est conditionné par l'hérédité et les sélections naturelles. On en arriva ainsi à une science naturelle de l'homme, qui employait plus ou moins les mêmes critères et les mêmes méthodes que toutes les autres formes de sciences naturelles. La génétique, la craniologie, l'anthropologie physique et, en particulier, la biologie devinrent les auxiliaires de cette nouvelle discipline. C'est surtout en craniologie que l'on commença à faire intervenir la recherche préhistorique : on utilisa les recherches sur l'homme préhistorique et l'homme fossile. Trotski définit le racisme comme un « matérialisme zoologique ». Cette définition juive s'applique plus ou moins à certaines formes unilatérales de la théorie de la race qui subissent l'influence de ce matérialisme anthropologique, de cette conception mutilée et matérialiste de l'être humain.

Le Hollandais Peter Camper (1722-1789) avait déjà introduit le critérium de la mesure de l'« angle facial » pour la définition des caractères raciaux. Le Suédois Anders Retzius (1796-1860) introduisit la fameuse répartition en dolichocéphales et brachycéphales, c'est-à-dire en types au crâne allongé et types au crâne arrondi, ramenant à ce critérium une nouvelle tentative de classification des races humaines, qui devait servir ensuite de véritable cheval de bataille au racisme. C'est ainsi que l'anthropologie connut un développement rapide au siècle dernier dans presque tous les pays, tout en conservant un caractère nettement positiviste. On peut mentionner ici le Français Paul Broca (1824-1889), fondateui de l'école d'Anthropologie de Paris. Le courant se réclamant de lui formula dès 1841 le principe suivant : « Dans une nation, il y a toujours des races différentes : il faut donc s'efforcer de distinguer les types purs du produit des mélanges. » C'est avec ce principe que s'est effectué dans la pratique le passage de la notion romantique de « nation » à celle de « race » et qu'ont commencé des recherches d'un nouvel ordre, qui devaient ouvrir la voie au racisme proprement dit en s'efforçant de retrouver et de définir ce qui peut être considéré comme l'équivalent, en ethnologie et en anthropologie, de ce qu'était, en philosophie, le « peuple normal » pur et originel théorisé par Fichte.

D'autre part, c'est de 1801, ou plutôt, comme indiqué sur la couverture, de l'an IX de la Révolution, que date une œuvre de Virey intitulée *Histoire naturelle du genre humain*, accompagnée d'un « tableau généalogique des mélanges des diverses races humaines » : elle préfigure l'importance particulière que le racisme biologique moderne a reconnu aux lois de l'hérédité, qui sont désormais appliquées sur le plan expérimental. De plus, Virey utilise déjà la théorie de l'angle facial de Camper, car c'est d'après les indices faciaux qu'il distingue dans le genre humain les « belles races blanches » des « races brutes, brunes ou noires ». C'est en même temps qu'apparaissent çà et là diverses tentatives d'intégration, des ébauches de racisme liées à une classification spirituelle. Ainsi, en 1924, Fabre d'Olivet publie *Histoire philosophique du genre humain*, un ouvrage polémique fort intéressant, manifestement dirigé contre l'œuvre de Virey que nous venons de mentionner et qui contient lui aussi un schéma de classification raciale générale ainsi qu'une tentative de caractérisation de l'influence que, dans une histoire rapportée aux temps primordiaux, chaque race aurait exercée tour à tour. Les dénominations sont les suivantes : race rouge, ou australe, race jaune, race noire, ou sudique, race blanche, ou boréale. L'essentiel est que Fabre d'Olivet a été le premier, à cette époque, à soutenir la lointaine origine nordico-arctique boréale, ou hyperboréenne, de la race blanche. Chez lui, cependant, cette thèse n'a pas tant le caractère d'une hypothèse scientifique que celui d'un exposé d'un enseignement traditionnel qui s'était conservé dans des milieux très fermés avec lesquels il était en contact.

Nous mentionnerons encore la division de Klemm en « races actives » et « races passives » et celle de Gustave d'Eichtal en « races féminines » et « races masculines ». Les thèmes principaux de cette subdivision sont repris en 1849 par Victor Courtet de l'Isle, non sans intentions polémiques précises : la polémique sur l'abolition ou non de l'esclavage faisait alors rage en France et, en la circonstance, les abolitionnistes se référaient naturellement à la thèse humanitaire et à la conception démocratique de l'égalité absolue de toutes les races humaines. Courtet de l'Isle, par contre, s'évertua à soutenir l'existence de « races naturellement dominatrices » et de « races naturellement débiles » et tira de cette véritable antithèse toutes les conséquences logiques en matière de politique raciale et coloniale. Il développa ainsi une théorie fondée sur la différence entre les « races conquérantes » et celles qui sont « nées pour servir », entre les « races nobles » et les « anciennes races d'esclaves », entre les « races adultes » et les « races infantiles » et qui n'est pas sans offrir quelque intérêt aujourd'hui encore : il y introduisit en outre la distinction de l'Allemand d'Eichtal entre « races masculines » et « races féminines » et affirma la nécessité d'instaurer de tout autres rapports de dignité et de suprématie entre les diverses parties du genre humain.

Au début de la seconde moitié du dix-neuvième siècle, trois éléments principaux favorisaient donc la formation du mythe raciste moderne : l'élément philosophique, l'élément anthropologique et l'élément philologique. L'élément philosophique est constitué à la fois par la conception romantique de l'âme, ou esprit, des peuples et par les classifications générales de type antagoniste que nous avons indiquées ; l'élément anthropologique est constitué par la distinction entre le dolichocéphale et le brachycéphale, qui est plus ou moins associée à d'autres caractères morphologiques ainsi qu'aux prémices de la théorie de l'hérédité ; enfin, l'élément philologique est constitué par la découverte de l'origine commune du groupe des langues indo-européennes et l'hypothèse d'une langue « aryenne » primordiale antérieure à leur différenciation.

Il n'y avait plus qu'à réunir ces éléments en une synthèse, qui devait nécessairement investir ensuite le domaine de l'histoire et de la philosophie de la civilisation et y introduire un critérium encore inconnu, c'est-à-dire le critérium racial. « La conception spiritualiste (ou idéaliste) de l'histoire avait vu dans les forces spirituelles et les idées morales la force qui façonne la vie historique ; la conception matérialiste de l'histoire avait attribué à l'environnement et aux conditions socio-économiques et, en général, matérielles une fonction historiquement formative. Au contraire, pour le racisme, la force historiquement formative, c'est l'homme même, mais l'homme comme membre d'une race particulière, dont l'esprit particulier détermine les événements d'une époque et d'une nation, que la race elle-même conditionne » (Günther).

L'initiateur de cette conception est le comte de Gobineau (1816-1882).

Ce qui poussa de Gobineau à concevoir et à formuler sa théorie de la race, c'est le problème de la décadence des civilisations humaines, « le plus frappant et, en même temps, le plus obscur des phénomènes de l'histoire ». Il semble qu'il ait été amené à s'intéresser à ce problème en Orient, en Perse, où, longtemps diplomate, il fut frappé par le vif contraste entre la Perse moderne désagrégée et décadente et la grandeur resplendissante qui s'était conservée dans les traces monumentales muettes de l'ancienne civilisation médo-perse. Naturellement, l'Assyrie, l'Inde, la Grèce, la Rome antique elle-même, représentèrent pour lui la même énigme, de sorte qu'il en vint à se demander pourquoi des civilisations si merveilleuses, des civilisations qui semblaient presque refléter sur la terre la grandeur et la puissance des choses surnaturelles, avaient déchu. De Gobineau commença par affirmer que la diversité des causes qui font que les civilisations changent n'est qu'apparente et que, au-delà des apparences et en dehors des cas de morts violentes, on peut constater que la vie et la mort de toutes les civilisations ont une cause générale, constante et précise. Il distingua la ruine des États de celle des civilisations, constatant que « la même espèce de civilisation (tantôt persiste) dans un pays sous une domination étrangère, (brave) les événements les plus calamiteux, et tantôt, au contraire, en présence de malheurs médiocres, (disparaît ou se transforme) ».

Ceci étant, de Gobineau s'employa à montrer peu a peu l'insuffisance des diverses raisons généralement adoptées pour expliquer le phénomène de la décadence.

1) Ce phénomène n'est dû ni à l'absence de sentiment religieux, ni aux mauvaises mœurs. Pour ce qui est du premier point, il rappelle que, par exemple, l'Empire perse, Tyr, Carthage, la Judée et l'ancienne Messine avaient pleinement conservé leur religion nationale, quand ils furent frappés par la mort. Pour ce qui est des mœurs, il fait remarquer que, dans un peuple, elles présentent de très fréquentes variations, qui n'influent guère sur le cours général d'une civilisation ; et même, loin de découvrir dans les sociétés jeunes, où la force de la civilisation est encore intacte, une supériorité morale, il « ne doute pas que les nations, en vieillissant, en se cristallisant et, par conséquent, en approchant de leur chute, ne présentent aux yeux du censeur un état beaucoup plus satisfaisant », car « les usages s'adoucissent, les hommes s'accordent davantage, chacun trouve à vivre plus aisément, les droits réciproques ont eu le temps de se mieux définir et comprendre, si bien que les théories sur le juste ou l'injuste, le bien et le mal, ont acquis peu à peu un plus haut degré de délicatesse ».

2) La plus ou moins grande perfection du système de gouvernement, c'est-à-dire le moment politique, n'aurait pas non plus d'influence sur la durée des civilisations. De Gobineau reconnaît qu'un bon gouvernement et de bonnes lois influent assurément sur le bien-être général, mais il conteste qu'ils soient la seule cause d'une agrégation sociale, c'est-à-dire que l'unité et la vraie force d'un groupe social ne soient dues qu'à l'État et aux lois. Du reste, pour lui, il est inexact que les peuples et les civilisations ne puissent vivre que dans un état de bien-être et d'ordre politique. « Nous savons bien qu'ils subsistent longtemps, tout comme l'individu, en portant dans leurs flancs des affections désorganisatrices, dont les ravages éclatent souvent avec force au-dehors ». Si les États et les civilisations devaient toujours mourir à cause de l'imperfection de leur système politique, « il n'en est pas qui dépasseraient les premières années de formation, car c'est précisément alors que l'on peut trouver la pire administration, les plus mauvaises lois et les plus mal observées ». Pour de Gobineau, un gouvernement est mauvais surtout lorsque le principe dont il est issu, se laissant vicier, cesse d'être sain et vigoureux comme il était d'abord, ou lorsqu'il repose sur la conquête pure et simple, ou encore lorsqu'il suscite des antagonismes, soit entre les différentes classes, soit entre le pouvoir suprême et la nation. Mais de Gobineau s'est employé à démontrer que de semblables conditions n'ont jamais signifié purement et simplement la mort ou la décadence d'une civilisation et d'un peuple.

3) La nature plus ou moins propice des pays où un peuple s'est

établi n'influerait pas non plus sur le destin de ce peuple et de sa civilisation. Ce n'est pas « le lieu qui (fait) la valeur d'une nation, (...) et qui la fera jamais : au contraire, c est la nation qui (donne), a donné et donnera au territoire sa valeur économique, morale et politique ». Une race qui conserve sa force et est dans sa phase ascendante se libérera toujours de conditions géographiques défavorables et ira s'établir ailleurs, sans que le destin de sa civilisation ait à en souffrir.

4)   Enfin, pour de Gobineau, il est exclu que la domination ou l'assujettissement d'un peuple par un autre décide de la vie ou de la mort de leur civilisation respective, si toutefois elle ne subit pas une destruction complète. Sous une domination étrangère, il s'avère souvent que la civilisation des vaincus, si elle est encore vivante, se renforce, voire même domine celle des vainqueurs. La civilisation des vainqueurs ne se développe et ne se renforce par la conquête que lorsque le peuple qui la porte a en lui des possibilités vitales supérieures, qui donneront naissance à des créations supérieures en vertu desquelles la force et la vie du vainqueur se transmettront au vaincu et celui-ci sera appelé à participer à un destin nouveau et meilleur.

Si, donc, tout cela ne suffit pas à expliquer le mystère de la vie et de la mort des civilisations, à quel principe faut-il faire appel ?

De Gobineau répond : au principe de la race.

C'est de la race que l'origine, la force, la valeur et la vie d'une nation et de sa civilisation proviennent. Toute civilisation vivante est l'expression d'une race jeune, pure, originelle. Aussi longtemps que les possibilités vitales profondes de cette race sont intactes, aussi longtemps que son sang reste pur, sa civilisation se maintient, se défend, se réaffirme, quels que soient les contingences et les obstacles. Quand la race déchoit, quand le sang originel s'altère et se disperse, sa civilisation meurt fatalement ou subsiste dans l'état d'un cadavre qui donne une illusoire apparence de vie et, au moindre choc, s'écroulera. De même, toute variation ou modification effective de civilisation aurait une origine biologique, c'est-à-dire qu'elle correspondrait à une variation, ou modification, ou encore hybridation, de la race.

Le secret du déclin de la civilisation, pour de Gobineau, est donc la dégénérescence ethnique. Un peuple est dégénéré « quand il n'a plus la valeur intrinsèque qu'autrefois il possédait, parce qu'il n'a plus dans ses veines le même sang, dont les alliages successifs ont graduellement modifié la valeur ; autrement dit, qu'avec le même nom, il n'a pas conservé la même race que ses fondateurs ». C'est le mélange du sang qui apparaît donc à de Gobineau comme la cause de la dégénérescence.

Mais cette idée mène directement à celle d'une différence et d'une inégalité originelles entre les races humaines et, surtout, à l'opposition entre les races supérieures dominatrices et les races inférieures soumises, qui permettent à celles-là de s'affirmer.

Ici, de Gobineau semble avoir tendance au fatalisme, dans la mesure où il reconnaît plus ou moins qu'il est inévitable que les races supérieures, par leur nature même, se répandent pour s'affirmer et dominer. Mais, avec la domination, il se produit nécessairement, tôt ou tard, une fusion, une interpénétration des éléments de la race dominatrice et de ceux des races inférieures dominées et vaincues, qui s'y unissent, en absorbent et en altèrent la civilisation ainsi que le sang. Les qualités morales et spirituelles originelles des conquérants sont par là amoindries et altérées et leur civilisation commence à décliner. A partir de ce moment, les peuples supérieurs, en raison même de leur génie civilisateur, amassent autour d'eux des éléments par lesquels ils seront ensuite absorbés et corrompus et, d'autre part, selon de Gobineau, ils finissent par être victimes d'une cause première, qui est leur petit nombre, ensuite de causes secondes, dont l'une est que, du fait de la place particulière qu'ont les éléments de la race supérieure dans l'ensemble de la civilisation et des États qu'ils ont fondés et de leur amour même pour la lutte et le danger ils sont particulièrement exposés aux effets destructeurs des batailles, des proscriptions et des révoltes. Ainsi, il arrive souvent qu'une civilisation subsiste après que la cause génératrice de sa vie a cessé d'exister et que cette survivance posthume, contingente, fourvoie l'observateur superficiel et l'amène à admettre des principes abstraits et irréels comme causes de la civilisation des peuples et, en même temps, à négliger la race.

Pour de Gobineau, l'idée de l'égalité fondamentale du genre humain n'est que la vérité du bâtard, du métis : « Plus le nombre de ceux qui sentent couler dans leurs veines un sang déjà mélangé est grand, plus cette majorité, transformant en vérité universelle et absolue ce qui est déjà une réalité pour elle, affirme que les hommes sont égaux. » « Plus un peuple est composé d'éléments hétérogènes, plus il se complaît à proclamer que toutes les parties de l'espèce humaine, sans exception, possèdent ou peuvent posséder en nombre égal les facultés les plus diverses » et, appliquant à toutes les générations qui sont apparues, apparaissent et apparaîtront sur la terre ce qui ne vaut que pour lui, il finit par prononcer ces paroles qui, « comme l'outre d'Éole, renferment tant de tempêtes : tous les hommes sont égaux. »

La vérité normale, celle qui se rapporte aux origines, à l'humanité, pour ainsi dire, à l'état pur, est au contraire l'inégalité, que de Gobineau précisa en distinguant trois grandes souches ethniques ou types raciaux originels : le type aryen blanc, le type jaune et le type noir.

De Gobineau considère la race noire comme inférieure. Le Nègre, à front fuyant et étroit, porte, dans son crâne, les indices de certaines énergies puissantes. Mais ses facultés intellectuelles sont nulles. Aussi le Nègre est-il caractérisé par un désir et une volonté souvent terribles. Son avidité de sensations constitue le signe le plus frappant de son infériorité. A cela il joint une instabilité d'humeur et une variabilité de sentiments, une indifférence obtuse pour sa vie comme pour celle des autres (il est « ou d'une lâcheté qui se réfugie volontiers dans la mort, ou d'une impassibilité monstrueuse »). Cette race conçoit le suprasensible sous une forme démoniaque : c'est un produit de l'imagination en délire, une projection des forces les plus élémentaires et subconscientes de la nature humaine, comme l'*Al* des Mélanésiens.

La race jaune se présente comme l'antithèse de la noire. Le crâne, au lieu d'être rejeté en arrière, se porte en avant. Le front, large et osseux, souvent saillant, est développé en hauteur et le visage ne montre aucune des saillies grossières qui caractérisent celui du Nègre. Peu de vigueur physique, des dispositions à l'apathie. Des désirs faibles, une volonté plutôt obstinée qu'extrême. En toutes choses, tendances à la médiocrité, amour de l'utile, respect de la règle. Le Jaune ne rêve pas, ne goûte pas les abstractions. Il invente peu, mais il est capable d'apprécier et d'adopter tout ce qui peut lui rendre la vie facile. « C'est une populace et une petite bourgeoisie que tout civilisateur désirerait choisir pour base de sa société ».

Vient ensuite la race blanche. C'est essentiellement celle des dolichocéphales blonds de taille grande et élancée. La supériorité de cette race réside, pour de Gobineau, dans une « énergie réfléchie, ou pour mieux dire, une intelligence énergique », qui s'associe à une infériorité dans l'intensité et l'instantanéité des sensations. L'esprit pratique, chez les Blancs, a une signification plus élevée, plus courageuse, plus idéale que chez les Jaunes. Le plaisir de la lutte et de la conquête se joint en eux à un instinct extraordinaire de l'ordre, à un goût prononcé de la liberté, de la personnalité et de la dignité, enfin et surtout au culte de l'honneur. Cette notion d'honneur, connue, plus ou moins sous les mêmes noms, de la plupart des différentes souches de la race blanche, ne fait qu'un avec l'essence même de la force civilisatrice et serait inconnue des Jaunes comme des Noirs. « La race blanche possédait originairement le monopole de la beauté, de l'intelligence et de la force. A la suite de ses unions avec les autres variétés, il se rencontra des métis beaux sans être forts, forts sans être intelligents,

intelligents avec beaucoup de laideur et de débilité ». C'est à ce groupe qu'appartiennent, par exemple, les peuples sémites, qui, pour de Gobineau, sont issus d'un croisement entre le sang blanc et le sang noir.

Pour désigner les éléments primordiaux encore purs de la race blanche et aussi les fractions de celle-ci que le destin a sauvées de la contamination raciale et a conservées dans des peuples désormais mélangés comme fragments épars de cette humanité supérieure, de Gobineau emploie le terme d'« aryen ». Nous avons déjà dit que ce terme fut adopté pour la première fois par Bopp. Il est d'origine indo-perse. En sanskrit, il désigne les « nobles », ceux qui sont dignes d'honneur, et s'applique à toutes les castes supérieures, par opposition à la caste des esclaves, ou *shûdra*. Celle-ci est appelée « caste ennemie » et « caste ténébreuse », tandis que celle des *ârya* est qualifiée de « caste divine ». En sanskrit, « varna » « caste » veut dire également « couleur ». Tout porte à croire que le système hindou des castes n'était pas autre chose que le résultat d'une stratification de races qui étaient primitivement de couleur différente : les blancs et « divins » *ârya* étaient les conquérants, tandis que les couches « ennemies » ténébreuses et serviles étaient les aborigènes subjugués.

Le *Rig-Veda,* premier texte de la tradition hindoue, appelle *ârya* ceux qui parlent la langue dans laquelle il a été écrit et *âryâvarta*, « terre des aryens », les régions qu'ils ont conquises. Le mot d'« aryen » appartient aussi à la tradition iranienne.

Le grand roi Darius, sur l'inscription de Behistun (520 avant J.C.), se définit comme « Aryen, de race aryenne » et appelle son dieu « le dieu des Aryens ». Hérodote rapporte que les Mèdes s'appelaient d'abord « Aryens » et, selon certains, le terme de « Perse », comme celui d'« Iran », anciennement « Eran », signifierait « Terre des Aryens ». Quoi qu'il en soit, à la patrie originelle légendaire, située à l'extrême nord, des races qui créèrent la civilisation médo-perse, la tradition iranienne donne le nom d'*airyanem vaêjô*, « patrie des Aryens » ; et elle est considérée comme la première création du Dieu de la Lumière, Ahura Mazda. Les Aryens sont conçus comme les amis, les fidèles et les alliés du Dieu de la Lumière et c'est pour lui qu'ils combattent le Dieu des Ténèbres Ariman et ses représentants. Dans cette lutte, qui est le thème central de toute l'ancienne religion perse, de nombreux racistes vont jusqu'à voir une transposition légendaire du souvenir de la lutte entre deux races, qui correspondent respectivement, dans la hiérarchie hindoue des castes, aux *ârya* divins et aux esclaves ténébreux.

On a essayé de retrouver le nom d'*ârya* en Europe. On l'a rapproché de l'ancien nom de l'Irlande, *Erin, Erenn*, et on a pensé en retrouver la trace dans l'irlandais *aire*, « maître ». Pline et Tacite eux-mêmes qualifient certaines souches germaniques d'« aryennes ». Quoi qu'il en soit, des noms comme Arioviste, Ariman, Aribert, Aribel, etc., formés sur la racine *ar* d'*aryen* ou *ârya*, reviennent souvent chez les Germains, où ils étaient probablement des patronymes, de noms de clan.

Quant à de Gobineau, il s'efforce de retrouver la racine *ar* d'*ârya* dans l'allemand *Ehre* (« honneur ») et dans l'irlandais *air* (« honorer »), pour confirmer que la notion d'honneur est inhérente à la race blanche ; dans le grec *aristos,* qui comporte l'idée de supériorité et se rattache à la même racine ; enfin, dans le latin *herus* et dans l'allemand *Herr*, mots qui signifient « maître » - d'où, là encore, l'idée que la race aryenne est une race de dominateurs-nés.

Pour de Gobineau, l'idée de lumière, de splendeur, serait au cœur de la spiritualité de la race aryenne. Les dieux aryens sont essentiellement des divinités de la lumière, de la splendeur solaire, du ciel lumineux et du jour. C'est de la racine *du*, « éclairer », que dériverait le nom des dieux nationaux les plus significatifs des différents peuples aryens : le *deva* et le *dyaus* des Hindous, le *deus* des Latins, le *Zeus* des Hellènes, le *Dus* gallique, le *Tyr* nordique, le *Tiuz* des anciens Allemands, la *Devana* des Slaves. D'autre part, cette idée de lumière serait intimement liée au principe intellectuel, elle serait la lumière même de l'intelligence créatrice et dominatrice, par opposition à la conception de l'*Al* des aborigènes négroïdes, personnification des forces frénétiques et de l'imagination délirante.

L'attitude des Aryens envers leurs dieux n'était ni craintive, ni servile. Non seulement ils se sentaient de la même race qu'eux, mais ils attribuaient souvent aux Héros, auxquels on réservait le privilège des formes les plus hautes d'immortalité, le pouvoir de lutter contre les habitants des cieux et de leur ravir le sceptre.

Après avoir défini la notion de race blanche aryenne, de civilisation et de spiritualité aryennes, de Gobineau n'hésite pas à affirmer que « toutes les civilisations procèdent de la race blanche, (qu') aucune ne peut exister sans le concours de cette race et (que) la grandeur et la splendeur d'une civilisation dépend de la durée pendant laquelle elle conserve le noble groupe qui l'a créée, c'est-à-dire un groupe qui appartient à la souche la plus illustre de l'espèce, la souche aryenne ». Pour démontrer en quelque sorte son affirmation, et pour montrer aussi que, lorsque, dans un cycle déterminé, un principe de mort se manifeste, il provient des races inférieures qui ont été admises par les civilisateurs, de Gobineau s'est appliqué à analyser le développement des principales civilisations qui ont régné dans le monde.

Elles seraient au nombre de dix. Ce sont des groupes aryens qui créèrent la civilisation hindoue, la civilisation perse et la civilisation grecque, qui fut ensuite modifiée par des éléments sémites. Un groupe de colonisateurs aryens venus de l'Inde fonda la civilisation égyptienne, autour de laquelle s'amassèrent principalement des éléments éthiopiens et nubiens, tandis qu'un autre apporta la lumière d'une civilisation supérieure en Chine, dont le développement s'arrêta, lorsque s'épuisa le sang de ces dominateurs ou des éléments du même genre qui étaient arrivés en Chine du Nord. La civilisation assyrienne elle-même est d'origine aryenne : altérée tour à tour par les Juifs, les Phéniciens, les Lydiens, etc., qui s'étaient amalgamés à cette civilisation, c'est aux Aryens de la période perse qu'est due sa renaissance. L'ancienne civilisation de la péninsule italienne, qui donna plus tard naissance au monde romain, fut l'expression d'un croisement entre Sémites, Aryens-Celtes et Ibères. Les anciennes civilisations du Pérou et du Mexique seraient elles-mêmes issues de mystérieuses colonies aryennes. Enfin, la dernière civilisation de l'histoire du monde, celle qui est issue du Moyen Âge nordico-germain, serait typiquement aryenne.

Il n'y a pas lieu de suivre la reconstitution de la naissance du développement et du déclin de toutes ces civilisations, telle que l'entreprit de Gobineau, à la fois parce que la valeur de cette reconstitution est conditionnée pour une large part par l'époque et les matériaux de mauvaise qualité dont disposait alors de Gobineau et parce que, lorsque nous ferons un exposé des idées des autres racistes, nous aurons à revenir sur des vues de ce genre, réactualisées par des matériaux plus riches, plus représentatifs et plus modernes. Ce qu'il est important de faire ressortir ici, c'est, en général, l'apparition d'une nouvelle méthode historiographique. De Gobineau a introduit la méthode raciale dynamique, c'est-à-dire une méthode qui caractérise et sépare des qualités hétérogènes dans ce qui semblait homogène dans une civilisation déterminée et laisse se déployer devant nous, par le dynamisme de ces éléments hétérogènes ramenés à des facteurs raciaux, les événements de la vie et de la mort des diverses civilisations.

Nous n'ajouterons ici que quelques observations de détail. Si les dons essentiels de la race aryenne ont été altérés par le mélange avec un sang différent, de Gobineau n'en considère pas moins que ce mélange peut parfois donner naissance à d'autres dons, qui, quant à eux, ne sont pas négligeables. Par exemple, le sentiment esthétique et la création artistique seraient issus des mélanges du sang aryen avec le sang négromélanésien. L'élément aryen prédominerait dans la poésie épique, tandis que les créations artistiques, qui mettent l'accent sur le lyrisme, l'imagination véhémente et la sensualité, révéleraient la prédominance des qualités caractéristiques du sang noir.

À cet égard, il nous faut rappeler que de Gobineau reprit à d'Echtal une des idées qui auront une grande part dans la philosophie raciste de la civilisation : l'opposition entre races masculines et races féminines : « L'espèce mélanienne (négroïde) se présente comme personnalité féminine », tandis que « le principe mâle est représenté par l'élément blanc ». Le produit qui résulte de leur croisement, « moins véhément dans la sensualité que les individualités absolues du principe féminin, moins complet dans la puissance intellectuelle que celles du principe mâle, (...) jouit d'une combinaison des deux qui lui permet la création artistique, interdite à l'une et à l'autre des souches associées ».

Un autre effet du mélange du sang serait, pour de Gobineau, le sentiment de la patrie et de l'autorité, qui viendrait de l'union des Aryens avec les Sémites, d'une influence sémite dissolvante sur le goût aryen pour l'isolement, l'indépendance et la personnalité. Ce thème sera repris par certains écrivains racistes extrémistes, qui rapporteront à quelque chose de « sémite » toutes les formes de souveraineté et de statolâtrie qui oppriment les éléments ethniques nationaux.

D'autre part, de Gobineau fut le premier à employer l'expression de « Rome sémitique » pour désigner l'époque impériale de la civilisation romaine, non pas au sens où elle indiquerait « une variété humaine identique à celle qui résulta des anciens mélanges chaldéens et chamites », mais au sens où, « dans les multitudes répandues avec la fortune de Rome sur toutes les contrées soumises aux Césars, la majeure partie était affectée d'un alliage plus ou moins grand de sang noir, et représentait ainsi, à des degrés infinis, une combinaison, non pas équivalente, mais analogue à la fusion sémitique. »

De Gobineau considère que les qualités « noires » prédominantes, restreintes dans de certaines limites et compensées par certaines qualités blanches, furent des facteurs essentiels dans le développement de la Rome impériale. Sur de nombreux points, de Gobineau prend position contre le christianisme : cette croyance subirait trop l'influence d'« une religion d'esclaves, avilissante parce que pacifiste et égalitaire et en un mot, indigne des races qui conservaient encore une étincelle de la flamme aryenne ». Quoiqu'il en soit, pour lui, le christianisme s'est épuré à mesure que, de sémite et grec, il est devenu romain (catholicisme) et, ensuite, que, de romain, il est devenu germanique.

Pour de Gobineau, les Germains et les autres souches nordiques de la période des invasions sont d'anciennes races de pur sang aryen. Mais, attirées par le mirage du symbole romain, elles ne purent pas ne pas se dissoudre dans les détritus puissants des races qui avaient été amalgamées par Rome, parmi lesquels leur énergie et leur sang étaient condamnés à s'éteindre. Cette assimilation ne fut cependant pas assez rapide pour faire revenir la société au point de départ « sémitique » qui avait été celui du Bas-Empire : d'abord, les éléments germaniques furent effectivement absorbés mais ne le furent pas au même point. C'est ainsi que naquit la civilisation de la « Rome germanique », c'est-à-dire la civilisation médiévale. Toute société normale, pour de Gobineau, est fondée sur trois classes, ou castes, originelles, qui correspondent à des couches ethniques distinctes : « La noblesse, image plus ou moins ressemblante de la race victorieuse ; la bourgeoisie, composée de métis rapprochés de la grande race ; le peuple, esclave, ou du moins fort déprimé, comme appartenant à une variété humaine inférieure, nègre dans le sud, finnoise dans le Nord. » Le Moyen Âge connut encore cette répartition, qui, cependant, perdit de plus en plus sa base raciale et, donc, sa force. Ainsi, cette représentation hiérarchique devait graduellement se décomposer, tandis que s'épuisaient et disparaissaient les dernières veines de pur sang aryen. On se rapproche de « l'atmosphère répugnante du bourbier démocratique » moderne.

La conclusion de l'œuvre principale de De Gobineau, le fameux *Essai sur l'inégalité des races humaines*, qui fut publié entre 1853 et 1855, est pessimiste. L'élan dominateur de la race blanche, en la projetant sur la terre entière, a brisé les dernières barrières ethniques, a créé un monde où il n'y a plus de distances et où le rapprochement, l'agrégation et la confusion des types sont fatals et extrêmement rapides. « Il ne se trouve plus d'aryens purs ». Il est inévitable que tout ce qui a une puissance de civilisation attire d'autres races, s'étende, dépasse sans cesse de nouvelles limites géographiques, s'épuise et se dégrade. De Gobineau, à la fin de son livre, dit que l'histoire du monde va vraisemblablement, par ce fait, vers cette « unité suprême » dont il avait déjà affirmé qu'elle n'est vraie que pour des métis sans race.

CHAPITRE III

DÉVELOPPEMENTS

La doctrine sélectionniste de De Lapouge. Woltmann et l'« anthropologie politique ». La thèse « nordique » et le mythe prussien.

Le racisme de De Gobineau apparaît essentiellement comme la manifestation d'un instinct aristocratique, comme une réaction aristocratique contre une époque de démocratie, d'égalitarisme et de montée des masses. Contre le mythe démocratique du peuple souverain, de Gobineau affirme celui de la race noble dominatrice. Contre le principe démocratique jacobin de l'égalité, il affirme la différence humaine. Contre le culte de la raison de la philosophie des Lumières, il affirme la supériorité des dons, qui ne s'apprennent pas et ont leur origine dans le sang, dans la race. Bien qu'elle soit entachée de nombreuses confusions et de nombreux raisonnements arbitraires et fallacieux, la doctrine de Gobineau a indiscutablement des traits de noblesse et, au fond, de spiritualité. C'est là ce qui la distingue de bien des nouvelles formes de racisme, qui, souvent, n'en ont repris les principes que pour les mettre au service d'un instinct complètement opposé, comme nous le verrons plus loin.

Les idées de De Gobineau n'eurent pas de répercussion immédiate. De son vivant, son œuvre ne fut connue que d'un petit cercle d'amis et d'admirateurs. Ce n'est que plus tard qu'elle trouva un écho, surtout en Allemagne.

Dans le développement du racisme, tout de suite après de Gobineau, il nous faut mentionner un autre Français, le comte Georges Vacher de Lapouge. Avec Vacher de Lapouge, la « scientification » de l'idéologie raciste fait un net bond en avant. Son aspect proprement historico-philosophique ne subsiste que chez un groupe d'autres auteurs, groupe qui, en s'amalgamant à celui des pangermanistes, nous amène, avec

Houston Stewart Chamberlain, au début de la première guerre mondiale. Il faut en dire quelques mots.

Vacher de Lapouge prend ses distances par rapport à de Gobineau, qu'il considère comme un « lettré », et également par rapport aux théories aryennes des philologues et des « charlatans politiques ». Il se proclame disciple de Darwin, de Carlton et de Haeckel et veut transposer le problème de la race du plan des constructions philosophiques et des hypothèses philologiques à celui des données anthropologiques positives Il essaie donc de définir au point de vue strictement biologique les diverses composantes raciales de l'humanité européenne et c'est lui qui invente la classification en « race alpine », « race atlantico-occidentale », etc., que nous nous réservons d'exposer plus loin, en nous référant à des forme plus récentes de cette recherche. En tout cela, pour Lapouge l'indice céphalique a une part capitale. Il définit anthropologiquement l'Aryen comme un « dolichocéphale blond », qui est lui-même associé de la façon la plus étroite au type nordique, qui a imposé sa domination aux deux autres races européennes, les brachycéphales et les Méditerranéens. Il essaie d'en reconstituer l'histoire. Pour de Lapouge comme pour de Gobineau, la supériorité de l'Aryen comme créateur de civilisation ne fait aucun doute. Dans *L'Aryen : son rôle social* (1899), il écrit que la qualité suprême de la race aryenne, celle qui la caractérise et la place au-dessus des autres, est sa volonté froide, précise, tenace, qui surmonte tout obstacle. Avec sa volonté inflexible, l'Aryen sait montrer qu'il est fait pour dominer. Ce tempérament s'oppose à celui du « paisible brachycéphale, laborieux souffre-douleur du dolicho-blond, (...) race amie de la servitude, sans cesse à la recherche de maîtres et peu difficile dans leur choix ». « La lumière qu'ont répandue certaines autres races peut être attribuée à la présence en elles d'un élément dolicho-blond, que l'obscurité des temps nous a dissimulé. » Cela est vrai de la Perse, de l'Assyrie, de la Chaldée, de l'Inde, de la Chine, de la civilisation gréco-romaine elle-même et, enfin, de la civilisation actuelle. « À notre époque, l'importance des peuples dépend plus ou moins de la quantité de dolicho-blonds qui ont contribué à la formation de leurs couches dirigeantes ». L'antagonisme entre la civilisation des dolichocéphales et celle des brachycéphales se représente toujours dans l'histoire, et de Lapouge en arrive à prophétiser : « Je suis persuadé que, au siècle prochain (c'est-à-dire au vingtième siècle), des millions d'hommes combattront pour une différence d'indice céphalique d'un ou deux pour cent. De cette façon, les races apparentées se reconnaîtront et les derniers sentimentaux assisteront à de puissants bouleversements dans les peuples. »

Le type de la civilisation change profondément, lorsque l'élément brachycéphale prend le dessus sur l'élément aryen. L'histoire de la France, par exemple, serait celle de la victoire du brachycéphale, race inférieure et bâtarde, à laquelle de Lapouge attribue la révolution française et son idéologie égalitaire et, plus généralement, le changement de l'ancienne mentalité française.

Même dans les pays nordiques, en Amérique, en Angleterre, en Allemagne, les représentants de la race aryenne seraient sur le point de disparaître, détruits par l'hybridisme et l'apparition d'éléments de type inférieur. On retrouve ici l'idée gobinienne d'une loi fatale et naturelle de décadence. Vacher de Lapouge la développe dans *Les Sélections sociales,* où il montre que la sélection naturelle toujours agi comme une sélection à rebours, c'est-à-dire comme une sélection qui élimine les éléments ethnico-sociaux supérieurs et renforce les éléments inférieurs. Vacher de Lapouge étudie ce phénomène dans les diverses sociétés. Les guerres, les guerres civiles, des phénomènes comme la persécution des hérétiques, le massacre des Huguenots ou les grands ordres monastiques médiévaux, qui attirèrent et condamnèrent à la stérilité les éléments valables, faisant ainsi disparaître une précieuse hérédité raciale tout cela, par suite de la sélection naturelle, a entraîné la décimation et le déclin des élites aryennes. À cela vient s'ajouter, de nos jours, l'influence de la civilisation capitaliste bourgeoise et du judaïsme international, qui pousse jusqu'à ses conséquences extrêmes la sélection sociale à rebours. Mais, alors que de Gobineau se bornait à constater le processus de la décadence, de Lapouge veut réagir, et pense qu'il est possible de réagir, en opposant à la sélection sociale naturelle, aveugle et destructrice, une sélection systématique, rationnelle, fondée sur un plan et sur une intervention active de l'homme visant à protéger les éléments les plus purs. Pour de Lapouge, ce but peut être atteint par deux moyens : en interdisant ou en empêchant que les éléments inférieurs, tarés ou indésirables, se reproduisent, et en accroissant au contraire la descendance des éléments purs de race aryenne. Comme nous le verrons, ce sont précisément ces vues qu'a épousées l'hitlérisme, dont, dans le programme sélectionniste de De Lapouge, on retrouve même le principe de stérilisation des individus nuisibles à la race.

Les recherches historiques de De Lapouge sur la sélection à rebours rappellent certaines conceptions du « philosophe du surhomme », Frédéric Nietzsche. Si l'on ne peut sûrement pas ranger Nietzsche parmi les racistes, il n'en faut pas moins reconnaître que certains concepts de sa philosophie, qui est loin d'être homogène, se rapportent en fait aux prémisses générales de l'idéologie que nous étudions ici. On peut se référer à la « religion nietzschéenne de la vie », qui, au fond, nie le principe transcendant de la personnalité humaine et donne à tout jugement moral, au bien et au mal, une signification et une justification simplement biologiques. Le sens de l'inversion nietzschéenne de toutes les valeurs est celui-ci : depuis des siècles, un ensemble de conceptions morales, sociales et religieuses ont conspiré contre la « vie », en exaltant comme valeur et esprit tout ce qui mortifie et émascule l'instinct, voile ou amoindrit la sensation de la force vitale. Ce sont les valeurs de la « décadence » et du « ressentiment », qui ont été annoncées par les esclaves, les faibles, les déshérités, les parias de la nature et dont ils se sont servis pour saper peu à peu la base sur laquelle, à des époques fortes et saines, reposaient le « surhomme » et le droit du « surhomme », maître des hommes ; et ils ont vaincu. Nietzsche proclame la révolte contre ces « valeurs de la décadence » (dont ferait partie le christianisme), dénonce leur caractère destructeur et pose le critérium biologique comme principe d'un nouveau jugement : seul est vrai, moral, spirituel et beau ce qui confirme, justifie et renforce l'instinct vital, qui, pour lui, trouve sa plus haute expression dans la « volonté de puissance » ; tout ce qui éloigne de la vie, limite, condamne et étouffe la volonté de puissance est faux, immoral, laid et subversif. Si l'on y ajoute que, dans son aspect inférieur, le « surhomme » nietzschéen présente simplement comme une bête blonde indomptable et conquérante, on doit admettre qu'il y a une convergence entre la philosophie nietzschéenne et une certaine idéologie racistes et on peut penser que celle-là n'a pas été sans influence sur la formation de celle-ci. En réalité, on peut constater chez Nietzsche une réaction aristocratique faussée par des idées naturalistes et évolutionnistes en vogue à son époque.

Venons-en maintenant à Ludwig Wilser (1850-1923), chez qui apparaît l'effort d'explorer la préhistoire de la race aryenne sur le terrain de l'anthropologie. Il s'opère ici un changement essentiel de perspective. Nous avons déjà dit que, précédemment, on supposait que les races aryennes étaient originaires d'une région d'Asie centrale, peut-être le haut plateau du Pamir. C'est donc à partir de l'Orient, apportée par les Aryens, qu'aurait rayonné la civilisation. En dehors de Fabre d'Olivet en 1824, Théodore Poesche en 1878, ensuite Karl Penka en 1883 et, enfin, Wilser émirent une idée fondamentalement différente : le berceau de la race blanche aurait été le Nord et, plus précisément, la région arctique. Le type blanc dolichocéphale européen, pour Wilser, a une couleur de peau et une pigmentation qui ne peuvent se développer que dans le Nord et qui, d'autre part, nous ramènent à une période fort lointaine, qui est celle que les géologues appellent « glaciaire ».

C'est dans la région arctique que se serait trouvé le foyer, aujourd'hui disparu, de la race aryenne. Comme la mer de glace qui recouvrait à cette époque l'Amérique comme l'Asie avait empêché ces races de migrer, la seule direction possible qu'elles purent prendre vers le Sud fut celle de l'Europe, et c'est dans cette direction qu'aurait eu lieu la migration aryenne. Aussi la dolichocéphalie est-elle répandue du Groenland à Ceylan, même si elle est plus fréquente chez les hommes blonds aux yeux bleus et de grande taille de l'Europe du Nord.

Wilser mentionne une ancienne tradition lombardo-byzantine d'après laquelle la Scanie (la Scandinavie) aurait été une *vagina gentium*, une matrice des peuples, qui y pullulaient et en émigrèrent. Tous les Aryens seraient donc descendus de la Scandinavie : par l'ouest, les Celtes et quelques souches italiques ; les Thraces, les Lituaniens, les Hellènes, les Méditerranéens, les Slaves, les Perses, les Hindous, en une succession de grands courants qui se seraient dirigés vers l'est ; et, enfin, par le Jütland et les îles Scandinaves, des groupes d'Aryens germaniques, les Ingaevones (Cimbres), les Istaevones (Marses et Francs), les Herminones (Suèves) et, enfin, les Vandales et les Goths. Parce qu'elles se sont détachées en dernier du groupe originel, ces races seraient celles qui conserveraient davantage le sang et les caractères de l'Aryen pur. L'idée déjà connue s'affirme donc de nouveau chez Wilser que, si, à l'époque historique, outre la civilisation de ces peuples, d'autres grandes civilisations sont apparues, en Assyrie, en Égypte ou en Crète, c'est parce que ces civilisations étaient d'origine nordique. La civilisation perse, la civilisation macédonienne, la civilisation romaine sont autant de victoires sur les races et les civilisations aborigènes. Wilser dit ensuite que l'hérédité des caractères acquis dans la lutte pour l'existence au cours du terrible hiver arctique est une hérédité de vertus guerrières, d'inébranlabilité intérieure, d'esprit d'initiative et d'inventivité, dons qui sont propres aux hommes nordiques plus qu'à tout autre race et sont la source de leurs gloires passées et le gage de leur domination future. En effet, Wilser ne crut pas, comme de Gobineau, que le type aryen pur eût désormais disparu. Les Allemands étaient toujours les héritiers les plus légitimes et les plus purs de l'ancienne race nordique et Wilser, rêvant alors à l'hégémonie mondiale de la race élue entre toutes, en arriva à se rallier aux partisans de l'idée pangermaniste.

L'œuvre principale de Wilser, *Origine et préhistoire des Aryens*, date de 1899. C'est avec elle qu'apparaît donc pour la première fois d'une manière nette dans la science allemande le mythe « nordique », mythe qui recevra plus tard d'amples développements. Non pas *ex Oriente lux,* mais : *la lumière du Nord.* Le thème de Thulé, de la légendaire île polaire, patrie d'origine de la race blanche dominatrice, se fait déjà jour.

Dans le même ordre d'idées, une autre contribution au développement de l'idéologie aryenne a été apportée par le philosophe Friedrich Lange, dont *Le Germanisme pur* préfigure aussi certains thèmes de la controverse religieuse raciste. En effet, pour Lange, le christianisme ne serait qu'une carcasse putréfiée, qui doit être remplacée par une nouvelle religion, à caractère protestant mais d'esprit biologico-raciste. « En général, affirme Lange, il est aujourd'hui de la plus haute importance de considérer notre sang comme un bien spécifique et, à plus forte raison, comme ce qu'il est, le plus précieux de nos biens ». Le fait que le christianisme puisse protester contre cette vue au nom du droit qu'ont tous les hommes de se considérer comme les fils de Dieu ne pourra pas faire méconnaître la vertu décisive du sang et le fait que cette vertu a toujours été reconnue par tous ceux qui, dans l'histoire de la race blanche, ont conquis et conservé une supériorité. « Si, depuis longtemps, tous les fermiers intelligents, tous les éleveurs de chevaux et de chiens connaissent ou, au moins, appliquent expérimentalement les lois de reproduction des diverses races d'animaux domestiques, dont dépend l'amélioration ou la dégénérescence de ceux-ci, ces expériences quotidiennes ne trouvent cependant plus aucun écho dans la législation sociale et ne se reflètent guère dans les us et coutumes des peuples européens ». Pour Lange, une des causes principales de cette méconnaissance est la marée démocratique, qui, au nom des « droits immortels » de l'homme, autorise volontiers tout mélange de sang et toute hybridation ; ensuite, un esprit religieux mal compris. « Dans le monde moderne, continue Lange, tout un ensemble de circonstances concourt à détruire encore plus radicalement et à couvrir de mépris le respect traditionnel pour les pouvoirs et les privilèges fondés sur la descendance reconnue et sur les tableaux généalogiques, c'est-à-dire sur les mélanges régulés par le sang ». L'aristocratie elle-même, sous ce rapport, manque à ses principes et, donc, perd conscience de la raison profonde des privilèges quelle revendique. Lange dénonçait le scandale que constitue le fait que des officiers et des fonctionnaires de la noblesse épousent des Juives pour l'amour de Mammon et veulent cependant être traités comme leurs collègues, « ce dont, malheureusement, ils peuvent se vanter dans un très grand nombre de cas ». Lange affirmait : « l'avenir dépend entièrement de la force qu'acquerra, chez nous et chez les autres peuples de race blanche, la notion de la valeur décisive du sang. »

C'est le sens de l'honneur, base de la personnalité, qui, pour Lange, permet de distinguer le bien du mal, le sublime de l'abject dans l'esprit guerrier des individus et des peuples et, en général, la civilisation de la barbarie : « Si donc, depuis l'aube des temps, les peuples aryens se sont constamment avérés les représentants de toute civilisation durable, il faut considérer le fait qu'ils se sont donnés le nom d'Aryens, c'est-à-dire d'hommes d'honneur, non comme une circonstance secondaire, mais comme la clef même du mystère de leur remarquable supériorité sur les autres peuples. Ils s'apercevaient en effet que le sens de l'honneur était leur caractère distinctif par rapport aux autres peuples, chez qui ce sentiment ne s'était pas enraciné. »

Donc : Sang et Honneur. C'est le mot d'ordre du racisme aryen. En 1894, Lange fonda le *Deutschbund,* association de tendance nettement pangermaniste. C'est dans ce milieu que réapparaît la notion romantique de « l'esprit des peuples » appliquée à la nation allemande. On en fait la condition préalable à la sélection d'une race pure qui, comme telle, a conscience de sa supériorité et le désir de se porter en avant, de s'étendre, de prendre l'initiative de l'attaque en vue d'imposer sa volonté à des adversaires de race inférieure, d'intelligence médiocre et de peu de courage. Dans cette réintégration, l'élément militaire prussien, considéré par Lange comme la moelle de la civilisation allemande, aurait dû former le noyau central et avoir un rôle directeur. « Nous avons le devoir de fortifier consciemment ce que, par chance, nous avons sauvé de l'influence chrétienne et ce vers quoi un instinct pousse chacun de nous : la valeur guerrière ». Déjà ici, le mythe de la paix universelle est accusé d'être juif : « Les instincts ambitieux et cupides d'un peuple parasite comme le peuple juif le poussent à travailler pour la paix éternelle, parce que, sous ce régime, il ne rencontrerait plus aucun obstacle à l'entreprise de désagrégation qu'il mène dans le corps vivant des peuples. » Lange rappelle le mot de Moltke :

« La paix éternelle pour l'humanité n'est qu'un rêve et ce n'est même pas un beau rêve » - et, ce faisant, il scelle le mythe de l'impérialisme de la race supérieure.

Nous pouvons maintenant nous occuper de Ludwig Woltmann (1871-1907) qui, pour ce qui nous intéresse, est une des figures les plus significatives de l'avant-guerre. Le racisme, chez lui, prend le nom d'« anthropologie politique » et en prend aussi la forme. L'anthropologie politique aurait pour but d'étudier et de juger les institutions sociales, les lois et les constitutions politiques par rapport à l'action sélective qu'elles exercent. Cette science serait absolument nécessaire au développement d'une civilisation supérieure, puisque, pour Woltmann, pour qu'une civilisation supérieure existe, il faut des conditions susceptibles d'assurer la primauté et le pouvoir à une *élite* ethnique donnée. Si l'homme est, d'une manière générale, un animal dominateur, cette qualité n'est pas répartie également dans tous les individus et dans tous les peuples. C'est pourquoi l'anthropologie politique qui, comme on le voit, est liée de la façon la plus étroite au sélectionnisme de De Lapouge doit d'abord établir les caractères du peuple qui, plus que tout autre, peut être qualifié, au sens supérieur, de dominateur. Pour Woltmann, ces caractères proviennent de la race.

Woltmann accentue d'une manière carrément matérialiste l'idée que les caractères raciaux sont la base indispensable et visible de tous les dons intellectuels et moraux, de sorte qu'il a tendance à considérer le substrat biologique comme un élément essentiel dans le développement de toute civilisation. Woltmann, donc, définit d'abord un type biologique et le rattache ensuite indissociablement à un esprit donné. Ses recherches biologiques ne s'arrêtent pas aux caractéristiques les plus visibles, comme le crâne, la couleur, la taille, mais s'aident de la génétique et utilisent la théorie de Weismann sur la formation des cellules germinales pour s'attaquer au problème des bases physiologiques de la transmission héréditaire de caractéristiques raciales morales et spirituelles données. Nous envisagerons cet aspect du racisme plus loin, en traitant du mendélisme. Pour ce qui concerne le coté purement morphologique et anthropologique, Woltmann nous renvoie encore une fois à une idée bien connue, en déclarant que « l'homme de taille élevée, au crâne développé, dolichocéphale, à la pigmentation claire bref, la race nord-européenne constitue le type le plus parfait de l'espèce humaine et le produit le plus noble de l'évolution organique. » La hiérarchie ascendante des capacités intellectuelles et des facultés de maîtrise de soi dans les diverses races correspondrait à une diminution corrélative de la pigmentation et, selon Woltmann, elle se présenterait comme suit : nègres, Indiens, Mongols, Méditerranéens, Européens du Nord. Faisant sienne une des pires superstitions matérialistes de l'évolutionnisme, Woltmann, avec Reil, définit le cerveau comme le « chef d'œuvre de la création », « la matrice de l'histoire » et, donc, rapporte au cerveau l'élément ayant la part principale dans la prédestination des races.

Ainsi, les races nordiques auraient un cerveau doué au plus haut point de la capacité de création comme de la capacité d'assimiler de façon originale. C'est pourquoi il leur serait possible de recevoir des éléments d'autres civilisations dans des formes nouvelles, sans en être altérées dans leur nature profonde. Les nègres et les autres races inférieures y seraient absolument insensibles, et c'est pour cela que, par exemple, ils n'auraient jamais adopté les civilisations nordico-méditerranéennes, dont ils étaient cependant très proches géographiquement. Pour Woltmann, les contacts extérieurs, sociaux, économiques et psychologiques ne suffisent pas pour provoquer un transfert véritable et durable de civilisation. « La puissance des idées se brise sur les frontières organiques des facultés naturelles ». « La transmission d'une civilisation supérieure à des races inférieures est impossible sans un mélange de sang, en vertu duquel les éléments de la race la plus douée se fondent dans ceux des races les moins douées ». Pour les races supérieures, le transfert de civilisation est d'autant plus aisé et fécond que cette civilisation provient de races parentes. « C'est ainsi que les races germaniques s'emparèrent rapidement et spontanément de la civilisation gréco-romaine, tandis qu'elles n'assimilèrent pas la civilisation juive, si ce n'est dans sa forme hellénisée et, aujourd'hui encore, on constate une aversion du Germain pour l'esprit juif de l'Ancien Testament ». Plus généralement, « un croisement physiologique entre des races différentes n'est un facteur de progrès durable que s'il s'agit de deux races apparentées et de même valeur. Le degré de civilisation que le hasard de certaines circonstances historiques leur a permis d'atteindre n'est pas un élément décisif ; ce qui est décisif, sous ce rapport, c'est uniquement l'égalité au point de vue anthropologique. C'est ainsi que les Germains et les Romains se sentaient mutuellement d'égale valeur ».

Pour préciser le corrélat spirituel du type anthropologique nordique, Woltmann avait ensuite repris et développé les idées de Klemm qui, comme on l'a vu, avait divisé le genre humain en « races actives » et « races passives ». « Dans les premières, ce qui prédomine, c'est la volonté de domination, d'autonomie, de liberté, l'activisme et la persévérance, le désir de conquérir des horizons lointains, le progrès dans toutes ses formes mais aussi le goût de l'observation et de la critique, l'esprit d'insoumission et de doute. C'est là ce qui se manifeste clairement dans l'histoire des peuples que formèrent les hommes de la race active : les Perses, les Arabes, les Grecs, les Romains et les Germains. Ces hommes immigrèrent ou émigrèrent, détruisirent les royaumes les plus solidement établis, en fondèrent de nouveaux et furent des navigateurs audacieux. Ils ont en propre une constitution politique imprégnée de liberté, dont la condition est le progrès continu. La théocratie et la tyrannie n'y prospèrent pas, bien que ces peuples soient ouverts au sublime et y consacrent leurs forces. La science, l'étude, la religion y remplacent la croyance aveugle. L'esprit de ces peuples est toujours en mouvemôt, mouvement tantôt ascendant, tantôt descendant, mais toujours porté en avant. Ils ont parcouru la terre entière, jusqu'aux pôles, supportant tous les climats et rapportant dans leurs patries les trésors de tous les pays ». Au contraire, les races passives, « c'est-à-dire toutes celles qui sont différentes de la race caucasienne, se contentent des premiers résultats des observations et des découvertes. Elles demeurent volontiers dans leurs pays et n'ont aucun désir d'explorer les contrées lointaines. La stabilité est leur règle de vie. Dans leurs arts, dans leurs institutions publiques et privées, rien de libre et de personnel ne se développe. La race active est la moins nombreuse et c'est celle qui est apparue le plus tard. En règle générale, elle laisse le travail agricole proprement dit aux races passives qu'elle trouve à son arrivée et se réserve les occupations qui sont celles de l'intellectuel et du guerrier, du navigateur et du commerçant ».

L'ampleur de vue dont Woltmann fait preuve ici n'est pourtant guère compatible avec les horizons qui sont ceux de son particularisme national raciste, puisque, chez lui, l'idéologie raciste prend un caractère germanique si excessif qu'il n'admet même pas l'union des Allemands avec d'autres branches de la famille nordicogermanique ; qu'il est très éloigné des idées « panaryennes » dans le genre de celles que nous verrons Chamberlain défendre ; que ce n'est ni plus ni moins que l'homme germanique qu'il s'efforce de découvrir dans toutes les personnalités supérieures qui sont apparues chez les peuples voisins de l'Allemagne ; et que, finalement, c'est à la race germanique qu'il attribue le rôle d'« établir sa domination sur la terre » et de « faire des races passives de simples instruments subalternes du développement de sa civilisation ». Woltmann va jusqu'à dire que « la papauté et l'empire sont toutes les deux des institutions germaniques, instruments de domination destinés à assujettir le monde ».

Les thèses contenues dans ses deux ouvrages, *Les Germains en Italie* et *les Germains en France,* sont particulièrement extravagantes. L'idée centrale est la même : pour tous les peuples, « la valeur de leur civilisation dépend de la quantité de race blonde qu'ils contiennent ». On mentionne la race des blonds Héraclides, venus du Nord à Sparte. On rappelle le témoignage de Tacite sur la décadence romaine, qui a commencé par un manque d'hommes blonds. Mais, surtout, on fait une analyse visant à montrer que la Renaissance est un fait racial, qu'elle est beaucoup moins la conséquence d'une redécouverte de l'antiquité classique que la transfusion d'un sang germanique dans une substance qui, autrement, serait restée stérile, que toutes les familles nobles de toutes les grandes villes italiennes et françaises, tous les noms des membres les plus représentatifs de la civilisation italienne et française, seraient d'origine germanique et que ceux-ci révéleraient dans toutes leurs caractéristiques somatiques certains des caractères anthropologiques du dolichocéphale blond. Leurs noms seraient germaniques : Dante Alighieri (Aigler), Boccace (Buchatz), Léonard de Vinci (Winke), Buonarotti (Banhrodt), Le Tasse (Dasse), Benso di Cavour (Benz), Garibaldi (Kerpolt) et ainsi de suite. Dante, Donatello, Giotto, Leonardo, Christophe Colomb, etc., sont de type blond. En France, Mirabeau, Napoléon, La Fayette, etc., sont des types germaniques ; Voltaire, Montaigne, Victor Hugo, etc., sont des types hybrides, et ainsi de suite. Naturellement, c'est à titre de simple curiosité que nous mentionnons ici ces extravagances. Elles ne peuvent servir qu'à fournir généreusement des armes aux ennemis du racisme.

Nous avons fait remarquer que l'« anthropologie politique » de Woltmann s'accorde en tout point avec les conceptions de De Lapouge, quand elle constate le phénomène de la sélection à rebours. « L'extinction de la race blonde de grande taille est une conséquence inévitable du fait que cette race a perdu son rôle dominateur dans la société et ses caractéristiques psychologiques ». Plus les races sont de type actif et également douées de qualités supérieures, plus la concurrence vitale déclenche une lutte tragique entre elles ». Puisque ce sont essentiellement les races « germaniques » qui se trouvèrent dans cette situation, Woltmann considère que les événements les plus décisifs de l'histoire et de la civilisation mondiale procèdent de l'antagonisme et de la lutte entre les races et les héros germaniques. Un tragique destin intérieur menacerait donc ceux à qui les lois de l'anthropologie politique devraient assurer les conditions de vie et de puissance dans toute civilisation normale. Ici, les idées de Woltmann oscillent et finissent par accepter le « tragique » pour le tourner en « héroïque ». D'un côté, comme on l'a vu, il caresse l'idée d'une hégémonie germanique universelle. De l'autre, il écrit : « Des hommes politiques sentimentaux ont imaginé une alliance de toutes les races germaniques. Pourtant, le pangermanisme est un fait historiquement accompli, et on se demande avec stupeur contre qui cette alliance devrait être dirigée. En fait, l'homme germanique est le plus grand et le plus dangereux ennemi de l'homme germanique. Extirper du monde cette inimitié reviendrait à supprimer les conditions fondamentales du développement de la civilisation : ce serait tenter puérilement d'opposer des idées chimériques aux lois de la nature. » Ces lois semblent donc destinées à provoquer une lutte à outrance entre les différentes espèces de la famille de la race active et dolichocéphale, en vue de déterminer une autre sélection et le développement plus complet des civilisations supérieures. La lutte pour la conquête du monde se limiterait donc au cercle des nations de pure race germanique. L'unité des éléments de la « race active », selon l'expression d'Alfred Weber, est une « unité explosive ». C'est pourquoi, chez Woltmann, une conception tragico-héroïque impérialiste semble prendre plus d'importance que les considérations qu'il fait sur les luttes entre les nations de même souche comme facteurs de décadence ou que les vues de De Gobineau sur la fatale dissolution de la race pure, lorsqu'elle s'étend comme race dominatrice et fondatrice d'empires. En ce qui concerne ce dernier point, l'anthropologie politique devrait être appelée à formuler des lois adéquates de préservation et de « colonisation ethnique intérieure ».

Notons que l'on a pu voir aussi hors d'Allemagne des tendances du même genre que l'anthropologie politique de Woltmann. Citons par exemple V. Courtet de L'Isle qui, avec un sens beaucoup plus développé de l'équilibre, essaya, dans des œuvres écrites vers 1883, de tirer de la science des races humaines le fondement d'une nouvelle science politique.

Avant de passer au dernier grand représentant de cette idéologie d'avant-guerre, Chamberlain, il nous faut donner un aperçu des théories de Heinrich Driesmans (1864), dans lesquelles le Nietzsche de la « philosophie de la vie », d'un côté, mobilise une grande partie de l'arsenal biologico-scientiste et, de l'autre, en vient à une métaphysique *sui generis* qui fait presque revivre la conception fichtienne du « peuple normal ». En effet, pour Driesmans, l'essence de toute civilisation est métaphysique, en ce sens qu'elle exprime une communication avec les puissances originelles de la vie, communication dont toutes les races ne sont cependant pas capables. Dans ces conditions, la civilisation est quelque chose de primordial, un style de vie dur et sobre qui fait plus penser à l'idée vulgaire du « barbare » qu'à l'idée décadente et esthétique que l'on a d'ordinaire des peuples « civilisés ».

Cela étant dit, Driesmans esquisse des antithèses raciales d'un type désormais bien connu. D'abord, celle entre Hellènes et Sémites. L'intensité barbare des premiers Hellènes ne put s'élever au niveau bien connu de la civilisation grecque qu'au contact d'éléments de la race sémite, dotée d'une sensibilité, d'une plasticité, d'une instabilité et d'une vivacité qui sont beaucoup plus grandes. La Grèce que nous connaissons, maîtresse des arts, des sciences et de la pensée, est une Grèce sémitisée, mais pas au-delà d'un équilibre fécond entre les deux souches ethniques. Mais cet équilibre ne dure pas longtemps. Un flot de sang sémite monte des profondeurs de l'élément plébéien. De là, la décadence, la Grèce sceptique, sensualiste, alexandrine, qui se dissout rapidement dans les courants de l'histoire.

Le même processus se répéta, ou, tout au moins, faillit se répéter, selon Driesmans, lorsque les races germaniques pures et l'élément celtique et celto-latin entrèrent en contact. Les Celtes, aussitôt que « des missionnaires irlandais ou gaulois apportèrent aux Germains leurs arts et le narcotique de leur religion » et qu'ils leur transmirent « en latin une sagesse d'eunuques » et diverses traditions où se donnait libre cours le culte sensualiste de la femme, constituèrent pour les Nordiques purs une cause de profonde altération, voire même de décomposition. La Réforme, avant d'être un phénomène religieux, est un phénomène racial. Pour Driesmans, peu importe que l'on condamne Luther au point de vue catholique ou que l'on voie en lui le rénovateur du christianisme authentique. Le fait est que la Réforme fut une révolte de la nature allemande contre des influences civilisatrices étrangères agissant comme un facteur d'intoxication et contre une « civilisation séduisante, plaisante, agréable, mais inconsistante, comme l'était la civilisation humaniste ». « Comme Caton, Luther incarne les temps anciens par rapport à ses contemporains corrompus par la civilisation. » Depuis la Réforme, deux civilisations sont en lutte : l'une, celto-romaine, humanisante, sensuelle, raffinée, abstraite, esthétisante ; l'autre, rude, iconoclaste, imprégnée d'un sens moral et militaire très strict, qui porte encore dans son sang cette *furor* qui, pour Driesmans, n'est pas autre chose que l'irrésistible élan des races en communication directe avec les forces originelles de la vie.

Le problème de l'harmonisation nécessaire de ce sang sera, pour Driesmans, celui de la future civilisation européenne. « En France, l'élément germanique fut maintenu dans un constant état de siège par l'élément celtique, pour être finalement vaincu et balayé. En Angleterre, il s'instaura, pour ainsi dire, une division du travail, par suite de laquelle l'élément germanique se concentra dans le domaine de la politique et des affaires et le celtique dans celui des arts. Enfin, en Allemagne, la nature germanique primitive se combina avec la nature celtique et celto-germanique, déjà unie à un troisième élément ». Le mélange le plus fécond, pour cet auteur, est cependant le mélange slavo-germain (slavo-saxon), qui correspond à l'élément prussien, que Driesmans, comme Lange, considère comme le rempart et le principe rénovateur de la culture germanique. Mais, ici, le mot de « culture » doit être pris dans le sens spécial déjà rappelé. Chez le Prussien, les qualités guerrières conservent la primauté sur les facultés intellectuelles. Le mépris de la « culture » serait une ancienne tradition prussienne, qui fait ressortir l'opposition entre ces Germains et leurs plus proches parents, qui se sont établis dans le Sud-Ouest.

« Lorsque Frédéric-Guillaume, père spirituel du prussianisme moderne, promenait le président de son Académie en costume de fou du roi et se plaisait à faire des niches à cette personnalité pour le plus grand divertissement de ses officiers, il ne faut pas trop nous scandaliser d'une conduite aussi rude : nous devons y voir l'instinct slavo-saxon, qui, dans le savant, voulait frapper une espèce haïe et méprisée, le type livresque, lymphatique et bourgeois des Allemands de l'Empire ». Driesmans croyait donc que l'élément slavo-saxon, sinon dans sa forme actuelle, au moins dans une forme modifiée, réunissant et harmonisant des éléments raciaux opposés, pouvait montrer des qualités physiques et intellectuelles supérieures à celles que l'on avait vues jusque-là et s'affirmer comme le type et la base d'une humanité supraeuropéenne.

CHAPITRE IV

LES CONCEPTIONS DE CHAMBERLAIN

La race supérieure comme devoir. L'ensemble slavoceltogermanique. La vision historique de Chamberlain La science « germanique ». Le « chaos ethnique ». L'« anti-Rome ». Racisme et monde moderne. Racisme pangermanique.

Venons-en maintenant à Houston Stewart Chamberlain. Alfred Rosenberg commence un essai sur cet auteur par ces mots : « On dit que le paysan sème, laboure et moissonne, le regard penché vers la terre, sans voir le ciel au-dessus de lui, les forêts, les lacs, les montagnes. Ce n'est qu'à l'arrivée d'un étranger qu'il commence à se rendre compte de la beauté de sa patrie. » La comparaison porte sur le peuple allemand, dont il semble vraiment que ce soit grâce à des étrangers le Français de Gobineau ainsi que l'Anglais Chamberlain (ensuite naturalisé allemand) et Vacher de Lapouge, presque inconnu en France alors qu'il était très apprécié dans les milieux wilhelminiens - qu'il a pris conscience de ses caractéristiques, les a exaltées a cru en sa suprématie. L'intérêt qu'a suscité en Allemagne et en Europe l'œuvre de Chamberlain, *La Genèse du XIX*^e *siècle* fut beaucoup plus rapide et plus large que pour de Gobineau. Injustement, car l'infériorité de Chamberlain sur de Gobineau quant à l'originalité, la solidité des thèses et la composition, saute aux yeux de tout observateur sans préjugés. Ce qui est fort gênant chez Chamberlain, c'est le manque de méthode et le fait qu'il passe constamment d'un domaine à l'autre avec beaucoup de dilettantisme et une forte tendance à verser dans la politique et dans l'exaltation pangermaniste. D'autre part, on peut lui reprocher une survalorisation esthétisante des expressions simplement artistiques d'une civilisation – par opposition à d'autres conceptions racistes, qui, comme celle de Driesmans, dans sa rudesse iconoclaste, en deviennent finalement plus sympathiques et, enfin, une curieuse appréciation raciste à caractère rationaliste de la civilisation technique et scientifique moderne. Sur le concept d'« aryen », Chamberlain a des vues plus conciliantes, mais il fait plus de compromis. Son racisme est donc beaucoup plus modernisant que d'inspiration traditionnelle et, au fond, même comme « mythe », il ne tient pas debout.

La prémisse de Chamberlain, le lecteur peut déjà la prévoir :

« Aux anthropologues qui ont prétendu nous faire accroire que toutes les races humaines étaient douées également, nous avons répondu en invoquant l'histoire, car l'histoire toute entière leur crie : vous en avez menti ! Les races de l'humanité sont douées fort inégalement et attestent cette inégalité tant dans la nature de leurs dons que dans la mesure où elles les possèdent ». Le plus favorisé est, sous ce rapport, le groupe des races aryennes. Nous verrons ce qu'est, pour Chamberlain, « la race aryenne ». En attendant, faisons remarquer que, à la différence des autres racistes, cet auteur ne se prononce pas sur le problème de l'origine commune des différents peuples aryens. La notion de « race primordiale » est pour lui problématique. « Je ne sais si les termes *aryen* et *sémite* correspondent, en général, à des faits concrets de descendance ou bien s'ils sont des concepts artificiels, d'un usage commode pour désigner des hommes apparentés car de même nature ». Et encore : « Est-ce là une famille homogène, dont les membres soient unis par les liens du sang ? Toutes ses branches procèdent-elles réellement de la même souche ? Je l'ignore et, au demeurant, il ne m'importe : nulle sorte d'affinité n'enchaîne plus étroitement les êtres que l'affinité élective, et en ce sens les Aryens indo-européens forment sans contredit une famille (...). Or les Aryens surpassent tous les hommes et corporellement et psychiquement ; donc en bonne justice (...) ils sont les maîtres du monde. »

Contrairement à la plupart des racistes, Chamberlain pense donc que cette supériorité est acquise et non innée. Les races ne sont pas originairement nobles et pures, mais le deviennent. Ancien amateur de physiologie végétale, Chamberlain semble se rappeler ici de tout ce dont sont capables la culture et la greffe dans ce domaine et reprend le thème sélectionniste de De Lapouge. La race supérieure n'est pas un point de départ mais un point d'arrivée. Nous pourrions presque dire : c'est une tâche. En effet, Chamberlain va jusqu'à écrire : « Au demeurant, si même il était prouvé qu'il n'y eut jamais de race aryenne dans le passé, nous voulons qu'il y en ait une dans l'avenir : pour des hommes d'action, voilà le point de vue décisif. » Selon Chamberlain, la formation de la race élue est soumise à cinq grandes lois naturelles :

1) La préexistence d'un matériel ethnique d'excellente qualité est incontestablement la condition première et fondamentale. Mais, « si quelqu'un me demandait d'où vient cette matière première, je lui répondrais que je n'en sais absolument rien et que je suis sur ce point aussi ignorant que si j'étais le plus grand des savants ». « Une seule affirmation est possible sur le terrain de l'observation historique : c'est qu'un haut degré d'excellence ne devient manifeste que peu à peu, grâce au concours de circonstances spéciales, c'est que cette excellence s'accroît lorsqu'elle est forcée de se dépenser, tandis que d'autres circonstances ont pour effet qu'elle dégénère complètement. La lutte par où s'épuise et périt une matière humaine qui était faible de nature, cette même lutte trempe les forces de celle qui était forte ; en outre, la lutte pour l'existence fortifie encore cette souche forte, par l'élimination des éléments plus faibles. L'enfance des grandes races connaît toujours les orages de la guerre même l'enfance des Hindous métaphysiciens ».

2) Mais la présence d'éléments supérieurs comme matière première ne suffit pas. La seconde condition est la conservation ininterrompue de la pureté de la race.

3) Mais cela non plus ne suffit pas. Il faut que, dans la race pure elle-même, s'opèrent les éliminations rationnelles que les techniciens appellent « élevage sélectif ». Cette loi dit Chamberlain « instruit des merveilles qu'accomplit la sélection, une fois qu'on l'a vue à l'œuvre pour produire un cheval de course, ou un basset, ou quelque « surabondant » chrysanthème, par élimination méthodique de tout caractère d'infériorité, on n'aura pas de peine à reconnaître dans l'espèce humaine l'action du même phénomène, encore qu'il ne s'y puisse manifester avec la même clarté et précision ». Par exemple, l'abandon des nouveau-nés jugés trop faibles chez les Grecs, les Romains et les Germains aurait été une loi des plus fécondes. Ainsi, le thème de l'« eugénisme » et de l'« hygiène raciale » se fait jour.

4) Une autre loi, qui trouve également son pendant dans les expériences d'élevage scientifique des animaux, est, selon Chamberlain, celle-ci : la formation des races supérieures a toujours pour condition préalable un « mélange des sangs ». Des racistes extrémistes continuent aujourd'hui de témoigner leur admiration à Chamberlain, mais, naturellement, ils passent sous silence le principe susmentionné, qui est cependant précisé et restreint par une dernière loi, qui est celle-ci :

5) « La mixtion de deux sortes d'êtres fort hétérogènes ne conduit à la formation d'une race noble qu'au cas où elle s'effectue rarement et

où elle est suivie d'un régime strictement endogénique (...) ; hors ce cas, le seul mélange généralement assuré de succès est celui qui s'effectue entre proches parents, entre représentants du même type fondamental » comme, par exemple, le croisement entre la race attique et la race romaine.

À cet égard, Chamberlain reconnaît que les conditions historiques et géographiques ont une part dans la formation des races les plus nobles, en ce qu'elles pourvoient à l'ennoblissement de la matière première par les sélections internes et externes. Le concept de pureté raciale, chez Chamberlain, est donc relatif : ce qu'il s'agit de préserver, c'est le caractère qui résulte d'un mélange et non celui d'un seul et même sang, qui n'est que lui-même. Pourtant, tout cela passe vite au second plan chez notre auteur. Quels qu'en soient les origines et les éléments, il ne fait aucun doute, pour Chamberlain, qu'il existe des races aux caractères très distincts, et il éprouve une véritable peur panique du « chaos ethnique », cause d'un abâtardissement général et d'une décadence inévitable. Il affirme expressément le principe général du racisme, c'est-à-dire le rapport de dépendance, ou d'interdépendance, entre un sang donné et des qualités morales données : « Ces hommes, qui n'ont pas hérité de leur sang un idéal donné, ne sont ni moraux ni immoraux, mais seulement amoraux. Ils restent en deçà du bien et du mal, comme du beau et du laid. L'individu ne peut de lui-même créer un idéal de vie et une loi morale, tout ceci n'a de consistance que si c'est chez lui congénital. » Les caractères de race se révèlent également, selon leur irréductible diversité, par les formes physiques, la structure osseuse, la couleur, la musculature, la proportion des crânes. « Peut-être qu'il n'existe pas un seul caractère anatomique du corps dans lequel la race n'ait pas imprimé sa marque particulière et distinctive ».

Chamberlain admet que « la nation est le creuset dans lequel se forme la race ». Il s'y opère des mélanges, parfois heureux, parfois malheureux. La race s'ennoblit quand l'État est capable de protéger pendant des siècles contre toute hybridation les éléments purs et nobles, de sorte qu'ils ont le temps de s'amalgamer en une substance ethnique homogène et stable.

Dès l'instant qu'au contraire les États s'ouvrent à tout venant, c'en est fini de la race. « À Athènes, la décadence est plus lente : c'est que, par un effet de la situation politique, Athènes n'a rien qui puisse tenter particulièrement les convoitises, aussi le sang étranger ne se mêle-t-il au sien que peu à peu, et encore est-ce en majeure partie le sang de peuples indo-européens ; à Rome, la déchéance s'accomplit avec une terrible rapidité : à peine Marius et Sylla ont-ils fauché la fleur des

Romains authentiques et tari ainsi la source vive du sang noble, que, par l'affranchissement des esclaves, de véritables flots de sang africain et asiatique inondent le peuple, et bientôt Rome sera le rendez-vous de tous les métis du monde, *cloaca gentium.* Il en est partout de même ». Toutefois, le concept de race supérieure chez Chamberlain n'est pas très précis. Dans la famille aryenne, les Germains, les Celtes et les Slaves seraient de race supérieure. Parfois, il en arrive à généraliser le concept de Germains au point d'y englober toutes les grandes races du monde et de faire des Germains une race préhistorique à partir de laquelle se seraient formés par sélection les Celtes, les Slaves et les Germains proprement dits ; parfois, il imagine une sorte de mélange des trois éléments, car il parle en général d'une race et d'un sang « slavo-celto-germain » de l'Europe du Nord et il lui attribue la force qui a créé la civilisation qui a rayonné à l'époque moderne dans le monde.

Chamberlain attribue aux Germains les mêmes caractéristiques raciales que celles que leur donnent les autres auteurs. « Nous retrouvons partout cette particularité spécifique du Germain : l'étroite alliance de l'idéal et du pratique, qui chez lui marchent de pair (...) ». « Ainsi le Germain se caractérise à la fois par une force d'expansion telle qu'on n'en avait jamais observé avant lui, et par la tendance à une concentration jusqu'à lui inconnue. La force d'expansion se manifeste en bien des domaines : pratiquement, dans la colonisation progressive qui étend aujourd'hui son réseau sur toute la surface du globe ; scientifiquement, dans la découverte du cosmos illimité, dans la recherche de causes toujours plus éloignées ; idéalement, dans la notion du transcendantal, dans la hardiesse des hypothèses, comme aussi dans la splendide envolée artistique à laquelle nous devons des moyens d'expression de plus en plus puissants. Mais en même temps s'effectue la concentration en des cercles toujours plus resserrés, méthodiquement circonscrits de remparts et de fossés qui les isolent du reste du monde : le groupe racial, la patrie, la province ou le district, le village natal, l'inviolable foyer *(my home is my castle,* tout de même qu'à Rome), le cercle de famille le plus étroit, enfin la retraite au centre le plus intime de l'individu, qui alors, épuré, conscient enfin d'une solitude ici absolue, s'oppose au monde de l'apparence comme un être invisible, indépendant, autonome, en grand seigneur de la liberté (tout de même que chez les Hindous) ».

La liberté, pour Chamberlain, n'est pas une chose abstraite à quoi tout homme aurait droit naturellement. Seules les races supérieures peuvent avoir le droit à la liberté et se considérer comme naturellement libres, en vertu de dons spéciaux, dont le premier est le « pouvoir de configurer ». Il n'y a qu'une race « constructrice d'État » qui puisse être libre ». Ce serait là encore une prérogative aryenne et, donc, spécifiquement germanique.

Chamberlain nous invite à faire la distinction entre savoir, civilisation et spiritualité. Le savoir équivaut, pour lui, à la science, c'est-à-dire à un système de notions capables de rendre compte de la nature. La civilisation consiste dans le développement technique, industriel, agricole, étatique et dans l'organisation d'un ordre social. La spiritualité comprend toutes les manifestations de la culture et, surtout, les arts comme expression d'une vie morale et religieuse supérieure. Ces éléments peuvent être dissociés mais demeurent toujours conditionnés par la race. Il existe des races qui, par nature, sont très douées pour le savoir et la civilisation, mais ne le sont pas pour la spiritualité comme, par exemple, les Juifs et les Chinois. En revanche, on pourrait voir dans les Hindous l'exemple d'une haute spiritualité qui ne s'accompagne pas de dons pour la civilisation économique et politique.

Seuls les Germains pour Chamberlain seraient assez doués pour développer simultanément ces trois aspects dans une civilisation intégrale. On a déjà vu que la « force organisatrice » serait un monopole germanique. Chamberlain envisage ici les qualités les plus caractéristiques des organisations sociales germaniques et reprend le fameux thème de la « fidélité allemande » *deustche Treue*. « Et très certainement, si l'on veut expliquer la grandeur historique du Germain en la résumant dans un seul mot (...), on nommera sa fidélité. Elle est le point central d'où l'on peut embrasser du regard (...) la personnalité toute entière ». Il est vrai que la fidélité au sens générique n'est pas une vertu uniquement germanique. Elle apparaît en effet - concède Chamberlain - dans toutes les races encore pures, y compris les Noirs. Mais le signe distinctif de la fidélité germanique, c'est qu'elle détermine elle-même, librement, consciemment, sa destination. « Le Nègre et le chien servent leur maître quel qu'il soit : morale du faible ou, comme dit Aristote, de celui que la nature a formé pour être esclave ; le Germain se choisit son maître, et dès lors sa fidélité est fidélité envers soi-même : morale de celui qui est né libre ».

Dans le domaine du savoir, Chamberlain n'hésite pas à faire dériver la science moderne des dons psychologiques et moraux de la race des Germains, dons qui, dans d'autres races, seraient, soit absents, soit présents sporadiquement. « L'aptitude à observer (...), ainsi que l'ardeur passionnée, le désintéressement poussé jusqu'au sacrifice, et la probité, sont des caractères essentiels de notre race ». « D'un côté, l'obéissance : cela par rapport à la nature étudiée ; de l'autre, la souveraineté : cela par rapport à l'esprit humain tels sont les signes distinctifs de la science germanique ». Et encore : « Tout le secret de la découverte consiste en ceci : laisser parler la nature ; mais ceci précisément exige une grande maîtrise de soi, qualité qui manquait aux Grecs. » Pour Chamberlain, c'est surtout du fait de ses découvertes que la science moderne est inséparablement liée à la part que le germanisme a eue dans l'histoire.

Enfin, pour ce qui est du côté spirituel, après le côté social et le côté cognitif, le germanisme posséderait deux aspects caractéristiques, qui, au fond, ne seraient pas opposés, mais complémentaires : l'humanisme et le mysticisme. L'humanisme est conçu comme la faculté de reconnaître et d'apprécier ce qui est particulier et déterminé, lié à la personnalité et au talent, faculté qui est un instinct de race et donne naissance à une civilisation particulière. Comme nous le verrons, même dans son aspect historique (la Renaissance), l'humanisme, pour Chamberlain comme pour Woltmann, serait un phénomène germanique. Quant à la mystique, il la conçoit comme la tendance à considérer la religion comme une expérience intérieure et directe, et non comme une chronique d'histoire sacrée et un dogmatisme opaque. « Mais l'attitude spirituelle la plus propre à libérer l'homme du joug des conceptions hiératico-historiques, la véritable école de l'affranchissement, c'est la mystique la *philosophia teutonica,* comme on l'appelait. Une vue mystique poussée à ses dernières conséquences offre ceci de particulier qu'elle résout l'une après l'autre en allégories les propositions de l'aperçu dogmatique ». Dès lors, « la religion n'est plus (...) une chose que l'on tient pour vraie, une espérance, une conviction, mais une expérience de la vie, un événement intérieur positif, un état immédiat de l'être sentant ». La mystique trouverait sa plus haute expression chez les Aryens de l'Inde : « mais nos grands mystiques germaniques, affirme Chamberlain, se distinguent à peine de leurs prédécesseurs ou contemporains hindous ; une seule chose, en réalité, les sépare : la religion hindoue est une religion indo-germanique non adultérée, dans laquelle la mystique trouvait sa place naturelle, universellement reconnue, au lieu qu'il n'y a point de place pour la mystique dans une combinaison d'histoire sémitique et de magie pseudo-égyptienne, ce qui la voue à être tout au plus tolérée, mais de préférence persécutée, par nos diverses confessions (...). »

À la différence de celui de plusieurs de ses continuateurs contemporains, le germanisme de Chamberlain ne va pas jusqu'à se déclarer proprement antichrétien. Mais, comme l'opposition entre

Aryens et Juifs est, pour lui, une cause entendue et, avec elle, le caractère inférieur, matérialiste, idolâtre et dissolvant du judaïsme, pour résoudre cette incohérence, Chamberlain crée le mythe singulier d'un Jésus « Aryen blond ». Jésus vient de Galilée, région dévastée par les guerres assyriennes, puis reconstruite par des groupes de colons blonds venus du Nord et épurée des derniers résidus juifs bien longtemps avant la naissance de Jésus. C'est à la lignée de ces colons qu'aurait appartenu Jésus. Chamberlain écrit : « Nous ne découvrons pas la moindre raison d'admettre que les parents de Jésus-Christ aient été de race juive. » Puisqu'il le ramène au « le Règne de Dieu est au-dedans de vous », il imagine que le christianisme eut à l'origine des caractères aryens et que, par conséquent, il n'y a que des Aryens qui purent le comprendre dans toute sa pureté. « Croit-on que ce soit un simple hasard si Paul adresse aux Galates son épître sur la rédemption par la foi, sur l'évangile de la liberté (qu'il oppose au « joug de servitude » de la loi mosaïque), sur cette sorte de religion dont l'importance réside non dans les œuvres, mais dans la nouvelle naissance (...), croit-on, dis-je, que ce soit un simple hasard si l'apôtre adresse à des « Gallo-Grecs » d'Asie Mineure, qui sont restés des Celtes presque purs, cet écrit dans lequel il semble qu'un Martin Luther parle à des Allemands (...) ». D'autre part, Chamberlain fait remarquer que la race celte est celle qui, de Scot Origène à John Duns Scot et Pierre Abélard, fournit les figures les plus remarquables de l'ancien christianisme, par leur élan métaphysique et leur profondeur théologique. « Les plus grands apôtres de l'Évangile en Europe, dit Chamberlain, sont tous des Germains » et, pendant qu'il y est, après avoir exalté des mystiques allemands plus ou moins soupçonnés d'hérésie, il en arrive naturellement à exalter la Réforme.

Cette exaltation a pour contrepartie logique un violent « sentiment antiromain » et anti-catholique. La tragédie de l'Europe aurait consisté dans le fait que la spiritualité aryenne dut traverser le « marécage syriaco-sémitique », que le germanisme naissant ne put pas se rattacher directement à des formes spirituelles qui correspondaient à ses aptitudes, et que ce n'est que par l'intermédiaire d'un peuple africanisé et mêlé à des bâtards syriaques qu'il reçut l'héritage de l'Hellade, de l'ancienne Rome et du christianisme.

Si Chamberlain rend hommage à la Rome des origines, il n'en met pas moins sur le compte de la Rome impériale le chaos ethnique, l'esprit de servilité et d'asservissement du métis et, plus généralement, l'antirace. « Rome, à l'époque impériale, fut l'incarnation du principe antinational : ce principe conduisit à la décomposition raciale et en même temps au chaos moral et intellectuel ». Rome devint le rendez-vous de tous les naufragés du monde antique. Faux Perses, Syriens de toutes sortes, Phéniciens, Égyptiens, Africains, Hellènes dégénérés, etc., tous vinrent à Rome chercher la fortune, la gloire et le pouvoir. Selon Chamberlain, l'Église adopta et fit sienne cette tradition de promiscuité, l'associant à une intolérance fanatique, à un autoritarisme aveugle et à une entreprise de destruction complète de toute liberté spirituelle, qu'elle mena de façon systématique dans toutes les directions. Ici, suivant un arsenal ritualiste syriaco-sémitique et un monothéisme matérialiste, on aurait célébré « le péché contre l'Esprit-Saint, savoir le viol de l'homme intérieur, le rapt de la personnalité ». C'est pourquoi « il faut reconnaître sincèrement qu'entre le christianisme, tel qu'il nous fut imposé par le chaos ethnique, et la foi de l'âme des Germains, il n'y a jamais eu et il ne saurait y avoir de vraie correspondance » et que « Rome possède des alliés naturels en tous les ennemis du germanisme ».

Par conséquent, « l'unité organique de l'élément slavo-celto-germanique ne se conserve nulle part de façon aussi éloquente que dans cette aversion instinctive contre Rome ». Entre les mains de l'Anglais Chamberlain, la tradition raciale des Germains devient donc malheureusement la tradition de tous les rebelles et de tous les hérétiques.

Charlemagne aurait commis une erreur fatale en acceptant d'être couronné empereur par le pape et en empruntant à saint Augustin, ce « médiocre métis africain », l'idée de la conversion par l'épée, dont il se servit pour détruire, dans les guerres saxonnes, le meilleur sang germanique. L'Empire et l'Église, ces deux idées romaines, ces deux absolutismes destructeurs dans leur centralisme et dans leur universalisme, pour Chamberlain (à la différence de Woltmann qui, comme nous l'avons vu, y voyait deux créations germaniques à saisir pour la conquête du monde), seraient donc étrangers à l'esprit germanique, que, par une fatale méprise, ils auraient étouffé et affaibli pendant huit siècles. Luther « le plus grand homme de l'histoire universelle » est le libérateur : il met par terre l'absolutisme pontifical et pave la voie à la révolte du principe national et à la restauration de la « loi germanique primordiale de la liberté ».

Si, pour Chamberlain, la migration des Germains vers le Sud avait régénéré une humanité agonisante, malgré « la latinisation, c'est-à-dire l'alliance avec le "chaos ethnique" », la Renaissance lui apparaît comme un nouveau phénomène germanique conditionné par la race, comme le voulait Woltmann. Pour lui, l'idée que la Renaissance aurait été un retour à la culture antique « est bien digne de ces âmes de métis qu'a produites le midi de l'Europe en sa dégénérescence, et qui, par « culture », entendent quelque chose que l'homme se puisse approprier du dehors ». Seule la race donne la force civilisatrice. La Renaissance « n'est certes pas la renaissance de l'Antiquité et moins encore de cette Rome qui n'a ni art, ni philosophie, ni science, mais simplement la renaissance de l'homme libre se dégageant de l'empire niveleur : liberté de l'organisation politique et nationale, par opposition à la routine universaliste ; liberté de la concurrence, l'initiative individuelle dans le travail, la création, l'effort, par opposition à l'uniformité pacifique de la *civitas Dei ;* liberté pour l'observateur d'accepter le témoignage de ses sens, par opposition aux interprétations dogmatiques de la nature ; liberté de l'enquête et de la pensée, par opposition aux systèmes artificiels dans le goût de saint Thomas d'Aquin ; liberté de l'invention et de la configuration artistiques, par opposition à la rigidité des formules hiératiques ; liberté enfin de la foi religieuse, par opposition à l'intolérance et à la contrainte ». C'est une explosion de vie, « un fait entièrement germanique et aussi, à ce titre, nettement anti-romain ».

Il est clair que, ici, le racisme de Chamberlain reprend abondamment les lieux communs les plus grossiers et les plus banals d'une interprétation profane, libéraloïde, rationaliste et antitraditionnelle de l'histoire, qui, malheureusement, il faut bien le reconnaître, hormis la gratuite justification raciste, était et, dans une certaine mesure, est encore le mot d'ordre d'une certaine « éducation moderne », même dans notre pays : d'ailleurs, même chez nous et en plein fascisme, n'a-t-on pas vu Gentile reprendre des arguments du même genre dans la description d'une présumée « tradition italienne » ? L'incompréhension de Chamberlain pour l'esprit véritable de l'idée pontificale comme de l'idée impériale se joint, d'autre part, à une méconnaissance tout aussi grande des traditions aristocratiques allemandes. Alors que, pour lui, une des causes de la décadence de l'Italie de la Renaissance réside dans la disparition du « patriciat germanique » qui y était présent, il définit ensuite ces princes allemands, qui sauvèrent la vie à son Luther et soutinrent sa doctrine de façon irresponsable, comme une bande de criminels et associe la « Renaissance » germanique, non seulement à la civilisation des Communes plus ou moins en révolte contre l'autorité de la noblesse gibeline, mais aussi aux « conquêtes » naturalistes, laïques et scientistes de la nouvelle civilisation, qui devaient justement mener l'Occident au second « chaos ethnique » au chaos de la civilisation internationaliste contemporaine qu'il dénonce lui-même. Mais il serait trop facile de montrer toutes les contradictions, les incompréhensions et les confusions qui abondent dans ces conceptions historiques de dilettante, qui, en vérité, se limitent à des opinions purement personnelles et non pas même personnelles au sens supérieur et, nous dirions même, « aryen », mais bien plutôt obscurément suggérées par le *pathos* d'une époque sans principes. C'est pour les besoins de l'exposé que nous nous sommes référé aux idées de Chamberlain : il faut cependant se garder de les prendre au sérieux et de juger d'après elles les meilleures tendances du racisme.

En ce qui concerne l'époque moderne, Chamberlain voit deux puissances en lutte pour la domination du monde : celle des épigones des races germaniques et celle d'un nouveau « chaos ethnique », auquel il associe pour une large part le judaïsme. Les Juifs seraient des bâtards : un mélange de Sémites et de Syriens. « Y a-t-il vraiment une loi secrète juive dont le but est la destruction matérielle, spirituelle et morale des Indo-Européens et, avec eux, de leur culture ? Je ne le sais : ce que je crois, c'est que l'instinct de cet insaisissable *démon de la décadence humaine* (l'expression est de Richard Wagner), instinct cultivé depuis des millénaires, est, au besoin, suffisant ». Dans ces conditions, l'alternative se pose : ou l'élément germanique parvient à se réorganiser et à s'imposer, ou l'Europe, avec la victoire du chaos ethnique et du judaïsme, sera entraînée dans la même décadence que celle que connurent autrefois l'Hellade et Rome.

La guerre de 1914-1918, pour Chamberlain, fut une lutte fratricide entre des peuples qui, comme l'allemand, le français, l'anglais, le russe, lui apparaissent comme des branches du seul noyau aryen problématique, le slavo-celto-germanique. Pourtant, il vit aussi dans cette lutte le reflet d'antithèses spirituelles et une sorte d'insurrection des peuples contre la force particulière que comporte l'idéal qui était celui de l'Allemagne.

« L'Allemagne ne demande rien d'autre que la liberté de donner tout ce dont elle est capable pour se mettre indiscutablement à la tête de tous les peuples écrivait Chamberlain puisque ce n'est qu'alors qu'elle sera en mesure d'accomplir sa destination divine ». Parmi les adversaires de l'Allemagne, les Russes et les Français, pour Chamberlain, ne représentaient pas des forces spirituelles précises. La véritable antithèse était constituée par l'Angleterre, championne de l'impérialisme mercantile qui étouffe le monde par la force de son économie. Chamberlain rêvait d'une Allemagne qui, par la lutte et la victoire, aurait ouvert la voie à son droit civilisateur supérieur. En 1916, il écrivait : « Celui qui ne croit pas au destin divin de l'Allemagne, qu'il se pende aujourd'hui plutôt que demain. » Et en même temps : « Que dois-je dire ? Je crains de devenir illogique ou presque incroyant : une défaite des Allemands, je ne pourrais la considérer que comme une victoire différée. Je me dirais que les temps ne sont donc pas encore mûrs et qu'il faut garder fidèlement le patrimoine sacré dans les limites étroites d'une patrie. »

En 1902, Woltmann fonda une *Revue d'Anthropologie Politique* qui rassembla les principaux représentants du racisme d'avant-guerre, dont Lange, Chamberlain et von Ehrenfels. Dans ce groupe, nous signalerons aussi Joseph Ludwig Reimer, écrivain qui peut être considéré comme un disciple direct de Chamberlain, dont il a souvent développé les thèses avec plus de cohérence dans un livre sorti en 1905 : *Une Allemagne pangermaniste.*

Ici, on commence par distinguer la culture de la civilisation. La culture a ses racines au cœur même de la race, elle en est l'expression directe et ce n'est qu'ensuite qu'elle peut donner naissance à une civilisation. À chaque race correspond une culture unique, qui n'est valable que pour elle seule et pâtit de tout croisement avec une race étrangère. Liée au sang, la culture est intransmissible. En revanche, la civilisation, qui en est pour ainsi dire une extériorisation visant à lui créer une forme déterminée d'existence matérielle et un milieu déterminé, peut être transmise, au moins dans certaines limites. Par exemple, le Japon moderne a adopté une civilisation qui n'a pas de rapport avec sa culture et dont il se sert pour s'affirmer sur le plan matériel. Il n'en reste pas moins que « la culture et la civilisation interagissent entre elles ». Il est des peuples qui ont uni une culture inférieure à une grande civilisation (Carthage, etc.) et vice versa. La capacité civilisatrice est la capacité de créer pour la partie matérielle de l'humanité les plus grandes possibilités de vie et de puissance, indépendamment de ce qui forme l'essence de l'être humain. Aussi l'homme d'une civilisation des plus raffinées et des plus parfaites peut-il être un barbare et une brute. La civilisation n'est pas essentielle, mais secondaire, pour l'homme ; de toute façon, elle ne peut élever que si elle tire directement son fondement de la culture d'une race. Jusqu'ici, on peut donc voir chez Reimer des points de vue sensés, qui préfigurent des idées que fera connaître le livre bien connu de Spengler : *Le déclin de l'Occident* Mais, tout de suite après, les mêmes obsessions exclusivistes apparaissent.

En effet, pour Reimer, la correspondance entre la culture et la civilisation ne se vérifierait à un très haut degré que chez le peuple allemand. L'harmonie entre la culture et la civilisation y serait parfaite. Cependant, la plupart des racistes contemporains semblent être d'un avis contraire : l'Allemagne aurait subi, jusqu'à l'avènement du national-socialisme, une « civilisation » étrangère à sa culture, d'abord humaniste et romanisée, puis largement « sémitisée », internationaliste et rationaliste, qui en a affaibli les caractères raciaux.

Pour Reimer, « la race nous apparaît dans l'histoire, pour ainsi dire, sous deux formes différentes : l'une s'est développée dans les temps préhistoriques les plus reculés, elle forme la partie immuable et inébranlable, l'essence même de la race » ; l'autre, variée, inconstante, est souvent soumise à mille contingences et fournit les liens qui unissent la culture à la civilisation. « C'est dans la culture que l'on découvre le fond originel, l'essence de la race ». Là encore, on peut voir un racisme judicieux, qui, s'il était approfondi, en viendrait nécessairement à déplacer toujours plus le centre du problème du plan biologique au plan spirituel et à celui des « races de l'esprit ». La race pourrait donc commencer à signifier quelque chose de différent de ce qu'exprime ce mot, lorsqu'il s'applique à un chien ou à un cheval.

Pour ce qui est de la différence entre les races, Reimer oppose les Germains aux non-Germains ; ceux-là correspondent, comme dans la conception de Chamberlain, au groupe slavo-celto-germain ; ceux-ci correspondent en Europe à deux types : 1) à l'homme brun, petit et à tête ronde (brachycéphale), originaire de la région des Alpes et de celle des Sudètes, type qui est cependant presque toujours rectifié par des croisements avec des éléments nordiques ; 2) à l'homme méditerranéen brun et dolichocéphale, qui peut être considéré comme une branche issue de *l'homo europaeus ;* il se rapproche plus de l'homme nordique que de tout autre race.

Reimer considère ensuite le problème de la possibilité d'un empire raciste. On voit déjà apparaître ici une ambiguïté qui sera très caractéristique de certaines des tendances contemporaines du racisme : d'une part, on affirme un principe de différence, de hiérarchie et d'autorité, s'agissant de la race supérieure par rapport aux autres, mais, d'autre part, on n'applique plus ce principe à la race supérieure, envers laquelle se manifeste la même intolérance que celle que nous avons déjà signalée envers tout ce qui est aristocratie et idée impériale véritable, et l'on en arrive à une sorte de libéralisme ou de césarisme démocratique. En somme, les Germains devraient imposer aux autres le principe aristocratique, mais n'auraient pas à l'accepter pour eux-mêmes.

Quoiqu'il en soit, la prémisse de Reimer est qu'il faut en effet une idée impériale « face au développement chaotique des nations romanes », mais « une idée impériale qui ne doit pas naître comme celle de Rome. Un empire mondial qui veut s'inscrire dans la durée ne doit pas être universel à la manière de Rome : il ne doit pas étendre sa domination sur des peuples et des races hétérogènes pour des raisons purement commerciales et économiques, en vue de les assujettir, de les absorber et de s'y fondre ». Il n'est pas facile de comprendre comment Reimer a pu imaginer que c'est de cette façon que se serait réalisé *l'Imperium* romain. En tout état de cause, sa thèse est que toute race impériale devrait propager son sang dans les pays qu'elle a conquis, en restant toutefois pure, en pénétrant par ses branches dans chacune des autres races et en les marquant de son empreinte, mais sans les pousser à se fondre l'une dans l'autre. En l'espèce, il faudrait, d'une part, ramener la race germanique à son état primitif et s'occuper énergiquement de sa santé et de son développement biologique ; d'autre part, favoriser son expansion. Quant à savoir comment ces conditions pourraient être remplies pratiquement, c'est là ce qui n'est pas très clair ; si les Germains doivent rester purs et néanmoins féconder par leur sang les autres races, il faut que ce soit par la polygamie et l'hypergamie. Enfermés dans une sorte de caste inaccessible, les conquérants devraient avoir la possibilité de faire don de leur semence aux femmes des races conquises, en les laissant cependant dans leur condition. D'ailleurs, aujourd'hui, il en est qui ne manquent pas de réhabiliter sur des bases racistes le fameux *jus primae noctis :* il ne faudrait pas y voir un abus de la part de seigneurs dissolus et libertins, mais un moyen pour propager le sang aristocratique dans des éléments inférieurs et, donc, pour les ennoblir.

En tout état de cause, « pour réaliser pratiquement un empire mondial en Europe dit-il l'essentiel est qu'il existe effectivement une race capable de culture qui, sous l'action d'une nécessité extérieure ou intérieure, se lance à la conquête le monde ». Il n'y aurait rien à redire, dans l'ensemble, à cette idée, si l'auteur n'ajoutait pas qu'« il est reconnu que, en Europe, cette race est la race celto-slavo-germanique, à laquelle la culture européenne est unie par des liens d'origine ». Pour Reimer, il y a deux impérialismes. L'un, « féodal, réactionnaire et de droit divin », est « anachronique » et « doit disparaître rapidement » (il faut noter que l'auteur écrivait cela avant la Grande Guerre). L'autre est un « impérialisme épuré » fondé sur une « éducation démocratique » qu'il s'agit de développer sur plusieurs générations. Ici, on accuse de nouveau Charlemagne d'avoir cessé d'être un roi de race germanique en se faisant couronner empereur des Romains et d'avoir ainsi permis au « principe de l'universalisme [de l'emporter] sur celui de l'empire fondé sur une race ». L'empire allemand médiéval n'aurait été que le prolongement de l'impérialisme romain universaliste, c'est-àdire l'adoption par les Germains de l'idée d'un empire universel sans nationalités ; « et cet héritage est la source de nos pires misères ». Le monde germanique s'affranchit de Rome, mais « un nouvel empire allemand unifié sur des bases non universalistes ne pouvait se réaliser que par le déclin des Habsbourg ». Ici, Reimer n'hésite pas à voir une influence germanique dans la révolte de la Prusse contre l'Autriche, qui, comme on sait, était formellement l'héritière catholique du Saint Empire Romain Germanique. Pour Reimer, la guerre mondiale de 1914-1918, qui entraîna la disparition de l'empire des Habsbourg et de ce qui restait de l'idée impériale « féodale » anachronique de l'Allemagne des Hohenzollern, aurait bien pu être un don de la Providence. Or, il est curieux que ce but fût celui-là même que poursuivirent consciemment et notoirement, dans cette guerre, la maçonnerie et la juiverie internationale[1] Ceci peut donner à une certaine catégorie de lecteurs une idée des influences suspectes auxquelles obéit tout mythe raciste, lorsqu'il n'a pas, comme celui que nous défendons, des prémisses aristocratiques précises, mais subit au contraire l'influence de tendances « socialisantes » et modernisantes.

---

[1] Cf. l'œuvre importante de E. Malinsky et L. de Poncins que nous avons traduite : *La guerra occulta (Armi e fasi dell'attacco ebraico-massonico contro la tradizione europea)*, Hoepli, 1936. Disponible en français *La Guerre Occulte*, Omnia Veritas Ltd, www.omnia-veritas.com

CHAPITRE V

LA THÉORIE DE L'HÉRÉDITÉ

Le racisme génétique. Théorie du milieu et théorie de l'hérédité.
Lois de Mendel. Hybridation et dihybridisme. Théories racistes.

L'examen de ce groupe d'écrivains nous a permis de mettre en lumière les concepts fondamentaux dont s'inspirera l'idéologie raciste dans l'après-guerre. Le développement de ces concepts y prend ces directions fondamentales :

1)   D'abord, on essaie de justifier et de renforcer au point de vue scientifique l'idée de la race, en faisant intervenir des lois positives bien définies - les lois de l'hérédité. La théorie de Mendel reçoit un développement dans les théories du racisme « génétique » (Fischer, Lenz).

2)   Ensuite, on s'efforce de préciser le principe de l'inégalité des races sur des bases anthropologico-descriptives, en décrivant un certain nombre de types primaires ethniques (Günther, von Eickstedt, Gieseler) parfois même psychologiques (Clauss).

3)   Les thèses racistes sont de plus en plus étroitement associées à l'antijudaïsme.

4)   Le mythe aryen, le mythe de la race nordique primordiale, devient la base de vastes reconstitutions de la plus haute préhistoire (Wirth).

5)   L'interprétation raciste de l'histoire des civilisations prend un caractère de plus en plus précis et cohérent (Rosenberg, von Leers) et, dans certains courants extrémistes, la vision raciste de la vie commence à se manifester, non seulement comme anticatholicisme, mais aussi comme antichristianisme et néopaganisme.

6)   Enfin, on passe de la théorie à la pratique, à l'action positive.

L'idée raciste gagne jusqu'au domaine législatif et y exerce son influence. D'idée propre à un groupe plus ou moins flanqué d'écrivains, le racisme devient, grâce aux nouvelles révolutions nationales, une conception institutionnelle et donne naissance à une nouvelle législation, à un ensemble de mesures d'hygiène sociale et de sélection ethnique fondée sur l'idée de la race aryenne.

Venons-en donc maintenant à l'analyse de ces différents points.

C'est à partir d'une utilisation résolue des lois positives découvertes en matière d'hérédité qu'a pris forme le racisme génétique, qui se distingue du racisme descriptif en ce que, comme point fondamental de la définition des différents types raciaux, il ne prend pas les caractéristiques extérieures de l'individu, mais, pour ainsi dire, les possibilités dont les caractéristiques extérieures sont les manifestations et qui se transmettent héréditairement. Eugen Fischer, un des plus grands représentants du racisme génétique, définit ainsi la race : « C'est une souche définie par des groupes de gènes identiques et non d'hommes extérieurement semblables dans leur forme : c'est un groupe héréditaire », de sorte que, par caractères de race, on n'entend pas tous ceux que peut posséder la majorité des individus d'un groupe humain à un moment déterminé, mais seulement ceux qui peuvent se transmettre héréditairement.

Le concept de « gène » vient de la biologie et de la génétique : c'est la possibilité d'engendrer une forme ou un type héréditaire, aussi bien que d'éveiller certains caractères héréditaires, forme, type ou caractères qui sont issus du « gène » selon des lois précises et d'une manière qui n'est pas toujours uniforme nous voulons dire que, dans des conditions variables, le même gène peut se manifester de façon différente, comme nous allons le voir tout de suite de plus près en étudiant les lois générales de l'hérédité. Il en découle une distinction fondamentale de la génétique, que le racisme et, même, le racisme politique, en la transposant, a faite sienne : la distinction entre le génotype et le phénotype. Le génotype est le type fondamental et originel, lié à la nature spécifique du « gène » ou d'un groupe déterminé de « gènes », tandis que le phénotype est la forme visible, sensible, individuelle, d'apparition de cette possibilité, forme qui, comme on l'a dit, peut être sujette à variations. De là une autre distinction particulière : la distinction entre les variations génotypiques, des mutations qui sont parvenues à affecter l'essence, le « gène » ou génotype et sont donc transmissibles héréditairement, et les variations phénotypiques, qui sont des modifications externes et individuelles liées au phénotype et n'ont pas la capacité de se transmettre héréditairement. Le racisme génétique relativise donc l'importance d'une recherche uniquement descriptive et d'un simple catalogage de caractéristiques et de dons : pour la race, il estime que seule la caractérisation de ses « gènes » et de son génotype, c'est-à-dire de son élément originel, héréditaire et fondamental, est importante et décisive.

Il est quelque peu singulier que le racisme génétique, par exemple celui de Fischer, d'une part, renforce par de telles vues le concept des différences, qui deviennent dès lors profondes, organiques, héréditaires, alors que, d'autre part, il les relativise par une conception moniste des origines, opposée à celle que, sur un autre terrain, l'empereur Julien, comme on l'a vu, avait défendue, en se déclarant pour le polygénisme. Ce racisme considère en effet que les gènes se sont différenciés à partir d'une substance unique à la période glaciaire : d'importantes sélections favorisées par un milieu constant auraient ensuite stabilisé ces différenciations, en fixant de façon définitive la nature variable des gènes, de sorte que, à partir de cette période, les races ont commencé à devenir des groupes héréditaires bien définis et distincts, qui sont soumis, physiquement et, en partie, spirituellement, aux lois fondamentales de la génétique et, en particulier, à celles de Mendel sur l'hérédité.

Comme introduction à un bref exposé de ces lois, et pour donner quelque idée des théories racistes et politiques qui en ont été tirées, nous dirons qu'elles ont été adoptées par des mouvements contemporains de renouveau national, en commençant par le national-socialisme allemand, comme arme de combat contre la théorie de l'influence du milieu, théorie qui est considérée par ces courants comme un auxiliaire scientiste du marxisme et du libéralisme. Pour pouvoir défendre leur dogme de l'égalité fondamentale de tous les êtres humains, en dépit du fait que l'expérience démontre positivement l'inégalité des individus et des races, le marxisme et le libéralisme se sont emparés de la théorie du milieu. Selon cette théorie, toute différenciation peut être ramenée à l'influence extérieure qu'exerce le milieu, qu'elle soit naturelle, sociale ou historique. C'est pourquoi toute différence n'est qu'extérieure, accidentelle et contingente et peut être supprimée par une modification opportune des conditions du milieu. Cette conception a pour corollaire l'humanitarisme : s'il y a des êtres inférieurs ou indignes, ils ne le sont pas par nature, mais uniquement parce qu'ils sont « victimes du milieu ».

À la théorie du milieu le racisme oppose donc la théorie de l'hérédité, selon laquelle les différences entre les êtres n'ont pas une cause externe, mais interne, essentielle, congénitale, liée à l'hérédité.

Certes, les conditions externes peuvent soit favoriser, soit entraver le développement des dispositions innées héréditaires, elles peuvent même permettre aux unes de prendre le dessus sur les autres, « mais aucune force du milieu, qu'elle soit de nature matérielle ou de nature spirituelle, n'est capable de changer l'essence la plus intime des dispositions et, donc, la nature de l'homme » (Walter Gross). Par conséquent, « la valeur des hommes, tant dans le bien que dans le mal, n'est plus la conséquence d'un milieu bon ou mauvais, mais l'expression de caractères hérités qui résident dans le sang humain et leur viennent de leurs pères et de leurs mères. Nous ne pouvons pas changer ces caractères, ni même réveiller arbitrairement ceux qui ont été perdus. Nos connaissances actuelles nous amènent au contraire à penser que, à partir du moment où un peuple apparaît dans l'histoire avec des caractères donnés, ceux-ci subsistent jusqu'à ce que, à un moment quelconque, le courant du sang s'interrompe ; une partie des caractères originels est alors perdue pour toujours. La plupart des hommes sont doués originairement de qualités moyennes à bonnes, une minorité peut s'élever audessus d'eux parce qu'elle a des valeurs corporelles, spirituelles et personnelles plus élevées, tandis qu'une autre minorité a des dispositions inférieures et corrompues. Tout cela, il faut le dire encore une fois, ne vient pas de la diversité des forces du milieu, des conditions sociales, etc., mais de la force du destin, qui se manifeste ici dans l'hérédité ». De là, d'abord, un renforcement de l'idée que l'inégalité des races est essentielle et non accidentelle ; ensuite, du principe de l'inégalité des civilisations, des idéaux, des valeurs, etc. ; enfin, « la formule vide des droits égaux pour tous fait place au principe national-socialiste : à chacun son dû - les droits, les devoirs, l'influence et la responsabilité qui correspondent à ses dons innés particuliers ».

Après avoir montré la signification politique de la théorie de l'hérédité, examinons de plus près cette théorie. En raison de son caractère « officiel », nous nous référerons principalement à l'exposé qu'en a fait récemment Hermann Boehm.

Le moine augustinien Johann Mendel (1822-1884) est considéré comme le « père » de la théorie de l'hérédité, dont il formula les lois essentiellement d'après les expériences et les observations qu'il avait faites dans les règnes animal et végétal. Du vivant de Mendel, ses recherches ne trouvèrent aucun écho. Ce n'est qu'à la fin du siècle dernier qu'elles furent admises par la science officielle à la suite des résultats obtenus indépendamment par le Hollandais De Vries, l'Allemand Correns et l'Autrichien Tschermak. Leur adoption par l'idéologie politique raciste est encore plus récente.

Premier point. Deux facteurs principaux influent sur la forme particulière qu'un être déterminé possède à un moment déterminé : une hérédité et un milieu. La première objection avancée par la nouvelle théorie contre celle du milieu est que la faculté et la manière de réagir à une influence déterminée du milieu n'est pas la même pour tous les individus, ne vient pas du dehors, mais ne peut s'expliquer que par quelque chose d'intrinsèque, par un caractère congénital héréditaire. Mais l'influence que le milieu peut exercer dépend justement de cette manière spécifique et congénitale de réagir. Un représentant de ce courant, Erwin Bauer, a exprimé ainsi cette idée :

> « Ce dont nous héritons est toujours et uniquement une manière spécifique de réagir aux conditions externes, et ce que nous percevons par nos sens comme une caractéristique externe d'un individu n'est que le résultat de sa réaction à la réunion accidentelle de toutes ces conditions externes, sous l'action desquelles l'individu s'est véritablement formé. »

Éclaircissons cet énoncé abstrait par des exemples. Il y a deux variétés de primevère de Chine, l'une à fleurs rouges, l'autre à fleurs blanches. Dans des conditions normales, c'est-à-dire entre 10 et 20 degrés au-dessous de zéro, elle produit des fleurs rouges, tandis que, au-dessus de 35 degrés et dans un endroit humide, elle produit des fleurs blanches. Influence du milieu ? Dans une certaine mesure. Plus précisément, déplacement du concept d'hérédité vers le « gène ». Ce qui est hérité, ce ne serait pas le caractère externe « couleur rouge » ou « couleur blanche », mais plutôt la capacité de produire constamment des fleurs rouges dans des conditions normales et des fleurs blanches dans une serre chaude ou sous un climat tropical. Ce qui peut donc être considéré comme héréditaire et déterminant, c'est une manière bien précise, même si non unilatérale, de réagir. Il ne faut donc pas tirer de l'aspect externe, contingent, de l'individu dans un milieu déterminé des conclusions sur ses prédispositions congénitales héréditaires. Il peut s'agir de modifications externes qui ne disent rien de l'essence et des forces de cette hérédité. Les conditions du milieu ne peuvent agir qu'en actualisant l'une ou l'autre des dispositions contenues dans l'essence et conditionnées par les gènes, mais ne peuvent pas influer sur cette essence, où entre en jeu l'hérédité.

C'est là la première loi de l'hérédité : le milieu ne peut produire que des variations externes (variations ou modifications phénotypiques). Ces variations, qui sont contingentes et transitoires, ne donnent pas naissance à des éléments d'une nouvelle hérédité, mais se perdent. La primevère de Chine qui, née dans une serre surchauffée, a toujours produit des fleurs blanches, produit de nouveau des fleurs rouges, lorsqu'elle est remise dans la nature. Prenons une primevère de serre, transplantons-en les graines en serre ; après quelques générations, prenons un exemplaire de cette variété blanche et remettons-la dans des conditions normales : encore une fois, la floraison blanche cesse et la floraison rouge de la « plante aïeule » réapparaît. Le milieu n'a donc eu aucune influence pendant plusieurs générations sur sa manière innée de réagir, qui est de produire constamment des fleurs rouges à 15 degrés et des fleurs blanches à 35 degrés.

On pense qu'il en va de même dans le règne animal. Il existe une espèce particulière d'insectes, la paramécie, qui est unicellulaire et se reproduit par scissiparité, c'est-à-dire en se divisant en deux cellules identiques. Les « enfants » devraient donc avoir la même hérédité biologique. Or la taille de cet insecte varie entre un minimum et un maximum, qui sont déterminés par les conditions du milieu. Mis au moment opportun dans deux milieux différents, les deux « enfants » atteignent, l'un la taille maximale, l'autre la taille minimale. Mais si nous laissons ces deux insectes se reproduire, nous constatons que les descendants de l'insecte le plus grand ne sont pas plus grands que les descendants de l'insecte qui, sous l'action du milieu, a atteint une taille plus petite. C'est une nouvelle preuve que les « modifications » ou « variations phénotypiques » c'est-à-dire les formes conditionnées par le milieu, ne se transmettent pas héréditairement, qu'elles sont transitoires et n'affectent pas l'essence et la descendance.

Le racisme génétique pense que cette première loi de la théorie de l'hérédité est sans aucun doute applicable à l'homme. Ce que l'on admet, c'est qu'une race humaine n'est pas définie par un type anthropologique rigide, mais par un type qui oscille autour d'une valeur moyenne et peut donc subir une modification maximale et une modification minimale (la primevère a deux formes limite, une rouge et une blanche). Le milieu ne peut exercer son influence qu'entre ces limites. Cette influence n'est jamais assez forte pour dépasser la variation maximale fixée par la nature intrinsèque et la capacité d'adaptation d'un type anthropologique déterminé et d'une race déterminée. Et même si le milieu contraint des générations entières d'une race déterminée à adopter la forme la plus éloignée de leur type originel pour s'adapter, cette modification ne se transmet pas, la descendance, lorsqu'elle retrouve des conditions normales, manifeste de nouveau ce type. En somme, pour nous servir d'une image, nous pouvons dire qu'elle a le comportement d'une substance élastique, qui, sous l'action d'une force extérieure, peut se déformer dans une certaine limite (au-delà de laquelle elle se rompt) et qui, lorsque cette action cesse, reprend sa forme primitive.

Lamarck avait formulé deux lois d'après la théorie du milieu. Selon la première, l'usage développerait les organes, tandis que le non-usage les atrophierait et, finalement, provoquerait leur disparition. La seconde loi est que, sous la persistance des conditions extérieures (le milieu) sous l'action desquelles la fonction se développe ou s'atrophie, cette fonction se transmet ou disparaît dans la descendance. La théorie de l'hérédité affirme que ces deux lois sont fausses ou, tout au moins, incomplètes. Par exemple, on peut sous-alimenter une variété de haricot pour la maintenir en survie. Les graines de cette plante sous-alimentée donnent naissance à de petites plantes également malades, frêles, non développées et qui le restent, même si on les transplante dans une terre riche. Il semble donc que l'affaiblissement de la plante mère par le milieu se soit transmis héréditairement.

Il n'en est rien : il ne s'agit pas de la transmission d'un élément essentiel, mais, pour ainsi dire, d'un écho, qui s'est propagé à la nouvelle plante, de l'influence qui s'est exercée du dehors sur la plante mère. Sous cette action, il s'est formé des graines qui ne sont pas assez riches pour nourrir le germe de la nouvelle plante. Mais l'influence du milieu cesse peu à peu par la suite. Il suffit de prendre les graines de la nouvelle plante, de les faire pousser, de prendre les nouvelles graines, etc., et, à la troisième génération, la plante recommence à croître de façon normale.

De curieuses recherches ont été faites par Lange sur les « jumeaux criminels ». Ce chercheur a distingué deux types de grossesses gémellaires. Dans l'une, deux ovules sont fécondés simultanément et alors les jumeaux n'ont pas les mêmes dons. Dans l'autre, une cellule unique fécondée se scinde en deux parties à un moment donné de son développement, scission qui aboutit à la formation de deux êtres et alors ces deux êtres ont une hérédité identique et les mêmes qualités.

En vertu de cette théorie génétique, les partisans de la doctrine de l'hérédité pensent pouvoir réduire à néant un des arguments les plus connus des partisans de la doctrine de l'influence du milieu, qui ramènent à cette influence le fait - qui, autrement, serait inexplicable pour eux que des jumeaux possèdent souvent des dons fort différents, même s'ils ont la même hérédité. Des jumeaux ne pourraient être tous deux, par exemple, délinquants, que s'ils avaient vraiment la même hérédité, c'est-à-dire si leur naissance pouvait être attribuée au second des deux types de processus. Fischer a effectué d'autres recherches, vastes et systématiques, dans ce domaine, l'étude des jumeaux étant une des *expérimenta crucis* de la génétique.

En guise de corollaire à la première loi de l'hérédité, le racisme tire cette conclusion particulière : « L'éducation n'est pas toute puissante. Le but de toute forme d'éducation doit consister à porter au plus haut degré, par la détermination des conditions de vie les plus favorables, les bonnes qualités congénitales héritées. Cependant, les limites de l'éducation sont rigoureusement fixées par cette hérédité. Si la corde de l'hérédité n'est pas là pour vibrer, même l'artiste le plus doué ne pourra tirer aucune note, et l'action pédagogique ne pourra jamais être efficace » (Boehm).

Venons-en maintenant aux lois de l'« hybridation », c'est-à-dire aux lois relatives aux résultats du croisement entre des espèces différentes. Elles sont connues sous le nom de lois des croisements interspécifiques.

Il existe deux variétés de gueule-de-loup, l'une à fleurs rouges et l'autre à fleurs nacrées. Un parent de la variété rouge croisé avec un parent de la variété nacrée produit des fleurs de couleur intermédiaire, des gueules-de-loup roses. C'est là la première loi de Mendel sur les croisements interspécifiques, la loi d'uniformité (dans l'hybride, les deux caractères différents s'uniformisent, s'équilibrent en un caractère intermédiaire).

Passons maintenant à la deuxième génération, et faisons donc se reproduire une gueule-de-loup hybride à fleurs roses avec une autre gueule-de-loup hybride à fleurs roses. Le résultat obtenu n'est pas une variété identique à la variété unique des parents hybrides, c'est-à-dire que le nouveau croisement ne donne pas seulement des fleurs roses, mais qu'il y a « disjonction » (dihybridisme) des caractères : 50% de l'ensemble des fleurs de la deuxième génération hybride sont roses, alors que les 50% restants se décomposent en 25% de fleurs rouges et 25% de fleurs nacrées. En somme, les caractères des aïeux, qui, dans les parents hybrides, semblaient avoir disparu, alors qu'ils n'étaient que latents, réapparaissent. C'est la seconde loi de Mendel, la loi de disjonction ou de dihybridisme. L'aïeul rouge renaît donc dans les produits de la seconde génération (nous pourrions dire : dans ses petits-enfants) pour 25%, l'aïeul nacré pour 25% aussi, et il n'y a que dans les 50% restants que se conserve le caractère intermédiaire ou hybride – rose – des parents directs.

Mais il ne se conserve pas longtemps. En effet, faisons encore un croisement entre deux exemplaires de ceux qui, à la seconde génération, étaient restés hybrides. La même disjonction se reproduit à la troisième génération : le caractère héréditaire intermédiaire ou hybride rose ne se maintient que dans 50% des fleurs issues du nouveau croisement, tandis que le caractère rouge originel de l'un des aïeux se transmet encore une fois à 25% d'entre elles et le caractère nacré originel de l'autre aïeul aux 25% restants. Les hybrides tendent donc à se dissocier de plus en plus : pour ainsi dire, ils se perdent peu à peu en route et sont graduellement éliminés dans la descendance, tandis que les caractères héréditaires purs originels réapparaissent. Ces caractères héréditaires demeurent hétérogènes, ne se diluent pas, ne disparaissent pas : quand ils sont croisés, pour ainsi dire de force, ils entrent dans des amalgames instables, dont ils se libèrent ensuite, redevenant eux-mêmes dans leur descendance. L'hérédité est un destin. Elle ne se perd pas.

Passons maintenant à un nouveau cas, à celui où la force des deux variétés originelles, ou caractères héréditaires, qui sont croisées, n'est pas la même. On croise une gueule-de-loup rouge avec une autre, non pas de la variété nacrée, mais d'une troisième variété, une blanche. Cette troisième variété s'avère être plus fragile et n'avoir pas la même influence sur le croisement. Il semble que les hybrides qui en sont issus ne soient pas hybrides, parce qu'ils ne sont pas roses, comme dans le cas précédent, mais eux-mêmes d'un rouge pur. Le caractère héréditaire blanc semble avoir disparu dans le croisement. L'enfant est absolument semblable au père qui a le caractère le plus fort, et, à ce stade-là, il est impossible de le distinguer de celui qui était né du croisement de deux parents de la même variété rouge plutôt que d'un parent rouge et d'un parent blanc. Mais, lorsque l'on passe à la génération suivante, c'est-à-dire que l'on croise entre eux deux exemplaires de cette variété qui semble pure, même s'ils sont le résultat d'un croisement, on peut observer, là encore, une disjonction et, consécutivement, une réapparition des caractères héréditaires originels dans les fleurs qui en sont issues. La proportion est la même, à ceci près qu'il faut distinguer ici un rouge qui est vraiment pur, réapparition du rouge originel, d'un rouge apparent, qui est celui du premier hybride. Ce second rouge, qui figure donc dans 50% des fleurs de la seconde génération, porte cependant en lui un blanc « refoulé » ou latent, invisible, mais qui est prêt se manifester dans le croisement suivant ; ensuite, on a 25% de fleurs intégralement rouges qui ne se dissocient plus dans les générations suivantes et, enfin, 25% de fleurs dans lesquelles réapparaît le caractère héréditaire blanc qui semblait avoir disparu ou avoir été dominé. La présence d'un géniteur plus fort (« dominant ») n'empêche pas la disjonction : elle ne fait que la retarder. L'hérédité la plus faible (« récessive ») ne manifeste pas son effet, mais, à un moment ou à un autre de la croissance, elle réapparaîtra. L'hérédité, là encore, est un destin.

Considérons un dernier cas. Croisons une fleur hybride, non pas avec un autre hybride comme nous l'avons fait jusqu'ici pour observer le processus du dihybridisme, mais bien plutôt avec une fleur appartenant à une des variétés pures originelles. Une disjonction s'opère encore une fois dans les résultats de ce croisement, selon le pourcentage suivant : 50% des éléments issus du croisement entre le « bâtard » et le « pur-sang » sont eux aussi composés de « bâtards », tandis que les 50% restants ont le caractère du parent pur-sang, qui s'est donc comporté comme dans le cas précédent, c'est-à-dire comme le porteur d'une hérédité type « dominant ». Le pur-sang, par rapport au bâtard, a donc un caractère « dominant » par rapport au caractère « récessif ».

Cependant, selon la loi relative au cas précédent, là encore, le dihybridisme est retardé et non éliminé dans les produits suivants des croisements entre les éléments demeurés hybrides.

Ce sont là les lois de l'hérédité de Mendel : lois expérimentales et déterministes, dont le racisme à caractère scientiste estime qu'elles sont applicables à tous les êtres vivants et donc, à l'homme et aux races humaines. Naturellement, ce racisme oublie de se demander si l'homme ne devrait pas être considéré comme quelque chose de plus qu'un « être naturel » et un « être vivant ». Sans doute, il est aussi cela, puisqu'il ne pense ni ne crée ni ne lutte dans un supramonde immatériel ; sans doute, donc, dans ses aspects biologiques et physiologiques, il est soumis à certaines lois qui ont la même influence sur lui que sur une plante ou un insecte. Mais le vrai problème est celui de savoir dans quelle mesure ces lois influent, dans l'homme, sur des lois de nature supérieure et en subissent l'influence : c'est-à-dire l'influence de lois proprement humaines, qui se rapportent à l'homme en tant qu'homme – personnalité, esprit – et non en tant qu'il est une des nombreuses espèces naturelles. Il est fort singulier que le racisme, qui veut la différence, finisse, en s'affirmant ici « scientifiquement », par devenir niveleur, c'est-à-dire par mettre sur le même plan, uniformément dominé par les lois de l'hérédité, les hommes (et, parmi les hommes, les races supérieures et les races inférieures), les lapins, les plantes, les insectes, etc. Dans *Synthèse de doctrine de la race,* nous avons donc étudié les limites et la vraie signification de la loi de l'hérédité dans une théorie complète de la race se rapportant à l'homme en tant que tel.

Du reste, pour ce qui est des espèces humaines dans leur aspect simplement biologique, les racistes scientistes eux-mêmes admettent qu'il n'est pas très facile d'observer les lois de Mendel. Mais, pour eux, la cause de cette opacité résiderait essentiellement dans la difficulté de définir les divers éléments de l'hérédité humaine et d'en suivre les développements dans les croisements, puisque l'on ne dispose pas d'exemplaires humains de race absolument pure et que l'on ne peut pas les combiner expérimentalement, et encore moins suivre les résultats de ces combinaisons dans un nombre suffisant de cas et de générations. Ensuite, la difficulté résiderait en ce que l'homme, dans son hérédité, n'est pas défini, comme la gueule-de-loup, par un seul caractère typique, mais par de nombreux caractères. Dans certains cas spéciaux, on a cependant cru pouvoir constater avec une approximation suffisante l'existence de la loi des croisements interspécifiques chez l'homme : par exemple, pour la couleur des yeux. On aurait constaté que la couleur foncée des yeux est « dominante » par rapport à la couleur claire, qui serait « récessive » (comme la gueule-de-loup rouge par rapport à la gueule-de-loup blanche) ; de là les conséquences bien connues : la première génération issue de l'union d'un parent aux yeux foncés avec un parent aux yeux clairs a des yeux Noirs et, dans le produit suivant du croisement entre ces enfants aux yeux noirs, la couleur claire qui n'avait pas pu se manifester réapparaît, etc.

Il a cependant été établi qu'une série de maladies et de tares se transmet héréditairement, même de manière passive, non dominante ou « récessive », comme avec les yeux de couleur claire : dans les enfants de la première génération, c'est-à-dire de l'union d'un individu taré avec un individu sain, elles peuvent sembler avoir disparu, alors qu'elles subsistent à l'état latent pour se manifester à la génération suivante. Comme cas de transmission héréditaire de qualités spirituelles, on cite la famille Bach, qui montra des dons musicaux pendant cinq ; générations, la famille Bernoulli, pour ses prédispositions pour les mathématiques, et, surtout, certaines lignées aristocratiques, pour leurs dons militaires.

Passons à un dernier cas : au développement de l'hérédité dans le croisement, non pas uniquement entre deux caractères, (la couleur rouge et la couleur nacrée ; les yeux de couleur claire et les yeux de couleur foncée, etc.), mais entre deux groupes de caractères. On a étudié expérimentalement les résultats du croisement entre un cobaye blanc au poil crépu et un cobaye noir au poil lisse. Ici, le poil crépu et le poil noir ont un caractère « dominant » et, comme hybride de la première union des deux parents, on obtient une descendance noire et crépue, c'est-à-dire une descendance qui n'est apparemment déterminée que par ces deux caractères dominants. Mais, là encore, si l'on croise entre eux les hybrides, les caractères réprimés des aïeux réapparaissent dans les générations suivantes et, en général, on a constaté que, si le processus de l'hérédité suit les lois déjà connues, il n'en est pas moins distinct pour chacun des caractères : le développement du caractère « couleur » est indépendant de celui du caractère « type de poil ». Il s'agit là de la troisième loi des croisements interspécifiques, la loi d'indépendance.

Cette loi vaudrait aussi à l'égard des différentes hérédités de l'espèce humaine les unes spirituelles, les autres corporelles qui en sont venues à coexister chez les êtres issus de mélanges raciaux : elles se transmettraient donc séparément, sans qu'il y ait nécessairement une correspondance. « Donc, c'est une erreur de vouloir tirer des conclusions hâtives sur le caractère d'une personne d'après son seul aspect physique. On ne serait en droit de le faire que pour des individus de pure race : mais des individus qui soient vraiment de pure race, en Europe centrale, mélangée comme elle est, il n'en existe pratiquement pas. Dans les veines de chaque homme coule le sang de races différentes. C'est pourquoi il n'est pas dit qu'un homme somatiquement de race nordique, svelte, grand, blond, ait à coup sûr des qualités d'esprit et d'âme nordiques, tout comme il est possible qu'une âme nordique habite un corps petit et trapu de brachycéphale. Cependant, si l'on prend un groupe de cent hommes somatiquement nordiques et un groupe de cent hommes somatiquement de race alpine, il est vraisemblable que l'on trouvera beaucoup plus souvent une âme nordique chez ceux-là que chez ceux-ci » (Boehm). L'importance de cette observation par rapport à la formulation d'un racisme complet n'aura pas échappé au lecteur.

Au point de vue du « sélectionnisme », c'est-à-dire d'une pratique visant à la purification de la race, si les lois des croisements interspécifiques sont vraies et conservent toute leur valeur pour l'espèce humaine, il est évident que, si l'on empêche pendant une série de générations tout autre croisement entre les hybrides d'un peuple et les éléments d'une autre race, sous l'action de ces lois les unions entre ces hybrides rendraient possible une disjonction progressive des caractères intermédiaires dans la progéniture, en vertu de laquelle les caractères originels réapparaîtraient à l'état pur : et alors, si l'on isolait ceux qui portent en eux les caractères qui altérèrent primitivement la pure race aryenne et se sont désormais manifestés et que l'on conservait et fortifiait le caractère aryen déshybridé, la race se rétablirait. C'est ainsi que le mendélisme fait partie des présupposés théoriques des mesures prises par le nationalsocialisme pour l'*Aufnordung*, c'est-à-dire la régénération « nordique » du peuple allemand, tandis que l'autre aspect de cette doctrine, celui qui est relatif à la réapparition fatale de l'hérédité introduite par un élément biologique taré, a été adopté comme base scientifique de diverses mesures d'hygiène et de prophylaxie raciale, sur lesquelles nous reviendrons.

Quant aux limites des lois de l'hérédité, il faut signaler que le mendélisme et la génétique reconnaissent que des variations, non pas accidentelles et extrinsèques, comme celles qui peuvent être rapportées à l'influence du milieu (variations phénotypiques), mais profondes, qui se produisent dans le plasma germinatif, c'est-à-dire dans la partie des cellules d'un organisme dont dépendent la nature et l'hérédité de l'individu – que des variations de ce type ne sont pas uniquement le résultat de l'hybridisme, c'est-à-dire du croisement entre des parents de race différente (croisements interspécifiques). On admet au contraire une troisième sorte de variations, appelées « variations génotypiques », qui se produiraient directement, sans mélange ou influence externe, dans l'essence de la race ou d'une souche déterminée d'individus de cette race, et se transmettraient héréditairement.

Sur la cause et la nature de ces variations génotypiques, de ces mutations qui peuvent se produire indépendamment du milieu et des mélanges, la génétique en sait encore très peu. Ces mutations restent un mystère. Pourtant, des recherches comme celles de De Vries ont reconnu qu'elles sont d'une importance fondamentale pour expliquer pleinement, à l'encontre des hypothèses darwinistes (théorie du milieu), la différenciation des espèces. Pour l'espèce humaine, il semble que l'on ait réussi à établir qu'une des causes qui déterminent une altération essentielle et héréditaire de la cellule germinale est l'influence de l'alcool et aussi celle des rayons ultraviolets. Mais il est évident que de semblables constatations sont secondaires et ne se rapportent pas aux parties de l'être humain qui importent le plus. Une fois le concept de variation génotypique admis et généralisé, il n'est pas interdit de penser que, dans une race, une cause qui soit autre que physique et biologique puisse agir dans le sens d'un développement, d'une dégénération, ou, enfin, d'une simple transformation.

Dans ce cas, le déterminisme de l'hérédité serait rompu ou, plus précisément, il ne ferait qu'enregistrer et réguler le développement, la conservation, l'altération et la disparition des caractères nouveaux qui ne s'expliquent pas par ce déterminisme. Et, d'ailleurs, peut-on penser qu'il en fut autrement pour cette fameuse différenciation des « gènes » à partir d'une substance unique à la période glaciaire, qui, selon Fischer, aurait donné naissance aux nombreuses races humaines ?

Admettre au contraire qu'une des causes des variations génotypiques est le croisement entre parents de races extrêmement différentes, c'est détruire la distinction entre variations interspécifiques (variations par mélange) et variations génotypiques et compromettre ainsi la rigueur des lois de Mendel, en y introduisant des facteurs impondérables. C'est ce qu'a vu Erwin Baur, un célèbre spécialiste du problème de l'hérédité, ainsi que Menghin, un autre scientifique éminent. Il n'en reste pas moins que de nombreux racistes en sont arrivés à affirmer que le mélange de races hétérogènes serait la cause essentielle, non seulement de l'hybridisme (variations interspécifiques), mais aussi d'altérations irréparables, qui se transmettent à la descendance (variations génotypiques), dans l'hérédité d'une race. C'est ainsi que, pour couper court à des critiques qui leur sont faites d'un point de vue supérieur, ils se retranchent avec arrogance dans le domaine de la « science » et des « faits établis » – donc, ils prennent ce qu'ils veulent dans la science et ne tiennent compte que des « faits positifs » qui s'accordent avec leurs idées plus ou moins préconçues, substituant le mot d'ordre à ce que peut suggérer une approche scientifique prudente. Ce n'est pas du tout de cette façon que peut se développer une doctrine complète et éclairée de la race.

De toute manière, nous avons donné au lecteur une vue d'ensemble de la théorie de l'hérédité, de ses lois et de ses problèmes, pour qu'il puisse se rendre compte d'un des éléments de l'atmosphère générale qui a favorisé l'émergence du racisme comme mythe moderne.

CHAPITRE VI

TYPOLOGIE

Le « chasseur primordial » et l'« agriculteur primordial ». Homme nordique, homme phalien, homme occidental, homme dinarique, homme oriental, homme baltique. La « psycho-anthropologie » de Clauss. La religiosité de la race nordique.

Pour en venir à la typologie la plus récente des diverses races, nous étudierons d'abord la classification de Merkenschlager, ensuite nous expliquerons celle de type plus anthropologique de Günther et, enfin, nous donnerons un aperçu de l'« anthropologie psychologique » de l'école de Clauss.

Selon Merkenschlager, le concept de race doit être compris de manière vivante, par rapport à un « processus », à quelque chose de dynamique et non de statique et de rigide. La définition « statique » de la race serait celle-ci : « la race est un groupe d'hommes rendu homogène par des caractères héréditaires corporels communs et qui se distingue, par ces caractères, de tout autre groupe du même genre. » On objecte à cela que « les races ne sont jamais quelque chose d'absolu, mais uniquement et toujours des états d'équilibre entre les qualités héréditaires innées et le milieu ». En partant de cette idée, Merkenschlager définit justement la race comme un « état d'équilibre » et considère que la « meilleure race » est celle qui « possède des forces capables de rétablir cet état d'équilibre, chaque fois qu'il est altéré ».

Cela dit, Merkenschlager rapporte la différence entre les races (qu'il ramène ensuite à l'opposition entre deux types raciaux primordiaux) à des situations géographiques et géologiques déterminées et, au besoin, remonte jusqu'à la « période glaciaire », suivant donc les traces de Wilser et de Fischer. La période glaciaire n'aurait pas été, comme beaucoup le pensent, une époque statique et morte. Ce fut au contraire une époque de grands mouvements. Les glaces s'étendirent sur l'Europe, puis se retirèrent lentement, avant d'avancer de nouveau, à tel point que l'on peut dénombrer au moins cinq périodes glaciaires et trois périodes interglaciaires. Eh bien, pour Merkenschlager, c'est dans le milieu qui fut le théâtre de ces grandioses changements climato-géologiques que se serait formée la première race originelle, le type du « chasseur primordial » (*Urjager*).

Aucun autre type n'aurait pu exister à cette époque : dans les toundras, les steppes gelées, les vents et les tempêtes, il devait nécessairement se former un type actif, mobile, individualiste, un chasseur et un migrateur doté d'une structure crânienne et corporelle adaptée au caractère dynamique et tendu de sa vie, de sa nature et de son milieu. Le type qu'a façonné et nous a transmis la période glaciaire, jusqu'à la « civilisation du renne », ou magdalénien, est, presque sans exceptions, le dolichocéphale blond : l'homme d'Aurignac et l'homme de Cro-Magnon (nous dirons plus tard à quelles races préhistoriques correspondent ces dénominations).

Un nouveau principe se manifeste vers la fin de l'âge de la pierre moyenne (mésolithique) : le monde de la « race des palafittes » fait son apparition dans la grande hérédité héroïque de la période glaciaire. Son souci, c'est d'abord la terre, tout ce qui peut garantir une vie stable, ensuite la culture et non plus les chasses dans les étendues mouvantes de l'Europe. Le type du « cultivateur primordial » (*Urbauer*), venu de l'Orient en Europe, apparaît à côté de celui du « chasseur primordial ».

Une lutte silencieuse se serait déroulée entre les deux types pendant de longues périodes de la préhistoire. Le « cultivateur primordial » se caractérise par l'obstination, l'aptitude à l'observation. Il est replié sur lui-même, attitude à laquelle correspond la forme ronde de son crâne. C'est avec lui qu'apparaît en Europe le brachycéphale brun. Ce type se serait déjà manifesté sporadiquement depuis l'âge de la pierre ancienne, mais ce n'est qu'à l'âge de la pierre nouvelle qu'il migre collectivement vers de grandes zones de civilisation, alors que de nouvelles conditions géographiques et climatiques favorisent le développement de l'agriculture. La nouvelle race est étroitement apparentée à celle que l'on appelle aujourd'hui la race alpine, mais improprement, car l'aptitude à l'agriculture n'aurait jamais pu se développer dans une région de haute montagne comme les Alpes. L'expression de « race du Jura » lui conviendrait mieux, puisque c'est sur le haut plateau du Jura et non dans les Alpes qu'elle est le plus représentée.

L'agriculture dit Merkenschlager conquit peu à peu l'Europe. Bien que souvent tragique, son histoire n'est plus héroïque et n'a plus rien de l'intensité qui caractérisait le chasseur de la période glaciaire. Alors que la race des chasseurs développait une interprétation supérieure de la vie fixée dans de grandioses symboles de pierre (civilisation mégalithique) et que l'influence de cette civilisation se constate chez tous les peuples des régions côtières, de l'Europe du Nord à l'Afrique du Nord et à l'Asie mineure, l'Europe centrale ne réagit plus : la nouvelle race y avait déjà mené une colonisation rapide et silencieuse.

C'est sur ces bases que Merkenschlager fonde une classification des types. C'est du chasseur primordial que sont issus le technicien, l'inventeur, le constructeur, l'ingénieur, le soldat et l'individualiste, tandis que l'agriculteur primordial a donné naissance au savant, à l'intuitif, au bourgeois, à l'humaniste et au philosophe contemplatif. L'esprit inventif européen est un héritage de l'ère glaciaire, alors que, chez l'homme de la race alpine, il y a plus de « stabilité », plus d'expressivité, plus de sensibilité, une plus grande aptitude à surmonter les crises, plus d'attachement. L'agriculteur primordial avait besoin de se sentir en sécurité parce qu'il était attaché à la terre et que c'est d'elle qu'il tirait son existence. Aussi peut-on dire que la cellule originelle de la bourgeoisie remonte à 7000 ans avant J.-C. : l'« homme des palafittes » est celui qui est obligé de se défendre et non plus celui qui aime le mouvement et l'attaque.

Pour résumer, Merkenschlager écrit : « La période glaciaire avait donc différencié le type « actif » (différenciation des races). Le type « persévérant » se manifesta avec l'apparition de l'agriculture et, au cours de la période postglaciaire, il se produisit un mélange important de toute la substance humaine européenne (mélange des races), dans laquelle, dans les régions de climat nordique, se manifesta toujours un sang plus apparenté à celui de l'ère glaciaire, tandis que, dans les régions de climat continental, le sang alpin prédomine. Selon le milieu, c'est tantôt l'un, tantôt l'autre de ces deux types originels qui s'est manifesté, mais sous des traits nouveaux dans chaque cas (mutation de la race) ». C'est de cette façon que Merkenschlager définit les trois concepts fondamentaux de différenciation, de mélange et de mutation.

L'âge des métaux, surtout celui du bronze, marquerait un réveil des races dolichocéphales et, donc, de la civilisation héroïque du chasseur, par opposition à l'expansion véhémente du type agricole et sédentaire. Vient ensuite un type hybride : le type « celtique », synthèse nordico-alpine, se manifeste et commence à se répandre. « L'élément celtique dit notre auteur est la forme dans laquelle le chasseur primordial et l'agriculteur primordial finirent par se fondre en un peuple unique. Il n'a cependant jamais existé de race celtique, non plus que de race germanique. L'élément celtique n'a jamais été qu'un mélange. L'élément germanique lui-même est un mélange : mais un mélange qui contenait une plus grande quantité de sang de chasseur de l'ère glaciaire ».

Nous ne suivrons pas Merkenschlager dans les autres développements qu'il donne à ces thèmes. Nous signalerons seulement que le concept « dynamique de la race » lui a permis de dépasser un peu les vues étroites du racisme à caractère biologico-scientiste. Pour lui, les conditions particulières du milieu peuvent favoriser l'apparition de l'un ou l'autre des caractères raciaux latents ou réprimés chez les types hybrides européens. La peur qu'ont certains milieux racistes allemands de se « dénordiciser » en s'étendant serait, pour notre auteur, sans fondement. De vastes espaces et de grandes distances pourraient au contraire exercer une influence sélective et réparatrice sur un peuple, par là même qu'ils obligeraient le sang du chasseur primordial à se manifester de nouveau. Si l'on pouvait reconstituer en quelque sorte des conditions semblables à une nouvelle ère glaciaire, avec ses toundras, ses vents et ses étendues gelées, un dihybridisme et une sélection s'opéreraient spontanément et rapidement dans la substance mixte du sang européen. « C'est de mouvement, conclut Merkenschlager, dont a besoin l'hérédité la plus précieuse de l'ère glaciaire ». Toutes les recettes, toutes les mesures externes pour enrichir ou préserver cette hérédité seraient vouées à l'échec. « L'hygiène de la race ne peut rien faire de sérieux, car, au-delà de l'aspect matériel de la race, il y a le génie de la race ».

Venons-en maintenant à Hans F. K. Günther. Professeur d'anthropologie sociale à l'université de Fribourg, c'est un des racistes allemands les plus connus et les plus estimés. La classification anthropologique qu'il a formulée est plus ou moins celle qui fait autorité et celle qui est couramment utilisée ; celle d'autres auteurs, comme, par exemple, Lenz et von Eickstedt, n'en diffère que dans le détail et par la terminologie.

Pour Günther, la notion de race appartient d'abord aux sciences naturelles, comme d'autres notions classificatoires, telles que la famille, le genre, l'espèce et la sous-espèce. Et puisque les sciences naturelles décrivent d'abord les caractéristiques physiques du type de l'espèce, la science de la race procédera de la même façon : les données purement mesurables, quantifiables et, si possible, chiffrables constitueront la part certaine de ses connaissances. Après ces vérifications à caractère positif, c'est-à-dire après que l'image visible de la race aura été tracée de façon aussi précise que possible, on pourra mener des recherches, qui, pour Günther, sont tout aussi importantes que les premières, sur les structures psychologiques qui semblent être liées à chacune des races du corps. Nous savons déjà que, pour Günther, la race est « un groupe humain qui, du fait d'une combinaison de caractéristiques somatiques et de dons psychologiques qui lui est propre, se distingue de tout autre groupe humain et engendre des individus toujours semblables ». Günther reconnaît cependant qu'un groupe de ce genre, c'est-à-dire un groupe fermé dont les membres ont la même religion, la même langue et la même nationalité, est extrêmement rare en pratique et dans l'histoire et que, donc, « la science de la race est au regret de devoir déclarer que les Européens, dans leur écrasante majorité, ne sont que des bâtards ». Cependant, il ne doute pas que des types purs subsistent çà et là, au point de pouvoir reconstituer des groupes raciaux primaires avec des caractères, non pas hypothétiques, mais suffisamment positifs. Ses recherches se sont portées surtout sur les principales races typiques présentes dans les peuples européens.

Ces races seraient au nombre de six : la race nordique, la race phalienne, la race occidentale (*westisch*), parfois appelée aussi méditerranéenne ou atlantique (Fischer), la race dinarique, la race des Alpes (*ostisch*) et la race est-baltique. Sans compter la race levantine ou d'Asie mineure (arménoïde) et la race du désert, ou orientaloïde. Nous résumerons la description qu'en a faite Günther, en la complétant par quelques détails précisés par d'autres auteurs (Lenz, Gieseler, von Eickstedt, Peters).

1. RACE NORDIQUE

A) Caractères physiques : type grand (taille moyenne : 1,75 m), svelte, dolichocéphale (indice céphalique moyen : 74), visage étroit au menton prononcé, cheveux fins, lisses ou ondulés, blond clair ou légèrement roux, yeux profonds et clairs, bleus ou gris, peau d'un blanc rosé, transparente et sensible au soleil, front droit et légèrement fuyant. Les pommettes sont peu saillantes, nez long et fin, généralement droit, parfois légèrement courbe, à narines étroites, souvent directement dans le prolongement du front (« nez grec »). Sa saillie et, donc, sa courbure, dans la race nordique, se trouve dans le dernier tiers supérieur de la ligne de profil, contrairement à l'homme de race levantine et, souvent, à l'homme dinarique. L'ouverture de l'œil est relativement grande et la paupière supérieure n'est guère prononcée, comme dans le type phalien. De taille élevée, il a des jambes développées, mais pas excessivement, comme dans certains types noirs et juifs ; épaules larges chez les hommes, cou svelte et dégagé ; la longueur des deux bras étendus fait entre 94% à 97% de la taille, les bras sont donc bien proportionnés, ni courts, comme chez le mongoloïde, ni longs, comme chez le négroïde. Le crâne nordique, comme le dinarique, a une saillie occipitale externe caractéristique. Développement accentué et énergique de la mandibule. La triple saillie que forment le front, le nez et le menton donne l'impression d'un type actif et combatif. Lèvres fines et bien dessinées, sans être charnues. Dans l'ensemble, type froid et sec. Le regard a une certaine acuité (c'est le *diacies oculorum* que César avait remarqué chez les Germains) et, dans l'exaltation, il prend un air de splendeur sauvage (l'œil clair au « regard terrible »).

B) Caractéristiques psychiques. Jugement, sincérité et énergie. De la capacité de jugement procède un sens de la justice, une tendance à l'objectivité, à la fermeté et à l'individualisme, par opposition à tout esprit de masse ; une parfaite connaissance des choses. Réalisme et fidélité absolue à ceux qui ont conquis sa confiance, jugement objectif, même sur le pire adversaire. L'homme de race nordique n'est guère enclin à la « chaleur humaine », il peut même être d'une froideur cérébrale cassante. Il ne se soucie guère de plaire aux autres, il a un haut sens des responsabilités et une grande conscience morale. Il comprend facilement ce qu'est le devoir et, dans l'affirmation de l'idée du devoir, il peut faire preuve d'une certaine dureté envers les autres comme envers lui-même. Le type nordique n'a pas un tempérament passionné, c'est-à-dire qu'il n'a pas une sensualité prononcée, et c'est ce qui facilite chez lui la distance, le détachement et, justement, la réflexion, tandis que sa faculté d'imagination est par là appauvrie. La mesure, la conscience de soi et la maîtrise de soi ont toujours été considérées comme des qualités typiques de l'aristocrate, dans tous les peuples de langue indo-germanique. Mais, dans la race nordique, ces caractères, selon Günther, ne seraient pas l'apanage exclusif d'une élite, mais seraient plus ou moins présents dans tous les éléments purs de la race. Jointe à un esprit réaliste, l'énergie peut devenir audace, élan vers toutes sortes d'entreprises. De là un sens aigu de la compétition et de l'émulation, une passion pour le vrai, tandis que la passion sensuelle ne veut pas dire grand-chose pour lui. Le type nordique est silencieux. Une fois que, après mûre réflexion, il a donné sa parole, il la tient. Du fait de ses aptitudes au commandement, sa race compte de nombreux chefs militaires ou, tout au moins, elle se caractérise par « un orgueil militaire prononcé et d'excellentes qualités de soldat ».

Actuellement, la race de l'homme nordique formerait des groupes assez homogènes dans le nord et le nord-ouest de l'Europe, dans le centre et dans le sud de la Suède et de la Norvège, au Danemark, en Écosse et en Allemagne. Elle forme des groupes plus petits dans toute l'Europe centrale et, dans l'Europe du Sud et du Sud-Est, elle entrerait dans la composition de divers mélanges ethniques plus poussés.

2. RACE PHALIENNE (OU DALIENNE)[2]

A) Caractéristiques physiques. Disséminée dans le nord-ouest de l'Europe, mais aussi aux îles Canaries, cette race est considérée par beaucoup comme un vestige d'un peuple préhistorique (celui de Cro-Magnon ?), issu, selon certains, de la souche nordique. D'ailleurs, l'homme phalien a de nombreux traits communs avec le type nordique ; dans l'ensemble, il est plus grand, mais d'une complexion plus massive et lourde. Dolichocéphale ou brachycéphale. Visage au menton et aux pommettes saillantes, cheveux clairs, peau claire, les yeux vont du bleu au gris, regard souvent caractéristique, dans lequel un des yeux semble regarder plus haut que l'autre. Cou court et fort, visage souvent large, mains et pieds plus larges et massifs que dans la race nordique et occidentale, front plus court et plus droit, avec, souvent, une saillie caractéristique de l'os frontal (*torus supraorbitalis),* qui donne aux yeux un enfoncement particulier. L'ouverture des yeux est plus petite, le nez est large et court, la pointe écrasée, l'ouverture de la bouche est large, les lèvres minces et serrées. Occiput proéminent mais plus plat. Les mouvements sont plutôt lents et comme embarrassés. En position de repos, l'homme phalien se tient solidement sur ses deux pieds, à la manière des marins.

B) Caractéristiques psychiques. Dans une certaine mesure, elles reflètent le caractère pesant et massif de son corps par rapport à celui de l'homme nordique. Plutôt que le désir de lointains horizons, c'est l'attachement à sa terre, à ses biens et à ses traditions, qui caractérise le type phalien. Il est souvent encore plus fidèle que le Nordique, mais son intériorité est plus pauvre. Il a tendance à être encore plus froid que le Nordique envers les autres. C'est un type très fermé et tenace. Plus mesuré qu'audacieux, amoureux de la liberté plus que de l'autorité, moins naïf, moins inventif, plus bâtisseur. De tous les arts, c'est

---

[2] Günther déclare à plusieurs reprises que « Fàlish » (« fâlische Rasse ») vient de « Westfalen » (Westphalie). La traduction correcte de ce terme en français est donc « phalien » (« race phalienne »).

l'architecture qui, plus que la musique ou l'éloquence, lui correspond le plus. Il est consciencieux et quelque peu têtu ; ce qu'il a décidé, il l'exécute inexorablement et minutieusement. Il n'a pas de dispositions pour le commandement, mais, bien commandé, il devient un excellent élément. Dans le domaine religieux, il est plutôt tiède, tandis que le Nordique est volontaire. Généralement, il est agriculteur ou propriétaire terrien.

Dans cette race la « race blonde et lourde » -, selon Günther, il subsiste quelque chose de primordial ; elle fait presque penser aux « géants de la préhistoire ». Le mélange de ce type avec le type nordique a souvent donné d'excellents résultats (Bismarck, Hindenburg). Lenz a appelé « atlantique » la race phalienne et, à son avis, « c'est quand la solidité atlantique s'unit à l'audace nordique que naissent des figures aux proportions mégalithiques ». Mêlés au type méditerranéen et de taille plus petite, les hommes de race phalienne sont groupés en Italie, en Lombardie et dans le centre des Apennins (Ombrie et Maiella).

3. RACE OCCIDENTALE

A) Caractéristiques physiques. Elle est de petite taille (moyenne chez les hommes : 1,61 mètre), mais néanmoins dolichocéphale, svelte et bien proportionnée ; visage au menton peu proéminent et plus arrondi, pommettes peu saillantes, comme chez l'homme de race nordique, front moins haut mais souvent plus droit et aux tempes plus arrondies. Nez fin, délicat, souvent plus charnu que celui du Nordique et très droit. Cheveux plats et relativement abondants, qui vont du châtain au noir. Les yeux ont la même couleur ; peau légèrement brune, qui, sous l'action du soleil, vire au brun foncé. Le type, bien qu'en général bien proportionné et souvent svelte (« petit et svelte »), peut facilement prendre de l'embonpoint avec l'âge. Selon Günther, la physionomie du type occidental est plus délicate, moins virile. Alors que la race nordique a en général des traits de visage nets et audacieux, la race occidentale aurait un aspect plus cordial, presque féminin, les épaules et la poitrine sont étroites, le cou est court, les mains, les pieds et les doigts donnent une apparence d'expressivité et de légèreté au type tout entier. Regard vif, tantôt expressif, tantôt contemplatif. L'ouverture de la bouche est plutôt grande, les lèvres sont souvent saillantes, bien dessinées, la lèvre supérieure est plus épaisse que l'inférieure. Les mollets sont très développés. Dans cette race, la croissance est très rapide et, de même, la maturité sexuelle et la vieillesse arrivent plus vite. Les enfants de race occidentale semblent souvent savants comme des adultes, de la même façon que les adultes nordiques ont souvent l'air d'enfants. Pour ce qui est de la proportion générale des membres, le type est à peu près semblable au type nordique. L'un et l'autre, selon divers auteurs, se seraient différenciés à partir d'une seule et même souche.

B) Caractéristiques psychologiques. Les principales seraient la passion et la vivacité spirituelle. Les forces psychiques sont toutes plus tournées vers le monde extérieur que chez l'homme de race nordique, d'où une expressivité marquée et une propension à l'éloquence, aux effets, aux gestes. Les sentiments s'extériorisent vite, l'intelligence est vive, saisit vite, mais n'est guère capable de discernement. Lorsqu'il réagit, il obéit plus au sentiment qu'à la raison. Le type occidental aime tout ce qui a de la couleur, de la vie, de la vivacité. Son caractère est très changeant, il ne sait guère ce que sont la patience et la persévérance, il peut passer rapidement d'un extrême à l'autre, il est émotif. Il a de remarquables dons d'expression, mais, en même temps, il se grise vite de mots. Il est porté naturellement à concevoir la vie comme un jeu, tandis que l'homme nordique est plus enclin à en sentir le caractère problématique. Si celui-ci a tendance à être son propre juge, celui-là a tendance à être son propre défenseur. La cordialité, la sociabilité, l'amabilité et la gaieté sont typiquement « occidentales ». Il conçoit l'action et la lutte non pas tant comme un devoir que comme un jeu. L'expressivité de l'homme de race occidentale dégénère souvent en pose. Ce type se caractériserait en outre par une sensualité prononcée, un vif intérêt pour les choses du sexe. « Vouloir paraître, au lieu d'être » serait une caractéristique de l'homme de race occidentale, qui aurait donc un sens prononcé, mais plutôt superficiel et parfois même théâtral, de l'honneur. Alors que la race nordique a peu d'imagination, cette faculté est particulièrement développée et expressive dans la race occidentale ; elle est plus plastique, moins rêveuse et plus déréglée que chez l'homme nordique. Pour Günther, « Si de Lapouge a pu attribuer à l'homme nordique l'esprit du protestantisme – un lien qui ressort dans l'ensemble d'une comparaison entre la répartition des races et celle des religions en Europe –, on peut dire que le protestantisme est complètement étranger à l'esprit de l'homme occidental, qui aime la verve étourdissante, le geste, les couleurs vives et le spectacle ».

Günther rattache cette race à celle que Deniker dénomme « ibéro-insulaire » et littorale ou « atlantico-méditerranéenne » et que Sergi regardait comme une variété méditerranéenne de l'espèce euro-africaine. Elle se trouve dans les zones côtières de la Méditerranée et, aujourd'hui, principalement en Espagne, au Portugal, en Italie et dans les îles méditerranéennes. Elle forme des groupes plus petits dans la péninsule balkanique, en France et en Angleterre. En Allemagne, elle est présente surtout en Rhénanie, à l'état de mélange, mais dans un pourcentage non négligeable.

4. RACE DINARIQUE

A)   Caractéristiques physiques : type grand et fort (taille moyenne chez l'homme : 1.74 mètre), à la dolichocéphalie, dans l'ensemble, moins prononcée. L'occiput, qui est très marqué et n'est souvent que le prolongement de l'épine dorsale, est très caractéristique. Front haut et droit, semblable à celui du Nordique. Nez proéminent, saillant et souvent courbé en bec d'aigle ou de vautour. Menton plutôt développé, sans être proéminent. Un pli caractéristique va des narines jusqu'à l'angle de la bouche. La lèvre supérieure est très charnue (la « lèvre des Habsbourg »), le profil est droit jusqu'au point où se détache l'extrémité du menton. Poitrine développée, bras proportionnellement un peu plus petits mais jambes longues, comme dans le type nordique et phalien. Cheveux plats ou légèrement bouclés châtain foncé. Yeux de la même couleur, plutôt enfoncés, aux poches souvent épaisses. Peau plutôt brune. Le corps et le visage sont plus charnus que dans le type occidental ou dans le type nordique. Barbe très développée, qui pousse souvent jusqu'à la partie supérieure des joues. Chez la femme, il y a souvent une ébauche de moustache. Le type montre une solidité et une résistance physiques particulières.

B)   Caractéristiques psychiques. Courage, amour de la patrie, profond attachement à la terre, sens de l'honneur, joint à une certaine susceptibilité, grandes qualités de soldat, persévérance. Le type dinarique a un goût prononcé pour la nature et aime que son intérieur soit bien ordonné et ait du cachet. Il vit plus dans le présent que l'homme de race nordique ; il est plus simple, parfois plus rude et, en tout cas, moins dynamique que lui. Il est beaucoup moins entreprenant. Son audace est de nature essentiellement physique. Il n'est guère expressif. Goût de la description et, dans une certaine mesure, théâtralité. Le type dinarique est facilement jovial et a un sens particulier de la répartie et du sarcasme. Une certaine ostentation caractérise au premier abord l'homme dinarique. Sa sociabilité est quelque peu bruyante, mais le type conserve toujours sa droiture. Il a souvent des dons de commerçant et de marchand. De plus, la race dinarique est particulièrement douée pour la musique, de la chanson populaire à l'art véritable. De nombreux musiciens célèbres Paganini,

Chopin, Berlioz, Haydn, Mozart, Weber, Liszt, Wagner, etc. auraient des traits dinariques, ou purs ou mêlés. Pour Günther, dans la hiérarchie des races européennes, la race dinarique viendrait tout de suite après la race phalienne-nordique pour les capacités intellectuelles. C'est la région des Alpes dinariques, de la Yougoslavie à la Basse-Autriche, qui a le plus fort pourcentage de types de cette race. Au sud, dans les Balkans, elle se confond graduellement avec les populations de l'Asie mineure, avec lesquelles elle a plusieurs caractéristiques en commun. À l'ouest et au nord, on en trouve des traces dans les Alpes centrales jusqu'à la France ainsi que dans le nord de l'Allemagne et en Angleterre.

Günther conçoit la race dinarique comme une branche de la race « levantine » (arménoïde) ou, du moins, comme une race étroitement apparentée à celle-ci. En effet, il y a chez les Arméniens des types fort semblables à celui qui vient d'être décrit, et nombreux sont ceux qui pensent à une race unique, qui, dans le Caucase, aurait pris la même forme qu'en Serbie et dans certaines vallées des Alpes autrichiennes. Il est curieux de remarquer que, ici, l'homme dinarique, quant aux dons, est mis immédiatement après le nordique ; bien qu'il se rapproche du type levantin par la race du corps, Günther et de nombreux autres racistes n'en sont pas moins amenés à constater qu'il y a une très nette opposition d'esprit entre les Nordiques et les Levantins (associés aux Juifs).

5. RACE ALPINE (WESTISCH)

A) Caractéristiques physiques. Petite taille (moyenne : 1,65 mètre), tête ronde (brachycéphale), menton arrondi, très prononcé ; nez camus, épais, souvent charnu, à racine plutôt plate. Par rapport au type de la race occidentale, le type de la race alpine est plus trapu, massif et charnu : alors que, proportionnellement, les jambes sont excessivement longues chez celui-là, elles sont excessivement courtes chez celui-ci. Le type donne l'impression générale d'être « ramassé ». Cou court et, souvent, « nuque de taureau ». Épaules étroites et souvent arrondies. Vu sa taille, les bras sont proportionnellement plus longs que chez le type dinarique. Yeux foncés, ronds ou en amande, saillants, aux paupières plutôt épaisses et plates, joues presque toujours pleines. Front petit, souvent arrondi, comme les tempes, conformément à la forme ronde de la tête. Lèvres presque toujours épaisses et rondes. Cheveux raides, fournis, noirs ou brun foncé. En revanche, la barbe est moins développée que dans la race nordique et souvent clairsemée. La peau, de carnation brun-jaune, paraît plus épaisse que dans les autres races européennes et, comparativement, presque morte, même chez les types jeunes : on dirait que le sang n'arrive pas à la surface. Elle est moins sensible au soleil.

B) Caractéristiques psychiques. L'homme de race alpine est prudent, sédentaire, plutôt réservé et méfiant à l'égard des étrangers. Il est appliqué et travailleur lorsqu'il a un but clair, plutôt avide d'argent et astucieux. Peu enclin aux sentiments et à l'action pure. Il se tient sur son quant-à-soi ; quelle que soit sa position sociale, il a une attitude de petit-bourgeois et aime le *pathos* d'un petit monde clos. Il ne connaît guère les contradictions intérieures de l'homme nordique ou la gaieté de l'homme occidental. En tout il cherche à joindre l'utile à l'agréable. L'homme de la race alpine aime l'uniformité, ne ressent pas le besoin de sortir de son horizon particulier ou de saisir le sens de sa vie en se rattachant à un tout. Il a un sens prononcé du collectivisme, mais limité à son petit groupe. Ce n'est pas un type guerrier et il ne devient soldat qu'à contrecœur : lorsqu'il y est contraint (surtout pour se défendre) et qu'il est bien commandé, il peut montrer des qualités qui n'ont rien à envier à celles du soldat de race dinarique ou nordique. Chez lui, la vie instinctive et passionnelle est plus stable et modérée, mais moins maîtrisée que chez le type nordique, moins riche d'élans que chez le dinarique et plus obtuse que chez l'occidental.

Günther appelle ce type *ostisch,* mais dans un sens spécifique, sans référence à l'Asie. Il vaut cependant mieux désigner cette souche ethnique par les expressions de « race alpine » ou « race brune-orientale ». Elle est diversement répartie en Europe. Elle se rencontre en Pologne, dans la région des Carpates et dans les Balkans, en Silésie et en Ukraine, en Hollande, au Danemark, en Norvège, en Italie. Le type *ostisch* ou oriental au sens propre, asiatique, correspond au contraire à celui que ces théories désignent surtout par le terme de « mongoloïde ».

6. RACE EST-BALTIQUE

A) Caractéristiques physiques. Elle a plusieurs traits communs avec la race alpine. Silhouette elle aussi petite (taille moyenne : 1,64 mètre) et trapue, tête courte et relativement grosse, visage large au menton peu prononcé, pommettes développées et mâchoires larges et massives. Nez plutôt court et épais, écrasé à la racine, souvent retroussé dans sa partie inférieure. Épaules plus larges que chez le type alpin. Cou court et épais, mains et doigts courts. Le corps n'est cependant pas aussi charnu que celui de l'homme de la race alpine, mais il est très osseux. Les yeux sont clairs gris bleu et bleu marine et ont l'air petits et oblongs, au point de rappeler un peu le type mongol. La peau est claire mais n'a pas la transparence que confère la nuance rosée nordique, elle tire sur le gris et n'est guère sensible au soleil. Les cheveux sont durs, presque raides, d'une couleur claire que l'on pourrait qualifier de blonde, même si elle n'a pas la nuance dorée ou rosâtre du type nordique, tirant au contraire sur le blond cendré. Dans la plupart des cas, le développement musculaire est important. La croissance dans cette race est quelque peu tardive, tandis que la vieillesse arrive plutôt rapidement.

B) Caractéristiques psychiques. Type relativement réservé et irrésolu. C'est celui d'un homme qui semble se satisfaire de très peu. Imagination puissante mais confuse, plus musicale que plastique capacité de vivre intensément les représentations mentales. C'est justement à cause de son insatisfaction intérieure que l'homme de race est-baltique est particulièrement enclin au surnaturel et à la superstition. Comme l'homme de race alpine, il a une mentalité grégaire, mais, chez lui, elle est teintée de fanatisme et de mysticisme. Besoin inné de communiquer, de pénétrer dans la vie intérieure des autres, comme aussi de se mettre à nu en public. On peut dire que c'est un « psychologue-né ». Sa conception de la vie sexuelle est plutôt grossière, les instincts animaux ne sont pas rares. Il se soumet à l'État et à toute force dominatrice et il subit avec une sorte de fatalisme ; ces qualités de patience peuvent aussi se manifester dans son travail quotidien. Il se caractérise par une certaine servilité. Ce qui caractérise le type est-baltique, c'est l'oscillation entre la froideur rationaliste la plus corrosive et un mysticisme confus, impétueux. Ce qui le caractérise aussi, c'est la facilité avec laquelle, chez lui, un sentiment déterminé peut donner naissance à son contraire : de la colère effrénée il peut passer à rabattement et au pardon, de l'orgueil à l'humilité, de l'altruisme à l'égoïsme, de la sincérité la plus crue à la ruse et au mensonge. Ce type a des dispositions particulières pour la musique. Dans l'ensemble, ses caractéristiques rappellent beaucoup celles que l'on prête au type « slave » ainsi que celles des personnages dostoïevskiens les plus connus ; Günther voit d'ailleurs en Dostoïevski un type à forte composante est-baltique.

En dehors de ces six races, il est souvent fait mention de la « race levantine » (*vorderasiatische*) et de la « race orientaloïde ». Nous renvoyons à la description qu'en fait Clauss et que nous résumerons plus bas. Parmi les races non européennes qui, souvent par mélange, ont entraîné des mutations dans les races susmentionnées, Günther mentionne la « race de l'Asie centrale » (mongoloïde), la race « sudète », dite « pré-slave », car il s'agit de souches qui, dans la préhistoire, résidaient dans les régions occupées ensuite par les Slaves, enfin la « race négroïde et africano-méditerranéenne ».

En ce qui concerne les six races européennes décrites plus haut, la question se pose de savoir si elles doivent être considérées comme originelles ou comme issues de souches ethniques communes. Günther estime que la race nordique, la phalienne et l'occidentale d'une part, la race alpine et la race est-baltique d'autre part, peuvent être rattachées à deux origines distinctes et unitaires. Pour ce qui est de la race nordique, il n'adhère pas à l'hypothèse de son origine polaire et ne tente pas de percer le secret de la plus haute préhistoire. Son berceau aurait été la région du Haut-Danube. C'est à partir de là qu'auraient rayonné deux courants préhistoriques d'Indo-Européens, dont l'un se serait dirigé vers l'Asie, tandis que l'autre se serait répandu en Europe. Cette bipartition correspondrait à la différenciation philologique des langues indo-européennes en langues du groupe *centum* et langues du groupe *satem (centum* et *satem* sont deux prononciations différentes du mot qui désigne le nombre « cent » dans les langues indo-européennes) ; le groupe *centum* correspondrait aux Indo-européens du Nord, le groupe *satem* à ceux qui se sont répandus en Asie.

Les races créatrices de civilisation en Europe auraient été surtout la nordique, la phalienne et l'occidentale. La race alpine semble avoir pénétré en Europe par une sorte d'infiltration, peut-être en direction des Alpes. La race dinarique doit être arrivée en dernier en Europe, puisque sa patrie d'origine était l'Asie mineure. Dans l'ensemble, l'Europe aurait connu deux courants de civilisation : le plus ancien, de l'ouest vers l'est, et vers le sud, au néolithique (races nordico-occidentales) ; ensuite, vers le premier âge du bronze, un courant dans le sens inverse, de l'est vers l'ouest.

Au point de vue de la théorie de la race, en général, Günther accepte entièrement l'idée de la persistance et de l'autonomie des caractères raciaux qui est celle du mendélisme et du racisme génétique. Pour lui, il n'existe pas de « races hybrides » en tant que telles. Pour lui, il est même exclu que le croisement entre deux ou plusieurs races puisse produire une race réellement nouvelle. Le produit du croisement sera simplement un composé, où se conserveront les caractères héréditaires des races qui entrent dans sa constitution, plus ou moins dominants ou récessifs, mais qui ne vont jamais au-delà de la limite des variations inhérentes aux types originels. « Même quand deux races se sont croisées, au point qu'il n'existe plus aucun type pur dans l'une et dans l'autre, on n'obtient pas une « race hybride », mais une combinaison très variée de caractères raciaux : dans le même homme, la taille propre à une race s'unira à la forme crânienne d'une autre, la couleur de peau de l'une, à celle des yeux de l'autre » et ainsi de suite ; il en va de même des caractéristiques psychiques. Le croisement peut donc créer de nouvelles combinaisons, sans que l'ancienne hérédité ne disparaisse. Tout au plus peut-il se produire une sélection et une élimination : des circonstances spéciales pourront faciliter l'apparition et la prédominance d'un certain groupe de caractéristiques et en réprimer d'autres dans le composé, de sorte que, aussi longtemps que ces circonstances perdureront, une combinaison spéciale relativement stable se maintiendra, qui peut donner l'impression qu'il s'agit d'un type nouveau. Seulement, après la disparition de ces circonstances, les caractéristiques réprimées réapparaissent, le type apparemment nouveau se décompose et les caractéristiques de toutes les races qui ont donné naissance au mélange se manifestent de nouveau. En tout cas, toute race a un idéal déterminé de beauté, qui serait altéré par tout croisement, comme le serait aussi la sensibilité morale qui correspond également à chaque sang.

Dans ces conditions, Günther trouve absurde l'idée que l'on puisse arriver en Europe à une sorte de race européenne unique au moyen d'un mélange général. Plus exactement, il considère qu'il est impossible d'obtenir ce résultat pour le peuple allemand : « La plupart des Allemands, dit-il, non seulement ne sont pas issus de parents de races différentes, chacun étant cependant de race pure, mais sont le résultat d'éléments déjà hybrides ». Rien de créatif ne pourrait venir de ce mélange. Pour Günther, il est certain que le sang nordique renferme en lui-même toute supériorité. Reprenant une formule qui revient sans cesse depuis de Gobineau, il écrit : « La puissance et le prestige d'un peuple, ses créations spirituelles, sa grandeur et son déclin sont étroitement liés à son élément racial. Quand la race créatrice, la race nordique, s'éteint, la grandeur et la force créatrice disparaissent aussi. Il s'ensuit que la pureté de race et la fécondité des hommes nordiques dans un peuple essentiellement nordique sont ce qu'il a de plus précieux ». C'est pourquoi, pour ce qui est de l'Allemagne, « le développement cohérent, authentique et créateur des valeurs de la vie allemande n'est possible qu'en vertu du sang et de l'esprit de la race nordique ». Il voit une grave menace pour la civilisation européenne dans le fait que la natalité décroît actuellement du sud vers le nord, de l'ouest vers l'est et contribue à l'irruption de nouveaux courants de sang non nordique des pays du Sud et de l'Est dans les pays du Nord, qui, d'ailleurs, sont déjà minés au point de vue racial, tant sur le plan physique que sur le plan moral, par les conditions délétères de la civilisation moderne. « Au-delà de la menace de ce déclin, une nouvelle renaissance ne pourra s'opérer que si le sang nordique, auquel tous les peuples indo-germaniques sont redevables de leur grandeur historique, se fortifie de nouveau et que les Nordiques redeviennent nombreux, prolifiques et dominateurs ». « Il nous faut donc une vision du monde caractérisée avant tout par une volonté de réveiller le sens des responsabilités pour tout ce qui concerne le sang ». De là la reprise des théories sélectionnistes de Vacher de Lapouge et le glissement vers les mesures de défense et « d'hygiène de la race » qui ont été prises en premier par le national-socialisme.

Plus loin, nous dirons quelques mots de la « religiosité de la race nordique » telle que l'a reconstituée Günther. Pour l'instant, pour rester dans notre sujet, il nous faut nous occuper d'un nouveau type de racisme, le racisme typologico-spirituel créé par Ludwig Ferdinand Clauss, et voir ce que ce nouvel ordre de recherches ajoute à la compréhension des six races déjà décrites.

Clauss veut élever la théorie de la race du niveau d'une science « médico-physiologique » à celui d'une science spéciale de l'intériorité humaine : il ne s'arrête donc pas aux différents caractères physiques et psychologiques héréditaires, mais veut pénétrer dans l'essence spirituelle des diverses races, dans l'âme qui correspond à chacune d'elles. Cette âme se révèle dans un « style » déterminé d'expérience intérieure, dans un comportement et dans un usage de la forme corporelle et des qualités psychologiques, comportement et usage qui varient selon les races.

Cette nouvelle forme de racisme s'inspire dans une large mesure de la « physiognomonie » : l'étude de l'expression du visage et de tout ce qu'il y a en général d'expressif dans la forme du corps devrait servir à remonter intuitivement au style de l'âme et, donc, à l'âme de la race. « La différence entre les races, écrit Clauss, n'est pas une différence de qualité, mais de style ». La race est définie comme le style héréditaire commun à un groupe déterminé. « L'âme d'une race ne consiste pas à posséder telle ou telle « qualité », elle réside dans le mouvement par lequel cette qualité se manifeste quand elle est présente chez un individu ». C'est pourquoi, pour connaître la nature de la différence entre les races, pour Clauss, il est vain d'étaler des statistiques et de définir des tableaux de caractères dominants : plus que le nombre de ces caractères dominants, ce qui est décisif, ici, c'est le choix de celui qui peut être considéré comme l'exemple le plus complet et l'expression la plus pure d'un type déterminé. Le corps, pour Clauss, reçoit sa signification de l'âme, à laquelle il sert de moyen d'expression. Il s'agit de trouver les types dans lesquels cette correspondance est la plus parfaite et, donc, dans lesquels le style intérieur se manifeste de la manière la plus pure.

La nouvelle théorie, en soutenant, donc, l'existence de la race de l'âme, renforce l'idée de l'inégalité des races : cette différence existerait même sur un plan beaucoup plus profond que celui de l'hérédité biologique ou psychologique. Les races de l'âme conditionnent les diverses manifestations de la civilisation d'un peuple, aussi bien que le style des individus. C'est pourquoi Clauss écrit : « si la connaissance scientifique est appelée à exercer une influence sur l'histoire, la tâche que la psycho-anthropologie doit accomplir est la suivante : définir les frontières qu'aucune communauté nationale, de sang ou de civilisation, ne peut dépasser ou ouvrir sans se détruire elle-même. La recherche des frontières de l'âme constitue donc une tâche historique. »

Ceci étant, six types humains sont distingués : l'« homme créatif » (*Leistungsmensch*), qui correspond à la race nordique ; l'« homme persévérant » (*Verharrungsmensch*), qui correspond à la race phalienne (ou dalienne, ou encore atlantique) ; l'« homme du paraître » (*Darbietungsmensch*), qui correspond à la race méditerranéo-occidentale ; l'« homme de la révélation » (*Offenbarungsmensch*), qui correspond à la race du désert (orientaloïde) ; l'« homme de la rédemption » (*Erlösungsmensch*), qui correspond à la race levantine ou arménoïde ; l'« homme de l'évasion » *(Enthebungsmensch),* qui correspond à la race alpine.

L'« homme producteur » ou « homme créatif » est celui qui, dans l'expression, même immobile, manifeste une sorte de propension à l'attaque, non pas nécessairement au sens guerrier, mais, en général, comme prise de possession formatrice du monde environnant. Il conçoit le monde comme quelque chose que l'on a en face de soi, qu'il faut conquérir par l'investigation, l'action, la création. D'autres races « produisent » et créent, mais ce n'est pas là le trait principal de leur nature, ni le plan où elles se sentent pleinement ellesmêmes. Ce qui caractérise en outre l'âme de ce type d'homme, c'est qu'elle maîtrise ses capacités expressives et ne les utilise qu'avec mesure et à bon escient. L'âme nordique parle essentiellement en se taisant. À cela elle joint une maîtrise intérieure innée, de sorte que ce type, quelle que soit sa condition sociale, a toujours quelque chose du « maître » et de « l'homme libre ». Ses dons d'intelligence, d'objectivité, d'énergie et de responsabilité sont déterminés par cette attitude fondamentale. « Homme d'action responsable de et devant lui-même, (l'homme nordique) ne s'accorde de repos que pour autant qu'il ait d'abord donné le meilleur de lui-même (...) : et le repos lui-même n'a d'autre signification que de récupérer pour repartir à l'action ».

Pour en venir au second type, le mot de *Verharrung* veut dire « ténacité », « obstination », aussi bien qu'« inertie », « immobilisme ». Il caractérise le style de la « race phalienne », race lourde, attachée à la terre, réservée, à la fois persévérante et travailleuse, qui, une fois qu'elle a pris une attitude, n'en change pas, pas même pour une meilleure ; qui, une fois qu'elle a adopté une idée ou qu'elle s'est fixée un but, y reste fidèle jusqu'à l'absurde, de sorte qu'elle n'est guère capable d'évolution, de mouvement et d'innovation. Dans l'ensemble, Clauss reconnaît en elle la forme typique de l'esprit du paysan, qui, en dehors du plan de la vie rurale, peut prendre la signification d'une manière générale de se comporter dans toute forme de vie, tant matérielle que spirituelle. Le type germanique, pour lui, se composerait d'un mélange de cet esprit phalien et de l'esprit nordique.

La race méditerranéo-occidentale se présenterait au contraire comme un type chez lequel l'expression, l'exhibition, le désir de plaire constituent l'attitude fondamentale. Son apparence est peut-être sa seule préoccupation profonde. Son existence se déroule en quelque sorte devant une tribune : c'est une représentation continuelle devant un groupe de spectateurs, sans laquelle sa vie perd son sens. Cela ne veut pas dire que tout ne soit là que jeu, vanité et superficialité, mais que, pour ce type d'homme, la solitude n'a pas de sens, la mesure dans l'expression est synonyme d'étouffement, le sens de la distance est quelque chose d'anormal. En général, il s'agit d'un type humain pour qui les meilleures qualités n'ont pas de valeur en elles-mêmes, mais uniquement dans la mesure où elles sont reconnues par d'autres.

La « race du désert » est celle de la « révélation ». C'est le style de vie du nomade, où règne l'imprévisible, l'instantané, tout ce qui se manifeste dans une révélation subite qui s'empare de l'être tout entier et que l'être tout entier accepte. C'est le type qui ne sait rien de lui-même, qui peut être soit un enfant qui joue, soit un prophète, soit encore un dangereux animal de proie. Le vécu de l'« homme du désert » peut être qualifié de « jeu du hasard ». Il vit chaque instant comme s'il coulait de la main de Dieu ; et, comme il est croyant, il accepte cette expérience avec humilité. Envisagé au point de vue d'une autre race, ce type apparaît donc passif et sans intériorité. Le Nordique se maîtrise, fait face à lui-même comme s'il étudiait un objet et se soumet à son propre jugement. Le Méditerranéen aussi a une certaine maîtrise de soi selon Clauss : celle du chef d'orchestre qui dirige l'exécution d'une œuvre musicale en public. Tout cela est complètement étranger à l'« homme du désert » : pénétrer dans la logique profonde des événements lui paraît presque un sacrilège. Le symbole du vent, qui souffle où il veut et dont on ne sait ni d'où il vient, ni où il va, renferme la signification profonde de sa vie. C'est de la race du désert que seraient issues les langues sémitiques, dont celles qui sont parlées encore aujourd'hui par les races bédouines du sud et du centre de l'Arabie sont des vestiges vivants.

La « race levantine » est celle de la « rédemption ». Il s'y forme un type humain contradictoire, divisé intérieurement et en conflit avec lui-même. D'un côté, cette race cultive des idées spirituelles, des règles religieuses et, de l'autre, elle pose la chair pour le non-sacré, l'ennemi de l'esprit, la source du péché. La chair doit être vaincue : c'est là le sens de sa vie. Mais la chair résiste et conserve en lui sa force menaçante et même, plus l'esprit la combat, plus elle se renforce. De là une continuelle oscillation, une tortuosité intérieure qui n'a que deux issues : l'une est la voie ascétique, celle du prêtre ou du saint comme type « délivré » de la chair après une pénible mortification ; l'autre est celle du type qui, par-là même que l'aiguillon de la rédemption l'a tourmenté en vain pendant toute sa vie, se jette désespérément dans les choses matérielles, laisse libre cours à sa soif illimitée de choses matérielles et de puissance matérielle. Se sachant eux-mêmes esclaves de la chair, ces individus ne veulent voir autour d'eux que des esclaves. Ils ne dominent que par haine et transforment toute leur existence en une vengeance contre toutes les créatures qu'ils voient vivre avec sincérité et spontanéité. Toutes les valeurs de leur race, ils les transmutent alors pratiquement en leur contraire : au lieu de se mortifier, ils désacralisent ; au lieu de dépasser la chair, ils prêchent le culte de la chair ; au lieu de spiritualiser la chair, ils corporalisent l'esprit. Alors que la première solution celle de l'ascétisme donne naissance à l'idéal chrétien, la seconde caractérise l'esprit et le type juifs.

Le type nordique, dont le style façonna l'Hellade apollinienne, serait opposé à l'une et à l'autre : il ne sait pas ce qu'est la « chair », il ne connaît le corps que comme quelque chose qui est dans un état d'équilibre calme et clair avec l'esprit. Le type idéal, dans la vision de la vie des autres races, est le Héros, tandis que, dans les races où prédomine le type levantin, il est représenté par le Prêtre.

Vient enfin le type de l'« évasion », qui correspond à la race alpine. Il se caractérise par un mécontentement général, une insatisfaction, non pas de telle ou telle chose, mais des vicissitudes de l'existence en général. Il ne se sent nulle part chez lui ; le monde lui apparaît comme hostile et plein d'embûches. Ce qui lui permet de s'en défendre et de s'y soustraire, ce n'est pas le détachement et l'isolement, mais plutôt le sentiment, le *pathos* de l'intimité et de la convivialité au sein d'une communauté laborieuse et heureuse en quête de bien-être, de calme et de tranquillité. De là une tendance presque maternelle à protéger, à soigner, à privilégier et à embrasser les choses les plus ténues et les moindres manifestations de la vie. À la limite, c'est là le type de celui dont rien ne peut plus troubler la tranquillité intérieure et qui supporte avec équanimité toutes les injustices, les contingences et les souffrances. « La lutte de Jacob avec Dieu et pour Dieu serait ici une impossibilité, dit Clauss, puisque la lutte n'a aucun sens et aucune valeur dans l'évasion. La figure de Socrate mourant, telle que nous la décrit le *Phédon*, est l'exemple le plus parfait du vrai type de l'"homme de l'évasion". »

Nous avons donné un aperçu de cette classification « psycho-anthropologique » pour compléter la classification essentiellement anthropologique ébauchée par Günther. Pour Clauss, il n'existerait pas de mode de vie général commun à tous les hommes, mais bien plutôt une manière « créatrice », ou « expressive », ou encore « révélatrice », de vivre et d'exercer une activité : d'être guerrier, marchand, chercheur, etc. Cependant, ces recherches n'ont pas encore établi de corrélation solide et précise entre ces modes ou types et les races au sens véritable. D'ailleurs, Clauss admet que ces divers styles s'imbriquent et coexistent chez le même individu et se révèlent à tour de rôle dans les divers aspects de sa vie. Ainsi, pour lui, en raison du mélange actuel des types de « races de l'âme », pour un peuple moderne, la race est moins l'objet d'une constatation que d'un choix : il faut se déterminer, c'est-à-dire choisir, parmi les différentes influences raciales et spirituelles présentes dans un peuple, celle qui s'est montrée la plus créatrice dans la tradition de ce peuple, et faire en sorte que cette influence, ou « race de l'âme », prenne le dessus sur toutes les autres.

Il semble que Günther ait été influencé dernièrement par le courant de Clauss, de sorte que l'aspect spirituel des races est davantage mis en relief dans ses derniers travaux. Dans plusieurs livres, il a essayé d'identifier la présence, l'influence et le destin de l'élément indo-germanique, ou nordique, dans les anciennes civilisations orientales, aussi bien que dans la civilisation gréco-romaine ; et, en pareil cas, il est évident que la recherche de toutes les traces de types aux yeux bleus, aux cheveux blonds, de taille élevée, etc., ne pouvait pas y suffire à elle seule et qu'il était nécessaire d'envisager l'élément nordique au point de vue de la civilisation et de la spiritualité, puisque c'est surtout de ce genre que sont les traces les plus nombreuses et les plus certaines qui nous restent de ces races. Le résultat le plus valable de l'élargissement des horizons de Günther est un volume visant à définir le type de religiosité de nature « nordique ».

La référence, ici, est aux Indo-Germains, c'est-à-dire aux peuples de langue indo-germanique dont Günther pense qu'ils sont issus d'un noyau ethnique nordique remontant à l'âge du bronze et qu'ils ont formé une souche commune créatrice de civilisation dans différents peuples. Il dit tout d'abord que, pour connaître la spiritualité indo-germanique, il serait erroné de se fonder essentiellement sur les croyances des Germains, puisque l'esprit nordique y avait déjà été altéré par le druidisme et ensuite par des conceptions religieuses de type méditerranéen, juif ou levantin. Ce qui nous offrirait une base beaucoup plus solide, ce serait au contraire la spiritualité de l'Inde ancienne, de la Perse ancienne et de la Grèce ancienne, ensuite celle des anciens Italiques et des premiers Romains. En tout cela, l'esprit indo-germanique se présenterait à nous dans un état beaucoup plus pur, dès lors que l'on saurait en séparer les éléments de magie et de superstition populaire qui s'y sont associés comme expression de certains éléments ethniques inférieurs assujettis par les Indo-Germains.

Le premier caractère de la spiritualité indo-germanique serait une absence de peur des dieux et de la mort. Pour elle, l'homme n'est pas une « créature » et encore moins un « serviteur de Dieu ». Le monde lui apparaît comme un ordre, dans lequel les dieux et les hommes ont leur place, leur rôle et leur destin. Par conséquent, pas d'humilité envers les dieux, pas de sentiment de distance, mais un sentiment d'amitié, voire même de parenté ou de consanguinité. La religiosité indo-germanique serait donc une religiosité de l'en-deçà et non de l'au-delà. Elle se caractérise par un « amour du destin » qui ne mène ni au désir de rédemption, ni à la notion de « péché », mais à un sentiment tragique de la vie, à une volonté de conserver et d'affirmer malgré tout sa nature. Les Indo-Germains auraient été enclins à voir le destin comme un pouvoir supérieur aux dieux eux-mêmes : c'est là une affirmation quelque peu arbitraire.

L'Indo-Germain ignorerait le dualisme entre l'âme et le corps : il est enclin à concevoir le corps comme l'expression de l'âme et non comme la prison sale dans laquelle est enfermée une âme qui s'efforce d'atteindre la transcendance ; donc, respect et valorisation du corps. Le monde est pour lui un cosmos, un ordre divin, une structure imprégnée d'une *ratio* immanente. Il croit à une loi de la vie (culte des ancêtres), au caractère dynamique de cette loi, qui mène à l'idéal d'une « grandeur d'âme ». L'idée de la mort ne gouverne pas comme dans d'autres formes de religion sa foi. Cette idée n'a guère d'importance pour lui. Il ne connaît donc pas l'idée de « rédemption » : l'ordre divin, dont il se sent partie intégrante, n'est pas un mal, et il s'agit seulement de combattre et de vaincre les forces adverses. C'est pourquoi il ne sait pas non plus ce qu'est le concept de « rédempteur » comme médiateur entre Dieu et les hommes. Selon sa nature raciale, l'Indo-Germain aurait toujours cherché à entrer en communication directe avec le divin, et c'est pour cela que, dans les civilisations qu'il a créées, aussi longtemps qu'elles demeurèrent fortes et pures, la caste sacerdotale comme caste médiatrice -, ou n'exista pas, ou n'eut qu'un prestige limité. Sur le plan religieux, la mesure, l'équilibre spirituel serait aussi une vertu indo-germanique, par opposition à toutes les frénésies, à toutes les extases, à tous les élans confus que l'on peut voir dans d'autres types de religiosité. La vie de l'Indo-Germain se justifie en elle-même, et Günther va jusqu'à dire que « la foi ne peut pas être une valeur indo-germanique, mais une valeur pour des hommes de race orientaloïde, c'est-à-dire de race du désert ». En vertu de quoi, en bonne logique, Luther devrait être le premier à être exclu du monde nordique : et, en cela, même si ce n'est pas pour ce motif qu'il devrait en être exclu on ne ferait pas erreur.

Un autre caractère de la religiosité de la race indo-germanique serait l'absence de fanatisme, l'esprit de tolérance à l'égard des dieux des autres nations ; ensuite, l'absence de dogmes et, donc, d'Église. « Les communautés religieuses indo-germaniques ne sont jamais devenues des Églises. L'institutionnalisation de la religion chrétienne est encore une fois l'expression de la race du désert ou de l'action convergente de cette race et de la race levantine ». Par conséquent, pour Günther, on peut parler d'une tendance mystique et antiecclésiastique de l'âme germanique, mais à condition de voir qu'il s'agit d'un mysticisme qui est toujours accompagné d'un amour de la forme et d'une volonté créatrice de forme et indépendante de tout élan trouble et confus - sensuel ou suprasensuel - vers l'indéfini, l'illimité, l'amorphe. On peut donc parler d'une « mystique réaliste » (*Wirklichkeitmystik)* et qui ne fuit pas la réalité, d'une vision mystique toujours accompagnée de dignité et de noblesse d'âme. De là un idéal total, qui inclut la discipline et le déploiement des forces de l'esprit comme du corps, comme dans la notion d'*humanitas* comme « complétude humaine », ou « noblesse de race », dans la Rome aristocratico-républicaine. De là un idéal de réalisation héroïque de soi et la religiosité que peut concevoir une âme digne, harmonieuse et virile.

Les souches de la race nordique créatrices de civilisation dans le cycle des différents peuples orientaux et occidentaux de langue indo-germanique seraient donc les représentantes de cet esprit. On voit bien ici que le racisme de Günther bâtit un idéal qui n'est pas dépourvu d'une certaine noblesse et mène à une véritable « vision du monde » dont les traits les plus typiques sont en opposition frappante avec ceux du christianisme, qu'il soit catholique ou protestant, c'est-à-dire des religions qui, jusqu'à ces dernières années, étaient considérées comme spécifiquement occidentales et que le racisme considère désormais comme un apport contaminateur provenant des races du désert ou sémitico-levantines du ProcheOrient.

Quant à une recherche qui poserait le problème de la race de l'esprit en termes généraux, au-delà de la race de l'âme de Clauss, en vue de définir une morphologie de l'expérience religieuse et de l'attitude des différentes races par rapport au monde transcendant cette recherche est encore une tâche, qu'une forme supérieure de racisme aura à accomplir. Qu'il nous soit permis, à cet égard, de rappeler la contribution que nous y avons apportée dans *Synthèse de doctrine de la race*, où nous avons ébauché une première théorie générale des « races de l'esprit », en nous référant à diverses intuitions de J.-J. Bachofen. À cette occasion, nous nous sommes efforcé de séparer ce qui est valable de ce qui est arbitraire dans les conceptions sur la nature « nordique » dans le genre de celles que nous avons exposées ici de Günther.

CHAPITRE VII

LE MYTHE ARCTIQUE

Exploration des origines. La civilisation du renne. La race nordico-atlantique. La recherche sérologique. Le monothéisme solaire primordial.

Oswald Menghin, ancien recteur de l'Université de Vienne, a écrit ces mots frappants : « Plus que toute autre discipline, la science de la préhistoire s'est portée et devrait se porter encore davantage au centre de la lutte spirituelle de notre temps. Je ne crois pas me tromper en affirmant que la préhistoire générale sera la science qui guidera les prochaines générations. » Ces dernières années, un désir significatif de retour aux origines s'est manifesté dans de nombreux milieux. Les origines, ici, apparaissent sous un jour spécial, spirituel. On pressent de nouveau que, dans les temps primordiaux, il exista des significations et des symboles encore à l'état pur, qui, ensuite, se perdirent, s'obscurcirent ou s'altérèrent. La recherche préhistorique, transposée du plan d'un positivisme scientisto-archéologique ou anthropologique sans âme à celui d'une synthèse spirituelle, promet donc d'ouvrir de nouveaux horizons à la vraie histoire des civilisations.

Nous avons déjà souvent vu le racisme influer sur la recherche préhistorique. Puisque l'humanité actuelle se présente plus ou moins comme un chaos ethnique, pour aborder le problème des races pures et originelles il fallait nécessairement essayer de remonter dans le temps et de pénétrer le mystère de l'humanité préhistorique. Ici, cependant, jusqu'à ces dernières années, il manquait une synthèse de grande envergure. Celles de Wilser ou de Merkenschlager n'étaient que des tentatives limitées essentiellement à l'anthropologie. Les idées dans le genre de celles de De Gobineau, tout géniales qu'elles fussent, avaient alors vieilli et étaient incapables d'embrasser le développement des connaissances sur les anciennes civilisations. D'autre part, précisément à cause de ce développement, le concept de « race nordique » commençait à devenir problématique. Si l'on avait fixé les caractères de cette race comme race européenne par rapport à un type déterminé de civilisation et de spiritualité, on devait constater peu à peu que des formes analogues de civilisation s'étaient répandues aussi ailleurs, un peu partout dans le monde. Nous avons déjà vu que Günther avait été obligé d'admettre que, pour reconnaître les caractères les plus authentiques de l'esprit nordique, il faut se référer à d'autres civilisations et traditions que celles que l'on considérait comme nordiques par excellence, c'est-à-dire les civilisations et les traditions germaniques européennes. En matière de symboles, la croix gammée nous en offre un exemple caractéristique. Elle fut considérée pendant un certain temps comme un symbole propre aux races aryo-germaniques. Cependant, de l'ensemble des recherches suivantes il a résulté que ce symbole se retrouve en Corée, en Californie, en Asie Centrale, en Afrique et même dans certains peuples sémites, en somme dans un ensemble de régions dont on considérait jusqu'à ces dernières années qu'elles n'avaient absolument pas été atteintes par les migrations et les colonisations aryennes. Une difficulté semblable s'est présentée dans d'autres domaines, menaçant de rendre incertain et arbitraire tout ce que les racistes avaient essayé d'attribuer exclusivement à la race nordico-aryenne. À l'appui de l'idée nordique il fallait donc un nouveau mythe, un mythe d'autant plus audacieux que la matière des connaissances qu'il s'agissait de dominer et d'organiser selon un seul et même principe explicatif était désormais riche et complexe. Ce mythe a été forgé par le Hollandais Hermann Wirth, qui a repris la théorie « arctique » que nous avons vu apparaître chez Wilser et a « reconstitué » l'origine, l'histoire et la civilisation de la « race nordico-atlantique ».

La théorie d'Hermann Wirth peut être considérée comme un coup hardi dont l'impulsion directrice vient essentiellement d'intuitions extrascientifiques, qui essaient ensuite de se justifier par un appareil philologique, anthropo-géologique, palethnologique, mythologique et symbologique extrêmement laborieux. La solidité de cet appareil est fort relative, et le sérieux scientifique de Wirth a récemment été plutôt gravement mis à mal par l'affaire de l'*Oera-linda Chronik*, une soi-disant très ancienne chronique saxonne que Wirth s'était mise à déchiffrer et à exalter avec enthousiasme et qui s'est avérée être une vulgaire mystification. Mais, de même que, l'hiver, l'équilibre contingent et la discontinuité des blocs de glace descendant un fleuve ne contredisent pas la continuité du courant qui les charrie, ainsi tout ce qui est scientifiquement inexact, arbitraire, fantaisiste et confus dans l'œuvre de Wirth ne doit pas occulter la force du « mythe » qui anime et dirige l'ensemble, sa signification la plus profonde et son caractère de nécessité par rapport aux problèmes que nous venons de mentionner.

Pour Fabre d'Olivet, nous avons déjà dit que l'hypothèse « arctique », en soi, n'est pas qu'une des nombreuses hypothèses des chercheurs modernes : elle correspond au contraire à une connaissance d'ordre « traditionnel » qui s'est conservée jusqu'à aujourd'hui dans certains milieux « ésotériques ». Elle vaut donc indépendamment des efforts de ceux qui, comme Wirth, en ont eu une obscure intuition et ont voulu la vérifier par des méthodes scientifiques modernes et, surtout, elle vaut indépendamment des tentatives de certains racistes et de Wirth lui-même pour l'utiliser *ad usum delphini*, c'està-dire à des fins politiques plus ou moins contingentes.

Pour introduire la théorie de Wirth, il est utile de résumer ce qu'il en est réellement des races les plus anciennes dont il est resté des vestiges sur notre continent.

Les découvertes les plus anciennes sont relatives à la « race de Néandertal », qui tire son nom du lieu où furent trouvés pour la première fois, en 1856 près de Düsseldorf, les vestiges de ce type humain. C'est une race qui remonte à la fin de la période glaciaire, de sorte qu'on l'a appelée aussi race de l'« homme de l'ère glaciaire » ou du « moustérien » et, en raison de son ancienneté, race de l'*homo primogenius.* D'autres découvertes ont été faites en Espagne, en France, en Belgique, en Croatie, en Bohème, en Palestine, puis en Afrique, en Rhodésie, etc. Elles se rapportent dans l'ensemble à une période extraordinairement longue, peut-être de cent mille ans. La race de Néandertal a une morphologie répugnante, que l'on ne retrouve même pas chez les sauvages australiens les plus primitifs : c'est un type bestial simiesque et, désormais, il est exclu que *l'homo sapiens*, c'est-à-dire la souche de l'humanité actuelle, soit issu de ce type, qui semble s'être mystérieusement éteint au début de l'âge de la pierre.

Un second type humain, de caractère également inférieur mais d'apparition plus récente, est la « race de Grimaldi » ou « de Menton », qui tire son nom du lieu où l'on en a retrouvé pour la première fois des vestiges. C'est un type petit, nettement négroïde, qui, selon toute probabilité, s'est propagé à partir de l'Afrique, à l'époque où ce continent était encore relié à l'Europe par des bandes de terre.

Un troisième type humain, dont les caractères morphologiques sont déjà supérieurs, est la « race d'Aurignac ». On en a découvert des vestiges de la Bohème à la Sibérie. Ce sont ceux d'un homme svelte, de taille moyenne ou élevée, dont le crâne est presque toujours dolichomorphe et qui ne présente plus le prognathisme simiesque de l'homme de Néandertal. Cette race doit avoir supplanté la race de la période glaciaire, mais pas assez rapidement pour ne pas avoir coexisté avec elle pendant plusieurs générations et ne pas s'y être mélangée dans une certaine mesure. De toutes façons, l'homme d'Aurignac apparaît aux anthropologues comme le type dont peut être issu l'homme actuel pour certains (Reche), surtout la race méditerranéo-occidentale ; pour d'autres (Kloatsch, Wirth), la race nordique ; pour d'autres encore, ces deux races.

La race « de Cro-Magnon » est encore plus récente, plus noble, et se rapproche plus de nous. Ses vestiges s'étendent de la péninsule franco-cantabrique à la Belgique, à la Hollande, au nord de l'Allemagne, au Danemark et à la Suisse. On a donné à sa civilisation le nom de « civilisation d'Altamira » (sud de l'Espagne) ou « des îles de la Madeleine », parce que c'est dans ces sites que l'on en a trouvé des vestiges très importants, surtout des graffitis ; on l'a appelée aussi « civilisation du renne », car cet animal y apparaît de manière très caractéristique. Le type anthropologique qui y correspond est de grande taille (1,80 mètre), élancé, il a le front haut et droit, le crâne presque toujours dolichomorphe. Les fragments qui nous sont parvenus de sa civilisation montrent qu'il avait un esprit inventif, une sensibilité artistique et du dynamisme. C'est à lui comme on s'en rappelle que Merkenschlager donne le nom de « chasseur primordial ». Vers la fin de la dernière période de l'ère glaciaire, la race de Cro-Magnon doit être devenue la race dominatrice de l'Europe centrale, en assujettissant ou en repoussant les races aborigènes, non sans s'être parfois métissée avec elles. Mais les traces de la « civilisation du renne » disparaissent tout à coup. Dans les découvertes, il se produit un hiatus, un intervalle de mille ans sépare les vestiges des hommes de Cro-Magnon des traces qui leur sont chronologiquement postérieures, qui sont d'une autre nature et se rapportent à une civilisation de type agricole. L'intervalle va du paléolithique supérieur au néolithique ancien. Il semble donc que les hommes de Cro-Magnon aient migré vers une région inconnue. Comme les dernières traces de leur civilisation se trouvent vers le Nord, certains ont avancé l'hypothèse que, pour échapper à un réchauffement du climat de l'Europe centrale et occidentale, cette race aurait migré vers la Suède. Wilser avait examiné cette hypothèse et avait pensé que la race nordique était issue de la souche des hommes de Cro-Magnon qui avait migré vers la péninsule Scandinave à la fin du paléolithique.

C'est ainsi que se présentait approximativement le panorama de l'anthropologie préhistorique, jusqu'à ce qu'intervienne la théorie de Wirth et de ses disciples.

Il est d'abord question de deux races primordiales. Il s'agirait d'abord de la race « négroïde », issue d'un très ancien continent qui, au carbonifère, s'étendait de l'Amérique du Sud à l'Afrique centrale et méridionale et à l'Australie (« le continent de Gondwana ») et qui a disparu en grande partie. L'autre race est la race brun-jaune « finno-asiatique », qui aurait occupé l'Asie, une bonne partie de l'Europe et aussi des deux Amériques et qui se serait conservée essentiellement dans la race mongoloïde. Selon Wirth, c'est parmi ces peuples issus des divers croisements entre ces deux races primordiales qu'auraient fait apparition, pour les détruire ou pour les assujettir, des races qui appartenaient à un troisième type également primordial ou étaient issues de celui-ci et qui étaient absolument supérieures à ces deux races, tant du point de vue physique que du point de vue spirituel : les « races nordiques primordiales », ou « prénordiques », ou encore « arctiques ».

Les deux types préhistoriques les plus nobles que nous avons déjà considérés - l'homme d'Aurignac et l'homme de Cro-Magnon - seraient, pour Wirth, des types dérivés : dérivés d'un croisement entre la race pré-nordique et les races aborigène, négroïde et finnique. Du problème de l'absence de vestiges ou de fossiles de cette race pré-nordique à côté de ceux de l'homme de Cro-Magnon et de l'homme d'Aurignac, voire même, ce qui est encore plus étonnant, dans des découvertes encore plus anciennes, Wirth vient à bout de deux manières : d'abord, en attribuant à cette race pré-nordique la pratique, non pas de l'inhumation, mais de la crémation (pratique que l'on retrouve dans les plus anciennes prescriptions des Irano-Aryens, dans les coutumes des Proto-Latins, etc.), de sorte que les crânes, les ossements, etc., de cette race n'ont pas pu se conserver jusqu'à nous depuis des époques aussi anciennes, mais seulement depuis des époques relativement plus récentes, qui correspondent à la période moyenne de l'âge de la pierre, où l'on trouve bien des crânes de type purement nordique. Ensuite, Wirth situe la patrie d'origine de la race nordique dans des régions aujourd'hui disparues : d'abord, dans une région polaire, ensuite dans l'Atlantique, dans la légendaire Atlantide de Platon.

La région arctique aurait donc été la patrie d'origine de la race nordique primordiale. Du point de vue géologique, il s'avère effectivement que le Groenland s'étendait autrefois de l'Europe jusqu'à l'Amérique. De vastes gisements de charbon fossile ont été découverts sous les glaces qui couvrent les vestiges de cet ancien continent arctique. Cela veut dire que, là où il y a aujourd'hui de la glace, il exista en d'autres temps une végétation luxuriante ; l'examen de ce charbon fossile a établi qu'il provient d'arbres dont le tronc n'a pas de couches annuelles, c'est-à-dire d'arbres dont la croissance n'était pas interrompue par la pause hivernale. Ce continent, donc, non seulement n'était pas aussi froid qu'actuellement, mais il y régnait un climat tempéré, stable, qui permettait une croissance ininterrompue de la végétation et était semblable à celui qui existe aujourd'hui sous les tropiques. Le froid intense n'y serait apparu qu'à un moment donné, du fait d'un basculement de l'axe de rotation de la terre, qu'admettent certains géologues, basculement qui aurait provoqué le déplacement du pôle Nord de l'ouest vers le nord-est. Dans les traditions des anciens Iraniens, des Celtes et des Germains se trouvent d'ailleurs des souvenirs mythologisés du terrible froid, ou hiver, qui, en raison de ce phénomène, s'abattit sur l'Arctique, obligeant la « race pré-nordique » à migrer. Du reste, nous avons-nous-même amplement étudié ces souvenirs ainsi que toute une série de témoignages concordants d'origine très diverse, dans la seconde partie de *Révolte contre le monde moderne*.[3]

Wirth a essayé d'étayer la thèse arctique avec un ordre de recherches très moderne, celui de la sérologie, c'est-à-dire l'étude des « groupes sanguins ». Voici ce dont il s'agit : après avoir fait un prélèvement de sang à divers types humains, on s'est aperçu que les globules sanguins et le sérum peuvent avoir des comportements variés et très distincts, et que le sérum est plus ou moins capable d'agglutiner les globules rouges d'un autre groupe sanguin auquel il est mêlé. On a donc distingué quatre groupes sanguins sérologiques, que les racistes ont essayé de rattacher à des types ethniques déterminés. On a vu que le premier groupe sanguin prédomine vers la région arctique, non seulement en Islande, mais aussi chez les Indiens d'Amérique du Nord (selon un pourcentage qui décroît vers le sud), en Angleterre et en Italie. Le second groupe sanguin a pour centre la Suède, d'où il se propage dans les divers pays européens. Le troisième groupe se concentre en Inde, tandis que le dernier groupe, qui semble réfractaire à tout mélange, est faiblement et sporadiquement représenté dans les différentes parties du monde et semble correspondre aux vestiges d'une race extrêmement ancienne aujourd'hui disparue. Wirth rattache le premier groupe sanguin à la race nordique primordiale ; il considère le second groupe comme étant celui

---

[3] Disponible chez Omnia Veritas, www.omnia-veritas.com

d'une race qui s'est différenciée de la race nordique primordiale par variation génotypique (c'est-à-dire par mutation interne, peut-être consécutive à l'apparition de nouvelles conditions climatiques et ambiantes) et le troisième groupe comme celui d'une race qui s'est formée par mélange (croisement interspécifique). La région arctique serait donc celle qui, du Groenland à l'Amérique, conserve aujourd'hui encore des vestiges de la race la plus pure, et Wirth a cru retrouver chez les esquimaux de l'est du Groenland des types blonds et dolichocéphales aux yeux bleus et d'aspect presque « aryen ».

Lorsque la glaciation est survenue, la race prénordique n'aurait pas trouvé d'autre issue que la voie du Sud, vers l'Atlantique. Ici, Wirth accepte l'hypothèse de l'existence de l'Atlantide et considère que le centre de la civilisation et de la race nordiques s'est déplacé vers l'Atlantide, à partir de laquelle elles se sont répandues, soit vers l'Est, sur les côtes européennes, soit vers l'Ouest, sur les côtes américaines. Les races de l'homme de Cro-Magnon et de l'homme d'Aurignac proviendraient donc du mélange des groupes de Nordico-Atlantiques avec les races qui habitaient déjà l'Europe, et la civilisation paléolithique solutréenne (17 000 - 12 000 ans avant J.-C.) et la civilisation magdalénienne (12 000 - 7 000 avant J.-C.) en seraient issues. La « civilisation du renne » serait donc une civilisation d'origine nordique, et sa similitude avec la civilisation qui s'est conservée jusqu'à des temps plus récents en Suède et dans la région arctique ne prouverait pas que l'homme de Cro-Magnon y a migré, mais qu'il a une origine commune avec d'autres souches ethniques qui sont descendues plus tard dans le nord de Europe, peut-être directement de l'Arctique. Après le magdalénien, la migration des hommes de Cro-Magnon et le développement de leur puissance de civilisation jusqu'à l'époque mégalithique auraient pris une direction complètement différente.

C'est ici que commence la partie la plus audacieuse des recherches de Wirth. On a déjà parlé du hiatus existant entre la civilisation de chasseurs de l'homme de Cro-Magnon et les vestiges de la civilisation agricole qui y a succédé après plusieurs millénaires. Wirth pense pouvoir combler ce hiatus en faisant parler, là où il n'y a plus de vestiges anthropologiques, la langue des symboles, et, d'après les symboles, leurs correspondances et leurs variations, associés aux éléments que peuvent fournir le *folklore*, la légende, les alphabets et les inscriptions les plus anciennes, ce qui a survécu dans certaines des coutumes ou des traditions des sauvages, etc., il pense aussi pouvoir identifier les voies qu'a parcourues la race nordique et nordico-atlantique dans le monde entier. En bref, voici ce dont il s'agit : la race nordico-atlantique aurait eu en propre une série de symboles, appelée par Wirth « série sacrée », symboles qui déterminaient les différentes étapes de la course du soleil au cours de l'année par rapport aux douze signes du zodiaque, en commençant par le point qui, pour une raison dont nous parlerons plus bas, apparaissait le plus important à cette race : le solstice d'hiver. Cette série aurait correspondu à un alphabet primordial linéaire unique, doté de racines phonétiques ; de plus, elle aurait été considérée comme sacrée, aurait servi de calendrier, etc. Or, l'astronomie nous apprend que, à cause de l'inclinaison de l'axe terrestre, suivant les époques - plus précisément, tous les deux mille ans -, le solstice d'hiver tombe dans un signe zodiacal différent : donc, la composition ou disposition de la « série sacrée » aurait changé tous les deux mille ans. Wirth en déduit tout d'abord que la civilisation nordico-atlantique est passée dans tous les lieux où il pense retrouver des vestiges correspondants aux signes de la « série sacrée » ; ensuite, de la disposition variée de ces symboles, ou signes, associée à des preuves concordantes obtenues par les voies les plus diverses, il tire une indication qui l'aide à établir la chronologie des diverses migrations. Les vestiges les plus anciens de la « série sacrée » seraient des gravures sur pierre qui se trouvent dans la région arctique américaine, c'est-à-dire dans la région qui, au point de vue sérologique, a aujourd'hui encore le plus fort pourcentage de « pur-sang » du premier groupe et dont le signe dominant serait celui qui correspond à la constellation du lion. Le solstice d'hiver tombait dans cette constellation entre 16 000 et 14 000 avant J.-C. et ce serait donc là l'âge de cette civilisation. Vient ensuite une version de la série sacrée qui est sous le signe du cancer et se rapporte à un groupe dont les vestiges, situés bien plus au Sud, remontent, tant en Europe qu'en Amérique, entre 14 000 et 12 000 avant J.-C. Cette concordance s'expliquerait par le fait qu'ils dériveraient d'un seul et même centre de civilisation, qui aurait été précisément l'Atlantide. Mais, vers 9 000 avant J.-C., ces correspondances cessent mystérieusement, les symboles disparaissent, il n'y a plus de trace d'unité. Selon les anciennes traditions, c'est à cette période que l'Atlantide aurait été détruite par un cataclysme tellurique sous-marin.

Après cela, il nous reste à parler des voies que, selon Wirth, la migration colonisatrice nordique aurait parcourues du nord-est au sud-ouest. Après le cycle de la civilisation franco-cantabrique magdalénienne, ou civilisation du renne, la race nordicoatlantique se serait mise en mouvement dans ces directions : d'abord, par le Rhin et le Danube jusqu'à la mer Noire. D'ailleurs, on sait que nombreux sont ceux qui sont enclins à voir dans la région danubienne le point de départ des souches indo-germaniques qui se sont établies par la suite en Asie. Une seconde vague, plus récente, emprunta la route de la Méditerranée, de l'Espagne vers les Baléares, la Sardaigne, Malte, la Crète et Troie, ville dans les couches archéologiques les plus anciennes de laquelle on pourrait voir les vestiges d'une civilisation créée par la rencontre de cette vague avec la première. De Crète, la colonisation gagna Chypre et la Palestine et c'est ici qu'entre en scène la race des Philistins, ennemis jurés des Juifs, qu'ils assujettirent par la suite, race formée, selon Wirth, de Nordico-Atlantiques. Enfin, une troisième vague, rapportée par Wirth à une race du Sud (les Sud-Atlantiques), passa le détroit de Gibraltar et longea l'Atlas et la Lybie jusqu'en Égypte, où elle donna naissance aux premières dynasties pharaoniques. Comme preuves principales de ces migrations, Wirth allègue les vestiges de la civilisation mégalithique : *dolmen, menhir, cromlech,* etc., c'est-à-dire de monumentaux alignements de pierre obéissant à des intentions symboliques ou rituelles, dans lesquels notre auteur croit souvent retrouver les thèmes du solstice d'hiver et de la série sacrée.

Wirth pense pouvoir rapporter le nom de *mo-uru* traduit par « Terre de la Mère » ou « des Eaux », au centre originel de la civilisation atlante. De ce nom, ou de l'inversion de ses syllabes, il tire une désignation très fréquente dans les branches de la race nordico-atlatique : *Am-uri* et *Ma-uri*. Ainsi, le nom de *Mauri* existe chez certaines populations du Maroc. *Am-uri* se retrouve dans le mot brittonique désignant les Armoricains et les Amorites sont un des peuples de Canaan hostiles aux Juifs Mais ce n'est pas tout. Selon Wirth, les Sud-Atlantiques auraient pris encore une autre route, une quatrième route, longeant l'Afrique, y créant plusieurs civilisations mineures dans les zones littorales, après quoi, louvoyant, ils auraient atteint le Golfe persique et auraient remonté l'embouchure du Tigre et celle de l'Euphrate, qui n'étaient pas encore réunies à l'époque. C'est ici que se serait formée la civilisation *sumérienne*, dont l'écriture linéaire refléterait les idéogrammes solaires sud-atlantiques. En partie par l'Asie centrale, en partie par la côte, il auraient même atteint la Chine, comme en témoignent, selon Wirth, les récentes découvertes d'une civilisation extrêmement ancienne effectivement fort apparentée aux civilisations sumérienne et égyptienne et qui pourraient être associées aux vestiges d'une langue qui semble être de type indo-germanique et appartenir au groupe *centum,* et non au groupe *satem,* c'est-à-dire au groupe des Indo-Germains d'Europe, et non au groupe de ceux d'Asie. Enfin, Wirth va jusqu'à admettre l'hypothèse extravagante que cette race légendaire aurait migré vers l'Australie, arguant que les *Ma-uri*, qu'il considère comme les derniers descendants de cette vague sud-atlantique archaïque, par leur type anthropologique, leurs symboles et leur langue, sont aujourd'hui encore très différents des souches sauvages aborigènes, négroïdes et mongoloïdes.

C'est là le premier cycle, compris dans l'âge du fer, de la civilisation nord et sud-atlantique. On a un second cycle beaucoup plus tard, vers l'âge du bronze. Se référant à d'anciennes légendes bretonnes et irlandaises, Wirth parle d'une dernière vague nordico-atlantique, qui aurait atteint l'Irlande, où elle aurait été connue comme la race divine des *Tuatha* ou *Tuatha dé Danann,* qui, pour certains, se sont installés sur cette île et, pour d'autres, ont poussé jusqu'au Doggerland, des îles friso-saxonnes qui étaient encore soudées au continent. C'est ici que se serait formé un nouveau centre, *Polsete,* une région côtière de la mer du Nord qui aurait disparu, non pas à cause d'un cataclysme comme l'Atlantide, mais à cause d'une montée progressive de la mer dans cette région. Les Germains et, plus spécifiquement, les races auxquelles Tacite donna le nom d'Ingveones, ne seraient rien d'autre que les *Tuatha*, des Nordico-Atlantiques qui se sont établis sur les côtes de la mer du Nord et s'y sont plus ou moins mélangés à la race aborigène de type finno-asiatique. Les runes l'ancienne écriture linéaire sacrée nordique serait la dernière forme directement issue des idéogrammes de la « série sacrée » solaire, et Wirth n'hésite pas à établir des rapports, pour lui éclairants, entre les runes et les autres idéogrammes ou types d'écriture linéaires de la préhistoire sumérienne, américaine, égyptienne, chinoise, suédoise, phénicienne, etc.

Wirth se proposa de reconstituer, non seulement l'histoire de la race nordico-atlantique, mais aussi sa religion. Il se serait agi d'une religion supérieure, monothéiste, très différente de l'animisme et du démonisme des aborigènes négroïdes ou finno-asiatiques, sans dogmes, d'une grande pureté et potentiellement universelle. Elle aurait été fondée sur une sorte de révélation naturelle, une perception des lois spirituelles directement suggérée par la nature. Durant la glaciation, l'hiver durait six mois, de sorte que le retour annuel du soleil devait être vécu par ces peuples comme une libération, une renaissance. Ce moment était précisément le solstice d'hiver : la lumière apparaissait comme une manifestation divine porteuse d'une vie nouvelle, l'année était le théâtre de cette manifestation et le solstice d'hiver le point de l'écliptique le plus éloigné de l'équateur céleste, où la lumière semble mourir définitivement, s'enfoncer dans la terre ou dans les eaux, d'où elle renaît comme par miracle était le moment décisif de cette expérience cosmico-religieuse. Comme nous l'avons dit, pour Wirth, la série sacrée aurait déterminé dans la civilisation nordico-atlantique les différentes phases de cet événement symbolique annuel, synthétisé, en général, par une croix dans un cercle. La religion primordiale de 15 000 ans avant Jésus-Christ aurait donc été solaire et imprégnée du sens de la loi universelle de l'« éternel retour », de la mort et de la renaissance. Comme la lune, la vie des hommes connaît le « cycle » éternel de la mort et de la renaissance. Le Noël des Chrétiens, la naissance du Sauveur à une date qui tombe à une période où tous les peuples célébraient le solstice d'hiver, serait, pour Wirth, un lointain écho fragmentaire de cette religion préhistorique. Dans l'ensemble, le christianisme serait issu de la tradition qui s'est conservée dans un groupe atlantique de la Galilée, pays riche en vestiges de la civilisation mégalithique solaire. Les épisodes les plus frappants de la vie de Jésus-Christ, jusqu'à sa crucifixion, qui reprend le thème du dieu-qui-meurt donneur de vie fixé sur la croix de la vie, seraient de purs symboles de la tradition nordico-atlantique. Wirth parle d'un monothéisme nordique primordial et d'un « christianisme nordique cosmique » qui remonterait donc à plusieurs milliers d'années avant Jésus-Christ préfigurant même le protestantisme (qui, pour lui, n'aurait fait que contribuer à « renordiciser » cette tradition) et n'aurait naturellement rien eu à voir avec les Juifs.

C'est ici que s'établit évidemment le lien entre ces conceptions et les thèmes de prédilection de Chamberlain et de Woltmann et que, de plus, on peut voir un pont imaginaire entre une présumée tradition de la haute préhistoire et les thèmes de la mort et de la renaissance et de l'éternel renouveau qui sont si chers au romantisme allemand et à la religion moderne et « faustienne » de la vie. Pourtant, à cet égard, il est clair qu'il y a une divergence de vues entre Wirth et d'autres racistes allemands, comme, par exemple, Günther. L'idée de mort et de renaissance, qui, pour Wirth, serait la clef de voûte de la religiosité nordique, Günther l'attribuerait probablement à un esprit sémitico-levantin ; une autre divergence non moins importante réside dans le fait que Wirth prétend que le symbole d'une prêtresse ou mère divine jouait un rôle essentiel chez les Nordico-Atlantiques, qui auraient même appelé leur pays la « Terre de la Mère » (*mo-uru*), alors que Günther et d'autres rattachent plus judicieusement ces conceptions aux races du Sud et, tout au plus, aux Celtes, qui seraient une race éloignée de la pure race nordique et plus apparentée aux races méditerranéennes.

Quoiqu'il en soit, il convient de bien distinguer les adaptations personnelles arbitraires de Wirth de la valeur et de la signification de la thèse nordique (ou, comme nous préférons l'appeler, hyperboréenne) en elle-même, parce que l'ordre auquel elle appartient est tout différent et a une toute autre importance que ces reconstitutions de chercheurs contemporains reconstitutions qui ne sont cependant pas dénuées d'intérêt comme symptômes et comme pressentiment obscur d'une vérité.

Von Leers écrit que l'époque du libéralisme et du scientisme était caractérisée par trois idées fondamentales : 1) l'égalité du genre humain ; 2) la barbarie nordique et l'origine orientale de la civilisation ; 3) l'origine juive du monothéisme. Ces trois idées, dans le cycle raciste qui mène à Wirth, sont mises à bas ou renversées : 1) l'humanité est formée de races fort diverses ; 2) la civilisation n'est pas venue de l'Est, mais du Nord ; 3) les Germains, bien longtemps avant les Juifs, ont eu une religion supérieure de type monothéiste.

CHAPITRE VIII

LA CONCEPTION RACISTE
DE L'HISTOIRE

Le nouveau mythe du sang de Rosenberg. La race nordique dans la civilisation occidentale. La race nordique dans la civilisation gréco-romaine. Racisme antichrétien et néopaïen. Le mythe de la nouvelle « Église Nationale Allemande ».

Venons-en maintenant aux développements ultérieurs du racisme comme « vision du monde » et vision raciste de l'histoire, tels qu'ils se sont produits dans le national-socialisme. Sous ce rapport, ce sont essentiellement les idées défendues quasi officiellement par Alfred Rosenberg en Allemagne qui doivent être considérées : même si Rosenberg a déclaré que ses idées ne doivent pas être identifiées au « credo » du parti national-socialiste, son influence en Allemagne n'en est pas moins très forte, en particulier dans les organisations chargées de la formation politico-spirituelle des nouvelles générations.

Rosenberg s'est inspiré principalement des théories de Chamberlain, dont il a cependant accentué le côté « nordique », en remplaçant la notion d'unité raciale celto-slavo-germanique de Chamberlain par celle de race nordique, en donnant à l'ensemble un caractère anticatholique encore plus prononcé et en établissant des points de contact entre l'interprétation générale de l'histoire et le nouveau mythe politique allemand. À l'influence de Chamberlain se joint celle de Wirth et, dans une certaine mesure, celle de Bachofen. Le suisse J.-J. Bachofen, un contemporain de Nietzsche, est aujourd'hui particulièrement apprécié en Allemagne. Philologue, archéologue et mythologue, Bachofen fonde ses reconstitutions, souvent géniales, sur l'antithèse entre deux types de civilisation et de religiosité, l'une de type solaire, céleste et virile, liée à des systèmes patriarcaux, l'autre de type tellurique (adoration des forces de la terre), féminin (adoration des Mères de la Vie), liée à des systèmes matriarcaux qui tiennent plus ou moins de la promiscuité et du communisme. La relation de ces deux types de civilisation, l'une avec les races nordiques, l'autre avec les races du Sud, avait déjà été plus ou moins établie par différents chercheurs et historiens de l'école de Müller. Rosenberg reprend à Bachofen ces orientations et aussi la théorie des origines de Rome et du caractère antiromain de la civilisation étrusque.

Dans son discours aux étudiants bavarois, Rosenberg n'a pas hésité à déclarer que la découverte de l'âme raciste dans l'histoire de la civilisation constitue une révolution tout aussi importante que celle de Copernic. Cette déclaration fait écho à ces mots frappants de son livre principal, *Le Mythe du XXe siècle :* « Aujourd'hui s'éveille (...) une foi nouvelle : le mythe du sang, la conviction qu'avec le sang on défend l'essence divine de l'homme. La foi incarnée dans la conviction la plus claire que le sang nordique représente le mystère qui a remplacé et surmonté les anciens sacrements. » Toute race a son âme et toute âme a sa race. Il n'existe pas de valeurs incorporelles et universelles. L'esprit et le corps, pour Rosenberg, ne sont que deux aspects différents d'une réalité unique et indissociable, puisque la « race est l'âme vue de l'intérieur et, inversement, la race est l'extériorisation de l'âme ». « Aujourd'hui, toute une nouvelle génération commence à entrevoir que des valeurs n'ont été créées et ne se sont conservées que là où la loi du sang a déterminé la pensée et l'action de l'homme, soit consciemment, soit inconsciemment ». L'histoire de toute race est une histoire naturelle et, en même temps, une histoire mystique. Toute forme religieuse, morale ou artistique est influencée par des forces vivantes conditionnées par la race. Dans le métissage, toutes les qualités et les valeurs les plus pures finissent par se dissiper, les individualités des peuples disparaissent dans le chaos ethnique, dans un amalgame qui végète et ne crée pas ou devient matériellement et spirituellement tributaire de la volonté plus forte d'une nouvelle race pure. L'histoire, pour Rosenberg, n'obéit donc pas à un plan préétabli pour l'exécution duquel différentes tâches auraient été confiées aux peuples. L'histoire des Hindous, des Perses, des Grecs, etc., ne fut donc pas la préparation ou le prélude de notre époque, et encore moins une préfiguration de la christianisation de toutes les races, de tous les peuples, mais une lutte dramatique entre les diverses races et entre les diverses âmes des races.

D'autre part, aux yeux de Rosenberg, ce sont des vicissitudes de cette lutte, plus ou moins rapportée aux vicissitudes de la race nordique dans les différentes civilisations qui nous ont précédés, que vient la lumière qui fait ressortir les traits du visage spirituel de cette race et qui détermine graduellement le contenu du mythe raciste qui devrait servir de base au vingtième siècle. De là, précisément, le développement de l'interprétation raciste de l'histoire, mais aussi une sorte de cercle vicieux. En effet, pour saisir le sens le plus profond de l'histoire des civilisations, on se réfère à l'idée de race et, par surcroît, pour définir le contenu de cette idée, on se réfère à l'histoire des civilisations. Le fait est que toutes sortes d'éléments se rencontrent dans des constructions de ce genre : des « résultats » de telle ou telle recherche scientifique associés à des intuitions, des éléments disparates qui essaient de se renforcer mutuellement, mais qui, en réalité, sont choisis et gouvernés par une idée centrale préexistante.

En ce qui concerne la préhistoire, Rosenberg adopte plus ou moins les idées de Wirth sur les migrations de la race nordico-atlantique en Amérique, en Europe et en Asie et sur la patrie arctique originelle de cette race. La même sensation obscure d'une vérité primordiale se manifeste donc aussi chez lui.

La civilisation hindoue fut créée par des souches nordiques qui s'étaient rendues en Inde vers 2000 ans avant J.C. Les *ârya* subjuguèrent les peuples aborigènes et dressèrent en même temps une barrière de défense raciale entre eux et ces peuples aborigènes au moyen du système des castes. Nous connaissons déjà cette idée, qui est étayée par le fait que le mot sanskrit pour « caste » veut dire aussi « couleur » et que l'on qualifie souvent les castes inférieures de « brunes de peau » et d'« ennemis », tandis que les castes supérieures sont « blanches » ou « divines ». Dans le premier témoignage dont on dispose sur les Hindous ou sur une de leurs branches d'Asie mineure vers 1400 avant J.C., ils sont appelés *hari*, c'est-à-dire les « blonds » ou les « roux », et la tradition hindoue dit que le plus ancien dieu national, Indra, conquiert le pays avec « ses amis blancs » et, de lieu en lieu, refoule les « hommes de couleur » de leurs régions d'origine. Ceux-ci « n'ont pas de nez » c'est-à-dire qu'ils ont le nez camus -, tandis que les *ârya* sont grands, blancs, blonds et ont un beau nez (Günther). La première période de l'histoire hindoue fut une période d'expansion et, en même temps, de lutte contre les cultes magiques et l'extatisme inférieur des indigènes. Mais ces formes inférieures se rebellèrent contre la spiritualité aryenne, s'y infiltrèrent et l'altérèrent. Si la sensation que ces conquérants, maîtres-nés, eurent originairement du « moi » fut celle d'une âme immortelle qui, dans sa plénitude, est cosmique, le panthéisme et sa dégradation, le sentiment de l'unité de toutes choses et, donc, de l'égalité de tous les êtres, marquent déjà pour Rosenberg la décadence de la race aryenne. Un autre signe de décadence aurait été l'accroissement du prestige de la caste sacerdotale par rapport à la caste guerrière. Ce qui, à cette période, se présente comme une mystique serait moins un produit de la spiritualité héroïque et aristocratique de la caste aryenne guerrière, issue des anciens Indo-Germains, qu'une sorte de sublimation de l'animisme et des conceptions magiques des aborigènes.

L'interprétation que fait Günther du bouddhisme est donc caractéristique d'une certaine mentalité raciste et d'une sensibilité spirituelle assurément peu développée. Le mot de *yoga*, qui, en sanskrit, se rapporte à des formes particulières de discipline spirituelle et est « lié au latin *jugum*, correspond à *self-control* chez les Anglo-Saxons ; chez les Hellènes, à *enkrateion* et à *sophrosyne* et, encore jusqu'au stoïcisme, à *apatheia ;* chez les Romains, à *temperantia* et à *disciplina*, vertus typiquement romaines qui transparaissent encore dans la maxime du stoïcisme romain tardif : *nihil admirari*. Le même idéal apparaît dans la chevalerie médiévale comme *mesura* et dans la langue allemande comme *diu mâsze* ; les héros de la légende espagnole, comme, par exemple, le blond *Cid Campeador* qui parle « avec beaucoup de mesure » *(tan mesurado),* sont décrits comme des types nordiques. Le style nordique, fait d'autodiscipline, de retenue et de froide mesure, se transforme et se déforme plus tard dans certains peuples indo-germaniques, donnant naissance à l'idée d'une mortification des sens et d'une ascèse ».

L'ancien Indo-Germain affirmait la vie. Au concept de *yoga* de l'ancien hindouisme, dérivé de la maîtrise de soi et de l'autodiscipline propres à la race nordique, s'associa, sous l'influence de formes préaryennes, la notion d'ascèse, l'idée que, par divers exercices et diverses pratiques, y compris corporels, il est possible de se libérer du monde ou de donner une force surnaturelle à la volonté. La transformation la plus remarquable dans ce sens se serait produite dans le bouddhisme, où l'élan vital nordique originel, dans un milieu naturel qui ne lui convient plus et qu'il ressent donc comme un monde de « douleur », pour ainsi dire, se replie sur soi et cède à l'envie de s'évader et de se libérer de la vie et de la douleur. « Avec la diffusion du bouddhisme, l'État des descendants des Aryens perd de plus en plus son prestige. À partir de la dynastie Nanda et de l'empire Maurya, c'est-à-dire du quatrième siècle avant J.C., des représentants de castes inférieures prennent le pouvoir, la vie morale est altérée, la sensualité se développe de plus en plus. L'Inde aryenne, ou nordique, a donc duré un millénaire, plus ou moins de 1400 à 400 avant J.-C. »

Le manque de compréhension envers les valeurs de la vraie ascèse par rapport à des valeurs guerrières de type naturaliste, dont témoignent les interprétations que nous avons indiquées plus haut et qui s'était déjà manifesté dans la philosophie nietzschéenne de la « vie », amène Rosenberg et, avec lui, divers autres racistes à surestimer la civilisation perse par rapport à l'hindoue. La civilisation perse elle-même aurait été créée par des lignées aryennes, qui, dans leurs traditions, évoquent leur patrie arctique originelle et la glaciation qui les obligea à migrer. Pour renforcer le mode de vie de ces lignées, après qu'elles se furent dispersées et n'eurent plus d'autorité centrale unique, intervint la doctrine de Zarathoustra, qui ne se perd pas en « contemplations ou en ascèses hostiles au monde », mais fait du dieu Ahura Mazda le protecteur divin de l'aryanisme ; comme vision religieuse, elle donne celle de la lutte héroïque pour ce Dieu contre le Dieu des Ténèbres et ses émissaires, qui ont souvent les traits des peuples non aryens ; comme morale, elle donne un ensemble de règles, dans lesquelles le souci de la pureté de vie, de corps et de sang, a une part importante. « Depuis que la Terre Blanche (la patrie arctique) a disparu écrit Von Leers -, l'esprit aryen n'a jamais eu de doctrine plus noble que celle de Zarathoustra. C'est dans la connaissance originelle du grand ordre du monde que réside ici la vocation que l'homme de race noble a de défendre la vérité et de combattre le mensonge, une vocation chevaleresque de porteur de lumière. La « lumière de la terre aryenne », la « lance du Perse », avec les grands rois Cyrus et Darius, le « noble cavalier » (*artha kshatriya* que nous connaissons sous le nom d'Artaxerxés), et les dynasties glorieuses de Persépolis, rayonnèrent dans toute l'Asie Mineure ». Pour Günther, c'est dans la doctrine de Zarathoustra que ressort plus particulièrement l'idée bien connue d'ordre divin du monde : « Un ordre qui, chez les Hindous, s'appelle *ritam*, sur lequel veille le dieu Varuna ; chez les Perses, *artam* et *asha* (santé, ou droit, ou encore ordre) ; chez les Romains, *ritum*, qui dérive de *ritam* et exprime les mêmes conceptions religieuses. Cette idée d'un ordre divin imprégné du sens du monde est mise en relief dans le concept grec de *cosmos* et apparaît dans les conceptions germaniques du *Midgard*. Selon sa nature propre, la race nordique, aussi loin que l'on remonte dans l'histoire des grands peuples historiques de langue indo-germanique, s'est avérée être une « race ordonnatrice du monde », hostile au chaos, orientée vers le cosmos : famille, État, droit, culte, cours de l'année, vie spirituelle et valeurs morales, tout est ramené à cet ordre imprégné du sens du monde. » (Günther).

Mais le désir de former et d'organiser ce qui est amorphe, lorsqu'il se traduit par le désir de constituer un empire, apparaît à ces auteurs

comme compromis par le destin qu'avait déjà discerné de Gobineau :
« L'expansion de la puissance des Perses sur des territoires non perses
avait déjà préparé la dénordicisation de l'élément perse ». Les causes
sont toujours les mêmes : mélange du sang, déchéance de la
paysannerie, influence destructrice des grands centres, introduction de
cultes hybrides ou exotiques. Suivant un raisonnement bien connu, le
racisme en arrive ici à voir dans le nouveau culte de Mithra
(mithriacisme) un signe de la décadence de l'ancienne religion de
Zarathoustra : Mithra est présenté comme un dieu de la période
« impérialiste » ainsi, à Rome, il fut considéré comme un *fautor imperii*
- et, à ce titre, non pas tant comme un dieu aryen que comme le dieu de
tous les peuples de l'empire, dont le culte finit par prendre des traits non
aryens. Si Mithra conserve les caractères « nordiques » de gardien de la
justice, de la pureté et de la vérité, aussi bien que l'aspect d'un dieu
guerrier, il aurait en même temps les caractères mystiques antinordiques
d'un « sauveur », en quoi il subirait déjà l'influence du dualisme et de
la séparation entre l'âme et le corps qui sont propres aux races
levantines. Par rapport à la civilisation romaine, les rois de la dynastie
sassanide se présentèrent comme des rénovateurs de la doctrine de
Zarathoustra et, quand le dernier d'entre eux succomba aux assauts de
l'Islam, les derniers fidèles de l'ancienne religion aryenne de la lumière,
les Parses, cherchèrent refuge en Inde, emportant avec eux les derniers
vestiges de la tradition aryenne. Rosenberg écrit : « Autrefois, un roi
perse fit inscrire sur la paroi rocheuse de Behistun les mots suivants :
Moi, Darius, le grand roi, le roi des rois, d'ascendance aryenne (...).
Aujourd'hui, le muletier perse passe avec indifférence devant ce
rocher : un signe entre mille de ce que la personnalité naît avec la race
et meurt avec elle. »

La Grèce aurait connu plus ou moins le même sort. Avec
Kretschmer, Günther distingue dans le peuple grec trois couches :
« d'abord une couche non indo-germanique, ensuite une couche proto-
indo-germanique, qui serait liée au cycle de la civilisation minoenne ou
crétoise, enfin une couche indo-germanique récente, formée par les
Hellènes venus du Nord et de type nordique. Cette migration des
Hellènes comprendrait elle-même trois vagues : la vague « ionienne »,
ensuite l'« achéenne » et, enfin, la « dorienne », qui est survenue quand
les précédents Indo-Germains étaient déjà largement dénordicisés ».
Les Hellènes donnèrent le nom de Pélasges à la race qu'ils trouvèrent
dans les territoires qu'ils avaient conquis : elle fut en partie écrasée ou
détruite, en partie asservie. Hérodote rappelle qu'il fut une époque où il
n'y avait pas d'esclaves dans son peuple. Ce n'est que lorsque les
Hellènes s'établirent sur les anciennes terres des Pélasges que furent

instaurés le système des castes et la division en hommes libres et hommes non libres, qui aurait eu la signification ethnique d'une subordination d'un peuple non nordique réduit en esclavage à une souche de dominateurs pour la plupart de type nordique. Les dieux de l'Iliade et de l'Odyssée sont blonds. Athéna a les yeux bleus et Déméter est blonde. Aphrodite est blond cendré parmi les héros, Achille, Ménélas et Méléagre sont blonds, tandis qu'Hector, l'étranger et l'ennemi, est décrit comme brun. Apollon, Rhadamanthe et Aurore sont blonds, tandis que Poséidon a les yeux et les cheveux foncés et, « justement, ce dieu de la mer n'est pas un dieu hellène, mais pré-hellène : par ses caractères, il fait penser aux figures semi-animales du monde des démons et des fils de la Méditerranée ancienne ». Le fait que le mot d'« iris » désigne la pupille de l'œil en grec ancien indiquerait que la couleur claire devait être une couleur d'yeux normale chez les Grecs. Günther, poursuivant sur cette voie, recherche des caractères nordiques dans tout ce qui, dans les traditions et l'art des Hellènes, se réfère aux types les plus représentatifs de leur race. La lutte de l'Apollon hyperboréen contre le démon Python symboliserait le conflit entre la civilisation nordique de la lumière et la civilisation démonique des aborigènes. La constitution de Sparte reflète le même esprit que le système indo-aryen des castes. Les trois classes des *spartiati*, des *perioikoi* et des *eiloti* sont interprétées au point de vue racial indiqué plus haut : la première est formée de conquérants de souche dorienne ; la seconde, subordonnée bien que formée d'hommes libres, est rattachée aux descendants des pré-Doriens, c'est-à-dire des Achéens déjà dénordicisés ; la troisième classe, servile, comprenait des éléments de race essentiellement occidentale et alpino-levantine. Des considérations du même genre sont exposées sur Athènes. Le mélange des castes et, donc, des races était interdit à l'origine, la femme devait être elle-même libre et de même condition que le mari. Quant à Rosenberg, il fait siennes les idées de Bachofen que nous avons déjà indiquées, à cela près que, si Bachofen, dans l'ensemble de la civilisation, de la religion et de la morale grecques, avait distingué deux couches, l'une dominée par le principe maternel et féminin, l'autre par le principe héroïque et viril, et avait conçu la seconde comme une forme supérieure issue de la première dans un même peuple, Rosenberg nie ce concept d'évolution, rattache les deux couches à deux races différentes, et la civilisation olympienne et le droit paternel, au lieu de l'ancien démonisme méditerranéen, l'esprit héroïque, au lieu de l'esprit naturaliste et hybride, lui apparaissent comme autant de victoires des races nordico-helléniques sur les races méditerranéo-méridionales, pélasgiennes, phéniciennes et levantines. Le dyonysisme, le pythagorisme, le mysticisme orphique et mystérique, dans l'ensemble, sont également, pour lui, des phénomènes exotiques extra-helléniques : des altérations de l'Hellade nordico-dorienne.

La déchéance de l'esprit nordique de race en Grèce serait due aux destructions occasionnées par les guerres fratricides, à la prédominance des intérêts économiques et mercantiles, au sensualisme, à la chute de la natalité laquelle conduisit peu à peu à l'affranchissement des éléments ethniques inférieurs et à un métissage général. La liberté intérieure des anciens Hellènes, leur sens de la personnalité, pour Rosenberg, fut en lutte continuelle avec l'esprit obtus et impur de l'Asie mineure. La démocratie grecque, pour lui, ne fut pas la souveraineté populaire, mais la souveraineté de l'Asie mineure sur des races hellènes épuisées. Pourtant, Apollon le symbole de la religion dorico-nordique de la lumière pour Rosenberg comme pour Bachofen, représente, « malgré le sacrifice des Grecs, la première grande victoire de l'Europe nordique, parce que, derrière eux, surgirent de nouvelles profondeurs hyperboréennes les défenseurs des mêmes valeurs : la liberté d'âme et d'esprit, la formation organique, la capacité de création et d'investigation. Rome éloigna pendant longtemps par l'épée le spectre grandissant de l'Asie mineure. Elle réalisa le principe patriarcal apollinien de façon plus rigoureuse et consciente que l'Hellade. Elle renforça ainsi l'idée de l'État et fit du mariage le fondement de la nation et de la défense de la race. Finalement, l'Allemagne, dans une forme nouvelle, devint la représentante du dieu solaire. »

Nous sommes ainsi amené à considérer l'interprétation raciste de notre ancienne civilisation romaine.

Pour le racisme, Rome aussi aurait été fondée par une vague de peuples qui se seraient déversés dans les vallées du sud des Alpes bien longtemps avant les Germains et les Gaulois. Ils brisèrent la domination des Étrusques, de ce « peuple mystérieux et étranger (levantin) », et se mêlèrent vraisemblablement aux tribus aborigènes encore pures de la race méditerranéenne, produisant un type hybride d'une grande force et d'une grande ténacité qui combinait la vivacité d'esprit avec l'énergie de fer des maîtres, des agriculteurs et des héros. Ici aussi, Rosenberg reprend les idées de Bachofen sur la genèse et l'essence de la civilisation romaine, en opposant cette civilisation à la civilisation étrusque et, plus généralement, italique antérieure. Mais, contrairement à Bachofen, il introduit, là encore, le critérium ethnique : pour lui, la spiritualité démonique et naturaliste, sacerdotale et confuse, des anciennes races du sud de la Méditerranée, se serait manifestée encore une fois dans l'élément pré-romain, tandis que, dans la civilisation romaine, c'est une civilisation de type viril et aristocratique parente de la dorienne qui arriva primitivement à la surface. Mais alors que, à un point de vue ethnique, le type hellène est nordique avec une composante dinarique, le type romain serait nordique avec une forte composante phalienne et alpine. L'indo-germanisation de l'Italie n'aurait cependant pas eu l'étendue qu'eut celle de la Grèce, car les Romains ne réussirent à soumettre le grand royaume des Étrusques qu'au IVe siècle avant J.-C. Et Rosenberg ne se lasse pas de stigmatiser les représentations effrayantes d'outre-tombe qui sont celles des Étrusques (dans l'*Enfer* de Dante selon lui -, dans une forme grandiose, c'est l'antiquité étrusque abâtardie qui revit), leur ritualisme superstitieux, leur démonisme obscène de type levantin. Si les Romains détruisirent politiquement l'élément étrusque, ils en auraient subi l'influence dans différentes formes de leur civilisation, l'aruspice étrusque conserva son pouvoir, ce fut lui qui ouvrit les portes de Rome à l'Asie mineure en appelant à la rescousse la Grande Mère, la déesse Cybèle et ses prêtres eunuques, devant le danger carthaginois. L'héritage étrusque reçu par Rome, ensuite par le catholicisme, correspond, pour Rosenberg, à son élément antinordique par excellence.

Günther avait aussi interprété d'un point de vue raciste l'ancienne constitution romaine : les patriciens correspondaient aux descendants des conquérants de sang nordique, les plébéiens et les clients à des descendants de populations aborigènes pour la plupart de race occidentale et dans le Nord alpino-occidentale. Aux patriciens et aux plébéiens correspondaient deux formes distinctes de mariage et, primitivement, pour maintenir la pureté de sang, le *connubium* était interdit entre les deux couches : la caste patricienne devait demeurer pure. Les enfants mal formés étaient éliminés, comme à Sparte (hygiène de la race). La *virtus* et la *gravitas* caractérisaient l'ancien, le vrai Romain une *nobilitas* et une dignité innée, traits extrêmement semblables à ceux du type nordique. Le Sénat apparaît « nordique » durant tout le Ier siècle avant J.-C.

« Il fait preuve d'une audace éclairée, d'une attitude maîtrisée, d'une parole persuasive et mesurée, d'une détermination méditée et d'un profond sens de l'autorité. C'est dans les familles sénatoriales, d'abord dans le patriciat, ensuite dans la *nobilitas*, que l'idéal du vrai Romain, modèle humain de nature nordique, naquit et s'efforça de se réaliser, selon une formation particulièrement romaine. C'est ici que comptèrent les valeurs morales de type nordique : *virtus*, c'est-à-dire virilité, *fortitudo, sapienta, disciplina, gravitas* et *pietas* valeurs éthiques dont la reconnaissance créa Rome et dont l'altération la détruisit » (Günther).

Mais le sénat, la noblesse, la solide conception du droit et la signification éthique de l'État romain coexistèrent toujours à Rome avec le sacerdoce, l'aruspice étrusque, l'impure religiosité plébéienne, que les cultes étrangers ne firent que nourrir et renforcer.

Dés l'époque de la République, le patronyme nobiliaire de *Flavus* « blond » était fort répandu. Chez Virgile, les fondateurs du royaume du Latium, Turnus, Camille et Lavinie, sont blonds ; chez Ovide, non seulement des divinités telles, qu'Apollon, Cérès, Vénus et Minerve, sont blondes, mais Romulus et Lucrèce le sont aussi. De même, Juvénal, Catulle, Sénèque, Tibulle, Stace et Claudien parlent de dieux et de déesses, de héros et d'héroïnes blonds et, pour Rome, Günther étend jusqu'à César et Auguste la recherche désormais bien connue de tous les témoignages susceptibles de nous faire remonter à un type, soit nordique, soit à caractère fortement nordique.

Il est presque superflu de dire ce que Rosenberg et les autres racistes de la même tendance pensent de la période impériale. C'est le vieux thème développé par Chamberlain. Rome, en devenant un empire mondial, détruit la race, s'enfonce dans le chaos ethnique, devient « punique » et déchoit. Les guerres, en donnant la puissance à Rome, en détruisirent le patriciat et la couche agricole saine. La loi des castes tomba en désuétude. Dénatalité dans l'aristocratie. Les marchands et les parvenus accèdent à toutes les fonctions, accourant du monde entier, trafiquant et satisfaisant leurs instincts capitalistes effrénés et dévastateurs. Des bâtards et, même, des individus de couleur deviennent empereurs. La décomposition religieuse conduit au syncrétisme, à l'introduction définitive et inconditionnée des cultes orientaux et à la fuite dans des consolations philosophiques. Enfin, une angoisse et un besoin maladif de libération se répandent dans le chaos ethnique, dans la plèbe cosmopolite de l'empire orientalisé de l'Orient, le christianisme se lance à la conquête des masses, devient religion d'État avec Constantin, et son fanatisme emporte les derniers philosophes des écoles du Bas-Empire où se conservaient encore les vestiges d'une sagesse qui avait été autrefois nordique. L'autorité sacerdotale et le despotisme « marques de la sous-race » gagnent sur toute la ligne. Von Leers conclut ainsi ces considérations : « À la fin de l'ancien monde classique, la race nordique se trouve dans un immense cimetière : la romanité et l'hellénisme se sont écroulés, leurs derniers représentants, en Asie mineure, en Afrique du Nord et en Espagne, sont, pour la plupart, balayés par l'islam du désert, les Perses sont esclaves des Arabes, les Aryens de l'Inde sont momentanément sous la domination des Huns. En fait de peuples nordiques, il ne reste plus que les Allemands occidentaux, certains Germains du Sud comme les Bavarois, les Lombards qui vont dégénérant lentement dans le nord de l'Italie et, enfin, les Slaves, qui ont poussé jusqu'à l'Elbe et n'ont presque pas d'histoire ».

Ici, on n'est plus très loin des thèses antichrétiennes et, surtout, anticatholiques de Rosenberg. En effet, si Rosenberg considère que, en lui-même, Jésus est une « grande personnalité », il n'en reprend pas moins une vieille fable raciste : Jésus n'aurait pas été d'origine purement juive, puisqu'il aurait eu pour mère une Syriaque adultère et pour père un légionnaire et séducteur romain. Mais le tempérament de la race juive, levantine et africaine, déteignit sur la doctrine de Jésus, et le christianisme, malgré l'élément aristocratique encore présent dans l'Évangile de saint Jean, s'abâtardit et s'orientalisa ; puis, surtout par la faute de saint Paul, il devint une doctrine universaliste, abstraite, farcie de mystériosophie plus ou moins sensualiste et de démonologie de type étrusque et pélasgien. Du fait de sa décomposition raciale, Rome était devenue entre temps « synonyme d'Afrique et de Syrie », la vraie personnalité de Jésus fut déformée et l'idéal universaliste du Bas-Empire se fondit dans l'idée d'une Église universelle indifférente à la race. C'est de là que serait issue la romanité catholique. L'accusation que Rosenberg porte contre elle se fonde sur les points suivants :

1) Sur les influences syriaques et sémitiques susmentionnées qu'a faites siennes le catholicisme ; sur sa doctrine de l'amour et de l'humilité, incompatible avec la doctrine nordique de l'honneur et de la fierté guerrière. Sous le drame de nombreuses « hérésies », aussi bien que sous la lutte séculaire entre la papauté et le Germanisme, se serait dissimulée, de manière plus ou moins consciente, une lutte entre l'« amour » et l'« honneur », principes de deux éthiques inconciliables : « l'Église aussi paradoxal que cela puisse paraître voulut dominer au moyen de l'amour, tandis que l'Européen nordique voulut une vie libre dans l'honneur ou une mort au nom de l'honneur ».

2) Sur l'universalisme antiraciste professé par le catholicisme, qui fait pendant à la philosophie purement rationaliste (scolastique) de Rome philosophie abstraite, mécaniquement logique, qui n'en célébrerait pas moins dans le catholicisme la plus singulière union entre des croyances superstitieuses qui se rapportent à des formes inférieures de magie sacramentelle, de cultes à mystères et d'exorcisme. L'universalisme et le rationalisme catholiques ont d'ailleurs amené certains racistes extrémistes à associer l'idée de Rome à l'idée juive, à la démocratie internationale et ainsi de suite, tout ceci formant finalement selon eux un front unique contre les valeurs du sang et contre

toute vérité, toute civilisation et toute religiosité fondée sur le sang, en vue d'un nivellement et d'un déracinement universels.

3) Sur la conception générale que le catholicisme comme le christianisme a de l'être humain et de sa destination surnaturelle. Le racisme de Rosenberg, considérant le corps et l'âme comme deux parties indissociables d'une réalité unique conditionnée par la race, en arrive plus ou moins à nier que l'âme puisse avoir une existence absolument séparée dans l'au-delà et que, donc, ce soit essentiellement par rapport à un au-delà que l'homme doit vivre sur la terre. Il semble avoir tendance à penser que c'est surtout dans les forces mystiques de la race et dans la descendance que l'âme des individus survit et subsiste, comme dans certains aspects, qui n'en sont même pas les plus élevés, de l'ancien culte des lares et des pénates.

4) Sur la doctrine catholique du péché et de la grâce et sur l'existence humaine comme « don de Dieu », sur les préceptes d'« obéissance cadavérique » qui mènent à la morale jésuitique, sur le dogmatisme et l'absolutisme sacerdotaux ; toutes choses qui s'opposeraient au sens nordique de l'indépendance, de la liberté, de la responsabilité et de l'honneur, aussi bien qu'à l'aspiration nordique à une expérience claire et directe du divin. « Tout peuple doté de qualités raciales, noble et indépendant, écrit Rosenberg, aurait rejeté la doctrine du péché originel comme une absurdité. Ce peuple a en effet assez d'orgueil et de confiance en lui-même pour ne se fonder sur rien d'autre que sur sa seule volonté pour décider de son destin ». Le sentiment de faute est « un symptôme secondaire d'abâtardissement physique. »

5) Ce peuple exécrerait encore davantage toute la doctrine catholique des sacrements et des rites, de la transsubstantiation et des indulgences, de la rédemption par le sacrifice vicarial, des épouvantables châtiments d'outre-tombe, et ainsi de suite. En tout cela, Rosenberg voit réapparaître le monde de la plus basse magie syriaco-africaine ou étrusque et, sous ce rapport, il n'hésite pas à assimiler la vision catholique de la vie à celle des sauvages, rassemblés, sans personnalité, comme des choses, à la communiste, autour de leurs sorciers tout puissants. Il écrit textuellement : « Sous un aspect philosophique, les dogmes des indulgences et de l'intercession efficace (ainsi qu'une multitude d'autres, du dogme du scapulaire jusqu'aux saintes huiles et aux reliques miraculeuses) sont au niveau d'une conception du monde dont le type est l'homme médecine ou le sorcier des sauvages ». « Décrire cette tentative d'imposer dans la politique mondiale la conception du monde magico-démonique du sorcier ou de l'homme médecine, c'est écrire l'histoire des dogmes et de l'Église

romaine : (...) sa victoire complète (celle de l'Église romaine) signifierait qu'une caste de prêtres régnerait sur une masse de milliards d'hommes qui, sans race, sans volonté, telle une communauté organisée selon des principes communistes, considérerait son existence comme un don divin accordé par l'entremise du tout puissant sorcier (le pape) ».

Mais, à cet égard, il faut noter qu'il est étrange que, d'un côté, Rosenberg accuse la philosophie « romaine » de rationalisme, tandis que, de l'autre, il est indéniable qu'il adopte lui-même une attitude rationaliste (pour ne pas dire purement et simplement inspirée par la philosophie des Lumières), lorsqu'il fait preuve d'une incompréhension semblable de la signification profonde, objective et spirituelle, propre, en principe, à tout ce qui est rite et sacrement. De plus, Rosenberg, suivant les traces de Chamberlain, en arrive à faire l'apologie de la science et de la technique modernes, qui seraient des créations de l'esprit nordique visant à dépasser les superstitions religieuses de type étrusco-levantin ; et il va jusqu'à écrire : « Celui qui ne comprend pas que le monde créé par la machine et la technique représente un dépassement n'a pas saisi un aspect de l'esprit nordique et ne pourra donc pas non plus comprendre son autre aspect, mystique et métaphysique. »

Depuis la chute de l'ancienne Rome aristocratico-païenne, la romanité, pour Rosenberg, n'a été qu'un absolutisme sacerdotal et un universalisme catholique. Il s'ensuit une approbation de Luther et de la Réforme, mais néanmoins pas aussi enthousiaste que chez d'autres Allemands. Le protestantisme, pour Rosenberg, a un double visage : il est positif, en ce sens que comme anticatholicisme il a contribué à la lutte pour l'indépendance vis-à-vis de Rome, à la formation de la vie nationale allemande et de la personnalité libre, « (ouvrant) la voie à tout ce que nous nommons aujourd'hui les meilleurs œuvres de notre culture et de notre science ». Mais le protestantisme est négatif parce qu'il a remplacé Rome par Jérusalem, parce qu'il a exhumé et mis au premier plan la tradition juive de l'Ancien Testament (ce recueil d'« histoires de proxénètes et de marchands de bétail ») et parce qu'il s'en est tenu idolâtrement aux textes sacrés : en quoi, vu ses prémisses, Rosenberg tombe de Charybde en Scylla, par là même que, au bout du compte, il fait au catholicisme l'honneur de lui reconnaître le mérite d'avoir conservé fût-ce en l'adaptant à son esprit quelques symboles cosmiques de la tradition nordico-solaire primordiale, qui est la tradition dont parle Wirth, le christianisme cosmique de 15 000 avant J.-C. transmis par les Atlantes aux Galiléens. Pour Rosenberg, le grand péché du protestantisme a donc été de se réclamer de la Bible et d'en faire le livre du peuple allemand, au lieu de s'engager dans la lutte pour l'indépendance vis-à-vis de Rome et pour le retour à l'héritage nordique, en vertu du message et des conquêtes spirituelles de mystiques allemands comme Maître Eckhart.

Pour ce qui est de l'aspect « terrestre » de l'esprit nordique, Rosenberg, comme nous l'avons dit, a une haute opinion de la science et de la technique, alors que, pour ce qui est de son aspect métaphysique, il se réfère au mystique médiéval maître Eckhart (1260-1328) et salue en lui le précurseur d'une nouvelle religion raciste et nordique. Maître Eckhart est un modèle de « mystique aristocratique », il est celui qui s'est adressé à l'« âme noble » et a proclamé : « Ce qu'il y a de plus noble dans l'homme est le sang » ; il est celui qui a conçu le Moi comme un principe ayant sa cause en soi, un principe né de l'éternité, une forteresse inexpugnable, et a affirmé que, s'il n'existait pas, Dieu non plus ne pourrait pas exister ; enfin, il est celui qui a déclaré : « L'homme doit être libre et maître de toutes ses œuvres, sans subir de destruction ni de violence » et qui a enseigné une voie austère pour conquérir les cieux, exempte de magie, de dogmatisme, de littéralisme ainsi que de sentimentalismes religieux et d'abandons humanitaires. « L'honneur et la liberté » dit Rosenberg « ne sont pas des qualités extérieures, mais des essences hors du temps et de l'espace ». Ces valeurs innées dans le sang nordique s'expriment, selon lui, dans un mysticisme du type que nous venons d'indiquer, aussi bien que dans le style du Viking nordique, du chevalier germanique, de l'officier prussien, du soldat allemand et du paysan allemand. « Les idées de sang et d'honneur sont le principe et le but de toutes nos pensées et de toutes nos actions ». Par ce fait, Rosenberg en était arrivé à formuler le projet d'une future « Église Nationale Allemande », championne de cette spiritualité : spiritualité que l'on peut retrouver dans les anciens mythes du paganisme nordico-aryen, qui, adoptés comme symboles, devraient se substituer aux « histoires juives de l'Ancien Testament » dans l'éducation des jeunes générations. Odin, le dieu de l'Edda, « conçu comme le reflet des forces spirituelles de l'homme nordique », « vit encore comme il y a cinq mille ans ». Le christianisme devrait être graduellement supplanté par une religion héroïque : les monuments des héros qui se sont offerts en holocauste sur le champ de bataille pour que vive le mystère de leur sang devront être plus sacrés que les crucifix. Dans les villages et dans les villes de la nouvelle Allemagne, les statues du soldat prussien, substituées à celles des saints et des madones, pourraient être la destination de nouveaux pèlerinages, puisque le martyr allemand dans la guerre mondiale n'aurait pas été déterminé par une conjoncture politique, mais par « une nouvelle foi ». Rosenberg écrit : « L'Allemand doit revenir à sa superbe mystique, reconquérir la grandeur spirituelle d'un maître Eckhart et comprendre que cet homme et le héros en uniforme *feldgrau* sous le casque d'acier ne sont qu'une seule même personne ». Et il conclut : « La volonté de donner à l'âme de la race nordique la forme qui est la sienne par un mythe national comme l'Église Allemande est la plus grande tâche de notre siècle. » « Catholicisme, protestantisme, judaïsme (...) doivent céder le terrain à une nouvelle conception du monde, de manière telle qu'on n'y pense plus, comme on ne pense plus aux lampes lorsque le soleil matinal paraît au-dessus des montagnes ».

Le fait d'avoir dit que Rosenberg est toujours une personnalité influente dans l'Allemagne national-socialiste ne doit pas laisser supposer que de semblables idées y font leur chemin dans tout leur extrémisme. Les tentatives d'édification d'une nouvelle Église nordico-germanique en partant de la vision raciste du monde se sont réduites à bien peu de chose. Au point de vue éthique, il en est qui ont remplacé les commandements de l'Ancien Testament par ceux-ci : « Honore la divinité ; honore tes ancêtres et tes descendants (culte païen des ancêtres) ; honore les grands hommes de ton peuple (culte des héros) ; honore ton père et ta mère ; reste pur ; sois fidèle à ta race ; ne vole pas ; dis la vérité ; aide l'homme noble ». Le commandement de « ne pas tuer » est donc supprimé, et celui d'aimer son prochain est remplacé par le précepte de solidarité à l'égard des seuls « nobles ». De plus, le corps spécial des SS (*Schutz-Staffeln*) s'est efforcé de faire sienne cette éthique et de créer une sorte d'« ordre » ou de « garde » national-socialiste à caractère « nordique » pour ce qui est des insignes, on a repris les runes du germanisme nordique préchrétien, et les deux S stylisés qui constituent l'emblème de cet important corps organisé par Heinrich Himmler sont désormais assimilés purement et simplement aux « runes de victoire » préhistoriques *Siegrunen*. Dans les *Ordensburgen*, de nouveaux centres allemands visant à rassembler, à sélectionner et à former de façon systématique et totale des éléments qui, par leurs qualifications raciales et spirituelles, sont destinés à former les cadres de la future classe politique dirigeante dans ces centres, les idées de Rosenberg ont une part importante, mais, là encore, surtout sur le terrain éthique. Sur le terrain philosophique et spirituel, en revanche, ceux qui ont voulu prendre au sérieux l'idée d'une nouvelle religion antichrétienne sont tombés dans le dilettantisme : c'est le cas de Hauer, de von Reventlow, de Ludendorff et de Löpmann, auxquels, comme exemple vraiment typique de certaines déviations, nous pouvons ajouter Ernst Bergmann, dont le livre sur l'Église Nationale Allemande a été mis à l'index avec celui de Rosenberg et dont l'interprétation de l'histoire, lorsqu'elle est adoptée avec cohérence, s'avère être l'antipode de celle que les lecteurs ont vu prédominer jusqu'ici. Bergmann prétend justifier ses vues, non pas par des idées abstraites, mais par des faits positifs ; c'est d'observations biologiques et zoologiques faites sur les animaux et même sur les insectes qu'il pense tirer la base la plus solide pour définir ce qui peut être considéré comme normal pour l'homme. En bref, le résultat mirobolant de cette recherche est qu'il y a quelque chose d'anormal dès lors que le principe maternel féminin ne règne pas et que le principe masculin n'y est pas subordonné ; donc, l'histoire, tissée de révoltes, d'affranchissements et d'usurpations du masculin et de la civilisation masculine vis-à-vis de l'autorité de la femme, est tout entière une anomalie, un cauchemar délirant d'hystériques, auquel il est temps de mettre fin. Ici, les idées plus ou moins féministes que nous avons déjà rencontrées dans les conceptions de Wirth sur la religion de la race nordico-atlantique passent donc les bornes de la raison. Il est vrai que Bergmann qui proclame désormais : « Finissons-en avec Rome et avec Jérusalem ! Revenons à notre religion allemande autochtone dans une forme actuelle ! Ce qui est sacré chez nous, ce qui est éternel dans notre peuple, ce qui est divin, c'est ce que nous voulons construire » il est vrai, donc, que Bergmann, dans l'« Église Allemande », ne se fait pas faute de placer la « très chère et bienheureuse mère » à côté de la « figure masculine du héros de la lumière ». Cependant, tout cela ne fait que trahir les errements de la nouvelle idéologie, qui, en réalité, renferme toutes sortes d'aspirations confuses, de suggestions, d'intolérances incohérentes.

Le gros problème, ici, c'est que l'on ne se préoccupe que de politique et que l'on s'empresse de créer des « mythes » et des mots d'ordre sans avoir une préparation adéquate et une connaissance solide et claire de tout ce qui concerne les vraies traditions des origines. Cela n'est pas sans dangers, car le discrédit qui peut frapper la distorsion ou la contrefaçon de certaines conceptions peut vite s'étendre à des choses valables en elles-mêmes et, donc, empêcher les gens de comprendre les idées qu'il faudrait adopter pour mener une action vraiment constructive. C'est ainsi que nous avons jugé bon de procéder à un examen critique attentif du fameux « paganisme » du racisme contemporain, de façon à dissiper de dangereuses méprises le lecteur peut trouver cet examen critique dans notre *Synthèse de doctrine de la race*. Dans l'ensemble, ce à quoi nous nous sommes référé ici par devoir d'information ne doit pas amener le lecteur à s'imaginer que la seule solution du problème de la « nouvelle vision du monde » résiderait dans une sorte d'idolâtrie de la nation conçue à un point de vue racial et dans l'idée que ce n'est que par la nation que l'on peut invoquer Dieu, et que seul le sang tel qu'il est plus ou moins conçu aujourd'hui serait un sacrement mystique. Il est au contraire possible d'arriver à des conceptions d'une tout autre ampleur et d'éviter le retour d'un esprit qui, sous de fausses apparences, est, au fond, jacobin et gallican.

Avant de clore ce chapitre, il nous faut signaler une autre erreur de certains milieux racistes extrémistes allemands, erreur dont doivent également se garder ceux qui croient fermement au rôle positif qu'un mythe raciste adéquatement formulé peut avoir dans notre lutte contre la décadence de la civilisation contemporaine.

Dans les milieux auxquels nous venons de faire allusion, non seulement on s'oppose à l'Église, mais on en arrive à s'opposer à la tradition impériale gibeline elle-même, le « Saint Empire Romain Germanique ». La tradition de l'homme de race nordico-germanique ne se serait pas continuée en Charlemagne, mais dans les lignées païennes saxonnes écrasées par cet empereur, puis dans les princes réformés en révolte contre l'autorité impériale. Von Leers voit dans la révolte anti-aristocratique et communiste des paysans allemands « la dernière révolution nordique du Moyen Âge » qui fut étouffée dans le sang, et Rosenberg, qui y voit également une insurrection des paysans allemands soumis à l'autorité de Rome, sous la triple forme de l'Église, de l'État et du Droit, ajoute que, au vingtième siècle, cette révolte « spirituelle » éclatera de nouveau et conduira à une victoire définitive. Ces idées ont été soutenues de façon encore plus prononcée par Walter Darré, dont la dernière œuvre, *Le Paysan, source de vie de la race nordique*, a eu en Allemagne une diffusion et un succès que nous attribuerions à des causes extrinsèques. Dans une œuvre précédente, Darré en était venu plus ou moins à contester le caractère nordique de l'institution la plus caractéristique et la plus traditionnelle du Moyen Âge gibellin le régime féodal et à en attribuer l'origine aux mœurs antigermaniques, étrangères au sentiment nordique d'indépendance, qui étaient celles de la cour des Francs et ensuite de la cour de Charlemagne. Dans son tout dernier livre, Darré en arrive à soutenir le point de vue suivant, vraiment « révolutionnaire » par rapport aux idées qui étaient jusqu'à présent les plus choyées par le racisme et le pangermanisme : le vrai type nordique n'aurait pas été celui du conquérant, mais celui du paysan : si l'on veut, du paysan armé et prêt à se défendre, mais néanmoins toujours du paysan. Les chefs des Germains eux-mêmes auraient toujours été des paysans. La race nordique n'est plus la « race active » de l'ère glaciaire, la race du « chasseur primordial » nomade épris de grands espaces et d'entreprises aventureuses, mais une race sédentaire, une race aspirant essentiellement à cultiver sa terre, à laquelle elle reste attachée et fidèle. Dans l'histoire, les Germains n'auraient jamais été de purs conquérants, c'est-à-dire des conquérants par nature ; ils le seraient devenus par nécessité ; tout au plus, ils auraient voulu et conquis des terres nécessaires à leur existence. Les Indo-Germains se développèrent et furent forts aussi longtemps qu'ils conservèrent ce caractère et s'appuyèrent sur une couche paysanne solide et bien préservée à un point de vue racial. Ils commencèrent à perdre leur nationalité et leurs caractéristiques raciales, dès qu'ils négligèrent l'élément paysan pour s'abandonner à la vie citadine et aux mirages insensés de l'impérialisme.

C'est ici que réapparaît un thème déjà connu, qui prend cependant un caractère nouveau, tendancieux, nous dirions presque démagogique, en vertu duquel le racisme de ces milieux baisse graduellement de niveau et en arrive presque à confondre la doctrine de la liberté et de l'honneur « nordique » avec les revendications « sociales » plus ou moins antitraditionnelles et plébéiennes du monde moderne. D'ailleurs, en 1933, un livre de Cari Dryssen, *Il Messagio dell'Oriente*, avait eu au moins le courage d'énoncer la conséquence logique d'idées de cet ordre : le national-socialisme, s'il ne veut pas être une révolution d'opérette, doit prendre nettement position contre le monde « occidental », qui serait le monde libéral, capitaliste, féodal, plus ou moins protégé par l'Église et que, pour l'instant, le fascisme italien a réorganisé mais pas dépassé. L'Allemagne nouvelle doit se réclamer de l'esprit de la révolte des paysans : il faudra reconnaître que la tradition germanique est agricole et socialiste et, ainsi, on verra que l'Allemagne est essentiellement apparentée à l'Orient, c'est-à-dire à l'élément slavo-bolchevique : avec le bolchevisme qui est un régime dirigé par de libres représentants des paysans et des soldats -, elle doit faire front commun contre l'« Occident » et ne voir dans l'athéisme bolchevique qu'un « défaut de jeunesse », l'expression d'une intolérance pour toute forme « romaine » de religiosité, qui annonce une purification et une libération du sentiment religieux fort semblables à celles qu'avait déjà favorisées la Réforme luthérienne.

Que l'Allemagne officielle, en matière de politique étrangère, se soit gardée d'adhérer à ces extravagances, c'est là ce que nous avons à peine besoin de faire remarquer. De semblables formulations sont cependant significatives et dignes d'être mentionnées à des fins, pour ainsi dire, prophylactiques et pédagogiques : ce sont des tendances racistes et extrémistes qui correspondent - comme nous l'avons fait remarquer - à autant d'erreurs.

CHAPITRE IX

RACISME ET ANTISÉMITISME

La question juive. Le problème ethnique. Genèse du judaïsme destructeur. La « Loi » et la révolution. La haine juive. Les formes modernes d'apparition du judaïsme. Le problème juif n'est pas un problème religieux. Les « Protocoles des Sages de Sion » et leur signification.

Dans ce qui précède, nous avons souvent rencontré des idées antisémites. Ces idées, dans les formes contemporaines du racisme, se sont précisées de plus en plus et ont parfois donné lieu à une méprise : celle qui consiste à considérer que le racisme et l'antisémitisme ne font qu'un et que tous ceux qui n'ont pas de sang juif ou de sang de race de couleur sont purement et simplement « aryens ». Bien que certaines formes irréfléchies de racisme en soient arrivées à justifier de semblables confusions, il ne faut pas oublier que l'antisémitisme et, en particulier, l'antijudaïsme sont des aspects secondaires et, pour ainsi dire, appliqués de la théorie de la race : ils en tirent leurs principes, mais ne s'y identifient pas.

Dans ce chapitre, nous nous proposons de clarifier les points fondamentaux de la question juive et de la controverse qui y est liée. Nous nous référerons aux opinions de certains racistes antisémites étrangers, mais nous mentionnerons aussi les points de vue adoptés par l'antijudaïsme italien, notamment ceux du courant de Giovanni Preziosi et de sa revue, *La Vita Italiana*, car ces points de vue, que nous avons d'ailleurs contribués à éclaircir, ont souvent un caractère plus complet.

Envisageons d'abord la question juive à un point de vue ethnique et spécifiquement racial. Selon le racisme, les Juifs ne forment pas une race au sens propre, mais seulement un « peuple » de métis (Fritsch, Günther, etc.). Les Sémites, un ensemble de peuples auxquels appartiennent les Juifs, furent considérés par de Gobineau comme des métis issus d'un croisement particulier entre la race blanche et la race noire. Aujourd'hui, on a tendance à y voir un mélange de la race désertique (orientaloïde) et de la race levantine (arménoïde) : dans le cas spécifique des Juifs, ce mélange aurait été compliqué par d'autres éléments raciaux, des éléments, variés selon les souches, de races, soit anciennes (par exemple, la race amorite et la race aryenne), soit encore existantes (par exemple, la race méditerranéenne et la race alpine). Au reste, la Bible dit que sept peuples auraient contribué à la formation du sang et de la « semence » juive, en dehors même des infiltrations chamites (égyptiennes), philistines, etc. À l'époque de la dispersion (Diaspora) et du prophétisme tardif, d'autres éléments détritiques de la dégénérescence ethnique et spirituelle méditerranéenne sont entrés dans la composition du judaïsme.

Mais s'il en est ainsi et que, donc, Israël n'est pas une race, mais un mélange de races, on se demandera à quoi est due son indiscutable unité et ce qui a extrait de ce mélange un type clairement reconnaissable, qui a eu la force de résister au cours des siècles dans les conditions les plus défavorables et dont le sens de la solidarité et de la fidélité à la race est si vif que le peuple juif nous apparaît pratiquement comme l'un des peuples les plus « racistes » de l'histoire.

Il ne faut pas chercher la cause de cette unité dans la race au sens strict, mais dans la force formatrice exercée par une idée et une tradition. C'est un Juif, James Darmesteter, qui a écrit : « Le Juif a été formé, pour ne pas dire fabriqué, par ses livres et par ses rites. De même qu'Adam a été façonné par Jéhovah, ainsi il a été façonné par ses rabbins ». C'est la « Loi », la *Torah*, qui a créé le type juif et l'unité juive ; cette « Loi », chez le Juif, remplace la patrie, la terre, la nation, le sang lui-même ; cette « Loi » a réagi à un mélange racial originel, chaotique et détritique, lui a imposé une forme, y a élaboré des instincts et des attitudes d'un type spécial, qui devait devenir héréditaire au cours des siècles.

Nous avons dit « au cours des siècles », parce que, comme les antisémites l'ont fait remarquer avec raison, il est faux de croire que, après l'Ancien Testament et à l'avènement du christianisme, l'influence de la loi juive ait été, pour ainsi dire, neutralisée et, en quelque sorte, paralysée. C'est le contraire qui est vrai. L'ancienne Loi, la *Torah*, qui avait été complétée par la *Michna* (répétition, la loi répétée), c'est-à-dire par une tradition également mosaïque transmise oralement avant d'être mise par écrit vers le IIIe siècle, a été enrichie plus tard par la littérature rabbinique rassemblée dans la Guemara, qui veut dire

« achèvement » et qui est ce que l'on appelle communément le *Talmud* ; à cela viennent s'ajouter les développements propres à la *Qabalah* et les formulations du *Shulhan Aruch*. Tout cela doit être pris comme un tout, comme quelque chose d'antérieur au christianisme et qui a duré sans aucune interruption jusqu'à nos jours. En fait, les commentaires postchrétiens, talmudiques, de la Loi juive sont ceux qui ont le plus renforcé et caractérisé la manière d'être et l'instinct du peuple juif, surtout dans ses rapports avec les non-Juifs.

Le camp aryen et raciste considère le judaïsme comme une force destructrice pour toutes les autres races ou civilisations. Examinons les éléments qui justifient cette idée et même, plus précisément, les voies par lesquelles se manifeste le caractère effectivement destructeur du judaïsme. Le point de vue prédominant dans l'antisémitisme est que, de même que le pouvoir germinatif d'une graine ne se manifeste pleinement que lorsqu'elle se débarrasse de son enveloppe et se met à agir sur la matière environnante, le judaïsme n'aurait commencé à exercer des influences vraiment délétères dans le monde entier qu'avec la crise de l'ancienne tradition nationale juive, avec l'écroulement politique du peuple élu et sa dispersion dans le monde.

Comme premier élément, il faut envisager les influences que devaient exercer les éléments ethniques intrinsèquement chaotiques et hybrides qui étaient retenus dans certaines limites par la Loi, lorsqu'ils s'en détachèrent et se retrouvèrent à l'état libre. Guénon a fait remarquer avec raison que les rapports entre le Juif et sa tradition sont différents de ceux d'un membre d'une autre race avec sa tradition. Pour le non-Juif qui rompt avec sa tradition en tant que loi religieuse, il y a encore des appuis : la terre, le sang et la patrie. Mais, dans le judaïsme, la Loi remplace tout cela. Lorsque, donc, le Juif s'en affranchit, il devient automatiquement une force dissolvante. C'est ainsi que, étant lui-même sans race, il devient l'antirace ; étant lui-même sans nation, il devient l'antination. Mommsen a écrit : « Dans le monde antique aussi, le judaïsme fut un ferment actif de cosmopolitisme et de décomposition nationale. » Substance insaisissable, fuyante et apatride dans toutes les patries, l'élément juif, selon Wolf, est le principe même de l'antirace, de l'antitradition, de l'anticulture : non pas l'antithèse d'une culture déterminée, mais de toute culture déterminée par la race et la nation. La part qu'a la race du désert, ou orientaloïde, dans le mélange juif renforce cette influence : par leur esprit de nomades, de peuple du désert qui n'est attaché à aucune terre, les Juifs auraient introduit dans les divers peuples, en commençant par le romain, le *virus* de la dénationalisation, de l'universalisme, de l'internationalisme culturel. C'est une corrosion incessante de tout ce qui est différencié, qualitatif, lié à un sang et à une tradition. C'est ce qui, à l'époque moderne, s'est manifesté sur le terrain politique dans l'idéologie démocratico-maçonnique judaïsante et ses mythes socio-humanitaires et internationalistes.

Venons-en maintenant au second élément : les influences destructrices du judaïsme sont aussi liées à la part qu'a en Israël la race de l'homme levantin, ou arménoïde, suivant l'étude psychologique qui a été faite de cette race par Günther et, surtout, par Clauss qui, comme nous l'avons vu, l'a définit comme celle de « l'homme de la rédemption ». L'homme de la rédemption se caractérise par le dualisme anti-aryen du corps et de l'esprit. Le corps n'est plus conçu comme un instrument d'expression de l'esprit, mais comme « chair », comme une matérialité impure dont il faut « se racheter ». Mais ce désir confus de « rédemption » peut s'éteindre, et alors ce type humain retombe dans la matérialité et, comme pour s'oublier, il en jouit et s'en grise et, de plus, il fait tout pour contaminer tout ce à quoi il aspirait et qu'il n'a pas atteint, toutes les valeurs supérieures : il jouit de toutes les crises où il voit se refléter sa crise, il prend plaisir à voir démontrer ou à démontrer lui-même que seule est réelle et omnipotente la matérialité grossière et équivoque dans laquelle il est retombé, car ceci lui sert en quelque sorte d'*alibi*, de justification. C'est sous cet aspect que l'élément juif, comme nous le verrons plus complètement, a toujours exercé, consciemment ou inconsciemment, une influence contaminatrice et avilissante sur toutes les valeurs supérieures.

Comme troisième élément, il faut faire état de l'effet particulier qu'ont eu les principaux thèmes de la Loi sur la formation d'instincts et d'attitudes fondamentales, et il faut aussi tenir compte du caractère sécularisé, matérialiste et automatique, que prennent ces thèmes et ces instincts chez le Juif persécuté de la Diaspora. Comme on sait, le thème central de l'ancienne Loi est qu'Israël est le « peuple élu » et qu'il est destiné à dominer tous les hommes, toutes les terres et les richesses du monde, de sorte que tous les royaumes devront lui obéir. Ce sont là les thèmes du mosaïsme : « Yahvé te mettra à la tête, et non à la queue ; tu ne seras jamais qu'au-dessus et non point au-dessous » (Deutéronome, 28, 13). « Tu dévoreras tous les peuples que l'Éternel, ton Dieu, va te livrer ; tu ne jetteras pas sur eux un regard de pitié, et tu ne serviras point leurs dieux » (Deutéronome, 7, 16) -, mais ce sont là aussi les thèmes de la littérature prophétique : « Et le règne, la domination et la grandeur de tous les royaumes qui sont sous tous les cieux seront donnés au peuple des saints du Très-Haut : son règne est un règne éternel, et tous les dominateurs le serviront et lui obéiront » (Daniel, 7,

27). « Les fils de l'étranger rebâtiront tes mûrs. Et leurs rois seront tes serviteurs » (Isaïe, 60, 10). « Vous serez appelés prêtres de Yahvé ; on vous nommera ministres de notre Dieu ; vous mangerez les richesses des nations, et vous vous glorifierez de leur magnificence » (Isaïe, 61, 6).

Que l'on songe maintenant aux sentiments auxquels devait fatalement donner naissance cette certitude, cette idée fixe de l'« élection » et de la domination universelle, lorsque Israël cessa d'exister comme puissance politique et que, avec le triomphe du christianisme, ce peuple, qui continuait à se sentir « élu », fut identifié au dernier des peuples, à une lignée maudite et déicide qui ne méritait que d'être persécutée et condamnée, par une juste punition, à la servitude. Le « potentiel » déterminé par cette idée de la Loi devait alors fatalement se traduire par une haine profonde et sans limites envers tous les non-Juifs et se cristalliser dans une praxis, pour ainsi dire, serpentine. C'est ce que nous montrent clairement les commentaires talmudiques de l'ancienne Loi. Voici quelques passages du *Talmud* cités à ce sujet par Preziosi et De Vries de Heekelingen : « Que signifie Har Sinaï ? C'est la montagne d'où Sina, la haine, est descendue sur tous les peuples du monde ». « Les Juifs sont des humains, les non-Juifs ne sont pas des humains, ce sont des bêtes ». « La semence d'un goy (non-Juif) est semblable à la semence des bêtes ». « Les meilleurs des goyim, tuez-les ». « Faîtes-les mourir en leur fermant la bouche, pour qu'ils ne crient pas ». « Qu'est-ce qu'une prostituée ? Toute femme qui n'est pas juive ». Et ainsi de suite. Voici un extrait d'une prière que tout Juif orthodoxe est tenu de réciter trois fois par jour, le *Shemone Esre* : « Et qu'il n'y ait aucun espoir pour les apostats, que les Nazaréens et les *Mimin* (chrétiens) périssent instantanément, qu'ils soient rayés du livre de vie, retranchés du compte des justes. » Or, il faut voir que, si, à une époque plus récente, la justification religieuse de ces sentiments a disparu, ils n'en ont pas moins conservé leur force comme instinct, attitude innée. Il faut en dire autant de ce qui devait procéder de la croyance originelle qu'il n'y a rien de commun entre Israël et les autres peuples, et qu'il est donc absurde de vouloir adopter les mêmes critères de conduite à l'égard des Juifs et des Gentils, êtres inférieurs qui devraient être considérés de droit comme du bétail corvéable à merci. Les préceptes talmudiques, sous ce rapport, sont clairs : ils établissent deux morales, l'une qui s'applique au prochain, c'est-à-dire aux Juifs, l'autre qui vaut pour les rapports avec les *goyim*, les non-Juifs. Tout ce qui est délit ou acte indigne pour la première morale ne l'est plus pour la seconde. Ainsi, le *Talmud* et le *Schulhan Arukh* autorisent le Juif à duper le non-Juif ; ils considèrent que l'adultère commis avec une non-

Juive n'en est pas un ; ils font du prêt usuraire un droit et quasiment un devoir ; ils prescrivent de ne pas témoigner ou de faire un faux témoignage dans un procès intenté par un non-Juif à un Juif ; ils admettent que « le patrimoine et les biens des non-Juifs doivent être considérés comme un désert sans propriétaire et qu'ils appartiennent au premier qui les réclame », disposant seulement que, si plusieurs Juifs s'en emparent par ruse, ils sont obligés d'en partager équitablement le fruit ; ils exhortent à prêter de l'argent sans jamais en emprunter ; ils délient d'une promesse, et ainsi de suite. La controverse antisémite a rassemblé toute une série de maximes de ce genre, avec l'indication précise de leur origine et de leur caractère « orthodoxe ». D'ailleurs, s'il est dit dans le *Talmud* qu'« un *goy* qui étudie le *Talmud* et un Juif qui l'y aide doivent être mis à mort » ; s'il y est spécifié que « communiquer quoi que ce soit de notre Loi à un *goy* revient à tuer tous les Juifs, car, si les *goyim* savaient ce que nous enseignons sur eux, ils nous auraient tous tués ouvertement ! », c'est bien la preuve que les Juifs avaient pleinement conscience de la double morale contenue dans leurs textes orthodoxes.

Mais, ici, on objecte d'habitude qu'il s'agit là de textes anciens qui sont pratiquement tombés en désuétude. C'est une erreur. Comme nous l'avons dit, ces idées et ces préceptes ont eu pendant des siècles une influence formative profonde sur la substance juive : ils y ont laissé des traces indélébiles. La justification religieuse et messianique originelle de la volonté de domination, de la haine et, enfin, de la double morale talmudique, aura beau avoir disparu ; ce qui n'a pas disparu, en revanche, c'est l'ensemble des instincts et des attitudes auxquels ils ont donné naissance sur un plan « sécularisé » et pratique, où ils se manifestent simplement comme une manière d'être spontanée, comme un caractère « racial » héréditaire qui en est arrivé à avoir, pour ainsi dire, une existence propre. C'est pour cela que l'élément religieux n'a absolument rien à voir avec le problème juif tel qu'il a été formulé par le racisme moderne. Selon Dühring, « la question juive existerait toujours, même si tous les Juifs abandonnaient leur religion et rejoignaient nos Églises dominantes ». C'est bien là le point de vue de l'antisémitisme moderne, qui, du reste, correspond à celui de la majorité des Juifs, mais s'oppose à celui du vieil antisémitisme catholique. « Un Japonais ou un Nègre converti ou baptisé reste un Japonais ou un Nègre. Ainsi, un Juif baptisé reste juif (...). Convertis de bonne foi ou non, les Juifs baptisés continuent à être juifs, à se sentir juifs et à être considérés comme juifs par leur anciens coreligionnaires » (De Vries de Heekelingen).

Dans un texte talmudique, il est dit : « Partout où les Juifs s'établissent, il faut qu'ils dominent ; et aussi longtemps qu'ils n'ont pas obtenu le pouvoir absolu, il faut qu'ils se considèrent comme des exilés et des prisonniers. S'ils arrivent au pouvoir, aussi longtemps qu'ils ne dominent pas complètement ils ne doivent pas cesser de crier : "Quel supplice ! Quelle honte !". » Là encore, il s'agit d'un thème de la Loi, qui est également issu de l'ancienne Promesse et qui, lorsque sa justification religieuse originelle se fut atténuée, devait laisser comme trace un instinct révolutionnaire agissant par lui-même, sans plus aucun point de repère, comme ferment d'agitation et de subversion continuelles. C'est ainsi que les Juifs sont largement représentés dans tous les mouvements subversifs et révolutionnaires modernes, sans exception, particulièrement dans le communisme et dans le socialisme, dont les principaux représentants sont tous juifs : Karl Marx, Lassalle, Rosa Luxemburg, Kautsky, Trotski, etc. Quant à la structure de l'État à détruire, peu leur importe : « Dans une monarchie, les Juifs seront républicains ; dans une république conservatrice, ils seront socialistes ; dans une république socialiste, ils seront communistes. Tout cela revient au même, pourvu qu'ils détruisent l'ordre existant. Ils seront antisociaux aussi longtemps que la société conservera la moindre assise non juive. » Là encore, c'est un instinct, quelque chose qui a l'automatisme d'une hérédité et dont l'origine lointaine et inconsciente est l'idée que tout système qui n'est pas encore celui de la domination promise au « peuple élu » est injuste, illégitime et usurpatoire.

Dans le judaïsme moderne, la colonne des révolutionnaires agit de concert avec la colonne, en apparence opposée, du grand capitalisme et de la finance internationale. C'est une autre conséquence des thèmes traditionnels juifs. Il faut se rappeler que le « Royaume » censé avoir été promis au peuple juif ne fut nullement conçu dans un sens mystique et supraterrestre, mais comme celui qui doit posséder toutes les richesses de la terre. « Ton Dieu veut que tu sois riche » et « Tu prêteras à beaucoup de nations ; et tu n'emprunteras point » sont des maximes bibliques : si l'on ajoute à cela la tendance des peuples sémites et, surtout, de ceux du désert à concevoir la richesse essentiellement comme mobile - mobile comme leur existence même -, c'est-à-dire comme or, on se rendra compte peu à peu des tendances qui, en se matérialisant et en se « sécularisant » toujours plus, ont donné naissance à des formes de capitalisme typiquement juives et ont mené à l'omnipotence d'une économie inhumaine et d'une finance apatride : dans ces formes modernes, c'est l'ancienne volonté de domination juive qui s'exprime, soit directement, soit par la destruction et la dégradation des valeurs qu'entraîne cette puissance absolue. Selon Halfeld, il y aurait également quelque chose de typiquement juif dans la déification de l'argent et de la richesse, dans la transformation du temple en banque, dans la glorification puritaine du succès et du profit, chez le pasteur-entrepreneur, chez l'homme d'affaires et l'usurier qui n'ont que le mot de Dieu à la bouche, dans l'idéologie humanitaire et pacifiste au service de la praxis matérialiste, et ainsi de suite de sorte qu'il convient de rappeler que, selon Sombart, l'Amérique est un pays juif dans toutes ses parties et l'américanisme n'est que « de l'esprit juif distillé » ; que, selon Günther, les représentants et les propagateurs du soi-disant esprit moderne sont pour la plupart des Juifs ; et, enfin, que, selon Wolf, les liens étroits entre les Anglo-Saxons et les francs-maçons sous le signe du judaïsme seraient la clé de voûte de l'histoire occidentale récente. Du reste, Karl Marx lui-même a écrit : « Quel est le fond profane du judaïsme ? Le besoin pratique, l'intérêt personnel. Quel est le culte profane du juif ? Le trafic. Quel est son dieu ? L'argent. Le juif s'est émancipé à la manière juive, non seulement en se rendant maître de la puissance financière, mais aussi du fait que, grâce à lui et sans lui, l'argent est devenu une puissance mondiale et l'esprit pratique des juifs l'esprit pratique des peuples chrétiens. Les Juifs se sont émancipés dans la mesure où les chrétiens sont devenus juifs. Le dieu des Juifs s'est sécularisé et est devenu le dieu mondial. Le change, voilà le vrai dieu du Juif. »

Dans les agissements du judaïsme contemporain, la puissance de l'intelligence comme force révolutionnaire fait pendant à celle de l'or. Ici, nous voulons faire allusion à un ferment de subversion qui ne se limite plus au terrain social mais agit spécifiquement sur le plan spirituel et culturel sous les formes les plus différentes. Il prend sa source dans le penchant de « l'homme de la rédemption » pour les plaisirs des sens. Il est incontestable que, sur le terrain de la culture, de la littérature, des arts et même de la science, les « contributions » juives, directement ou indirectement, tendent toujours au même effet : falsifier, ridiculiser, rendre illusoire et injuste ce qui avait valeur d'idéal pour les peuples aryens, en mettant tendancieusement au premier plan ce qui se cache ou se manifeste de sensuel, de bas, de sale et d'animal, dans la nature humaine. Salir tout ce qui est sacré, faire vaciller tout appui et toute certitude, instiller un sentiment de désarroi spirituel qui favorise l'abandon aux forces les plus basses, c'est en cela que consiste l'influence juive, influence qui est d'ailleurs essentiellement instinctive, naturelle et procède de l'essence, de la « race intérieure », de la même façon qu'il est dans la nature du feu de brûler et dans celle de l'acide de corroder. Le relativisme du Juif Einstein, qui a fait croire au profane que la science elle-même confirmerait qu'il ne peut pas y avoir de point de repère solide, alors que, d'autre part, il a donné le coup de grâce à un type concret de connaissance physique et l'a remplacé par un système purement « formel » de données mathématiques et algébriques ; Bergson, dont la théorie exalte la vie dans son immédiateté, dans son irréductibilité aux certitudes intellectuelles, dans son devenir incoercible et dans son opposition à tout ce que fut le monde classique de l'« être » ; Freud, Adler et les autres psychanalystes juifs, qui ont découvert l'univers trouble de l'inconscient et ont voulu démontrer l'omnipotence de cet inconscient siège des instincts sauvages ancestraux, de la libido primordiale et des fameux « complexes » sur toutes les facultés ou inclinations de la conscience de veille ; l'école sociologique juive, qui en est arrivée à interpréter les religions et les mythologies, non plus selon un élément transcendant, mais simplement comme des créations « sociales » et, donc, purement humaines ; le Juif Lombroso qui, non content d'établir des rapports aberrants entre le génie et l'anormalité, est allé jusqu'à voir dans le délinquant le survivant encore pur d'une « race » qui serait précisément celle dont nous serions issus ; Max Nordau, celui qui a voulu démasquer « les mensonges conventionnels de notre civilisation », comme tout un groupe de romanciers juifs, en commençant par Wassermann, s'est attaché à découvrir les injustices et les faiblesses des idées fondamentales de la vie moderne ; le matérialisme historique de Karl Marx, qui nous présente le processus économique brut comme la seule force créatrice de l'histoire et assimile le reste à une simple superstructure (de là, ce jugement de Franck : « La doctrine marxiste ne correspond pas à la réalité, mais à l'esprit et au besoin du judaïsme, qui n'envisage que des problèmes matériels et financiers et se moque de tout idéal et de toute forme spirituelle. C'est une force de nivellement hostile à toutes les valeurs de la race et du sang ») ; l'influence des prétendus spécialistes de la question sexuelle, pour la plupart juifs, en commençant par le célèbre Magnus Hirschfeld, qui veulent faire de l'*eros* une véritable obsession et, par des publications pseudo-scientifiques et des ouvrages de vulgarisation, attirer l'attention sur toutes les formes de sexualité les plus anormales et dégénérées ; la « découverte » de la mentalité des « primitifs » par les Juifs Lévy-Bruhl et Durckheim, qui fait pendant à l'influence de toute une bande de Juifs dans le domaine de l'art moderne, où, là encore, l'informe, le primitif, tout ce qui est lié à la pure sensation, prennent le dessus et ainsi de suite ; ce sont là quelques exemples précis parmi tant d'autres d'une influence aux mille visages, mais qui a le même effet : dégrader, subvertir, désagréger. C'est la *Schadenfreude* : le plaisir d'avilir, de corrompre, de salir, de flatter les sens et de libérer la partie

« souterraine » de l'âme humaine, pour qu'elle se déchaîne et s'assouvisse c'est la *Schadenfreude* caractéristique de l'âme judéo-levantine, l'âme de « l'homme de la rédemption ».

Les antisémites extrémistes ont tendance à considérer que cette convergence d'effets n'est pas fortuite. Cependant, la plupart d'entre eux ont la sagesse de penser qu'il ne s'agit pas là d'une intention précise ni d'un plan, mais bien plutôt d'un instinct, d'une manière d'être qui se manifeste naturellement et spontanément. La convergence s'opère par « syntonie », par affinité d'instincts et d'idées. Pour ces Juifs, on pourrait donc même ne pas parler de véritable responsabilité : le Juif ne peut pas faire autrement, comme un acide ne peut rien faire d'autre que de corroder. C'est sa manière d'être, déterminée par les facteurs ancestraux et raciaux dont nous avons déjà parlé. C'est pourquoi il s'agit moins de le haïr que de prendre des mesures techniques pour en limiter et en neutraliser l'influence, afin de le mettre hors d'état de nuire.

De plus, l'antisémitisme considère que l'ancienne solidarité juive cimentée par la double morale persiste dans des formes modernes, à tel point que, selon Fritsch, la communauté juive a moins les traits d'une communauté religieuse que ceux d'une conspiration sociale : les États aryens, qui, ne se rendant pas compte de cette double morale, ne s'en défendent pas et accordent inconsidérément aux Juifs des droits égaux, comme si ceux-ci obéissaient à leur morale, se mettent pratiquement dans une situation d'infériorité et, souvent sans s'en apercevoir, tombent entre les mains du peuple hôte, de la race étrangère, internationale et antinationale. Conscients de cela, il nous faut réagir, de deux manières : moralement et politiquement.

Il ne peut y avoir aucun rapport dit-on entre les « Aryens » et une race « qui n'a aucun sentiment d'honneur et de loyauté » et agit principalement par ces deux forces : la tromperie et l'argent. Le concept social « aryen » serait le suivant : « l'homme sincère et responsable met son orgueil à mériter le droit de vivre par un comportement loyal et une activité productive honnête ». Il préfère mourir plutôt que d'obtenir des avantages par des actions déshonorantes. L'idée rigoureuse de l'honneur et de la justice inconditionnelle à l'égard des autres hommes forme la base de toute vie héroïque et prend sa source dans un élément profond de l'âme : le sentiment de honte. Un peuple qui renonce au sentiment d'honneur et de honte est indigne du nom d'homme : « c'est une sous-humanité » (Fritsch). Il est donc absurde – conclut-on - d'exiger les mêmes lois pour les Juifs et les « Aryens ». Des mesures prophylactiques de défense s'imposent. Affranchir les Juifs, dans ces conditions, ce serait leur permettre de nous duper. Et c'est pour cela que les Juifs ont de bonnes raisons de se faire les fervents défenseurs de l'idéologie libérale, individualiste et démocratique.

Par conséquent, il faut passer à l'action politique proprement dite, c'est-à-dire prendre les mesures que plusieurs États, adhérant aux thèses du racisme antijudaïque, ont adoptées pour écarter les éléments juifs des positions-clés dans la vie politique, économique et intellectuelle, auxquelles ils avaient récemment accédé en masse dans une offensive de grande envergure. La polémique antisémite a montré que, dans le commerce, dans les affaires, dans les positions-clés ou, en tout cas, dans les professions libérales, l'élément juif était effectivement prédominant, tandis qu'il décroissait dans les emplois subalternes, chez les ouvriers et les agriculteurs, où le pourcentage de Juifs devenait presque négligeable par rapport au nombre de non-Juifs. L'antisémitisme y a vu un phénomène de parasitisme lié à l'instinct héréditaire juif qui s'exprime dans ces anciens préceptes de la Loi : « Tu suceras le lait des nations, tu suceras les richesses des rois » ; « Tu dévoreras tous les peuples que l'Éternel, ton Dieu, va te livrer ». Le Juif ne produit pas, mais trafique et spécule sur ce que font les autres, s'enrichit à leurs dépens et domine. Le Juif prend directement pour point de mire les métiers intellectuels et les postes de responsabilité et, alors que, à ces postes, il peut se livrer à des activités souvent suspectes et corruptrices, il laisse aux autres, aux « Aryens », les formes inférieures de travail.

De là, donc, les mesures politiques visant à interdire aux Juifs les emplois publics et à en limiter la représentation dans toutes les professions. Le *Manuel de la Question Juive* publié par Fritsch se termine par ces phrases significatives : « Le Juif est dangereux, non seulement économiquement, mais aussi spirituellement et moralement. Le Juif est lié par la loi rabbinique à un État particulier, qui comprend tous les Juifs du monde. Il lui est donc impossible d'être sincèrement membre d'un autre État. Dans l'avenir, tout peuple qui tient à sa liberté et à son honneur et veut se défendre contre l'affaiblissement de son droit et contre la dégénérescence morale ne pourra plus tolérer de Juifs chez lui. Alors où doivent-ils aller ? C'est leur affaire. Sûrement pas là où les paysans et les artisans seraient contraints par eux à abandonner leurs biens et leurs maisons. Au demeurant, ils possèdent assez d'argent pour acheter toute une partie du monde que ce soit en Australie ou en Afrique. Là, ils pourront vivre en paix selon leurs coutumes et montrer au monde que, par leur seule force, ils peuvent créer une civilisation. Quant à nous, il nous faut abroger les lois sur l'émancipation des Juifs. » Et de Vries de Heekelingen ajoute : « Nous ne reprochons point aux

Juifs d'œuvrer à la grandeur de leur race. Nous admirons même la ténacité avec laquelle ils poursuivent la réalisation de leur but. Mais ce que nous ne comprenons pas, c'est l'aveuglement des non-Juifs qui ne montrent pas le même enthousiasme et la même ténacité, lorsqu'il s'agit pour eux de défendre leurs intérêts les plus sacrés. » Les remarques que nous venons de faire ont mis en lumière l'aspect essentiellement « racial » ainsi que l'aspect politique et social du problème juif : « racial » par rapport, non pas à une race pure, mais bien à des instincts qui sont devenus, pour ainsi dire, une hérédité organique susceptible de se manifester dans des formes différentes, mais qui ne peut jamais disparaître entièrement.

Nous devons maintenant dire quelques mots d'un livre qui a suscité toutes sortes de discussions et a eu un rôle fondamental dans la controverse antijudaïque : les fameux *Protocoles des Sages de Sion*. Comme nous avons déjà parlé de ce livre dans l'introduction de sa dernière édition italienne, publiée par *La Vita Italiana*, nous nous bornerons ici à en donner un aperçu général, car on ne peut pas parler de la question juive sans expliquer ce dont il s'agit là.

Les *Protocoles*, dans leur forme actuelle, furent publiés en 1904 en Russie par un certain Sergueï Nilus, qui les présenta comme un document volé à une mystérieuse organisation judéo-maçonnique. En réalité, il a été établi que des parties du texte avaient été précédemment divulguées et publiées ; Bismarck lui-même en aurait eu connaissance. Les idées centrales des *Protocoles* sont les suivantes :

a)   Les divers événements et les diverses idéologies qui ont conduit au déclin l'Europe traditionnelle, aryenne et chrétienne ne sont pas fortuits, mais obéissent à un plan précis de destruction.

b)   Ce plan de destruction est l'œuvre d'une organisation occulte, qui l'a élaboré dans les moindres détails et a étudié en même temps, en vertu de la connaissance des lois précises liant les causes aux effets, les moyens de sa réalisation progressive.

c)   Cette organisation agit principalement par personnes interposées, qui ne se rendent souvent même pas compte qu'elles en sont les instruments. Son action se développe sur trois plans.

D'abord, sur le plan idéologique : elle propage des idéologies auxquelles elle ne croit nullement et que les « Sages de Sion » considèrent comme des absurdités, mais dont ils se servent machiavéliquement pour répandre la subversion, pour désorganiser les sociétés et les États : libéralisme, rationalisme, internationalisme, démocratie, etc. Ensuite, elle fait le nécessaire pour prendre le contrôle des principaux centres de fabrication de « l'opinion publique », c'est-à-dire la grande presse internationale. Enfin, elle cherche à contrôler la plus grande partie de l'or mondial, autrement dit la finance internationale.

En agissant par ces trois puissants instruments, elle vise à répandre partout le ferment de la subversion, à déraciner spirituellement et socialement les hommes, à faire d'eux un amassis de matérialistes sans âme, ni patrie, ni tradition, sans force intérieure ni personnalité. Grâce à de véritables révolutions (qui auront comme point de départ la Russie n'oublions pas que les *Protocoles* étaient en circulation au moins depuis 1904) et à des guerres savamment provoquées, l'Occidental se trouvera dans une situation tellement critique qu'il finira par devenir un jouet entre les mains de dirigeants invisibles. C'est alors qu'ils apparaîtront et prendront le pouvoir dans le monde entier. À leur tête, il y aura un roi de race juive.

Puisque c'est là le contenu des *Protocoles,* ce que chacun se demande immédiatement, c'est s'ils sont « vrais », « authentiques ». Cette question n'a aucun sens, car, comme l'a fait remarquer avec raison René Guénon, « aucune organisation réellement et sérieusement secrète, quelle que soit sa nature, ne laisse derrière elle des documents écrits ». Ce dont il y a donc lieu de parler, ce n'est pas d'« authenticité », mais de « véracité ». Le document en question doit être tenu pour « vrai » selon le critérium des « vérités » des sciences positives modernes, c'est-à-dire des hypothèses de travail qui servent à diriger un processus inductif susceptible de les vérifier, un ensemble de faits qui, en vertu de ces hypothèses, s'avèrent être étroitement liés et obéir à la même loi.

Or, à ce point de vue, on peut dire assurément que, même si les *Protocoles* n'étaient pas vrais, c'est comme s'ils l'étaient, pour ces deux raisons :

1.   Parce que les faits qui se sont produits après leur publication en assurent l'authenticité. Hugo Wast écrit : « Il se peut que Les *Protocoles* soient faux, mais ils se réalisent à merveille » ; Henry Ford : « La seule déclaration que je puisse faire sur les *Protocoles* est qu'ils correspondent exactement à ce qui se passe actuellement. Depuis qu'ils ont été écrits, ils ont correspondu exactement à la situation mondiale et, aujourd'hui encore, ils en marquent le rythme. »

2.   Parce que les idées fondamentales dont ils s'inspirent sont celles du judaïsme international, de sorte que, même si les *Protocoles*

avaient été inventés, l'auteur aurait simplement écrit ce qu'aurait écrit tout Juif fidèle à sa tradition et à la volonté profonde d'Israël et conscient de ses instincts.

L'édition italienne des *Protocoles* démontre amplement et de manière convaincante ces deux points. Le problème ainsi posé, la question du « plagiat », qui est à l'origine du procès qui dure depuis des années à Berne, apparaît, au fond, frivole. Il est bien certain que l'on trouve dans les *Protocoles* des éléments empruntés à des ouvrages préexistants, en particulier des extraits d'une œuvre écrite en 1865 par un franc-maçon révolutionnaire, Joly. Mais, ici, nous ne sommes sûrement pas dans le domaine de la littérature, où une œuvre faite d'emprunts tombe dans le discrédit. Un stratège aussi peut se servir d'idées exposées par d'autres et, même, en conserver la formulation littérale, si elles sont susceptibles de cadrer avec ses plans, sans que cela altère en rien la signification de ceux-ci.

Il est beaucoup plus important et concluant de constater que les *Protocoles* ont été précédés par toute une série de textes qui remontent à des époques lointaines et dans lesquels on retrouve, sous des formes plus ou moins « romancées » ou mythologiques, le pressentiment obscur de cette double vérité :

a) qu'aucun des principaux événements de l'histoire n'est fortuit, mais qu'il a sa logique ou obéit à une certaine intention ;

b) que le monde a un centre occulte.

La caractéristique des *Protocoles* réside dans la manière particulière dont ils expriment ces deux thèmes généraux : les événements de la subversion moderne obéissent à une certaine intention et ont une direction et, par conséquent, le centre occulte du monde a un caractère ténébreux, il renferme des forces maléfiques dont le but est la destruction de l'Europe traditionnelle. Cette formulation particulière résulte d'une sorte d'inversion ou de contrefaçon d'une tradition préexistante, qui, en elle-même, n'est ni juive ni maçonnique ; le lecteur pourra s'en convaincre en parcourant la dernière partie de notre livre *Le Mystère du Graal*.

Quoiqu'il en soit, on peut se demander si ce sont vraiment les Juifs qui sont à l'origine de ce plan destructeur qui a été annoncé par les *Protocoles* et a été démontré, souvent avec une exactitude impressionnante, par les événements qui ont eu lieu depuis sa publication. Les *Protocoles* se réfèrent tantôt aux Juifs, tantôt aux francs-maçons, ce qui n'est pas tout à fait la même chose. Pour notre part, nous pensons qu'il est plus prudent de parler simplement de dirigeants occultes de la subversion mondiale. Il est indiscutable que de nombreux éléments juifs ont déjà été utilisés par ces Chefs masqués, car, à cause de leurs instincts et de la déformation de leurs idées traditionnelles, les Juifs leur sont apparus comme les instruments les plus adaptés et les plus qualifiés pour cela. Mais il n'est pas prudent de généraliser au-delà d'une certaine limite.

De plus, il faut se rendre compte que le fait de faire des Juifs les causes uniques et suffisantes de toute la subversion mondiale comme le voudraient certains extrémistes constituerait un aveu humiliant d'infériorité. Les Juifs auraient-ils donc été plus forts qu'une humanité aryenne censée jouir de toutes ses capacités intellectuelles, morales et physiques ? C'est absurde. L'influence juive n'a pu s'exercer que parce que des processus de dégénérescence et de désagrégation étaient déjà apparus dans l'humanité non juive : l'élément juif s'est greffé sur ces processus et, avec l'esprit, les instincts et les méthodes qui lui sont propres, les a accélérés et exacerbés, les conduisant là où ils ne seraient peut-être pas arrivés aussi rapidement par euxmêmes.

Mais, fidèle à notre intention de nous en tenir essentiellement à un pur exposé, nous ne pouvons pas définir ici en détail les limites de la validité de la thèse antisémite, car, comme nous l'avons dit, nous en avons déjà parlé ailleurs.

CHAPITRE X

LA CONCEPTION RACISTE DU DROIT

La conception romano-rationaliste et la conception biologique du droit. Droit positif et droit « vivant ». Sous-évaluation raciste de l'État. La « fidélité » et la peine.

Le paragraphe 19 du programme du parti national-socialiste contient cette déclaration : « Nous demandons qu'au droit romain, esclave d'un ordre matérialiste du monde, soit substitué un droit commun allemand. » Le mythe de la race gagne jusqu'au domaine juridique et cherche à créer des formes obéissant à ses principes. Base de la régulation de la vie sociale et politique, le droit ne pouvait pas ne pas être influencé par la nouvelle idéologie, lorsqu'elle a été mise en application.

Pour la nouvelle conception du droit, nous nous référerons à un exposé de Helmut Nicolai, que nous compléterons par des vues appropriées de quelques autres auteurs. Nous donnerons ensuite une idée de la législation national-socialiste qui fait suite à cette idéologie.

Son thème central, à l'origine, était plus ou moins le suivant : il existe une conception abstraite, mécanique, niveleuse, universaliste, absolutiste, formaliste et positiviste du droit et, par opposition à celle-ci, il existe une conception organique, différenciée, éthique, conforme à la nature. Celle-là serait la conception propre au droit romain comme au droit canon ecclésiastique ; celle-ci, c'est la conception raciste, qui serait issue d'une ancienne tradition nordique, qu'il s'agit aujourd'hui de reprendre.

Que, donc, l'emploi de l'attribut « romain » pour caractériser la première conception résulte d'une généralisation arbitraire et tendancieuse, c'est là ce qui ressort des vues mêmes des juristes racistes sur l'histoire : ils reconnaissent euxmêmes que la Rome des origines fut « nordique » et connut un droit caractérisé par la liberté virile et la responsabilité éthique. Mais le mélange du sang et des races, le chaos ethnique, succéda à la première période romaine, et c'est au-dessus de cette substance désormais altérée, infestée de Juifs, de Levantins et de Nègres, que s'éleva l'*Imperium* romain, « énorme machine étatique sans âme » (Nicolai). C'est en elle, sans plus aucun lien avec le sang, que se forma le droit « romain ». Ce droit repose donc sur une unité politique qui est extérieure aux peuples et régit de l'extérieur la vie des peuples ; il est fondé sur des bases positivistes et rationalistes, sur des dissertations logico-sophistiques et des formulations abstraites de lois aussi rigides dans la forme qu'arbitraires dans le contenu. Tout sentiment naturel du droit fut ainsi perdu dans la décadence romaine. Le droit romain dénatura ce droit vivant, que tout peuple portait en lui-même. Dans une société capitaliste, il fut le fétiche pratique d'une poignée d'hommes dont le but était de sanctionner légalement leurs vols par un enchevêtrement de paragraphes purement formels. Immobile et dur comme une pierre, le droit romain n'en est pas moins, comme la pierre, quelque chose qui n'est au milieu de la route que pour être habilement contourné. Avec le « droit » et l'« État », ce sont encore deux peaux mortes qui étouffent la vie des peuples. En possession de tous les pouvoirs, l'« État » promulgue ses lois, non pas au nom du bien et de l'honneur d'un peuple, de la justice et du devoir, mais comme un don d'en haut, semblable à l'amour, à la compassion et à la grâce des chrétiens (Rosenberg).

Venons-en maintenant à la conception opposée du droit. On mentionne ici un ancien précepte hindou. « Justice et injustice ne vont pas çà et là en disant : voilà ce que nous sommes. La justice est ce qui est juste pour les Aryens ». « On rappelle par là une sagesse originelle, aujourd'hui oubliée » - commente Rosenberg -, qui considère « que le droit n'est pas plus un système détaché du sang que la religion et l'art, mais qu'il est éternellement lié à un sang déterminé, avec lequel il apparaît et disparaît ». Quand une race vit et se perpétue sans mélange - ajoute Nicolai - elle possède, avec son sang inaltéré, un sentiment inné du droit, du juste et de l'injuste, qui est valable pour elle et non pour les autres : sentiment immédiat qui n'a pas besoin d'être justifié par une autorité superposée à la communauté et d'en tirer sa force. Dans ces conditions, le droit et le sentiment moral collectif se confondent : pourvu que la pureté raciale soit maintenue. « Là (dans la conception « romaine ») écrit Nicolai le droit est ce que le pouvoir arbitrairement discriminant de l'État décrète, ici (dans la conception nordique raciste) le droit est une grande éthique éternelle qui est au-dessus des pouvoirs de l'État et que l'État ne peut pas changer. Là, on considère que le droit est ce qui est dans la loi - *positum*, de là le mot de « positivisme » ici, le droit n'est que ce qui est conforme à une idée juridique éternelle. Là, ce qui est légitime, c'est ce qui peut se justifier formellement ; ici, la forme fait place au contenu. Le point de repère, là, c'est l'application des paragraphes ; ici, la conscience ». « Science morte de paragraphes » c'est l'épigraphe qui devrait donc être inscrite sur la pierre tombale du droit appelé arbitrairement romain. Mais, dans ces conditions, on peut dire que le droit raciste est plus imprégné de jus-naturalisme, de protestantisme et de primitivisme optimiste que celui qui fut vraiment propre aux anciennes traditions aryennes et, donc, à la première romanité (un droit qui fut véritablement un *ius sacrum).* Il est fondé sur l'idée que, déjà dans l'état de nature, une race est plus ou moins « surnaturelle », c'est-à-dire qu'elle a, au même degré d'immédiateté que les instincts animaux, dans tous ses membres, une perception directe et évidente d'un ordre déterminé de valeurs, et que le droit n'est pas une question de discrimination, de « point de vue » et de lois, mais bien plutôt, dirions-nous, d'inspiration ou d'intuition. La théorie de la « lumière naturelle » de Rousseau s'unit donc ici à la théorie luthérienne de l'expérience directe du divin, la vertu miraculeuse du sang pur leur servant de trait d'union. Ce naturalisme se confirme chez Rosenberg, pour qui il existerait deux manières différentes de concevoir le monde : celle selon laquelle il est gouverné par des lois naturelles immanentes et immuables et ce serait la conception nordique ; et celle selon laquelle il aurait été tiré du néant et organisé du dehors par un Créateur, qui peut toujours intervenir arbitrairement pour en changer le cours et ce serait la conception des « Sémites, des Juifs et de Rome ». Les deux conceptions opposées du droit l'une organico-naturelle, l'autre universaliste et despotique auraient pour prémisses ces deux visions opposées du monde.

Autre différence, le droit « romain », par nature, serait individualiste. Né à une époque de « désagrégation raciale », selon Nicolai, il n'a en vue que l'individu dans ses rapports avec l'État : rapports mécaniques, dépourvus d'histoire, absurdes. Ici, le lien éthique et biologique de l'individu avec un groupe déterminé et une descendance déterminée ne concerne nullement le droit. La conception rationaliste et positive du droit qui s'est formée aux dix-huitième et dix-neuvième siècles est la même : conception techniciste, abstraite, qui se réduit au concept de loi et n'a aucun rapport avec le passé et l'avenir d'un peuple. Dès lors qu'il est considéré comme un « sujet de droit » par l'État, l'individu est *solutus,* c'est-à-dire qu'il peut faire ce qu'il veut. Au contraire, dans la conception raciste du droit telle qu'elle est censée avoir été déjà en vigueur chez les anciens Germains, le point de départ serait l'individu conçu, non pas en lui-même, mais comme membre d'une communauté et comme maillon d'une lignée. Ce n'est pas l'intérêt de l'individu, mais bien celui de cette communauté ethnique qui se donne elle-même ses lois et veut se maintenir, se continuer dans le temps et se développer, qui devient ici le véritable critérium du juste et de l'injuste, du légitime et l'illégitime. Le droit raciste germanique aurait donc un caractère fortement « social » par rapport au droit romain. Et ses lois, ou, pour mieux dire, ses intuitions, par leur nature même et par leur origine, ne seraient applicables qu'à un peuple déterminé, ne pourraient pas être généralisées et universalisées. Naturellement, seuls ceux qui sont du même sang auraient les mêmes droits. Enfin, puisque, selon cette conception, le droit n'est pas quelque chose qui se transmet comme une discipline extérieure, mais un patrimoine qui est inscrit dans le sang et se transmet par le sang, « n'importe qui ne peut pas connaître le droit, mais uniquement ceux qui sont de race pure, qui sont le produit d'une union pure de parents de la même espèce et dont les ancêtres sont restés purs de tout mélange ». Nicolai, d'ailleurs, est de ceux qui sont convaincus qu'il n'existe qu'une seule race vraiment pure, l'aryenne, de sorte qu'il tire cette conclusion, singulière, mais néanmoins cohérente : « Le droit ne peut être connu, formulé, exposé et prononcé que par l'Aryen, l'homme nordique. Lui seul peut être le juge, le législateur et le guide de la société de son peuple. » De là, aussi, un lien direct avec l'eugénisme et l'hygiène de la race. Pour éveiller une nouvelle conscience juridique allemande, nul besoin de nouvelles études et de nouvelles théories : il suffit de définir le peuple allemand, de l'isoler, de le désenjuiver, d'en revivifier systématiquement le sang nordico-aryen, et alors, de ce sang régénéré et redevenu pur, les vertus innées actuellement réprimées renaîtront et le sentiment juridique qui convient à cette race s'établira automatiquement.

Plus récemment, Falk Ruttke a précisé de la manière suivante le point de vue du droit raciste : « Le point de départ n'est pas la défense de la race à l'aide du droit, mais bien plutôt la défense et le développement de l'ordre lié au sang. À cet effet, il faut prendre des mesures, d'abord, pour que le droit soit rattaché à l'idée raciale et que, par ce fait, il se crée une doctrine juridique fondée sur les lois de la race ; ensuite, pour que, dans la constitution du droit et dans son application, le souci de l'hérédité et l'hygiène raciale soient au cœur de toutes les dispositions ; pour que des législateurs de bonne race soient la base d'une organisation juridique conforme à la race ; enfin, pour que la constitution et l'application du droit s'accompagnent d'une continuelle éducation du peuple en matière de racisme et d'hérédité, au moyen d'une vision du monde fondée sur l'idée de race comme idée formative et éducative liée à un profond sentiment de responsabilité. » Le caractère biologique des vues de cet auteur se manifeste dans l'idée que « seule l'organisation juridique qui n'est pas en contradiction avec les résultats des recherches sur la race et l'hérédité peut être considérée comme « juste » et conforme à la nature propre (*artgemäss*) du peuple allemand ». Ceux qui connaissent cependant la marge d'incertitude qui existe dans les recherches d'ordre biologico-racial auxquelles on se réfère ici, si toutefois on envisage tous les éléments qui sont vraiment à l'œuvre dans un être humain, voient que l'on ne peut pas se limiter à des idées aussi simplistes et qu'il n'est que dans une conception supérieure, de caractère « traditionnel » et non scientifique, que les exigences légitimes contenues dans cette lutte pour un droit antiformaliste et organique peuvent réellement représenter une valeur et une influence positives.

Rosenberg écrit : « L'appartenance à un tout organique, l'idée du devoir, les relations vivantes, tout ceci caractérise la conception allemande du droit et tout ceci naît d'une volonté centrale dont nous appelons le maintien dans un état de pureté, la protection de l'honneur. » Selon l'idéal germanique, seul celui dont l'honneur était impeccable avait le « droit pour lui ». À son tour, selon l'expression du *Code Saxon,* « tout honneur vient de la fidélité » : fidélité à ses dieux, à ses ancêtres, à son sang et, surtout, aux devoirs que l'individu a à l'égard de la communauté afin qu'elle puisse subsister et se développer écrit Nicolai. Celui qui fait preuve de « fidélité » et d'« honneur » participe au droit et à la « liberté » de l'exercer. Donc, comme troisième principe après l'honneur et la fidélité, il y a la liberté et, ici, on se livre à de nouvelles attaques polémiques contre les impérialismes oppresseurs qui dénaturent les peuples. Pour Nicolai aussi, l'impérialisme serait étranger à la nature allemande et à la conception allemande du droit, à tel point que, politiquement, la constitution la plus germanique a été la constitution fédérale, dont les autonomies partielles visaient à défendre le facteur « liberté » dans la nation (autonomies qui ont cependant été abolies en Allemagne par la législation totalitaire national-socialiste ce à quoi Nicolai ne fait pas allusion). Enfin, après l'honneur, la fidélité et la liberté, il y a le principe juridique de la « lutte » d'un peuple pour la défense et l'affirmation de son droit naturel, qui est identifié ici à la volonté d'un groupe ethnique d'exister et de se perpétuer. Mais, sous ce rapport, Nicolai reconnaît qu'une race forte a le droit d'exiger d'une race faible qu'elle lui fasse place libre et abandonne les terres qui seraient nécessaires aux conditions de vie de ses descendants. Dans quelle mesure ce principe juridique, qui prend la forme du « droit à la vie » et couvre de mépris le système paralysant du droit international abstrait, peut se concilier avec le prétendu anti-impérialisme de la nature nordique, c'est là ce qu'il est quelque peu difficile de voir. Il est clair qu'il s'agit ici de positions justes dans leurs exigences, mais peu méditées, que, d'ailleurs, les événements récents se sont chargés de rectifier. Encore une fois, on oublie volontiers la part qu'une idée impériale et non « impérialiste » a eue dans la meilleure tradition allemande.

Dans ces idéologies, il se confirme donc que le racisme sous-évalue l'idée d'État et sa valeur éthique et juridique, ce qui est d'ailleurs une conséquence logique de ses prémisses optimistes et naturalistes générales : en effet, là où l'on conçoit un peuple ou une race comme un tout doté d'une rationalité propre et capable d'une aperception directe des valeurs éthiques et sociales, il est évident que la fonction éducative, régalienne et organisatrice supérieure de l'État doit être plus ou moins méconnue. Et, là encore, il se produit une convergence entre le racisme et le socialisme, même si c'est un socialisme « national », puisque la communauté dont il s'agit est une communauté armée qui veut être libre, qui, au fond, ne tolère aucune véritable organisation hiérarchique, qui jouit solidairement des biens communs, qui place le groupe avant l'individu et se donne ses propres lois selon les diverses exigences de sa vie. C'est ainsi que Nicolai déclare : « L'État ne crée pas le droit, il ne fait que le formuler, l'administrer, exprimant par la loi ce qui est reconnu comme droit et dont les origines sont donc dans la conscience de la race. » La distinction entre le droit positif et la coutume est supprimée et ramenée à une simple distinction de degré, de précision et de formulation, « car la justesse du droit, la séparation entre le légitime et l'arbitraire, ne doit pas être comprise littéralement, mais bien plutôt selon le principe biologique allemand de la conformité aux conditions d'existence de la race ». Le devoir essentiel de l'État se rapporte à la politique prophylactique et d'hygiène de la race et c'est plus ou moins sur ces bases que se justifie le concept juridique de la peine. « Le châtiment n'est pas un moyen éducatif, comme ont voulu le faire croire nos apôtres humanitaires. Le châtiment n'est pas non plus une vengeance. Le châtiment est simplement l'élimination de types étrangers et de natures hétérogènes. Un homme qui ne considère pas son peuple et l'honneur de son peuple comme la valeur suprême a perdu le droit d'être protégé par ce peuple ». Plus particulièrement, l'idée de châtiment paraît revêtir deux aspects : selon le premier, on essaie de ramener tout délit à une trahison, à une infraction au devoir de fidélité envers la communauté au sens ethnique, infraction qui rend les individus indignes, les prive de tout droit et les met au ban de la société. Selon le second aspect, le délinquant, c'est le raté, l'inférieur, le dégénéré qu'une race, surtout dans les inévitables mélanges, produit souvent et que, au nom de l'existence de la race, il faut, soit éliminer, soit traiter, afin de l'empêcher d'exercer une quelconque influence collectivement ou héréditairement nocive.

Cela veut dire que, d'une conception purement « éthique » du délit comme traduction « sociale » plutôt floue de ce qui, comme principe de « fidélité » - *fides* -, était applicable à une société toute différente, à une société féodale, on passe à une interprétation purement « biologique » du délit, sans arriver à une conception véritablement juridique. Lorsque la race sera redevenue pure, on pense d'ailleurs que toute perturbation de la conscience éthique sera par là nécessairement surmontée peu à peu. C'est pourquoi il nous reste à passer à l'examen de la nouvelle législation national-socialiste créée à cet effet, c'est-àdire pour la protection de la race.

CHAPITRE XI

LA NOUVELLE LÉGISLATION RACISTE

La loi national-socialiste sur les fonctionnaires. L'interdiction des unions mixtes. La mise au ban des Juifs. Lois relatives à l'hygiène de la race. Stérilisation et castration.

D'abord, quelle est au juste la race qu'il s'agit de protéger ? En effet, les racistes reconnaissent volontiers qu'« aucun peuple européen n'est racialement homogène, pas même le peuple allemand ». Mais, des différentes races présentes dans le peuple allemand, on considère que c'est la race nordique qui, plus que toute autre, a créé sa culture. « Même les milieux où (cet élément) n'est présent à l'état pur que dans une très faible proportion lui doivent l'essentiel. Ce qui est allemand est nordique et ce caractère a influencé les races occidentale, dinarique et baltique de l'Est en créant leur type et leur culture. Même un type essentiellement dinarique a souvent été formé intérieurement selon les normes nordiques ». Insister ainsi sur la race nordique ne signifie pas semer la haine raciale en Allemagne, mais, au contraire, reconnaître que les différents éléments de la nation allemande sont cimentés par un type « pur-sang ». Qui dit éducation de la race dit donc d'abord « protection des éléments raciaux nordiques présents dans notre peuple. Un État allemand a, pour premier devoir, la promulgation de lois correspondant à cette exigence fondamentale ».

Il en est ainsi en théorie. En pratique, comme d'ailleurs dans la conception de Hitler - en dehors des tentatives de sélection interraciale et, en même temps, politique, propre à des organisations spéciales comme les SS ou à des centres comme l'*Ordensburgen* et le *National politiscbe Erziehungsanstalte* -, on s'est contenté d'une idée aussi large et imprécise que possible de la « race aryenne », qui a été définie essentiellement par exclusion : est considéré en général comme « aryen » tout individu qui n'est pas d'origine juive, ni de couleur.

Ceci a amené à introduire l'élément racial dans la définition de la condition juridique des personnes dans l'État allemand. Sous ce rapport, on a adopté l'article 4 du programme initial du parti national-socialiste, qui, à un point de vue biologique, distinguait le vrai citoyen (*Reichsbürger*) du « ressortissant de l'État » (*Staatsangehöriger*) : « Seul peut être citoyen un frère de race (*Volksgenosse*). Seul est frère de race celui qui est de sang allemand, sans distinction de confession religieuse. Aucun Juif ne peut donc être frère de race ». Au contraire, le concept de « ressortissant de l'État » est uniquement juridique : il se rapporte à tous ceux qui, sans être nécessairement de sang allemand ou apparenté, sont liés par un lien d'appartenance au *Reich* et ont juré fidélité au peuple-race et à l'État.

Seul le *Volksgenosse*, le « frère de race », ou membre du peuple-race, jouit vraiment de tous les droits civils et politiques. Là encore, ceci correspond à un point du programme originel des nationaux-socialistes le point 6, qui dispose :

« Le pouvoir de décision dans les affaires de l'État n'appartient qu'aux citoyens frères de race. C'est pourquoi nous demandons que tous les emplois publics, quels qu'ils soient, dans le *Reich*, dans les provinces et dans les districts, soient occupés par des citoyens du *Reich*. » Il y a donc une discrimination des fonctions fondée sur le sang.

Sur le plan biologique, la condition pour être un « citoyen » à part entière et pas seulement un ressortissant du *Reich* est de n'être pas issu d'au moins trois grands-parents juifs ou d'une autre race non-aryenne. Cette condition, au point de vue des lois sur l'hérédité, semble insuffisante, puisque, suivant ces lois, les effets des mélanges se feraient également sentir audelà de la troisième génération. Pourtant, on fait remarquer que, si l'on remonte à la troisième génération, on arrive à une époque où les Juifs n'étaient pas encore émancipés et où les unions mixtes étaient rarissimes, en vertu de quoi on estime qu'il est vraisemblable que celui qui était de bonne race jusque-là l'était aussi auparavant.

Est considéré comme juif et, en général, comme non aryen toute personne qui a quatre grands-parents juifs ou non aryens : ou qui a trois grands-parents juifs ou non aryens ; ou qui a deux grands-parents non aryens, s'il appartient à la communauté religieuse juive à la date du 16 octobre 1935 ou y entre ultérieurement ; ou bien qui est marié à cette date à une personne de race juive ou en épouse une ultérieurement. De plus, est considéré comme juif celui qui est né de relations extraconjugales avec un Juif ou est issu d'un mariage, soit avec une personne qui, à cette date, appartenait à la communauté juive, soit avec un Juif ou un non Aryen. On définit ensuite le concept de métis (*Mischling*) : le métis au premier degré est celui qui a deux grands-parents non aryens ; le métis au second degré, celui qui n'en a qu'un. Les Juifs ou non Aryens et les « métis » (*Mischlinge*) peuvent être des ressortissants de l'État allemand, mais ils ont des droits limités. Pour les « sang-mêlé », il existe cependant une gradation des droits. De plus, on fait des exceptions pour raison d'État : pour ceux qui ont des mérites spéciaux aux yeux du *Reich* de là le titre curieux de *Ehrenarier* (Aryens d'honneur), qui, en toute logique, devrait avoir pour contrepartie celui de *Ehrenjuden*, « Juif d'honneur », qui pourrait s'appliquer à un grand nombre de personnes, qui, aryennes par la race du corps, le sont bien moins par le caractère et l'esprit.

Après avoir défini ces concepts, on a promulgué une série de lois qui s'en inspirent. D'abord, une loi sur les employés d'État, les fonctionnaires, les professeurs, etc. Elle dispose que les non Aryens, en somme ceux qui ne sont pas des « frères de race » à part entière, seront purement et simplement mis à la retraite. Les mêmes mesures ont été adoptées envers les Aryens qui auraient contracté mariage ou, à un moment donné, contracteraient mariage avec un membre d'une race non aryenne. Devant le fait accompli, c'est-à-dire dans le cas où l'on a affaire à un fonctionnaire, un professeur, un officiel, etc., qui s'est marié à un individu non aryen avant la promulgation des lois raciales, on lui laisse l'alternative de divorcer ou de démissionner. Au départ, on faisait des exceptions pour les anciens combattants non aryens ou les parents de combattants non aryens morts pendant la première guerre mondiale. D'autres exceptions sont prévues par le Ministère de l'Intérieur, en accord avec un bureau spécialisé, pour des fonctionnaires détachés à l'étranger. Dans les deux cas, c'est essentiellement le critère discrétionnaire qui prévaut.

Par ces lois, on veut donc isoler une substance « aryenne » pure au centre de l'État. On fait toujours ressortir que l'aryanité « ne dépend plus d'une quelconque croyance religieuse ou d'un nom, mais uniquement de l'hérédité et de la descendance, c'està-dire de l'appartenance à une race déterminée ».

Une autre ordonnance, en date du 14 novembre 1935, vise à protéger « le sang et l'honneur allemand » par une intervention dans la sphère du droit privé : tout mariage et, même, toute relation sexuelle extra-maritale entre des « frères de race » et des individus non aryens sont interdits. Ce qui est quelque peu curieux, c'est que l'on ne fait pas la moindre distinction, sous ce rapport, entre l'homme et la femme. On pense donc contrairement aux anciennes traditions aryennes que, en matière raciale, l'homme et la femme ont un droit égal et un pouvoir égal.

De nouvelles lois ont progressivement étendu les mesures d'exclusion du champ proprement politique à celui des professions libérales, de la presse et de l'enseignement privé. Il y a eu une confusion extraordinaire dans l'application de la « clause aryenne » au domaine religieux, tant catholique que protestant. En vertu de cette clause, les prêtres et les autres membres de ces deux Églises dont l'un des ancêtres jusqu'à la troisième génération est juif ou non aryen ne devraient pas être reconnus comme tels et devraient être destitués. Pour les protestants, cela constitue cependant une violation manifeste et inacceptable de l'article 3 de la profession de foi luthérienne ; pour les catholiques, encore pire, la violation du principe de l'égalité fondamentale de toutes les créatures devant Dieu et du caractère supra-racial du sacerdoce, dont la validité dépend uniquement d'un sacrement. La confusion règne encore dans ce domaine. Les seuls à avoir accepté expressément cette loi sont les Chrétiens-Allemands, qui ont voté certaines lois et ont créé en Prusse dix évêchés dépendant de l'évêché central du Reich, lequel doit prêter serment au chef de l'État (c'est-à-dire, actuellement, Hitler).

Il faut remarquer que, dans la politique raciste et surtout antijuive qui est menée dans les organes de l'État et dans tous les domaines de la vie publique allemande, les dispositions légales trouvent leur prolongement dans des mesures politiques et dans des interventions directes ou indirectes, différentes selon les cas et sans base juridique précise. Par exemple, le judaïsme en Allemagne était fortement représenté dans le grand capitalisme et dans la grande industrie. Pour agir « légalement », le national-socialisme, ici, aurait dû s'attaquer, en général, au problème du droit privé et, en particulier, à celui de la propriété et de l'initiative privée. En réalité, des extrémistes, à cet égard, avaient appelé de leurs vœux une « seconde vague » révolutionnaire nous avons nous-même signalé des écrivains qui, comme Dryssen, ont parlé du message « anti-occidental » (l'Occident, ici, est identifié aux nations capitalistes atlantiques) que le bolchevisme peut représenter pour le « socialisme prussien », en vue de libérer définitivement l'Allemagne du joug du capitalisme et des survivances du libéralisme économique. Mais tout cela n'a pas été suffisant pour établir une législation officielle extrémiste. On s'est donc évertué à arriver au même résultat par d'autres voies, essentiellement par des moyens politiques et par une action directe ou indirecte, sans traiter à fond le problème doctrinal et sans le résoudre de façon radicale. En ce qui concerne les écoles, alors que l'on n'avait fait d'abord que limiter le nombre des élèves non aryens à un pourcentage déterminé du nombre total, on a ensuite opéré une séparation, en disposant que les non Aryens auraient leurs propres écoles et qu'elles seraient donc séparées des établissements aryens. Il en est allé de même des professions libérales médecins, avocats, etc. d'abord, on a adopté un *numerus clausus*, un pourcentage fixe et non modifiable de non Aryens dans les professions libérales, pour repousser leur invasion parasitaire : ensuite, on a disposé que ceux qui sont pleinement juifs ou non aryens ne pouvaient travailler que pour des personnes de la même race.

Une autre disposition, qui s'ajoute à celles que nous avons déjà indiquées, interdit le changement de nom. Un des moyens de reconnaître les Juifs en Allemagne était justement leur nom, et une des tactiques préférées et les plus largement employées par les Juifs pour dissimuler leur origine et pour pénétrer silencieusement dans les milieux allemands était de prendre un nom allemand.

Passons maintenant à la seconde branche de la législation national-socialiste, à celle qui concerne la préservation de la race au point de vue de l'hérédité (eugénisme ou hygiène raciale).

Il est significatif que ces tendances aient une origine américaine. Francis Galton (1822-1911) est considéré comme le père de l'« eugénisme », et la législation national-socialiste en la matière a été préfigurée surtout par certains aspects de la législation des États-Unis, liés à certains mouvements, dont le plus connu est la Prohibition. Théoriquement, les prémisses sont anti-individualistes et antihumanitaires. On refuse de considérer l'homme comme un simple individu ou même comme un simple citoyen, on reconnaît au contraire qu'il porte en lui des caractères héréditaires déterminés, dont il est du devoir de l'État de tenir compte, en vue du bien futur de la collectivité. On conteste que l'assistance de l'État doive s'étendre indistinctement à tous les éléments qui le composent. À cause de l'aide sociale, il arrive que les éléments les plus sains et les plus capables paient des contributions pour soutenir, préserver et faire se reproduire les faibles et les infirmes, ce qui a des conséquences nuisibles pour tous. Par pitié et par humanité, les gens favorisent et soutiennent les éléments inférieurs, les malades héréditaires, les débiles et les délinquants, et ne se rendent pas compte qu'ils sont responsables de leur descendance et qu'il est de leur devoir de tout faire pour préserver et renforcer les éléments sains, qui, eux, sont les véritables représentants d'une nation. Günther, qui reprend ici les thèses « sélectionnistes » de Vacher de

Lapouge, rappelle la phrase de Nietzsche : « Tout ce qui (...) tombe et se décompose, qui donc voudrait le retenir ? » et souligne : « Il est certain qu'une législation qui s'inspire de cet esprit intransigeant contribue davantage à la santé d'un peuple qu'une législation qui ne s'occupe que des individus et, même, des individus dont l'hérédité est altérée ». Ici, le racisme distingue le « droit à la vie » du « droit de donner la vie » : tout le monde a le droit à la vie. Par contre, le droit de donner la vie n'est pas reconnu à ceux dont on peut s'attendre avec certitude à ce qu'ils aient une descendance tarée et infirme, destinée à altérer encore davantage la partie saine de la race.

C'est de ces idées que s'inspire donc une partie de la législation national-socialiste, qui est celle qui a fait le plus de bruit dans le monde, notamment dans les milieux intellectuels et religieux. Il s'agit de deux lois, l'une sur la « stérilisation » et l'autre sur la « castration ».

La première, promulguée le 14 juillet 1933, fait d'abord remarquer que l'interdiction du droit de donner la vie, c'est-à-dire de procréer, ne correspond à aucun point de vue pénal, mais seulement à un point de vue hygiénique et social, puisqu'un malade héréditaire n'a rien à voir avec un malfaiteur. Être un malade héréditaire n'est pas une honte ; ce qui offense le sens éthique du racisme, c'est le fait de condamner, par son irresponsabilité et à cause d'une hérédité malade, sa descendance et les générations futures. Voilà pour les déclarations officielles. Philosophiquement, nous venons cependant de voir que, à un point de vue rigoureusement raciste, les concepts éthiques étant ramenés à des bases biologiques, il s'avère difficile de tracer une séparation nette entre la personne atteinte d'une maladie héréditaire et le coupable, tout au moins en ce sens que la dégénérescence ethnique est conçue comme la cause de la perte de tout concept moral sain.

Le texte de la loi dit : « Toute personne atteinte d'une maladie héréditaire peut être stérilisée au moyen d'une opération chirurgicale, si, d'après les expériences de la science médicale, il y a lieu de croire avec une grande probabilité que les descendants de cette personne seront frappés de maux héréditaires graves, mentaux ou corporels. Est considérée comme atteinte d'une maladie héréditaire grave toute personne qui souffre d'une des maladies suivantes : débilité mentale congénitale, schizophrénie, folie circulaire, épilepsie, danse de Saint-Guy héréditaire, surdité et cécité héréditaires, malformations corporelles graves et héréditaires. Peut être aussi stérilisée toute personne sujette à des crises graves d'alcoolisme. » La loi ne peut être appliquée que si « la maladie est indiscutablement établie par un médecin habilité par le *Reich*, même si les causes cachées de la maladie n'apparaissent que sporadiquement ». Dans son application, la loi ne se limite pas aux cas où l'on a affaire à des malades qui demandent spontanément à être stérilisés, bien que ce soit là le cas qui correspondrait le plus à l'esprit de la loi. La stérilisation forcée ne s'applique pas aux malades qui ne sont plus en âge de procréer, ni aux malades qui sont enfermés de façon permanente dans des maisons de santé, ni aux malades qui, de leur propre volonté et à leurs frais, se laissent interner dans ces établissements pour éviter la stérilisation. La loi comprend diverses dispositions visant à prévenir tout abus, admet des révisions du verdict médical et assure le secret de l'opération de stérilisation, de sorte que les malades n'aient à en subir aucun préjudice social. D'après les statistiques les plus récentes, il semble que la loi trouvera application dans environ 412 500 cas en Allemagne.

L'opération de stérilisation semble être pratiquée pour supprimer la fonction de reproduction, mais non la possibilité d'une union inféconde. Cette faculté n'est retirée qu'à ceux qui tombent sous le coup d'une seconde loi, promulguée le 24 novembre 1933, qui prévoit la castration forcée de délinquants sexuels chroniques dangereux, c'est-à-dire de délinquants que l'on ne peut rendre normaux et inoffensifs qu'en les privant de leur capacité sexuelle. Si le délinquant n'appartient pas à cette catégorie de criminels sexuels dangereux, mais qu'il est néanmoins considéré comme malade aux termes de la loi pour la prévention des maladies héréditaires, il est traité selon cette loi et, après avis d'un tribunal pénal compétent en la matière, il est stérilisé.

Pour l'exécution de ces lois, à côté des différentes autorités politiques, judiciaires et administratives, dans toutes les villes et dans toutes les communes, le régime national-socialiste a créé des organismes spéciaux chargés de l'hygiène et de la protection de la race.

Avec toutes ces mesures, le racisme passe donc de la théorie à la pratique. Il pense exclure graduellement tous les éléments étrangers et, par élimination et sélection, restaurer la race à un point de vue purement qualitatif, lui rendre toute sa vigueur et toute sa pureté et rétablir ainsi la communication avec les forces originelles du sang aryen. En adoptant en premier ces idées, le national-socialisme pense avoir fait de l'Allemagne le modèle dont devront s'inspirer à l'avenir tous les peuples qui conservent encore un sain instinct ethnique. Von Leers écrit : « À la différence de tous les autres peuples de race nordique, le peuple allemand a acquis pour la première fois une claire connaissance de la race et du destin de la race. Il a saisi pour la première fois scientifiquement la signification de la race, que à l'exception de Platon ni les Grecs, ni les Romains, ni aucun autre peuple (?) n'avaient comprise. Après les périodes de décadence et de métissage s'annonce maintenant une période de purification et de construction qui inaugurera un nouvel âge. L'histoire universelle n'est pas rectiligne mais curviligne : du sommet de la grande civilisation nordique primordiale de l'âge des tombes de pierre, nous sommes descendus dans la vallée profonde des siècles de décomposition, pour remonter vers un nouveau sommet. Celui-ci ne sera pas moins élevé que celui qui a été abandonné. Il sera même et pas seulement pour les biens matériels de la vie plus significatif, puisque ce que nous n'avions pas encore vécu alors, nous en avons maintenant fait consciemment l'expérience : l'importance de l'âme des races, le caractère unique de la race créée par Dieu comme réalité biologique et psychique ».

CHAPITRE XII

LE RACISME D'ADOLF HITLER

La vision du monde du national-socialisme. La thèse aryenne. La conception national-socialiste de l'État. État et race. La nouvelle éducation raciste. Le mythe de l'avenir.

ésormais, tous les éléments constitutifs de la théorie raciste, en commençant par ses plus lointains antécédents, sont connus du lecteur. Conformément aux intentions de ce livre, il ne nous reste plus quà considérer la synthèse dans laquelle plusieurs des thèmes que nous avons déjà exposés se sont combinés pour servir essentiellement de mythe « politique ». Cette synthèse est la doctrine de Adolf Hitler.

Pour en venir, donc, à l'exposé de la théorie raciste de Hitler, nous nous contenterons de citer littéralement ses formulations les plus significatives, non seulement parce que nous nous sommes fixé comme but de nous limiter ici à un exposé purement objectif, mais aussi parce que l'on ne trouve chez lui quasiment aucune idée qui ne nous soit déjà connue et que, donc, ce qui peut être intéressant est surtout la forme, le *pathos* avec lequel les thèmes déjà connus réapparaissent et deviennent des éléments d'un credo politique. Pour ce qui est de la genèse de la théorie raciste de Hitler, il semble qu'elle provienne d'une réaction instinctive contre le mélange ethnique qui était celui de Vienne tout au moins dans les classes qu'il devait avoir surtout fréquentées, qui étaient composées d'éléments de races disparates et souvent bâtardes soumises à une forte influence juive.

Commençons par définir la signification et l'importance du racisme pour Hitler. Le racisme est pour lui une part indissociable et essentielle d'une « vision du monde », de la vision national-socialiste du monde. Ce qui, dans son mouvement, est « vision du monde » prend le caractère d'un dogme immuable et infaillible. « Une vision du monde dit Hitler ne peut pas tolérer ni se contenter d'être un point de vue parmi d'autres, mais demande péremptoirement à être reconnue comme unique et exclusive, de façon à ce que toute la vie publique soit transformée et façonnée par ses conceptions ». Ainsi, « une vision du monde n'est jamais disposée à coexister avec une autre ». « Les partis politiques sont prêts aux compromis, les conceptions du monde non. Les partis politiques comptent même sur leurs adversaires, tandis que les conceptions du monde proclament leur infaillibilité ». Tout cela en vient donc à s'appliquer au racisme tel que le professe Hitler. Pour ce qui est de l'œuvre principale où il s'exprime et dont nous tirerons principalement nos citations - *Mein Kampf* -, voici ce qu'en a dit l'organe officiel du parti national-socialiste : « Elle contient pour le présent et pour l'avenir les principes définitifs de la conception national-socialiste. Elle en est l'essence même et doit devenir la Bible du peuple allemand. »

La prémisse fondamentale du racisme de Hitler a presque un caractère de prédestination théologique : la Providence a voulu que les hommes ne soient pas égaux, a déterminé d'avance une pluralité de races et a fixé des qualités et des caractéristiques spéciales que l'on ne peut pas changer sans s'exposer à la dégénérescence et à la déchéance. Le sol, en soi, n'a guère d'influence : l'infertilité du sol où vit une race peut la pousser à accomplir de grandes choses, à travailler dur et à devenir conquérante, tandis qu'elle peut être une cause de misère et de sous-alimentation pour une autre. La décadence des civilisations est due à des croisements qui empoisonnent le sang des races qui l'avaient créée. Le croisement a deux conséquences : 1) l'abaissement du niveau de la race supérieure ; 2) une régression physique et spirituelle et, par suite, l'apparition d'une sorte de processus de dépérissement dont les progrès sont lents mais inévitables. Favoriser un tel processus, pour Hitler, n'est pas autre chose que « pécher contre la volonté de l'Éternel, notre Créateur », telle quelle s'exprime dans les lois éternelles de la nature.

« Ici, continue Hitler, intervient, il est vrai, l'objection spécifiquement judaïque, aussi comique que niaise, des pacifistes modernes : "L'homme doit précisément vaincre la nature" ». D'abord, selon lui, l'homme n'a pas « vaincu » la nature, tout au plus a-t-il réussi à soulever quelque petit coin de son voile ; il n'invente pas mais ne fait que découvrir les lois naturelles et ce n'est qu'en obéissant à ces lois qu'il domine. Pour Hitler, seule la présomption infantile de quelques idéologues atteints de démence a fait oublier les millions d'années où notre planète a parcouru l'éther sans qu'il y eût des hommes, n'obéissant qu'aux lois d'airain de la nature. Ensuite, après avoir approuvé ces conceptions typiquement « scientistes », Hitler fait remarquer que l'idée de « dépassement » est une idée comme une autre, qui n'a aucune existence hors de l'esprit humain et qui, donc, comme toutes les autres, ne naît pas par hasard, mais fait partie d'une constitution humaine, d'un tempérament, en somme de quelque chose qui est conditionné par les lois naturelles. Enfin, Hitler qui, cependant, ne parle plus ici de dépassement, mais simplement de l'idée pacifiste et humanitaire qui serait celle de celui qui critique sa thèse, dit que cette idée pourrait se réaliser, mais seulement si une humanité supérieure unique se rendait seule maîtresse du monde : donc, d'abord la différence, la lutte et la victoire, ensuite, « peut-être », le reste.

Après cela, Hitler déclare que « tout ce que nous admirons aujourd'hui sur cette terre science et art, technique et inventions est le produit de l'activité créatrice de peuples peu nombreux et peut-être, primitivement, d'une seule race. C'est d'eux que dépend la permanence de la civilisation. S'ils succombent, ce qui fait la beauté de cette terre descendra avec eux dans la tombe ». Le progrès humain dépend entièrement de la marche victorieuse de la race supérieure. Telle est la race aryenne. L'Aryen est le prototype idéal de ce que nous entendons par le mot d'« homme ». « L'Aryen est le Prométhée de l'humanité ; l'étincelle divine du génie a de tout temps jailli de son front lumineux ; il a toujours allumé à nouveau ce feu qui, sous la forme de la connaissance, éclairait la nuit recouvrant les mystères obstinément muets et montrait ainsi à l'homme le chemin qu'il devait gravir pour devenir le maître des autres êtres vivant sur cette terre ».

Hitler, développant des idées de Chamberlain, distingue trois types de races : les races qui créent la civilisation, les races qui en conservent le dépôt et les races qui la détruisent. Il n'y a que l'Aryen que l'on puisse citer comme représentant des premières. Les races aryennes se sont toujours données pour tâche une « synthèse créatrice entre l'idée innée de race et les conditions matérielles qui s'imposèrent à elles, en parfaite conformité avec leur but *(einer kristallklar erfüllten Zweckmässigkeit)* ». Le second cas est celui de races qui adoptent simplement la civilisation que les Aryens ont créée et répandue, comme, par exemple, les peuples de couleur qui s'« européanisent ». Enfin, comme prototype de race incapable de civilisation et destructrice de civilisation, on mentionne la race juive, race parasitaire et dissolvante. La supériorité de l'Aryen sur le non Aryen, plus que dans tout autre don, résiderait, pour Hitler, dans sa capacité à mettre toutes ses aptitudes au service de la communauté, vu que, chez lui, l'instinct de conservation s'est idéalisé et dépersonnalisé, a revêtu un caractère héroïque et le moi est prêt à se soumettre volontairement et à se sacrifier, si nécessaire, pour le bien de la collectivité. Naturellement, une semblable conception de la nature de l'Aryen est très unilatérale et apparaît évidemment dictée par certains des buts politiques que s'était fixés Hitler dans le cadre du national-socialisme. Chez les Juifs, le sentiment de solidarité ne serait qu'apparent. Leur solidarité, liée à un instinct primitif grégaire, ne dure qu'aussi longtemps qu'ils doivent faire face à un ennemi commun. Au fond, ce ne sont que de vulgaires égoïstes. Les Juifs ne sont solidaires que quand ils y sont contraints par un danger commun ou attirés par une proie commune : s'ils étaient seuls en ce monde, « ils s'entre-déchireraient ».

Il en est ainsi des prémisses générales contenues dans la première partie du livre de Hitler. La seconde partie débute par des considérations sur la nocivité des croisements : « Le défaut d'unité de sang implique la discordance des volontés et des énergies vitales. Dans tous les moments critiques où l'homme de race pure prend des décisions sages et cohérentes, le sang-mêlé perd la tête ou ne prend que des demi-mesures. Le résultat, c'est que ce dernier se laisse dominer par l'homme de sang pur et que, dans la pratique, il est exposé à une disparition plus rapide. Dans des circonstances où la race résiste victorieusement, le métis succombe ; on pourrait citer de ce fait d'innombrables exemples (...) Tout croisement de race amène fatalement, tôt ou tard, la disparition des hybrides qui en résultent, tant qu'ils se trouvent en présence de l'élément supérieur ayant participé au croisement et qui a conservé l'unité que confère la pureté du sang. Le danger pour l'hybride ne cesse qu'avec le métissage du dernier élément individuel de la race supérieure. Telle est la source de la régénération progressive, bien que lente, effectuée par la nature, qui élimine peu à peu les produits de l'altération des races, pourvu qu'il existe encore une souche de race pure et qu'il ne se produise plus de nouveaux métissages. » Il est clair qu'il s'agit là d'une interprétation de la loi mendélienne du dihybridisme, et on peut y voir les présupposés théoriques de toute la pratique de l'« hygiène raciale » et de l'interdiction des mariages mixtes.

Si l'on supprimait les barrières qui séparent les races jusqu'à ce que soit perdu ce qu'il y avait de meilleur dans l'homme supérieur, on n'obtiendrait qu'une bouillie : « On pourrait ainsi former un grand troupeau, on pourrait fabriquer par cette tambouille un animal grégaire, mais d'un semblable mélange ne sortira jamais un homme qui soit un pilier de la civilisation ou mieux encore un fondateur et un créateur de civilisation. On pourrait estimer alors que l'humanité a définitivement failli à sa mission. » À vrai dire, l'image choisie par Hitler ne convient guère ici, parce que, s'il est un domaine où cela fait déjà longtemps que le principe de l'éducation des races pures a été appliqué efficacement, c'est bien celui des espèces animales, y compris les troupeaux de gros bétail. Hitler continue : « Non, l'homme n'a qu'un droit sacré et ce droit est en même temps le plus saint des devoirs, c'est de veiller à ce que son sang reste pur, pour que la conservation de ce qu'il y a de meilleur dans l'humanité rende possible un développement plus parfait de ces êtres privilégiés. » Au lieu d'obéir à certains commandements de l'Église et à des conceptions comme celles qui ont pour conséquence le célibat des prêtres, il faudrait veiller à « mettre enfin un terme au vrai péché originel, aux conséquences si durables, et à donner au Créateur tout-puissant des êtres tels que lui-même les a d'abord créés ».

La révolution national-socialiste n'est pas une réaction : « Nous ne nous proposons pas de ressusciter le vieux Reich, qui s'est effondré à cause de ses erreurs, mais de fonder un État nouveau. » L'État nouveau est l'État national-raciste.

« La conception philosophique courante aujourd'hui consiste généralement, au point de vue politique, à attribuer à l'État lui-même une force créatrice et civilisatrice. Mais il n'y aurait que faire des conditions préalables de race ; l'État résulterait plutôt des nécessités économiques ou, dans le meilleur cas, du jeu des forces politiques. Cette conception fondamentale conduit logiquement à une méconnaissance des forces primitives liées à la race, et à sous-estimer la valeur de l'individu. Celui qui nie la différence entre les races, en ce qui concerne leur aptitude à engendrer des civilisations, est forcé de se tromper aussi quand il juge les individus. Accepter l'inégalité des races entraîne à juger pareillement les peuples et les hommes ». Et le marxisme international n'est que le résultat de la traduction dans une croyance politique déterminée par le Juif Karl Marx d'une réalité qui existait déjà depuis longtemps. Marx « fut simplement le seul, dans le marécage d'un monde pourri, à reconnaître avec la sûreté de coup d'œil d'un prophète les matières les plus spécifiquement toxiques ; il s'en empara, et, comme un adepte de la magie noire, les employa à dose massive pour anéantir l'existence indépendante des nations libres de ce monde. Tout ceci d'ailleurs au profit de sa race ».

La conception national-raciste de l'État « fait place à la valeur des diverses races primitives de l'humanité ». Selon cette conception ou, pour mieux dire, selon son idéal, la nation et la race ne font qu'un. C'est la race, caractère homogène et immuable, qui, dans une situation normale, forme la nation. « L'État est un moyen de parvenir à un but (...) Il doit maintenir, en premier lieu, les caractères essentiels de la race » chez l'homme et, partant, dans la nation. La conception raciste ne croit pas à l'égalité des races, « mais reconnaît au contraire et leur diversité et leur valeur plus ou moins élevée. Cette connaissance lui confère l'obligation, suivant la volonté éternelle qui gouverne ce monde, de favoriser la victoire du meilleur et du plus fort, d'exiger la subordination des mauvais et des faibles. Elle rend ainsi hommage au principe aristocratique de la nature et croit en la valeur de cette loi jusqu'au dernier degré de l'échelle des êtres ». « La conception nationale se distingue essentiellement de la conception marxiste en ce qu'elle reconnaît la valeur de la race, et donc la valeur de la personne, et qu'elle en fait un des fondements de son édifice ».

Donc, pour Hitler, « l'État n'est pas un but, mais un moyen. Il est bien la condition préalable mise à la formation d'une civilisation humaine de valeur supérieure, mais il n'en est pas la cause directe. Celle-ci réside exclusivement dans l'existence d'une race apte à la civilisation. Même s'il se trouvait sur la terre des centaines d'États modèles, au cas où l'Aryen, qui est le pilier de la civilisation, viendrait à disparaître, il n'y aurait plus de civilisation correspondant, dans l'ordre spirituel, au degré qu'ont atteint les peuples de race supérieure ». « Nous devons, continue Hitler en précisant son idée, faire une distinction bien tranchée entre l'État, qui n'est qu'un contenant, et la race qui en est le contenu. Ce contenant n'a de raison d'être que lorsqu'il est capable de conserver et de protéger son contenu ; sinon il n'a aucune valeur ». Le but suprême de l'État national est donc de conserver les « représentants de la race primitive, dispensateurs de la civilisation, qui font la beauté et la valeur morale d'une humanité supérieure ». Par contre, on peut dire qu'un État ne remplit pas sa mission et qu'il est mauvais, si, « tout en ayant atteint le degré le plus élevé de civilisation, il voue à la ruine l'homogénéité raciale des représentants de cette civilisation ». Puisque ce processus de décadence n'est pas immédiatement visible, « on ne peut pas apprécier l'utilité d'un État en prenant pour critère le niveau de civilisation auquel il est parvenu ». Le véritable critérium se rapporte donc à tout ce qui fournit une solide garantie pour l'avenir des éléments aryens d'une nation. Hitler lui-même reconnaît que l'Allemagne n'est pas l'expression d'une seule et même souche raciale pure. Diverses races y sont présentes, mais « la fusion des éléments primitifs n'a pas fait de tels progrès qu'on puisse parler d'une race nouvelle sortie de cette fusion ». Les divers éléments sont restés simplement juxtaposés. « Les hommes du Nord sont près de ceux de l'Est, près de ceux-ci, les Dalmates, près des deux, des hommes de l'Occident ; sans compter les mélanges ». Ce serait là le grand désavantage de l'Allemagne : « Cet état de choses a, par certains côtés, de grands inconvénients : il manque aux Allemands le puissant instinct grégaire, effet de l'identité du sang, qui, particulièrement impérieux aux heures du danger, prévient la ruine des nations, effaçant instantanément chez les peuples qui en sont doués toutes les différences secondaires et leur faisant opposer à l'ennemi commun le front uni d'un troupeau homogène. » De là l'œuvre de totalisation nationale raciste que le gouvernement national-socialiste a entreprise résolument et qui est toujours en cours. « Le Reich, en tant qu'État, doit comprendre tous les Allemands, et se donner pour tâche non seulement de réunir et de conserver les réserves précieuses que ce peuple possède en éléments primitifs de sa race, mais de les faire arriver lentement et sûrement à une situation prédominante ».

Il s'agit donc de la formation, non pas d'une classe dirigeante dans le sens habituel, mais bien plutôt d'un « noyau raciste dirigeant », qu'il faut extraire de l'ensemble des composantes du peuple germanique et auquel il faut redonner l'autorité et le pouvoir de décision. Quant au moyen d'obtenir ce résultat, selon les idées exposées par Hitler dans un de ses discours, il serait déterminé par le pouvoir des « affinités électives ». De même que la prédication de l'évangile internationaliste a attiré tous les éléments de décomposition du marécage ethnique, « Juifs, proxénètes et sous-hommes », et que la prédication de l'idéal démocratique de prospérité a battu le rappel de la classe bourgeoise et a favorisé son essor, ainsi la prédication de la doctrine de l'héroïsme « aryen » et du droit du sang ne manquera pas de réveiller les éléments encore purs, les mettra au premier plan et permettra de faire d'eux le « noyau raciste dirigeant ». Une sélection naturelle selon la vocation.

Plus généralement, Hitler proposait de différencier l'ensemble des éléments présents dans une nation aryenne et, en l'espèce, en Allemagne, en trois classes définies juridiquement : les « citoyens du *Reich* », les « ressortissants de l'État » et les « étrangers », ce qui, comme nous l'avons vu, s'est réalisé. Pour lui, il est scandaleux que l'idée de race n'ait absolument pas été prise en compte pendant tant de temps dans la notion de citoyenneté ; que « la marche à suivre pour acquérir le droit de cité dans un État (ne soit) pas très différente de celle qu'on doit observer pour être admis, par exemple, dans un club d'automobilistes » : qu'il suffise donc d'en faire la demande pour que, après avis favorable d'un fonctionnaire, « une transformation qu'un dieu serait incapable d'accomplir (soit) opérée en un tournemain par ce Paracelse fonctionnaire. D'un coup de plumeau un misérable Slave, venu de Mongolie, est changé en « Allemand » authentique. » Des éléments raciaux hétérogènes ne devraient pouvoir vivre dans un État que comme « étrangers ». La naissance ne devrait conférer que le statut de « ressortissant », qui ne donne pas pour autant le droit d'accéder à des emplois publics, ni d'exercer une activité politique, de sorte que le « ressortissant » ne se distinguerait de l'étranger qu'en tant qu'il n'est pas, comme celui-ci, sujet d'un autre État. Pour devenir « citoyen », membre à part entière du *Reich*, il faudrait une autre validation, basée sur la connaissance exacte de la race du candidat, sur sa santé physique et sur la prestation solennelle d'un serment de fidélité à la communauté aryenne et à l'État.

Ce n'est qu'alors que pourrait être délivré un « diplôme de citoyen », qui constituerait « un lien unissant tous les membres de la communauté (et comblerait) le fossé séparant les différentes classes sociales ». Hitler n'hésite pas à dire qu'« un balayeur des rues doit se sentir plus honoré d'être citoyen de ce Reich que s'il était roi d'un État étranger ». Il est clair qu'il y a là une nette dégradation de la notion de race Selon les conceptions traditionnelles, il n'y a que dans les élites, dans les aristocraties, que se manifeste et se réalise pleinement la vraie race.

Pour de qui est des mesures d'hygiène raciale, voici les idées de Hitler dont elles procèdent : « Un État raciste doit donc, avant tout, faire sortir le mariage de l'abaissement où l'a plongé une continuelle adultération de la race et lui rendre la sainteté d'une institution, destinée à créer des êtres à l'image du Seigneur et non des monstres qui tiennent le milieu entre l'homme et le singe. » À toutes les protestations « humanitaires » ou même religieuses contre les conséquences de ces conceptions, Hitler objecte : « Dans l'État qui, de nos jours, assure le calme et le bon ordre, à ce que croient ses défenseurs, les braves nationaux-bourgeois, ce serait un crime de retirer la faculté de procréer aux syphilitiques, tuberculeux, aux êtres atteints de tares héréditaires, ou contrefaits, aux crétins ; par contre, enlever à des millions d'êtres des plus sains la faculté de procréer n'est pas considéré comme une mauvaise action et ne choque pas les bonnes mœurs de cette société hypocrite. » Quant aux Églises, « elles parlent toujours de l'esprit et laissent déchoir au rang de prolétaire dégénéré le réceptacle de l'esprit. Puis on s'étonne avec un air stupide du peu d'influence qu'a la foi chrétienne dans son propre pays, de l'épouvantable "irréligion" de cette misérable canaille dégradée physiquement et dont le moral est naturellement tout aussi gâté ; et l'on se dédommage en prêchant avec succès la doctrine évangélique aux Hottentots et aux Cafres. Tandis que nos peuples d'Europe, à la plus grande louange et gloire de Dieu, sont rongés d'une lèpre morale et physique, le pieux missionnaire s'en va dans l'Afrique centrale et fonde des missions pour les nègres, jusqu'à ce que notre "civilisation supérieure" ait fait de ces hommes sains, bien que primitifs et arriérés, une engeance de mulâtres fainéants ».

En réaction à cette situation, Hitler déclare donc que « l'État raciste aura à réparer les dommages causés par tout ce qu'on néglige de faire aujourd'hui dans ce domaine. Il devra faire de la race le centre de la vie de la communauté ; veiller à ce qu'elle reste pure (...) Il devra prendre soin que, seul, l'individu sain procrée des enfants ; il dira qu'il n'y a qu'un acte honteux : mettre au monde des enfants quand on est maladif et qu'on a des tares, et que l'acte le plus honorable est alors d'y renoncer (...). Il doit utiliser les ressources de la médecine la plus moderne pour éclairer sa religion ; il doit déclarer que tout individu notoirement malade ou atteint de tares héréditaires, donc transmissibles à ses rejetons, n'a pas le droit de se reproduire, et il doit lui en enlever matériellement la faculté. Inversement, il doit veiller à ce que la fécondité de la femme saine ne soit pas limitée par l'infecte politique financière d'un système de gouvernement qui fait, de ce don du Ciel qu'est une nombreuse postérité, une malédiction pour les parents ». Et Hitler n'hésite pas à déclarer que, « si, pendant six cents ans, les individus dégénérés physiquement ou souffrant de maladies mentales étaient mis hors d'état d'engendrer, l'humanité serait délivrée de maux d'une gravité incommensurable ; elle jouirait d'une santé dont on peut aujourd'hui se faire difficilement une idée ».

Il est évident que, dans cet ordre d'idées, on en vient à faire ressortir particulièrement la partie physique de l'être humain et que l'on considère que le problème du caractère y est étroitement lié : « Comme, dans l'ensemble, le rendement intellectuel des individus est directement fonction des qualités de race du matériel humain donné, l'éducation de chacun doit avoir pour tout premier but l'entretien et le développement de la santé physique. Car, dans la majorité des cas, un esprit sain et énergique ne se trouve que dans un corps sain et vigoureux. Le fait que des hommes de génie sont parfois d'une constitution peu robuste, ou même maladive, n'infirme pas ce principe. Il s'agit alors d'exceptions qui, comme partout, confirment la règle. Mais quand un peuple se compose en majorité d'hommes physiquement dégénérés, il est extrêmement rare qu'un esprit vraiment grand surgisse de ce marécage. Son influence ne connaîtra, en tout cas, jamais un grand succès. Ou bien cette plèbe de dégénérés sera incapable de le comprendre, ou bien sa force de volonté sera trop affaiblie pour qu'il puisse suivre cet aigle dans son essor. » C'est pourquoi l'État hitlérien « s'attachera à obtenir, par un élevage approprié, des corps foncièrement sains. La culture des facultés intellectuelles ne viendra qu'en seconde ligne. Mais ici même le but principal sera la formation du caractère, notamment le développement de la force de volonté et de la capacité de décision ; on habituera en même temps les jeunes gens à prendre avec joie la responsabilité de leurs actes. L'instruction proprement dite ne viendra qu'en dernier lieu », car « un homme dont la culture scientifique est rudimentaire, mais de corps sain, de caractère honnête et ferme, aimant à prendre une décision, et doué de force de volonté, est un membre plus utile à la communauté nationale qu'un infirme, quels que soient ses dons intellectuels. Un peuple de savants dégénérés physiquement, de volonté faible, et professant un lâche pacifisme, ne pourra jamais conquérir le ciel ; il ne sera même pas capable d'assurer son existence sur cette terre ».

Hitler ne manque pas d'évoquer l'idéal grec : « Ce qui rend immortel l'idéal de beauté conçu par les Grecs, c'est la merveilleuse alliance de la plus splendide beauté physique avec l'éclat de l'esprit et la noblesse de l'âme. » Cette remarque n'en est pas moins relativisée par le point de vue déjà exposé sans ambiguïté par Hitler : même si l'on aspire à une synthèse et à un idéal intégral, « classique », d'humanité, on pense que le véritable moyen d'obtenir ce résultat est d'éveiller l'esprit en rendant le corps sain et non pas de fortifier l'esprit pour rendre au corps, non seulement une signification supérieure, mais aussi la santé et la vigueur. Il faut noter que Hitler, pour donner du poids à ses antithèses, a beau jeu de considérer le « lettré » ou l'intellectuel souffreteux et vil comme le défenseur de l'esprit. La vraie spiritualité, cependant, n'a pas grand-chose à voir avec tout cela.

Comme on le sait déjà, pour le racisme, l'éternel ennemi de l'Aryen, le démon destructeur de sa civilisation, c'est le Juif. On attribue au Juif de « constants efforts pour miner, chez les peuples qui l'ont accueilli, l'influence de la valeur de personnalité et lui substituer celle de la masse. Le principe constructif des peuples aryens fait place au principe destructeur des Juifs. Ceux-ci deviennent les « ferments de décomposition » des peuples et des races, et, au sens le plus large, ils désagrègent la civilisation humaine ». Et, ce qui est montré du doigt, ce n'est pas seulement le marxisme et les tentatives marxistes d'avilissement de la personnalité au nom de tout ce qui est nombre, masse et économie : le Juif est également décrit comme le principal responsable de la destruction complète de l'Allemagne. « Tout ce qui, dans le monde entier, s'imprime contre l'Allemagne est écrit par des Juifs, de même que, en temps de paix et pendant la guerre, la presse des boursiers juifs et des marxistes a attisé systématiquement la haine contre l'Allemagne, jusqu'à ce que les États aient, les uns après les autres, renoncé à la neutralité et, sacrifiant les vrais intérêts des peuples, soient entrés dans la coalition mondiale qui nous faisait la guerre ». Bolcheviser l'Allemagne, après l'avoir ruinée avec la guerre de 1914-1918, c'était là l'objectif du judaïsme. Pour Hitler, il ne fait pas de doute que c'est sur la France que les Juifs s'étaient concentrés avant la seconde guerre mondiale. « En Angleterre comme en Italie, le désaccord existant entre les conceptions d'une politique excellente enracinée dans le sol et les projets des financiers juifs internationaux est évident, et saute parfois brutalement aux yeux. C'est uniquement en France que l'on remarque aujourd'hui un accord secret, plus parfait qu'il ne l'a jamais été, entre les intentions des boursiers, intentions dont les Juifs sont les représentants, et les vœux d'une politique nationale inspirée par le chauvinisme. Et c'est précisément cette identité de vues qui constitue un immense danger pour l'Allemagne (...) Ce peuple, qui tombe de plus en plus au niveau des nègres, met sourdement en danger, par l'appui qu'il prête aux Juifs pour atteindre leur but de domination universelle, l'existence de la race blanche en Europe. Car la contamination provoquée par l'afflux de sang nègre sur le Rhin, au cœur de l'Europe, répond aussi bien à la soif de vengeance sadique et perverse de cet ennemi héréditaire de notre peuple qu'au froid calcul du Juif, qui y voit le moyen de commencer le métissage du continent européen en son centre et, en infectant la race blanche avec le sang d'une basse humanité, de poser les fondations de sa propre domination. Le rôle que la France, aiguillonnée par sa soif de vengeance et systématiquement guidée par les Juifs, joue aujourd'hui en Europe, est un péché contre l'existence de l'humanité blanche et déchaînera un jour contre ce peuple tous les esprits vengeurs d'une génération qui aura reconnu dans la pollution des races le péché héréditaire de l'humanité ».

Mais le Juif combat l'Allemagne, non seulement de l'extérieur, mais aussi de l'intérieur. C'est aux Juifs que serait due la manœuvre qui provoqua la lutte entre les catholiques et les protestants en Allemagne. « Le Juif a atteint son objectif : catholiques et protestants se combattent à cœur joie et l'ennemi mortel de l'humanité aryenne et de toute la chrétienté rie sous cape (...) aujourd'hui, il réussit à lancer l'une contre l'autre les deux confessions allemandes, pendant que les bases sur lesquelles elles reposent toutes deux sont rongées et minées par le poison que sécrète le Juif cosmopolite et internationaliste ». Hitler se désintéresse de ces conflits : « Ce qui est important pour l'avenir de la terre, ce n'est pas de savoir si les protestants l'emporteront sur les catholiques ou les catholiques sur les protestants, mais si l'homme de race aryenne survivra ou mourra (...). Celui qui se tient sur le plan raciste a le devoir sacré, quelle que soit sa propre confession, de veiller à ce qu'on ne parle pas sans cesse à la légère de la volonté divine, mais qu'on agisse conformément à cette volonté et qu'on ne laisse pas souiller l'œuvre de Dieu. Car c'est la volonté de Dieu qui a jadis donné aux hommes leur forme, leur nature et leurs facultés. Détruire son œuvre, c'est déclarer la guerre à la création du Seigneur, à la volonté divine. »

La croix gammée national-socialiste symboliserait justement « la mission de la lutte pour le triomphe de l'Aryen et aussi pour le triomphe de l'idée du travail productif, idée qui fut et restera éternellement antisémite ».

Après avoir répété que « sur notre continent, la civilisation et la culture sont indissolublement liés à la présence de l'Aryen » et que, s'il disparaissait, « la civilisation humaine s'évanouirait et le monde deviendrait un désert », Hitler termine son livre par ces mots : « Un État qui, à une époque de contamination des races, veille jalousement à la conservation des meilleurs éléments de la sienne, doit devenir un jour le maître de la terre. » L'État qui aujourd'hui, plus que tout autre, en a pris conscience serait, pour Hitler, l'Allemagne national-socialiste. Il écrit : « La diversité des peuples ne doit pas nous faire oublier la grande communauté de race. » « **Les Grecs et les Romains deviennent subitement très proches des Germains, car ils ont leurs racines dans une seule et même race fondatrice, de sorte que les créations immortelles des peuples antiques exercent une attraction sur leurs descendants racialement apparentés.** » - et enfin : « L'histoire romaine, si on en possède exactement les grandes lignes, sera toujours le meilleur guide pour le temps présent et pour tous les temps ».

CONCLUSION

Dans une œuvre récente sur la genèse du racisme, Gueydan de Roussel et Bernard Fay ont cru pouvoir considérer cette doctrine comme une branche de l'humanisme - de l'humanisme pris dans le sens le plus général d'une conception du monde et de la vie au centre de laquelle se trouve essentiellement l'homme. En particulier, Fay fait remarquer que, depuis la Renaissance, la divinité qui a le plus impressionné l'homme a été l'humanité elle-même ; le moment venu, la maçonnerie devait se servir de ce sentiment en attribuant ce caractère divin, auréolé du mythe du « progrès », à l'humanité conçue comme masse. La tendance à confondre la notion de divinité avec celle d'humanité a trouvé par la suite diverses autres expressions. Fay dit que l'inexorable croisade antithéiste de la Russie bolchevique dissimule mal cette volonté de transférer la vénération de l'élément transcendant à l'humain. Mais, selon lui, la même tendance se manifesterait aussi dans d'autres mouvements totalitaires fût-ce d'une manière différente par exemple, dans le fait de considérer l'humanité comme la substance d'une nation déterminée, d'une souche déterminée ou, justement, comme une réalité biologique, un sang, une race.

Est-ce là la signification profonde du racisme ? Il serait téméraire de l'affirmer, si l'on prend en considération toutes les tendances présentes dans ce courant. L'interprétation que nous venons de signaler s'applique cependant partiellement à un racisme qui, bien qu'ayant un caractère exclusivement « scientifique » dans le sens moderne, matérialiste et positiviste, n'en sort pas moins du domaine scientifique pour promouvoir une mystique *sui generis*. Comme objet de « science » dans ce sens, la race ne peut être qu'une réalité simplement biologique et le racisme est une branche de la « science naturelle de l'homme », c'est-à-dire une discipline qui considère que l'homme est plus ou moins sur le même plan que les autres espèces animales et qui affecte une indifférence ou un mépris pour tous les autres aspects selon lesquels les sciences traditionnelles avaient toujours considéré l'être humain. Si, en partant de ce racisme, on entre dans le domaine de l'idée de politique dans le sens supérieur et spirituel, des erreurs sont donc toujours possibles et, à la limite, on peut en arriver à l'inversion qui caractérise l'« humanisme » en général : celle par laquelle, alors que l'on pense spiritualiser la matière, on finit par matérialiser l'esprit lui-même.

Mais ce n'est sûrement pas le cas du racisme dans son ensemble. Comme on l'a indiqué, déjà chez de Gobineau, on peut voir qu'il a une origine, au fond, aristocratique : il s'est affirmé comme une réaction contre le marécage de l'égalitarisme démocratique et contre un climat matérialiste antiqualitatif qui, au fond, est celui où s'est développé le scientisme : scientisme auquel, par une curieuse inversion, le racisme, dans d'autres de ses aspects, devait cependant emprunter plusieurs de ses armes et dans lequel il devait chercher ses alibis. Or, il est fort possible de discriminer et d'isoler, dans le racisme pris dans son ensemble, la tendance supérieure que nous venons d'indiquer, d'en faire un principe de révolte contre une civilisation internationaliste, nivelée, rationaliste et plébéienne et, donc, de voir dans le retour à l'idée de race et surtout de race supérieure la reprise de l'héritage spirituel que nous avions oublié.

En effet, nous avons déjà fait remarquer au début de ce livre que, s'il est un racisme qui, peu ou prou, n'est valable que comme « mythe », comme idée-force qui doit être jugée du point de vue de l'action pratique, et qu'il en est un autre dont la signification va au-delà du domaine des recherches scientifiques modernes, il est une idée de la race qui se référe aux origines, à nos meilleures traditions, dans lesquelles, comme nous l'avons dit, on ne parlait guère de race, parce que l'on avait de la race, parce qu'il était naturel de tenir compte de l'élément racial dans les mœurs et les lois de toute classe supérieure, à tel point que, par la suite, « noble » et « race », dans le sens supérieur, devinrent plus ou moins synonymes. Or, il est possible, dans le racisme contemporain, de faire ressortir cet élément et de faire en sorte que ce soit lui qui donne le ton au reste de la doctrine, jusque dans ses prolongements biologiques et anthropologiques. Et alors, évidemment, le sens du racisme sera tout différent de celui que lui attribuent Fay et de Roussel.

Là où, au contraire, le racisme subit exclusivement l'influence de la composante humaniste et matérialiste, il se peut bien que, dans ses formes extrêmes, il soit normal qu'il apparaisse à la fin d'un cycle : une fois qu'elle a perdu le sens de la réalité métaphysique et de l'élément divin dans l'homme, une certaine civilisation occidentale en est venue à considérer l'homme en lui-même et, par la suite, l'homme comme simple espèce animale, l'a envisagé du point de vue racial et, de la race comme race conditionnée uniquement par des facteurs biologiques elle a fait une mystique. Mais là où le racisme participe de l'autre composante, la composante aristocratique, qui, comme nous l'avons rappelé, exerça une influence précise sur les premiers théoriciens des races « masculines », « diurnes » et « actives » et sur le mythe entier de la race aryenne et nordico-aryenne dominatrice, sa place est toute différente, elle peut être au commencement d'un nouveau cycle reconstructeur : même s'il emprunte, comme nous l'avons dit, diverses armes aux sciences modernes, le racisme aurait alors la possibilité d'utiliser ces armes contre la conception matérialiste, démocratique, rationaliste, qui est celle des dernières phases de la décadence occidentale : en affirmant, par opposition à cette conception, la valeur du sang, de la tradition, de la race, et en s'efforçant de rétablir des différences et des hiérarchies, le racisme pourrait avoir la signification d'une restauration et d'une reprise des valeurs supérieures.

Dans ce livre, nous nous sommes proposé comme nous l'avons indiqué au début d'exposer avec la plus grande objectivité les divers motifs qui, jusqu'à l'arrivée au pouvoir du national-socialisme allemand, ont alimenté le courant raciste. Dans une autre de nos œuvres, *Synthèse de doctrine de la race*, nous avons pris position sur ces divers motifs, en vue de préciser la formulation du racisme qui correspond à la seconde possibilité, celle de l'idée de la race comme idée positive et reconstructrice fidèle à nos meilleures traditions. Nous y renvoyons donc le lecteur qui voudrait des points de repère pour une critique, une discrimination et une évaluation des diverses conceptions que nous avons exposées jusqu'ici.

SYNTHÈSE DE DOCTRINE
DE LA RACE

INTRODUCTION

COMME ELLE FAIT DÉSORMAIS PARTIE de l'idéologie fasciste, la doctrine de la race, ou racialisme, ne peut être considérée ni comme une discipline spéciale et technique, plus ou moins voisine du domaine de l'anthropologie générale et de l'ethnologie, ni comme un chapitre d'hygiène sociale, auquel, pour différentes raisons, même d'ordre contingent, on a dû aujourd'hui donner une importance particulière. Il faut au contraire considérer la doctrine fasciste de la race, *in primis* et *ante omnia,* selon la valeur politique précise qui est la sienne et l'assimiler aussi à une nouvelle conception générale, une nouvelle attitude de l'esprit. Cette attitude, adoptée avec cohérence, est censée s'affirmer de nouveau dans différents domaines, dont, jusqu'à hier - c'est-à-dire à l'époque où dominait la mentalité rationaliste et positiviste - on pensait que beaucoup ne pouvaient, ni ne devaient, avoir de relation avec des problèmes de ce genre. La doctrine de la race a certainement ses aspects particuliers, strictement biologiques et anthropologiques ; mais ces aspects, étant donné surtout la façon dont il faut poser le problème de la race en Italie, n'acquièrent leur juste valeur qu'en fonction d'une conception et d'une doctrine plus générales. Avec la doctrine de la race, à une vision du monde s'en substitue une autre, de laquelle découlent, pour tout un ensemble de disciplines spéciales, des principes méthodologiques particuliers et bien précis. Sous sa forme supérieure, la doctrine de la race équivaut effectivement à une idée spirituellement et culturellement révolutionnaire. Elle peut avoir valeur de "mythe" au sens sorélien, c'est-à-dire d'idée-force, de centre de cristallisation pour les énergies créatrices et les instincts d'une époque.

Mais, si on la considère de ce point de vue totalitaire, la doctrine de la race en Italie représente, dans une large mesure, quelque chose qui attend encore d'être pleinement développé. Pour l'instant, on a surtout fait ressortir l'aspect polémique et le propagandisme du racisme, eu égard, par exemple, aux relations qu'il a avec l'antisémitisme, puis certains de ses aspects pratiques et prophylactiques se rapportant à la défense de l'homme blanc contre le métissage et tout autre mélange contaminateur. Quant à l'aspect positif, proprement doctrinal et, enfin, spirituel, du fait qu'une préparation correspondante a fait défaut à l'époque précédente et que, dans ce domaine, une compétence et une vocation ne s'improvisent pas du jour au lendemain, il serait encore difficile d'indiquer, chez nous, quelque chose d'important, d'original et d'approfondi ; ce qui ne manque pas, en revanche, ce sont les exercices de dilettantes, les formulations aussi brillantes du point de vue journalistique que pauvres en principes, les articles et les essais qui, de toute évidence, ne sont écrits que pour satisfaire à la demande actuelle d'arguments raciaux, dont le racialisme, cependant, se réduit à la répétition des mots "race" et "souche", même là où ils sont hors de propos ou finissent par perdre toute signification précise.

Mais, surtout, cela démontre que, chez nous, l'exigence d'une formulation vraiment totalitaire de la doctrine raciale, d'une formulation originale, conforme aussi bien à notre tradition qu'à ce que, en général, nous avons l'habitude d'appeler l'esprit traditionnel, n'est pas encore assez forte. Là est pourtant l'essentiel, si l'on veut écarter le soupçon - volontiers entretenu par certains milieux intellectualisants et hébraïsants - selon lequel le racialisme, chez nous, est une espèce de feu de paille qui s'est allumé dans des circonstances fortuites et, qui plus est, une marchandise d'importation, fruit d'une influence germanique. Il faut donc aller de l'avant, en venir à une conception complète de la race et expliquer les rapports qui existent entre les races, les possibilités les plus élevées, les plus spirituelles de la révolution et de l'idée fasciste et, enfin, notre héritage traditionnel.

Il y a cinq ans, pour cette même collection, nous avons écrit un exposé de toutes les principales théories racistes, à partir de celles de FICHT et de HERDER, à l'époque romantique, jusqu'à celles des représentants nationaux-socialistes de ce courant. Cet exposé, qui est - de l'avis général - un des plus complets qui existent jusqu'à présent sur la question en Italie, eut à suivre le critère de la plus grande objectivité et de l'impersonnalité. Nous nous sommes donc abstenu de prendre position sur les différentes théories racistes ; nous avons seulement cherché à en restituer le plus fidèlement possible l'esprit, laissant le lecteur libre de réagir et de juger au mieux de ses intérêts. Ailleurs, dans d'autres livres, dans différents essais, nous avions cependant déjà donné les éléments pour s'orienter en la matière ; après l'incorporation officielle et définitive de l'idée de la race dans le Fascisme, nous avons fait, de façon plus détaillée et systématique, d'autres mises au point, directes, sur la doctrine et la critique racistes. Étant donné, cependant, que les choses sont telles qu'on l'a dit, que c'est en vain que nous avons attendu l'apparition, dans notre culture, de formulations complètes et cohérentes de la doctrine de la race, et que, même, plus d'une fois, nous nous sommes trouvé face à de mauvaises imitations de formes étrangères sans la moindre consistance, nous nous sommes décidé à compléter notre exposé par de nouveaux développements ; brefs, ils ne prétendent ni épuiser le sujet ni être un véritable traité de racialisme, mais veulent seulement indiquer les points de référence nécessaires à tous ceux qui souhaitent s'orienter et savoir que penser des différents problèmes soulevés par la doctrine en question, de sorte qu'une mentalité conforme à celle-ci puisse se former, fondée sur de solides principes, prémunie, donc, contre toute possible déviation ou altération, susceptible d'être justifiée selon des idées qui ne sont ni d'aujourd'hui ni d'hier, ni de tel ou tel penseur, philosophe ou chercheur isolé, mais ayant valeur de "tradition" au sens supérieur. En partant des données que nous avons précisées, celui qui sent qu'il a la vocation ou la qualification pourra donc aller de l'avant et développer systématiquement la doctrine dans telle ou telle de ses branches. En réalité, à la lecture de ce livre, chacun pourra se rendre compte de l'étendue du domaine à explorer, mais aussi de l'importance de l'œuvre à accomplir.

Cet ouvrage, on peut donc le considérer comme la seconde partie - à la fois critique et constructrice - du *Mythe du Sang*, qui, comme nous l'avons dit, se limitait à une simple exposition et à une étude de tous les éléments qui ont contribué à la formation du "mythe" raciste. Le lecteur, naturellement, pour information, y est renvoyé ; ici, nous ne pouvons certes pas l'écrire une seconde fois, mais seulement souligner, le cas échéant, ces thèmes de tel ou tel courant racialiste qui peuvent servir de base à une critique discriminante ou contribuer à préciser une doctrine de la race au sens déjà indiqué, traditionnel et fasciste.

PREMIÈRE PARTIE

LA RACE COMME IDÉE RÉVOLUTIONNAIRE

1. Le racialisme comme antiuniversalisme

DU POINT DE VUE PROPREMENT POLITIQUE, d'abord, ce serait une erreur de considérer le racialisme comme un élément hétérogène, rattaché pour des raisons contingentes à l'idéologie fasciste. La doctrine en question, correctement comprise, peut au contraire représenter un renforcement et un autre instrument du Fascisme, en tant que créateur d'une nouvelle civilisation antiuniversaliste, antirationaliste, anti-individualiste. Elle peut ainsi représenter une nouvelle étape, liée par un rapport d'étroite cohérence aux précédentes, de la Révolution.

En effet, sous son aspect politique le plus général et le plus communément connu, le racisme s'entend à déterminer le type humain prédominant dans une communauté nationale donnée, à le préserver de toute altération, de toute contamination, à l'intensifier, à y faire correspondre un sentiment déterminé, un orgueil déterminé, qui développera, tonifiera, rendra plus concret et "organique" le sentiment national - plus général. Il s'agit ainsi, en premier lieu, d'une continuation de tout ce que le fascisme a cherché à réaliser depuis son avènement en matière de politique et d'hygiène sociales, et, d'autre part, d'école de virilité et de force pour le peuple italien, et surtout pour les nouvelles générations. La conquête de l'empire africain a eu pour conséquence naturelle l'instauration d'un nouvel ensemble de mesures protectrices et prophylactiques, procédant d'exigences analogues ; par ailleurs, il convenait évidemment que, au contact de peuples inférieurs, l'Italien saisisse pleinement les différences, sa dignité et sa force.

Sous un second aspect, interne, celui-là, le racialisme se présente comme une autre "puissance" du nationalisme, car le sentiment "racial" - même lorsque cette expression équivaut plus à un mythe qu'à une idée bien précise - est évidemment quelque chose de plus que le sentiment national. Comme mythe politique, la "race" est la nation vivante, qui n'est pas plus enfermée dans d'abstraites limites juridiques et territoriales qu'elle ne se réduit à une simple identité de civilisation, de langue, d'histoire. Le sentiment "racial" est plus profond que tout cela ; de tout cela, il est à la racine ; il est inséparable d'un sentiment de continuité, il éveille des résonances profondes dans l'être humain. C'est cette vérité-là qui se reflète même dans la sagesse populaire, dans des expressions comme "la voix du sang", "la race ne ment pas", "il a de la race", "vengeance", "la faute du sang".

Ainsi, la nouvelle doctrine ranime un sentiment dont les racines plongent dans des formes de communauté au fond prénationales, dans la communauté propre à la lignée, à la *gens*, à la fratrie, à la famille patriarcale ou même patricienne, où il correspondait effectivement et positivement à une unité vraiment commune de sang. Dans sa conception moderne, la nation se présente déjà comme une unité de type différent, définie par d'autres éléments, en plus de la simple consanguinité, tant directe qu'indirecte. Ces considérations suffisent à faire apparaître clairement que, pour pouvoir légitimement passer du sentiment national à la conscience raciale, si l'on ne veut pas se limiter au "mythe", c'est-à-dire à une idée dont la validité réside moins dans sa vérité et dans son fondement objectif que dans son pouvoir suggestif, il faut en venir à une conception de la race assez différente de celle, élémentaire, qui est définie par le sang et, en général, par l'élément purement biologique, car il faut tenir compte, en elle, d'une série d'autres facteurs.

Ce point sera amplement traité par la suite. Pour l'instant, sur la base de ce que l'on a indiqué, nous dirons que l'idée raciale, en tant qu'idée politique, présente les mêmes avantages qu'un nationalisme éclairé et traditionnel, ainsi que les mêmes dangers qu'un nationalisme de type démagogique, exclusif et particulariste.

Les avantages se rapportent à la complète opposition à tout mythe égalitaire et évolutionniste, à la réfutation de l'idéologie démo-maçonnique et de la philosophie des lumières, relatives à l'identité et à l'égale dignité de tout ce qui a forme humaine. Selon la doctrine raciale, l'humanité, le genre humain est une fiction abstraite - ou la phase finale, concevable seulement comme limite, mais jamais entièrement réalisable, d'un processus dévolution, de désagrégation, d'écroulement. En règle générale, la nature humaine est au contraire différenciée, différenciation qui se reflète justement, entre autres, dans la diversité des sangs et des races. Cette différence représente l'élément principal. Elle est non seulement la condition naturelle des êtres, mais encore une valeur éthique, c'est-à-dire quelque chose de bien en soi et qu'il faut défendre et protéger. Sous certains aspects, tous les hommes montrent certainement quelque chose de commun. Mais ceci ne doit pas prêter à équivoque.

Le racialisme, à cet égard, se présente comme une volonté – que l'on pourrait bien appeler classique - de "forme", de "limite" et d'individuation. Il exhorte à ne pas considérer comme essentiel tout ce qui, représentant le général, l'informe, l'hybride, équivaut en réalité à un "moins", à un résidu de matière non encore formée. Comme on l'a indiqué, tout ce qui est commun ne vient au premier plan, n'apparaît comme "valeur" et en qualité d'"immortels principes", que dans les périodes de régression et de décomposition ethnico-culturelle, où, justement, la "forme" retourne à l'informe. L'"universalisme" - compris, selon l'emploi assez abusif, mais malheureusement devenu courant, du terme, comme internationalisme et cosmopolitisme - il ne faut pas le considérer, à cet égard, comme une idée parmi d'autres, mais comme l'écho et presque l'indice barométrique d'un climat certain de chaos ethnique et de dénaturation des types. Il n'y a que dans un tel climat qu'il est "vrai" : en tant qu'imagé de la réalité.

Que le racialisme, à cet égard, renforce le nationalisme dans ses aspects positifs, c'est bien évident. L'un et l'autre représentent une réaction salutaire, aussi bien contre le mythe démocratique que contre le mythe collectiviste, celui de la masse prolétarienne sans patrie et sans visage ; ils représentent une victoire de la qualité sur la quantité, du "cosmos" sur le chaos, et, comme on vient de le dire, de la forme sur l'informe. Sous tous ses autres aspects positifs, que nous déterminerons, le racisme reflète toujours ces significations-là, et, selon ces significations, c'est une doctrine et un "mythe" qu'il faut juger, du point de vue traditionnel, "en ordre". Du point de vue politique, d'autre part, le réveil du sentiment national et racial est une des conditions préliminaires indispensables à la réorganisation cohérente de toutes ces forces qui, à travers la crise du monde moderne, étaient sur le point de se disperser et de sombrer dans le bourbier d'une indifférenciation mécanico-collectiviste et internationaliste. Cette tâche est une question de vie ou de mort pour l'avenir de la civilisation européenne tout ntière.

2. Le racialisme comme anti-individualisme.
Race et personnalité.

Le racialisme est, en outre, anti-individualisme. Il continue le fascisme, car - de même que le fascisme et que toute conception politique normale - il se refuse à considérer l'individu en "soi" comme un atome qui devrait presque tirer du néant tout ce qui fait sa valeur ; au contraire, il considère l'homme comme membre d'une communauté - par rapport à l'espace - et - relativement au temps - comme une entité inséparablement liée à la continuité, dans le passé et le futur, d'une lignée, d'une souche, d'un sang, d'une tradition. D'où, dans le racialisme, l'importance particulière des lois de l'hérédité, dont nous aurons par la suite à définir la signification et la véritable portée.

Naturellement, si on n'a pas une connaissance exacte des principes, il est toujours possible de finir par se fourvoyer, et c'est ce qui arrive lorsque le coup porté à l'individu tend à impliquer cette chose bien différente qu'est la personnalité. La personnalité n'a rien à voir avec l'"individu", qui, dans sa prétention à être un atome autosuffisant, est une abstraction, une fiction. La personnalité est au contraire quelque chose d'organique ; le sang, la souche et la tradition en sont les éléments constitutifs et indissociables, de sorte que le renforcement de ces valeurs - favorisé par le racialisme - ne peut que la renforcer et l'affermir. Il est vrai que le collectivisme, combattu dans l'internationalisme, le communisme et les idéologies corruptrices du même acabit, cherche parfois à réapparaître sous une forme raciale, en affirmant que le dénominateur commun représenté par la nation-race et le sang constitue le point de référence suprême, au-delà de toutes les valeurs de la personnalité et de toutes les différenciations. Une conception cohérente, complète et traditionnelle de la race, comme nous le verrons, évite une semblable erreur et ne suit pas certaines tendances extrémistes du racialisme germanique. Il est certain, en tout cas, que les valeurs de la personnalité ne peuvent s'imposer qu'après avoir détrôné celles que l'"individu", contrefaçon, copie sans âme et mécanisée de la personnalité, s'était abusivement attribuées à l'époque du libéralisme et du rationalisme : c'est exactement en ce sens que l'idée raciale doit être amenée à agir.

Cette relation entre les valeurs de la race et celles de la personnalité, d'autre part, est aussi confirmée par le fait que le racisme, du point de vue politique, s'oppose au mythe démocratique et égalitaire, à la philosophie des lumières, comme, déjà sur le plan social, il s'élève contre les constructions et les superstitions de la culture laïque et profane de la civilisation bourgeoise en affirmant le principe d'une qualité, d'une noblesse et d'une dignité qui ne "s'apprennent" pas, mais que l'on possède ou que l'on ne possède pas, qui sont irremplaçables, qui constituent justement des qualités raciales, liées à une tradition et à des forces bien plus profondes que celles de l'individu et de son intellect abstrait. Ces qualités que l'on ne peut ni "construire" ni acquérir, déterminées par tout ce qui est caractère, susceptibles, donc, de passer à l'état latent, mais, sauf cas exceptionnels, jamais destructibles, sont exactement celles qui peuvent vraiment favoriser le développement de la personnalité, non seulement sur le plan "naturel", mais encore - comme nous le verrons aussi - sur le plan "surnaturel". La doctrine de la race renvoie donc, à cet égard, au concept aristocratique de l'hérédité et du caractère en un certain sens fatal ou fatidique de toutes les qualités supérieures et de tous les types humains supérieurs. Voilà une exigence qui, dans son caractère traditionnel, est destinée à agir sur le climat humanitaro-égalitaire et le nivellement des valeurs de l'époque moderne, de façon effectivement, violemment révolutionnaire.

3. Le racialisme comme antirationalisme. La théorie du milieu.

Par l'importance qu'il accorde aux qualités raciales innées, qui s'expriment plus dans le caractère : le sentiment de l'honneur, le courage, la fidélité, l'attitude intérieure par rapport au monde et à la vie, que dans des valeurs intellectuelles, esthétiques et "culturelles", le racialisme représente évidemment, outre un anti-individualisme, un antirationalisme. Ici, la conception correcte, traditionnelle, de la race dépasse les deux pôles d'une antithèse réductrice aujourd'hui assez répandue : elle encourage ainsi une critique de l'élément rationaliste non en vertu de ce qui est inférieur à la raison, mais bien au nom de ce qui lui est supérieur. Non pas irrationalisme, mais suprarationalisme. Nous le verrons : être "racé" au sens fort et supérieur est une qualité qui transcende aussi bien les qualités "culturelles" que les qualités naturalistes de ceux qui se réduisent à des faisceaux d'instincts.

Sous un aspect plus particulier, la doctrine de la race s'oppose directement à la théorie de l'influence du milieu, qui a été un auxiliaire scientiste du marxisme et de l'humanitarisme. Pour pouvoir défendre le dogme de l'égalité fondamentale de tous les êtres humains malgré les démentis précis que, en matière d'inégalité tant des individus que des races, l'expérience et l'histoire infligent, le marxisme et le libéralisme s'emparèrent de la théorie du milieu. Selon cette théorie, toute diversité se ramènerait à l'influence extérieure exercée par les conditions du milieu, qu'il soit naturel, social ou politique. Toute différence serait donc seulement extérieure, accidentelle et contingente, et pourrait toujours être supprimée moyennant une modification opportune des conditions extérieures. Ce point de vue a pour corollaire l'humanitarisme : s'il y a des êtres inférieurs, indignes ou tarés, ils ne le sont pas par nature, mais en tant que "victimes du milieu". Ainsi, d'ailleurs, n'y a-t-il pas à parler à leur égard de véritable responsabilité.

Le racisme oppose à cette conception la théorie de l'hérédité, selon laquelle les différences entre les êtres ont une cause non externe, mais interne ; elles ne sont pas accidentelles, mais essentielles, congénitales, conditionnées par l'hérédité. Les conditions extérieures peuvent bien favoriser ou entraver le développement des dispositions innées, mais aucune force ambiante, aucune force agissant de l'extérieur, qu'elle soit de nature morale ou matérielle, n'est capable de transformer l'essence la plus intime de l'homme. Dans le cas extrême, les conditions extérieures vont déterminer l'apparition d'un type donné sous une forme différente : une forme qui, cependant, disparaît en cas de rétablissement des conditions normales. Mais, s'il en est ainsi, la valeur de chacun, tant dans le bien que dans le mal, loin d'être l'effet d'un milieu bon ou mauvais, provient de qualités héréditaires corrélatives à un sang donné et à une race donnée, puis, plus particulièrement, aux déterminations spécifiques que l'un et l'autre subissent aux différents stades de l'individuation. Les conséquences de ce nouveau point de vue dans le domaine pédagogique, social et même juridique, sont tellement évidentes, qu'il est inutile de les souligner ici. Telle est la voie qui, intelligemment suivie, peut conduire au dépassement complet de nombreux mythes encore en vogue et de nombreuses utopies de la mentalité démocratique, à l'appui des valeurs de la personnalité ; ces valeurs, en effet, s'évanouissent partout où l'on ne peut plus parler de responsabilité, de nature propre, de destin intérieur.

"Intelligemment suivie", avons-nous dit, car, ici aussi, l'expérience nous montre que les racialistes, lorsqu'ils manquent de principes traditionnels adéquats, peuvent finir par se fourvoyer. Tel est le cas lorsque, en raison d'une assomption scientiste des lois de l'hérédité et d'une interprétation on ne peut plus unilatérale et matérialiste de l'hérédité même, à l'action mécanique du milieu on substitue le fatalisme de l'hérédité, les "victimes du milieu" faisant place aux victimes gratuites de déterminismes ataviques remontant à la nuit des temps. Raciste, à sa façon, aurait été, à cet égard, le Juif LOMBROSO, avec sa fameuse théorie du délinquant-né, irresponsable parce que dernier témoin d'une race, d'un type biologiquement bien définissable, enclin, par atavisme, à des actions criminelles. Une conception complète et cohérente de la race dépasse cette déviation. Nous le verrons en détail par la suite, en exposant la doctrine traditionnelle relative à la double hérédité, ainsi qu'en indiquant les limites de la validité des lois de MENDEL. Nous nous limiterons ici à dire que le concept d'hérédité est bien naturellement inséparable de celui de race et que, selon la conception moderne, les qualités raciales ne sont pas, comme dans l'ancienne anthropologie, des caractéristiques abstraites typiques d'un groupe d'individus donné, mais des caractéristiques héréditaires ; toutefois, il ne faut pas concevoir la race et l'hérédité comme des déterminismes naturalistes, mais - essentiellement - comme des forces, des potentialités, des énergies formatrices de l'intérieur, et même, dans une certaine mesure, d'en haut. Telle est la condition pour que cette doctrine ait, comme on l'a indiqué, une signification aristocratique, antidémocratique, antibourgeoise, fasciste, qui mette en valeur tout ce qui est intérieur, essentiel, différencié, face à "hybride, à l'acquis, au "construit".

4. Race et histoire.
Le racisme comme anti-évolutionisme.

Le mythe évolutionniste est un autre des mythes auxquels tient l'idéologie scientisto-bourgeoise et démo-maçonnique. De ce mythe aussi, la doctrine de la race se présente comme la radicale antithèse. Pour elle, "l'humanité" en général n'existe pas plus que l'histoire en tant que développement automatique de cette substance humaine homogène selon des lois immanentes ou transcendantes, sociales, économiques ou "idéales", d'un moins à un plus : le "moins" y serait constitué par les civilisations de type traditionnel, hiérarchique, sacral, et le "plus", en revanche, par les civilisations "sociales", éclairées, brûlant de l'encens sur l'autel des "immortels principes", du scientisme et de l'amoralisme bourgeois. Du point de vue le plus immédiat, le racisme voit au contraire l'histoire comme l'effet de la rencontre, du choc, de l'ascension, du déclin et du mélange des forces de races différentes, de sangs distincts : des forces, à bien y regarder, à la fois humaines et suprahumaines. C'est donc une vision essentiellement dynamique, combative et antagonique, qui considère non seulement les différents événements historiques décisifs, mais aussi les grandes idées politiques, les différentes formes de civilisation, les grands événements qui changent la face du monde, les différentes structures sociales et, enfin, la phénoménologie des formes de gouvernement et d'État, non comme des réalités autonomes et encore moins comme des causes, mais bien comme les effets, les signes, et presque les symboles de forces raciales correspondantes, ascendantes ou descendantes, en tant que réalités, répétons-le, à la fois ethniques et spirituelles.

La possibilité se présente ainsi de porter un regard neuf sur l'histoire et d'en découvrir différents aspects insoupçonnés et particulièrement instructifs, même s'ils ne sont pas toujours rassurants. Il existe déjà des tentatives de synthèse historique effectuées en partant de ces prémisses : rien de plus, cependant, que des tentatives, qui n'ont que sporadiquement abouti à des résultats plus ou moins valables. C'est donc un domaine qui attend encore d'être exploré de façon adéquate et sérieuse. Dans ce but, on aura besoin d'hommes qui, à une sensibilité raciale particulière et à une connaissance adéquate du plan positif, visible, de l'histoire, joignent cette sûreté de jugement en matière d'idées traditionnelles, qui, à l'heure actuelle, n'est reconnaissable que chez bien peu de personnes. La doctrine de la race est antihistoriciste et anti-évolutionniste, et elle l'est même dans un sens spécifique, car si on voulait indiquer le sens général approché de l'histoire à partir des origines, on serait bien plus enclin à parler d'involution que d'évolution. Constatant que les événements historiques ont conduit à des mélanges et à des hybridations croissantes, au point qu'il serait difficile d'indiquer, dans quelque nation européenne que ce soit, un noyau de types de race complètement pure, ce sont les civilisations des origines, où les mélanges n'étaient pas encore aussi prononcés et où l'on peut légitimement supposer l'existence de noyaux ethniques primaires suffisamment inaltérés, que le racisme considère comme les formes de civilisation les plus régulières, les plus normales. De plus, toute forme supérieure de racialisme s'aligne sans réserve sur cette nouvelle interprétation des origines, qui désavoue complètement l'hypothèse fondamentale de l'évolutionnisme, c'est-à-dire l'idée selon laquelle, aux origines, vivait un homme bestial et sauvage, issu du singe. Selon le nouveau point de vue, soit un tel homme est une invention, soit il correspond à des races absolument inférieures qui se sont éteintes, quoiqu'elles aient parfois réussi, à travers des hybridations, à transmettre certaines de leurs qualités au véritable type humain, dont l'origine essentielle est cependant ailleurs, dans des races supérieures qui, déjà dans la préhistoire, possédaient une civilisation matériellement peu développée, mais d'un très remarquable niveau spirituel, si remarquable que, dans les souvenirs mythiques qu'en ont conservés tous les peuples, elles sont appelées "races divines" ou "célestes". Nous verrons tout cela en détail en temps voulu. Le racialisme, de toute façon, s'oppose à la théorie évolutionniste, inséparable contrepartie de l'universalisme démocratique et du rationalisme scientiste, en ce qui concerne non seulement l'interprétation générale de l'histoire, mais aussi l'hypothèse biologico-darwinienne, que cette théorie a adoptée et vantée comme une espèce de dogme.

5. Race et culture.
Dépassement de la conception neutre de la culture.

La conception totalitaire de la race s'attaque nécessairement aussi à la conception "neutre" des valeurs et de la culture, autre aspect du rationalisme. À celle-ci, elle substitue un sens particulier du critère classique *suum cuique*, "à chacun son dû". La doctrine de la race revendique donc aussi bien le droit que la possibilité de considérer non seulement les différentes formes d'art et de littérature, mais aussi les "vérités" philosophiques ou sociales, les différents types de droit, de conscience religieuse » de science même, non dans l'abstrait, selon un critère de validité universelle, mais à la lumière du principe selon lequel ce qui est adéquat, salutaire et fécond pour une race donnée peut cesser de l'être pour d'autres races et exercer, au contraire, une influence délétère et dénaturante. On combat ainsi le mythe des valeurs "neutres", on tend à considérer toute valeur non comme une entité autonome et abstraite, mais, en premier lieu » comme l'expression d'une race intérieure donnée - on verra le sens précis de cette expression lorsque nous exposerons la doctrine des trois degrés de la race - et, en second lieu, comme une force qu'il faut étudier par rapport à ses effets concrets non sur l'homme en général, mais sur différents groupes humains, différenciés par la race. *Suum cuique* : à chacun sa "vérité", son droit, son art, sa vision du monde, et même, dans une certaine mesure, sa science (en tant qu'idéal de connaissance) et sa religiosité ; nouvelle expression de l'amour classique pour la "forme", pour la différence et pour la limite, qui inspire, dans ses formes les plus caractéristiques, la doctrine de la race.

Naturellement, une fois adopté ce point de vue, il faut se garder de tomber dans l'erreur d'un relativisme pur et simple, d'une tour de Babel où la "langue" d'une race devient incommunicable, incompréhensible pour toutes les autres. Certains milieux racialistes, influencés par des idées protestantes, y sont effectivement tombés, qui, en mettant l'accent sur le principe de l'inégalité et de la pluralité, n'ont pas pu s'empêcher de professer un irrationalisme et un particularisme souvent conjugués à un sentiment antiromain certain : les races et même les nations deviennent presque des monades, des mondes en vase clos, et chacun est désormais sa propre mesure. "Toute race", dit-on, "est une valeur suprême". Ces excès, une doctrine de la race d'intonation traditionnelle se doit naturellement de les éviter, en reconnaissant la possibilité d'intégrer le principe de l'inégalité et de la différence, qui procède de la race sur le plan culturel aussi, au principe hiérarchique. Car, et c'est son véritable sens, la doctrine de la race a de l'aversion pour tout ce qui, caractérisé par l'hybridisme, l'indétermination, l'indifférenciation, est au-dessous ou en deçà des différences ; contre ce qui, en revanche, est au-dessus ou au-delà des différences, nous ne pouvons émettre aucune réserve sérieuse. Si, au moins pour réagir de façon salutaire contre le nivellement cosmopolite des valeurs culturelles propres à l'époque qui nous a immédiatement précédés, il faut se rendre compte qu'il y a différentes façons de concevoir les "valeurs suprêmes", qui, adéquates et fécondes pour tel peuple, ne le sont plus pour d'autres, il n'est pas interdit de penser, sur la base de ce que nous appellerons proprement les "races de l'esprit", que, dans des cycles de civilisations de races de souche apparentée, l'unité puisse se concilier avec la diversité et que le *suum cuique* n'exclue aucun point de référence supérieur. Par opposition à l'universalisme combattu par le racialisme, ces points de repère, d'une certaine façon supra-raciaux nous ne les concevons pas dans l'abstrait, mais bien en étroite relation avec une race dominatrice qui "donne le ton" aux civilisations et aux valeurs d'un ensemble de communautés ethniques subordonnées. À la différence des races correspond une différence de dignité, une diversité de qualification pour les fonctions civilisatrices supérieures. De là le mythe des "races supérieures", de ces races qui peuvent légitimement s'attribuer, au sens éminent du terme, une mission de domination, d'organisation, de direction historique. Comme nous le verrons, pour les cycles de civilisation des peuples d'origine indo-européenne, le racialisme considère comme fondée l'affirmation selon laquelle la race nordico-aryenne a eu et peut encore avoir cette dignité de race supérieure. Contre les déviations d'un racialisme extrémiste, qui, en toute logique, devrait isoler chaque race sous cloche, la privant ainsi de toute possibilité d'expansion, de direction supérieure ou de domination au-delà de limites, au fond, seulement naturalistes, il faut considérer ce point comme entendu ; indispensable à une formulation impériale et romaine de l'idée raciste, il est confirmé par ce qui fut propre aux grandes civilisations aryennes d'Orient, à la Rome antique et au Moyen Âge romano-germanique.

Ces réserves n'interdisent cependant pas à la doctrine de la race de donner sa juste importance au fait que, si une culture, sous ses aspects les plus abstraits et généraux, peut se transmettre même en l'absence des conditions précises d'une affinité raciale, cela n'est pas le cas lorsque l'on prend en considération des valeurs plus profondes, qui se rapportent moins à l'intellect qu'à une formation particulière du caractère et à une conception plus sévère de la vie, de l'homme et du monde. Ici, effectivement, une certaine affinité de sang est nécessaire pour que des valeurs de ce genre s'enracinent, agissent, réveillent des forces vivantes. Si, au contraire, la culture et la civilisation héritées remontent à des races vraiment hétérogènes, il ne pourra en résulter qu'un déchirement, les valeurs supérieures resteront abstraites et "intellectuelles", presque à l'état de superstructure, alors que les forces les plus profondes et les plus organiques, entravées, comprimées, n'auront pas la possibilité de s'exprimer de façon adéquate. C'est pourquoi, comme nous le verrons, il y a des frontières non seulement pour la race du corps et du sang, mais aussi pour celle de l'âme et de l'esprit, frontières que l'on ne peut pas franchir indemne. Il n'y a que par le haut - verticalement et non horizontalement - et, en outre, seulement grâce à des *élites*[4], qu'une communication sera possible.

Un autre point crucial est à relever. La doctrine de la race tend à développer une nouvelle sensibilité et une nouvelle manière de juger, qui portent, pour ainsi dire, sur le fondement même des idées. Généralement, face à une théorie ou à une philosophie, se posait le problème de sa "vérité" ou de sa "fausseté" ; face aux normes de l'action et de la vie, celui du "bien" ou du "mal". Au mieux, outre cette vue abstraite et "objective", on a eu l'interprétation "personnaliste" : on s'est ingénié à interpréter les philosophies ou les morales selon la personnalité de leurs créateurs en tant qu'individus. La mentalité racialiste procède de façon bien différente. Face à une théorie ou à une morale, elle ne se préoccupe pas tant de discriminer, abstraitement, le "bien" ou le "mal", que d'identifier les influences qui l'ont déterminée, la "race de l'esprit" dont elle est l'expression et, donc, la vérité ou la norme. De même que le regard exercé du racialiste "biologique" sait distinguer, dans une physionomie humaine, les traits de telle ou telle race, ainsi, dans le domaine de la culture, un esprit formé au racisme découvre les caractéristiques raciales présentes dans les différentes créations de la pensée, de l'art, du droit, de la politique, et, en tirant les conséquences pratiques, reconnaît ou non, dans une communauté donnée, l'influence qui émane d'elles.

---

[4] N.d.t., Le terme *élite* est invariablement en français dans le texte original.

6. La psychologie des profondeurs et la science de la subversion

C'est ainsi que la doctrine de la race, développée avec cohérence, aussi bien dans le domaine de l'histoire que dans celui des differentes créations et œuvres humaines, oppose aux méthodes du rationalisme celles d'une nouvelle psychologie des profondeurs de l'âme. On peut dire qu'elle investit le domaine même de la psychanalyse, c'est-à-dire cette zone d'influences subconscientes, dans une large mesure déterminées par atavisme, qui ont un rôle aussi important que difficilement perceptible au-delà des processus de la conscience réflexive ; mais, naturellement, de la psychanalyse, on rejette et on élimine les préjugés et les erreurs, car, dans les forces profondes qui agissent dans le subconscient individuel et collectif, la doctrine de la race est loin de reconnaître des "complexes" érotiques, d'obscurs instincts, des résidus de la psyché sauvage, comme le fait généralement la psychanalyse. Du reste, à cet égard, parler de subconscience est tout à fait inapproprié. Hors de la conscience commune individuelle, il peut y avoir des influences aussi bien supra-conscientes que subconscientes, et, en définissant proprement le concept de race, nous indiquerons l'erreur de certaines des interprétations purement "vitalistes" de ce concept et nous reconnaîtrons la nécessité d'admettre, à la racine des races supérieures, des forces réellement transcendantes, et, donc, précisément opposées à tout ce qui est subconscience. De subconscience, dans un tel cas, on ne peut parler qu'à l'égard du seul individu, lorsque, dans la pensée et dans l'action, il ne se rend pas compte des influences générales auxquelles, en dernière analyse, il obéit malgré tout, en tant qu'individu d'une race donnée du corps et de l'esprit.

Dans cet ordre de recherches, on peut définir, du reste, une science nouvelle, que nous avons appelée la "science de la subversion". C'est justement à elle qu'il revient de formuler les idées essentielles d'un rejet du judaïsme sérieux en matière de culture : en déterminant la tendance constante, inhérente à de nombreuses créations du judaïsme, à désagréger et à dissoudre, souvent plus ou moins inconsciemment ou sans intention précise, les valeurs de l'homme aryen. Naturellement, il y a bien mieux à faire. L'exploration de cette espèce de "troisième dimension" de l'activité humaine nous donne la nette impression qu'une quantité d'événements et de bouleversements, habituellement considérés comme spontanés, accidentels ou déterminés par des facteurs extérieurs et impersonnels, ont obéi en réalité à une intention occulte, réalisant souvent maintes parties d'un véritable plan, sans que celui qui s'est trouvé être l'exécuteur direct ou indirect de l'une de ces parties s'en soit aucunement rendu compte. C'est par là que se développe cette nouvelle façon, antirationaliste et antipositiviste, de considérer l'histoire et les événements historiques, qui, on l'a dit, est spécifique à la nouvelle mentalité racialiste. En réalité, la "science de la subversion" démontrera que, derrière l'histoire connue, il y a une autre histoire, qui attend encore d'être écrite ; quand elle le sera entièrement, elle jettera la lumière, effrayante pour beaucoup, sur le dessous des événements qui sont sur le point de conduire les peuples européens au bord de l'abîme.

Le lecteur a certainement entendu parler des *Protocoles des Sages de Sion*, ce document tant controversé, dont l'idée centrale est que les événements, les idéologies et les concours de circonstances qui ont conduit l'Europe traditionnelle à sa perte ont une logique propre et correspondent à une espèce de conspiration mondiale. Nous avons précisé ailleurs la signification de ce document[5] et établi indiscutablement son importance pour la "science de la subversion", en tant qu'"hypothèse de travail" pour d'importantes recherches dans le domaine de l'histoire moderne[6]. Quant au monde antique, nous avons eu également l'occasion d'indiquer la possibilité d'utiliser dans une étude raciale spéciale les géniales recherches de BACHOFEN sur les symboles, les cultes et les formes sociales primordiaux. À cet égard, le monde méditerranéen de l'antiquité nous apparaît sous un jour nouveau et insoupçonné ; il se révèle à nous comme le théâtre d'une lutte tragique et sans répit entre les cultes, les idéaux, les éthiques et les coutumes d'une "race" différente : les uns solaires, ouraniens, héroïques et olympiens, les autres telluriques, liés aux symboles du matriarcat et des puissances souterraines, extatiques et hybrides. Plus loin, nous expliquerons ces termes dans leur acception raciale. En général, il n'y a aucun cycle de civilisation qui, à un œil exercé, ne révèle des événements analogues : événements d'une véritable "guerre occulte" entre races tantôt du sang, tantôt de l'esprit, tantôt et du sang

---

[5] *Protocoli dei Savi Anziani di Sion*, publié par la "*Vita Italiana*" y Milan, 1938, avec une introduction de J. EVOLA.

[6] L'œuvre *La Guerre occulte*, par Emmanuel MALYNSKI et Léon DE PONCINS, Paris, Beauchesne, 1936 - constitue une contribution importante à cette exploration de l'histoire moderne, de la Sainte Alliance au bolchevisme. Réédité chez Omnia Veritas Ltd, www.omnia-veritas.com.

et de l'esprit.

7. Sur l'idée de race pure.

Après avoir considéré ces premiers aspects généraux, sous lesquels le racialisme se présente comme une idée révolutionnaire, capable de définir de nouvelles méthodes, d'ouvrir de nouveaux horizons, de créer une nouvelle mentalité, il faut parler du concept de race en soi et des degrés qu'il implique.

On a déjà indiqué que, lorsque l'on parle de "race italienne", de "race allemande", "américaine", et même "juive", tendant ainsi à rendre la notion de race coextensive à celle de nationalité ou, au moins, de communauté ethnico-culturelle, comme cela arrive dans les applications politiques du racialisme, il ne peut pas s'agir de groupes ethniques primaires à l'état pur, analogues aux éléments ou corps simples indécomposables de la chimie, mais bien de composés raciaux plus ou moins stables et homogènes, qui, avec le concours de différents facteurs, ont donné lieu à un certain type commun fondé en partie sur un élément anthropologique, en partie sur une affinité de sensibilités et de comportements, en partie sur une communauté de destin. Quant aux avantages pratiques et politiques relatifs à l'emploi, à cet égard, de termes comme ceux de "race", "pureté de sang", "défense de la race", malgré leur impropriété, nous les avons déjà indiqués.

Si l'on se plaçait du point de vue doctrinal, les choses se présenteraient naturellement de façon assez différente. La pureté raciale, au sens absolu, n'existe pas aujourd'hui, si ce n'est en quelques très rares exemplaires. Cela n'empêche pas que l'on puisse prendre le concept de race pure comme point de repère, mais en tant qu'idéal et but final. Si, sous ses aspects pratiques, le racialisme a pour premier devoir de protéger des altérations et des mélanges dégradants le type commun, analogiquement défini par des termes comme ceux de "race italienne", "race allemande", sa tâche ultérieure est d'analyser ce type afin de déterminer les principales composantes raciales qui y concourent. Après quoi il faut entrer dans un champ évaluatif : une fois distinguées avec précision les différentes races présentes, par exemple, dans la "race italienne", il faut établir quelle est, entre toutes, celle à laquelle on peut légitimement attribuer la valeur de type supérieur et créateur, d'élément central et essentiel pour tout l'ensemble ethnique et culturel auquel correspondent à proprement parler la nation et la race au sens large. Passant donc à la pratique, il faut voir jusqu'à quel point il est possible d'isoler cet élément racial supérieur, de le renforcer, de le mettre au centre d'un processus ayant pour fin de purifier et d'élever le type général, jusqu'à le rendre le plus approximativement conforme à cet élément supérieur. Telle est la voie qui peut conduire à la "race pure", qu'il ne faut donc pas considérer comme l'objet d'un simple constat descriptif, comme quelque chose qui serait déjà là et qu'il s'agirait seulement de protéger ; il ne sert non plus à rien de la reconstruire avec des caractéristiques abstraites, comme s'il s'agissait d'un objet de musée d'histoire naturelle. Elle apparaît plutôt comme un *terminus ad quem*, c'est-à-dire comme un devoir, comme le but final d'un processus actif, créateur, aussi bien biologique qu'éthique et spirituel, de sélection, de discrimination, de transformation. Et tout cela n'est pas possible sans un climat de haute tension spirituelle et sans des méthodes qui, comme nous le verrons, ont un caractère de véritables évocations.

Mais comment définir proprement la race pure ? Que signifie, en général, la race ? Nous en avons déjà indiqué quelques définitions dans *Le Mythe du Sang*. La race, pour les uns (TOPINARD), est "un type héréditaire" ; pour les autres (WOLTMANN), "c'est une unité vivante d'individus d'origine commune, avec les mêmes caractéristiques corporelles et spirituelles" ; pour d'autres encore, c'est "un groupe humain qui, à cause d'un lien, qui lui est propre, entre des caractéristiques corporelles et des qualités psychiques, se distingue de tout autre groupe humain et engendre des éléments toujours semblables à eux-mêmes" (GÜNTHER), OU "une souche définie par des groupes de "gènes" identiques, et non d'hommes semblables du point de vue des formes extérieures : c'est un groupe héréditaire" (FISCHER). Et ainsi de suite. Mais tout cela, loin d'épuiser la question, l'enferme dans un cadre qui peut être valable pour une espèce animale, mais qui, en ce qui concerne l'être humain, se révèle vraiment insuffisant. Pour pouvoir lui conférer cette dignité et cette importance politique et spirituelle qui ressortent déjà des considérations développées jusqu'ici, la doctrine de la race doit partir d'une conception totalitaire de l'être humain et d'une compréhension exacte aussi bien des éléments qui le composent que des rapports hiérarchiques qui, dans des conditions normales, doivent exister entre ces éléments.

DEUXIÈME PARTIE

LES TROIS DEGRÉS
DE LA DOCTRINE DE LA RACE

1. Différentes significations de la race.

Dans un "pur-sang", l'élément central, c'est l'élément biologique, auquel on peut donc légitimement réduire toute considération raciale, alors que ce n'est certes pas le cas pour l'homme, ou, tout au moins, pour tout homme digne de ce nom, qui, lui, est bien une réalité biologique et anthropologique, mais liée à des éléments, des forces et des lois de caractère différent, suprabiologique, aussi réels que la première, sur laquelle ils peuvent avoir une influence souvent décisive. C'est pourquoi une étude raciale de l'homme ne peut pas s'arrêter au seul plan biologique, ni ne doit, en voulant le dépasser, ravaler l'exigence spiritualiste et qualitative initiale au niveau d'un matérialisme répétant, *mutatis mutandis*, la réduction psychanalytique et darwinienne du supérieur à l'inférieur : c'est-à-dire supposer une dépendance unilatérale de la partie psychique et suprabiologique de l'être humain par rapport à la partie biologique. C'est dans ce cas, et dans ce cas seulement, que le racialisme mériterait vraiment l'accusation, formulée par le Juif TROTSKI, de "matérialisme biologique". Le fait est que le concept de race prend des significations bien différentes selon les catégories d'êtres auxquelles il se réfère : non seulement il ne signifie pas la même chose dans le cas d'une espèce animale ou de l'homme, mais encore, du fait de la diversité du genre humain, il a une valeur différente, ne pouvant certes pas désigner la même chose dans une souche sauvage ou dans une "race supérieure".

Il ne suffit pas non plus, comme Walter GROSS, de concevoir la race comme "cette plénitude de la vie humaine, dans laquelle corps et esprit, matière et âme s'assemblent en une unité supérieure" ; quant à savoir si l'une de ces deux choses est déterminée par l'autre, si la forme corporelle est déterminée par l'âme ou vice versa, c'est, d'après lui, une question extrascientifique, métaphysique, qui ne doit pas être prise en considération par le racisme. Encore moins satisfaisante est cette affirmation d'A. ROSENBERG : "Nous n'admettons ni l'opinion selon laquelle l'esprit crée le corps, ni, thèse inverse, que le corps crée l'esprit. Entre le monde spirituel et le monde physique il n'y a aucune frontière nette : l'un et l'autre constituent un tout indissociable." Lorsque la race ne doit plus être considérée comme un mythe", mais doit devenir l'objet d'une doctrine, on ne peut pas s'arrêter là.

En outre, il faut noter - et cela est très important - que, au fond, si on ne dépasse pas le matérialisme lorsque l'on parle simplement de la race au sens le plus étroitement anthropologique et biologique du terme, on ne le dépasse pas non plus lorsque l'on évoque un "esprit" de la race, au point de formuler une "mystique du sang". Pour arriver à quelque chose de valable, il serait nécessaire de fixer d'autres limites. Il est en effet facile de constater que l'on retrouve aussi un "mysticisme du sang" dans les types les plus bas de société humaine, caractéristique qu'il est de nombreuses communautés sauvages de type "totémique". Le *totem*, ici, n'est rien d'autre que l'âme mystique de la tribu et de la horde, perçue, toutefois, comme étroitement liée à une espèce animale donnée ; les individus la conçoivent comme l'âme de leur âme, comme leur élément primaire. Ici, l'individu, avant de se percevoir en tant que tel, se perçoit précisément en tant que groupe, race ou tribu, mais dans un sens tout à fait collectiviste, et c'est de cela qu'il tire ses traits distinctifs fondamentaux, non seulement biologiques, mais aussi caractérologiques et, dans la mesure où l'on peut en parler ici, culturels et spirituels. À ce stade aussi, la différence entre le corps et l'esprit n'est pas nettement perçue, l'un et l'autre forment une unité indistincte et hybride. On voit donc clairement à quels dangers on peut, sans s'en rendre compte, se retrouver exposé, lorsque l'on part de conceptions de la race et de la "mystique du sang" aussi confuses que celles que nous venons d'indiquer : en combattant l'universalisme et le rationalisme, on court ici le risque de prendre comme idéal ce qui, contre toute apparence, ramène à des formes de vie naturaliste et pré-personnelle, et, donc, d'encourager une véritable involution. Cela apparaît encore plus clairement à la lumière de l'idée traditionnelle selon laquelle les sauvages, dans la plupart des cas, ne représentent en rien les "primitifs", les formes originelles de "l'humanité", mais, au contraire, les derniers résidus dégénératifs, matérialisés, abrutis, de races et de civilisations précédentes, de type supérieur. Ainsi serait-il facile de montrer que le totémisme n'est que la forme dégénérative et crépusculaire d'une "mystique du sang" bien différente, celle qui prit forme dans le culte aristocratique des "héros" ou demi-dieux de divers peuples, ainsi que, dans une certaine mesure, dans celui des lares et des mânes de la romanité patricienne. De tout cela ressort donc très clairement la nécessité de points de référence plus précis.

2. Les trois degrés de la doctrine de la race.

On a dit que le concept de race revêt des significations différentes non seulement par rapport à l'homme ou à une espèce animale, mais aussi par rapport aux différents types humains. Ainsi, nous devons établir une première distinction, fondamentale, entre "races naturelles" et races au sens supérieur, humain et spirituel. Du point de vue méthodologique, il faut se convaincre qu'il est absurde d'envisager le racisme comme une discipline en soi, plutôt que comme une discipline étroitement subordonnée à une théorie générale de l'être humain. De la façon dont on conçoit l'homme dépend aussi le caractère de la doctrine de la race. Si la conception est matérialiste, ce matérialisme se transmettra au concept même de race ; si elle est spiritualiste, la doctrine de la race aussi sera spiritualiste, car, même si l'on considère ce qui dans l'être humain est matériel ou conditionné par les lois de la matière, elle n'oubliera jamais la place hiérarchique et la dépendance fonctionnelle de cette partie dans l'ensemble de l'être humain. De ce que la soi-disant objectivité des recherches menées "scientifiquement", à l'exclusion ostensible des questions "métaphysiques", loin d'être, comme elle le prétend, dénuée de préjugés, est, souvent sans qu'elle s'en rende compte, disqualifiée par ceux de la conception matérialiste et profane du monde et de l'homme propre au positivisme et au darwinisme du siècle dernier, proviennent les interprétations unilatérales et les déformations que l'on trouve dans certains traités racialistes, dont l'adversaire cherche naturellement à tirer le plus grand profit possible.

Étant donné que, pour notre part, nous voulons exposer la doctrine de la race du point de vue traditionnel, il va de soi que nous nous appuierons sur la conception traditionnelle de l'être humain, selon laquelle l'homme, en tant que tel, ne se réduit pas à des déterminismes purement biologiques, instinctifs, héréditaires, naturalistes : si tout cela joue un rôle, négligé par un spiritualisme suspect, exagéré par un positivisme myope, il reste que l'homme se distingue de l'animal en tant qu'il participe à un élément supranaturel, suprabiologique, le seul en fonction duquel il peut être libre, il peut être lui-même. Entre ces deux éléments, - principe d'une certaine façon intermédiaire - l'âme. La distinction de trois principes différents dans l'être humain - le corps, l'âme et l'esprit - est fondamentale pour la pensée traditionnelle. Présente, de manière plus ou moins complète, dans les enseignements de toutes les anciennes traditions, elle s'est continuée jusqu'au Moyen Âge même ; la conception aristotélicienne et scolastique des "trois âmes", végétative, sensible et intellectuelle, la trinité hellénique *soma, psyché, vouo* la romaine *mens, anima, corpus,* l'indo-européenne *sthûla, linga, kârana-çarîra,* et ainsi de suite, en sont autant d'expressions équivalentes. Il est important de souligner qu'il ne faut pas considérer cette idée comme une interprétation "philosophique" parmi d'autres, à discuter, à critiquer ou à confronter avec d'autres, mais comme un savoir objectif et impersonnel, inhérent à la nature même des choses.

Pour préciser quelque peu les trois concepts, on peut indiquer que l'"esprit", dans la conception traditionnelle, a toujours représenté quelque chose de suprarationnel et de supra-individuel ; il n'a donc rien à voir avec l'intellect ordinaire et encore moins avec le monde terne des "penseurs" et des "gens de lettres" ; il est plutôt l'élément sur lequel repose toute ascèse virile et toute élévation héroïque, tout effort pour réaliser, dans la vie, ce qui est "plus-que-vie". Dans l'antiquité classique, on opposa l'"esprit", en tant que *vouo* ou *animus,* à l'"âme", comme le principe masculin au principe féminin, l'élément solaire à l'élément lunaire. L'âme appartient déjà plus au monde du devenir qu'à celui de l'être ; elle est liée à la force vitale, ainsi qu'à toutes les facultés de perception et aux passions. Par ses ramifications inconscientes, elle établit un lien entre l'esprit et le corps. Le terme indo-aryen *linga-çarîra,* un de ses aspects, qui correspond au "corps subtil" de certaines écoles occidentales, désigne proprement l'ensemble des forces formatrices, plus que corporelles, moins que spirituelles, en acte dans l'organisme physique, où se font sentir au plus haut point les influences héréditaires et se forment les éléments acquis de nouvelles hérédités. Analogiquement, la triade humaine esprit-âme-corps correspond à la triade cosmique soleil-lune-terre.

En partant de ce point de vue, il faut reconnaître que l'inégalité du genre humain n'est pas seulement physique, biologique ou anthropologique, mais également psychique et spirituelle. Les hommes sont différents non seulement par le corps, mais aussi par l'âme et par l'esprit. En conséquence, la doctrine de la race doit s'articuler en trois degrés. L'examen racial de l'homme en tant que corps, entité purement naturelle et biologique, est la tâche propre au premier degré de la doctrine de la race. Vient ensuite l'examen de l'homme en tant qu'âme, c'est-à-dire l'étude de la race de l'âme. Pour couronner le tout, un troisième degré de la doctrine de la race, c'est-à-dire l'étude raciale de l'homme non seulement en tant que corps et âme, mais, en outre, en tant qu'esprit. C'est seulement alors que la doctrine de la race sera complète et qu'il sera assez facile de dépasser certaines confusions et de repousser les attaques qu'un spiritualisme suspect et de tendance libérale, profitant du caractère unilatéral des interprétations matérialistes que nous avons indiquées, dirige contre le racialisme.

3. Races naturelles et races supérieures.

Avant de parler de chacun de ces trois degrés de la doctrine de la race, il faut noter que si, en principe, ces trois éléments sont présents en tout homme, leur relation et leur importance varient cependant d'un individu à l'autre. À chacun d'eux correspondent des forces et un champ d'action et d'expression régis par des lois différentes. Entre les extrêmes - entre le "corps" et l'"esprit" -, il n'existe pas nécessairement de contradiction. Tout en obéissant à des lois propres, qui doivent être respectées, ce qui dans l'homme est "nature" se prête à être l'organe et l'instrument d'expression et d'action de ce qui, en lui, est plus que "nature". Il n'y a que dans la vision de la vie propre aux peuples sémites et, surtout, au peuple juif, que, sous l'influence d'une donnée constitutionnelle spécifique et de circonstances particulières, la corporéité devient la "chair" en tant que racine de tout "péché" et se fait antagoniste irréductible de l'esprit. Au contraire, en principe, mais aussi du point de vue normatif, les trois principes sont plutôt dans un rapport de subordination hiérarchique et d'expression : à travers les lois du corps se manifeste une réalité animique ou psychique, qui, à son tour, exprime une réalité spirituelle. Une parfaite transparence de la race en tant que corps, âme et esprit, constituerait la race pure. Mais ceci, naturellement, n'est, comme on l'a dit, qu'un concept limite, pour lequel il serait hasardeux d'indiquer une correspondance positive dans le monde actuel, si ce n'est chez quelques très rares exemplaires. Dans presque tous les cas, il s'agit seulement d'approximations : l'un des éléments cherche à trouver, dans l'espace libre que lui laissent les lois de l'élément qui lui est immédiatement inférieur, une expression conforme : en quoi il faut voir non un simple réflexe, mais une action, à sa façon, créatrice, formatrice, déterminante. Même s'il observe les lois de l'harmonie fixées, en musique, par une science précise et une tradition positive, qu'il lui faut précisément observer pour donner à son oeuvre un style parfait, un compositeur doit faire preuve de créativité :

ses solutions à des problèmes expressifs particuliers peuvent d'autre part être incorporées dans la tradition et représenter autant d'étapes d'une conquête progressive. Il faut penser la même chose du processus expressif qui s'accomplit grâce aux trois éléments de la nature humaine, surtout si l'on considère l'individu non pas en soi, mais dans le développement d'une souche dans l'espace et le temps.

Mais, si expression et subordination sont les rapports normaux, il peut aussi arriver que les rapports soient anormaux et inversés. Et même, malheureusement, c'est le cas le plus fréquent dans le monde moderne, il arrive que l'homme ait son centre, non pas, comme ce serait normal, dans l'esprit, mais bien dans un des éléments subordonnés, dans l'âme ou dans le corps, élément qui, alors, joue nécessairement le rôle directeur et fait des éléments supérieurs même ses instruments. Élargissant cette idée à ces individualités plus vastes que sont les races, on en vient à la distinction déjà indiquée entre "races naturelles" et véritables races humaines.

On peut comparer certaines races à l'animal ou à l'homme déchu dont l'existence est devenue purement animale : telles sont les "races naturelles". Elles ne sont illuminées par aucun élément supérieur, aucune force d'en haut ne les soutient à travers les événements et les contingences d'une vie qui se déroule tout entière dans le temps et l'espace. C'est qu'en elles prédomine l'élément collectiviste, en tant qu'instinct, "génie de l'espèce", esprit et unité de la horde. Au sens large, le sentiment racial peut être, ici, plus fort et plus sûr que chez d'autres peuples ou souches : toutefois, il représente toujours quelque chose de sub-personnel, de complètement naturaliste : le "totémisme" des peuples primitifs se rapporte précisément à ce plan. C'est dans ces "races naturelles" que les racistes rivés au seul plan scientifique, positif, de la recherche - au racialisme de premier degré - pourraient donc voir se vérifier le plus approximativement leurs idées et les lois qu'ils ont déterminées : puisque, ici, ces lois ne sont guère perturbées par une intervention active des autres principes, que l'on ne peut plus déterminer par les mêmes moyens de recherche.

Dans d'autres races, l'élément naturaliste conserve au contraire la fonction normale de véhicule ou de moyen d'expression d'un élément supérieur, suprabiologique, qui est au premier ce que, dans l'individu, l'esprit est au corps. Presque toujours, cet élément se manifeste dans la tradition de ces races comme dans l'élite que cette tradition incarne et maintient vivante. Ici, donc, derrière la race du corps, du sang, derrière celle de l'âme même, se trouve une race de l'esprit, que la première exprime de façon plus ou moins parfaite selon les circonstances, les individus et les castes en lesquels s'articule un peuple.

Cette vérité fut distinctement perçue partout où, à titre symbolique, l'Antiquité attribua des origines "divines" ou "célestes" à une race, une souche ou une caste donnée et des traits surnaturels et "héroïques" à leur premier ancêtre ou à leur premier législateur. Dans ce domaine-là, donc, la pureté ou non du sang ne suffit plus à définir à elle seule l'essence et le rang d'un groupe humain donné. Cela, comme nous avons déjà eu l'occasion de le faire remarquer ailleurs, ressort clairement de ce que, partout où fut en vigueur le système des castes, souvent conçu comme une séparation entre des couches raciales différentes, on pouvait considérer toutes les castes comme "pures", car, pour toutes, la loi de l'endogamie, de l'absence de tout mélange, était valable. Ce qui définissait la caste, la race supérieure par rapport à la plèbe ou à ce que nous avons appelé la "race naturelle", ce n'était pas le sang - simplement - pur, c'était un sang - symboliquement - "divin". Nous verrons que la conception du type "aryen" propre aux anciennes civilisations indo-germaniques d'Orient répond exactement à cette idée, que l'on peut retrouver du reste aussi dans les traditions, tant classiques que nordiques, relatives au patriarcat sacral.

4. La race de l'esprit en tant que force formatrice. Sens de l'idéal classique.

Ces idées ont une importance particulière pour l'explication des rapports entre race et personnalité. Lorsqu'un être humain doit aux forces de l'instinct, du sang et de l'hérédité tout ce qui façonne et soutient sa vie, il appartient encore à la "nature". Sur cette base, il pourra bien développer des facultés supérieures, elles seront toujours une expression de la nature, non une propriété de la personnalité : tout comme les splendides traits raciaux que l'on peut rencontrer chez un tigre ou chez tout "pur-sang". On ne passe de l'ordre de la nature à celui de l'esprit - qui, répétons-le, n'a rien à voir avec la culture vide, la littérature, l'érudition, le dilettantisme intellectuel - que si se manifeste une force d'un autre genre, qui inverse les rapports, ou, pour mieux dire, les rectifie. Ce ne sont plus alors les lois et les instincts de la partie biologique et naturaliste de l'homme qui conditionnent toutes les valeurs de l'individu ; c'est le contraire qui se vérifie. Nous sommes en présence d'une loi immatérielle, d'un style qui, s'il prend la "nature" comme matière première, ne s'y laisse cependant pas réduire et témoigne de la présence et de l'action formatrice de cet élément d'ordre suprabiologique sans lequel il est absurde de parler de personnalité.

C'est précisément ce "style" qui constitue ce que, au sens supérieur, par rapport à l'homme en tant que tel et non en tant qu'animal - "supérieur" ou non - ou être dégradé, on peut appeler la "race". Dans le règne animal et dans les souches d'unité inférieure, la race appartient strictement au plan biologique, apparaissant ainsi comme une pure "donnée", étrangère à toute initiative créatrice, prédéterminée collectivement, alors que, lorsqu'on parle de l'homme au sens supérieur ou, simplement, au sens courant, c'est ailleurs qu'il faut chercher la vraie race ; même si elle se manifeste sur le plan biologique et qu'elle s'y révèle à travers un ensemble typique bien déterminé de qualités, d'attitudes, de tendances, de sensibilités, ensemble susceptible, si l'action dure, de se traduire par une hérédité "subtile", renfermée dans le sang et constituant la matière principale des recherches du racialisme de premier et de second degré -, la race réside essentiellement dans l'élément "esprit", c'est une réalité à laquelle seule une autre forme de recherche raciale est appropriée. De ce point de vue, tous les éléments les plus tangibles, aussi bien les traits expressifs d'une race du corps que le "style" d'une race de l'"âme", ne sont que les signes, les symboles d'un fait de nature spirituelle.

N'en doutons donc pas, il arrive souvent à un racialisme limité de restreindre ses recherches aux simples "effets" - pour nous servir de la terminologie scolastique : à la "nature naturée", plutôt qu'à la "nature naturante". Les "faits" qu'il étudie, dans de nombreux cas, ne sont qu'automatismes, survivances d'une action formatrice lointaine et épuisée : ce sont plus des cadavres ou des semblants de races, que des races vivantes. Il est vrai que, dans le monde moderne, les peuples, dans une large mesure, lorsqu'ils conservent encore une certaine pureté raciale, c'est précisément dans cet état de semi-extinction qu'ils sont ; cela peut bien expliquer les limitations d'un certain racialisme, en même temps que les interprétations unilatérales et les préjugés scientistes qui en dérivent, mais non les justifier. La doctrine de la race, dans la mesure où elle veut avoir une valeur traditionnelle et équivaloir à une idée rénovatrice et revivifiante, doit prendre des points de repère bien plus élevés et bien plus larges.

Même en ce qui concerne l'adéquation du corps et de l'esprit dans une sorte d'unité indissociable, comme idéal racial, et l'interprétation de l'idéal classique ou classico-aryen, on commet la même erreur, en ne prenant en considération que l'effet et la conséquence. Nous avons certes des raisons pour admettre qu'un état "olympien" - c'est-à-dire une condition dans laquelle quelque chose de divin et de surnaturel existait au sein d une souche humaine primordiale déterminée, comme donnée, pour ainsi dire, naturelle, comme présence, et non comme objet d'une conquête ou reconquête -, nous avons des raisons, disions-nous, pour admettre que cet état n'est pas une chimère, mais qu'il a eu une réalité historique : il est étroitement lié au type de la race hyperboréenne, dont il faudra parler et que l'on peut considérer comme la racine originelle des principales souches dominatrices aryennes et nordico-aryennes. Toutefois, pour des raisons tout aussi positives, il est exclu que l'on puisse se référer à quelque chose de semblable non seulement à l'époque contemporaine, mais encore dans le cycle des grandes civilisations que l'on a l'habitude de circonscrire à l'époque proprement historique. Déjà chez les Aryens d'il y a deux ou trois mille ans, nous verrons qu'une espèce de seconde naissance, c'est-à-dire de renaissance, de profonde transformation intérieure, apparaissait comme une condition indispensable pour pouvoir légitimement faire partie de cette race du corps et de l'esprit, qui définissait l'ancienne notion d'"aryanité". C'est pourquoi, dans le cadre auquel on peut rapporter positivement l'étude raciale, il faut considérer le vrai type classique comme celui dans lequel l'unité absolue d'esprit, d'âme et de corps, représente non un hybridisme pré-personnel et naturaliste, mais l'état dans lequel l'élément spirituel, ayant pris entièrement possession du corps, l'a privé de sa "naturalité", au point d'en faire son instrument vivant, absolu, univoque, dans une correspondance parfaite entre contenant et contenu. En d'autres termes, l'idéal, le type classique et celui de la "race pure" désignent essentiellement l'état d'une "race de l'esprit" victorieuse de celle du sang. Il faut donc se méfier des fausses interprétations indiquées plus haut, en particulier là où on voudrait en faire le fondement d'un racialisme actif ; il ne faut pas se laisser aveugler par les signes et les échos d'une grandeur intérieure qui se traduirait et s'exprimerait même dans le sang et dans la race du corps, et, donc, substituer une construction matérialiste artificielle et scientiste à une tradition spirituelle aristocratique.

5. Sur les races supérieures et sur le préjugé anti-ascétique.

Pour revenir à notre sujet principal, on peut donc parler d'une opposition fondamentale entre les peuples chez lesquels la "race" a son centre dans la "nature" et les peuples chez lesquels elle l'a au contraire dans l'esprit. Le problème de la différence entre races supérieures et races inférieures, entre races "aryennes" et races non-aryennes, telluriques, enfermées dans le cercle éternel de la génération animale, c'est exactement en ces termes qu'il faut le poser. De même qu'un homme est d'autant plus digne de ce nom qu'il sait donner une loi et une forme à ses tendances immédiates, à son caractère, à ses actions - forme et loi qui finissent par se refléter dans sa forme extérieure même - ainsi une race a d'autant plus de grandeur que sa tradition ethnique s'allie à une tradition à dominante spirituelle, presque comme le corps à l'esprit, et que leur union est indissoluble. Mais, répétons-le, ceci est davantage un idéal qu'un point de départ, soit à cause des innombrables mélanges qui se sont déjà produits, soit à cause de l'affaiblissement et de l'écroulement intérieur des rares peuples restés relativement purs.

Passant, donc, de l'ordre des constatations et des principes d'une simple enquête "scientifique" sur le donné à celui des tâches, il faut souligner que l'on ne peut pas parvenir à ce concept homogène et supérieur, si, d'abord, on ne reconnaît pas la réalité de quelque chose de suprabiologique, de supra-corporel, de supra-ethnique. Cette synthèse présuppose une nette opposition entre corps et esprit, entre réalité physique et réalité métaphysique, entre vie et supravie, car il n'y a qu'elle qui peut susciter une tension héroïque et ascétique, qui peut permettre à l'élément essentiel et central de l'homme de se réveiller, de se libérer et de s'affirmer de nouveau. Si l'on méconnaît ces prémisses, qui ont valeur de principes, principes tirés non pas d'une philosophie, mais du réel état des choses, la voie de toute réalisation raciale supérieure sera barrée, la race restera sur le plan de la "nature", l'idéal de force, de santé, de beauté sera seulement "animal", sans lumière intérieure.

Ce racialisme dévoyé se caractérise immanquablement par un préjugé anti-ascétique. Il faut donc ne pas soupçonner que l'espèce humaine est soumise, depuis des temps immémoriaux, à un processus involutif qui l'a conduite à une matérialisation presque complète (processus dont conviennent tous les enseignements traditionnels et dont l'une des expressions mythologiques est l'idée de la "chute" ou de l'homme primordial, ou encore de la "divinité" de certains êtres), pour penser que, aujourd'hui, la vraie réalisation spirituelle ne nécessite pas un dépassement, une soumission de l'élément purement humain, un épuisement de la sensation purement physique du moi, en un mot : une "ascèse". Pour pouvoir façonner la vie, il faut d'abord réaliser ce qui est au-delà de la vie ; pour pouvoir réveiller la race de l'esprit, et, avec elle, relever et purifier celle du corps, il faut être capable de s'y élever, ce qui implique une ascèse, c'est-à-dire un détachement actif, un dépassement héroïque de soi, un climat d'extrême tension spirituelle.

Or, à partir de NIETZSCHE, du moins d'un certain NIETZSCHE, nous voyons vraiment par trop de courants suivre la voie opposée. Subissant la suggestion de certaines formes anormales revêtues par l'ascétisme dans la religion chrétienne, pour laquelle il a surtout représenté une sorte de masochisme, de renoncement passionné et douloureux à des choses que l'on désire quand même, sans aucun point de repère clair et sans aucune intention "technique" précise -, ces courants ne savent concevoir l'ascèse que comme la fuite de ceux qui sont impuissants face à la vie ; comme une complication spirituelle malsaine, quelque chose de vain et d'inutile. Un racialiste connu est allé jusqu'à interpréter l'ascèse bouddhique comme l'inversion, due au climat et aux conditions extérieures peu appropriées des régions du sud de l'Inde où s'établirent les races aryennes conquérantes, de l'impulsion vitale et dominatrice qui, originairement, les animait ; le mésaise qu'elles éprouvaient sous ce nouveau climat, tropical, les poussa à considérer en général le monde comme "souffrance" et à employer leurs énergies vitales pour se libérer intérieurement du monde par le détachement, l'ascèse. Selon un autre racialiste, il faut être schizophrène pour concevoir un suprasensible au-delà du sensible, "car seuls les schizophrènes sont enclins à dédoubler la réalité". Or, à cause de cette incompréhension de l'ascèse et de la réalité suprasensible, qui a pour contrepartie l'exaltation des formes les plus primitives d'immanentisme, de panthéisme, tous les mots d'ordre de l'héroïsme, de l'activisme et de la virilité auraient pour unique effet d'intensifier la sensation purement physique et biologique du moi, et, donc, de l'emprisonner encore davantage, ce qui provoquerait un durcissement, une arrogance, une perception exaspérée et matérialisée de la volonté, de l'individualité, de la santé, de la puissance, puis du devoir, de la race même, ainsi que du combat, qui équivalent à autant d'obstacles à la libération intérieure, à la restauration de cet élément vital et de l'aspiration à la domination qui, comme on l'a vu, correspond à la "race de l'esprit" des lignées créatrices de vraie civilisation et dotées des caractères des "races supérieures".

Partout où le racialisme se développerait dans cette direction, c'est qu'il aurait fini lui-même par succomber à des influences obscures, dans un épisode de cette guerre occulte ou souterraine dont on a déjà parlé. Il suffit, en effet, de lui substituer sa contrefaçon zoologique, sciento-matérialiste et profane, pour que l'idée de la race cesse automatiquement de faire partie de celles qui, adoptées révolutionnairement, peuvent avoir l'effet d'une véritable réintégration pour les peuples occidentaux. La tactique des "substitutions falsificatrices" étant cependant, d'après la "science de la subversion", un des moyens les plus utilisés, à l'époque moderne, par les forces ténébreuses, il est même légitime de suspecter que de semblables déviations ne sont pas tout à fait accidentelles, mais qu'elles obéissent à des suggestions précises.

Contrairement à ce qui ressort des opinions indiquées ci-dessus, l'ascèse, comme discipline intérieure virile, fut connue de toutes les civilisations aryennes. Sous un des différents aspects de sa véritable signification, elle paralyse bien l'influence de la partie instinctive et passionnelle de l'être humain, qui s'exaspéra surtout à cause du croisement avec des races non aryennes du Sud, et, corrélativement, elle renforce ces aspects typiques, de nature "divine", calme, souveraine, impassible, qui se trouvaient originairement au centre de l'humanité "hyper-boréenne" et de toutes ses émanations en tant que race dominatrice. Naturellement, lorsque l'ascèse tomba sous l'influence d'une religion unilatéralement orientée vers une fausse transcendance, les significations supérieures et "aryennes" qui sont les siennes ne furent plus comprises : par contrecoup, on en arriva à supposer que la religion romantique de la "Vie" et de la "Nature" tenait plus de l'esprit aryen et nordique que l'idéal ascétique.

6. Sur le premier degré de la doctrine de la race.

Ces précisions, dans l'immédiat, sont suffisantes, car, conformément au plan de cet exposé, il faut maintenant parler de chacun des trois degrés de la doctrine de la race, des objets et des problèmes qui s'y rapportent.

Le racialisme de premier degré, devant prendre en considération la donnée corporelle et, en général, l'être humain en tant qu'il obéit à des lois, des déterminismes strictement naturels, biologiques, anthropologiques, constitutionnels, peut légitimement adopter les méthodes de recherche propres aux sciences naturelles. Sa première tâche a un caractère descriptif. Déjà l'ancienne anthropologie s'était employée à recueillir les caractéristiques corporelles des différents groupes humains, en se fondant sur leur présence chez le plus grand nombre d'individus. La recherche moderne est allée plus loin, car elle a cherché, en premier lieu, à définir par des données numériques exactes certaines caractéristiques raciales, d'où l'introduction des indices faciaux et des proportions crâniennes, et ainsi de suite ; en second lieu - à la lumière de ce que l'on entendait généralement par "race blanche" ou "indo-européenne" - à y découvrir des éléments raciaux plus élémentaires, déterminables avec la même précision ; en troisième lieu, à donner une importance particulière à l'hérédité ; on affirme l'existence de facteurs héréditaires primaires appelés "gènes", qui seraient le véritable fondement de toutes les qualités raciales. Ces gènes expliquent non seulement le type normal d'une race donnée, mais aussi ce que l'on appelle le "phénotype" ou "paravariation" du type, c'est-à-dire le mode - variable dans une certaine mesure - d'apparition du type racial par rapport aux différentes conditions du milieu. Face au milieu, la race a une certaine marge de réaction, le type peut être affecté par une mutation, mais transitoire et contingente, de la même manière qu'un corps élastique reprend sa forme une fois que cesse l'action de la force qui l'a déformé. C'est cet élément racial interne, toujours prêt à s'affirmer de nouveau, que, cependant, on considère toujours comme déterminant, essentiel, décisif et permanent.

Au sujet de la classification des types raciaux primaires qui figurent dans la "race" de l'homme blanc et dans les principaux peuples européens, nous devons renvoyer le lecteur aux différents développements contenus dans *Le Mythe du sang*. Quant à ce que, du point de vue traditionnel, il faut en penser et en retenir pour une doctrine complète de la race, nous l'indiquerons dans ce qui suit.

Pour distinguer les races, que l'on peut considérer comme des troncs, divisés en branches, qui, ensuite, de nouveau, se répartissent en rameaux, et pour pouvoir donc s'orienter dans l'étude des composantes raciales, il est nécessaire de fixer une limite chronologique à la recherche. Ce qui caractérise la recherche raciale contemporaine, c'est le fait qu'elle a dépassé largement les limites chronologiques des enquêtes précédentes et qu'elle s'est souvent aventurée dans le domaine de la préhistoire la plus reculée. Mais, à cet égard, il ne faut pas se faire d'illusions. Une fois rejeté le mythe évolutionniste, et, donc, contestée l'idée selon laquelle plus on remonte dans le temps, plus on se rapproche de la forêt, de l'homme des cavernes (d'ailleurs, il n'y habitait pas, il y célébrait certains rites, encore pratiqués même à des époques indiscutablement "civilisés", notamment à l'époque classique), au-delà d'un horizon, pour lointain qu'il soit, peut toujours s'en ouvrir un nouveau et l'enseignement traditionnel relatif aux lois cycliques, si on l'applique aux races, laisse la porte ouverte à des recherches quasi illimitées, à condition que l'on dispose des moyens d'enquête adéquats, naturellement différents de ceux des disciplines "positives" modernes. Une telle relativité a une importance particulière lorsque l'on veut définir la pureté ou la supériorité d'une branche raciale donnée. Déjà à propos des sauvages, nous avons dit que les populations de type inférieur sont considérées à tort comme "primitives" ; en réalité, elles sont des résidus dégénératifs de cycles de races supérieures préhistoriques : cette remarque vaut aussi pour différentes races "de couleur" d'importance majeure, étudiées par le racialisme de premier degré. Il faut donc fixer un point de départ, une limite au retour vers les origines, non pas arbitrairement, mais conformément à ce qui peut être valable pour le cycle auquel appartient aussi l'humanité actuelle. Cette limite, du reste, est incomparablement plus lointaine que celle qu'ont atteinte les enquêtes raciales les plus audacieuses, si bien qu'il est bon de la définir non par une date, mais par la situation qui y correspond.

Dans *Révolte contre le monde moderne*[7], nous avons déjà eu l'occasion d'exposer l'enseignement traditionnel relatif à la race, à la civilisation hyperboréenne et à son siège arctique originel. Dans *Le Mythe du Sang*, nous avons ensuite fait brièvement allusion aux recherches raciales modernes, qui ont repris des thèmes analogues en les justifiant de façon différente. Ici déjà, nous pouvons dire que le soi-disant mythe nordique et l'importance que l'on donne à l'élément "nordique" dans la plupart des courants racistes modernes sont à considérer comme l'effet d'une vérité obscurément perçue ou pressentie, mais presque toujours exprimée en termes inadéquats, car ce que signifie habituellement, pour ces chercheurs, l'élément "nordique", ainsi que ce que l'on pense des formes de civilisation et de spiritualité correspondantes, quand bien même cela aurait une réelle relation avec la race et la tradition hyperboréenne, n'en représente qu'un écho fragmentaire ou déformé, une espèce de résidu morainique. De même, pour éviter tout malentendu, on peut relever dès à présent qu'il est incontestablement arbitraire de considérer certaines races de la branche germanique comme les seules représentantes légitimes de l'élément nordique du fait que se sont conservés davantage, chez elles, certains traits corporels, qui, en eux-mêmes, du point de vue d'une doctrine complète de la race, n'ont rien d'univoque ni de décisif. Manifeste, dans ce cas-là, est l'influence de préoccupations politico-nationalistes, qui ont embrouillé ce qui, comme vérité simplement perçue, n'était déjà pas très clair.

7. La race hyperboréenne et ses ramifications.

La limite que l'on peut fixer à notre doctrine de la race en fait d'exploration des origines se situe au moment où la race hyper-

---

[7] Omnia Veritas, 2018, www.omnia-veritas.com

boréenne dut abandonner, par vagues successives, par des itinéraires differents, l'Arctique, rendue inhabitable par une glaciation - dans les ouvrages précités, on a déjà fait allusion à l'idée selon laquelle l'Arctique n'est devenue la région des glaces éternelles qu'à partir d'une époque déterminée ; les souvenirs de ce siège, conservés dans les traditions de tous les peuples sous la forme de mythes, où il apparaît toujours comme une "terre du soleil", un continent insulaire de la splendeur, la terre sacrée du Dieu de la lumière, et ainsi de suite, sont déjà, à cet égard, suffisamment éloquents. Or, au moment où commencèrent les migrations hyperboréennes préhistoriques, on pouvait considérer la race hyperboréenne, entre toutes, comme la race supérieure, la suprarace, la race olympienne, reflétant dans son extrême pureté la race même de l'esprit. Il semble que, à cette époque, toutes les autres souches humaines se présentaient, dans l'ensemble, comme des "races naturelles", qu'elles l'aient été en tant que telles - races bestiales - ou qu'elles le soient devenues par involution. Les enseignements traditionnels parlent en réalité d'une civilisation ou d'une race antarctique déjà en déclin à l'époque des premières migrations et colonisations hyperboréennes, dont les résidus lémures étaient représentés par d'importants groupes de races négroïdes et malaises. Une autre souche raciale, distincte aussi bien de l'hyperboréenne que de l'antarctico-lémure, occupa originairement, comme race brune-jaune, le continent eurasiatique (race finno-mongoloïde) ; comme race rouge-brune et aussi, de nouveau, comme race brune-jaune, une partie des Amériques, ainsi que les terres atlantiques aujourd'hui disparues.

Il serait évidemment absurde de tenter une typologie précise de ces races préhistoriques et de leurs combinaisons primitives selon des caractéristiques extérieures. À celles-ci on ne doit se référer que pour prévenir les malentendus et pouvoir s'orienter parmi les formations ethniques des périodes suivantes. Même l'examen des crânes fossiles ne peut pas nous en dire bien long, soit parce que la race n'est pas caractérisée uniquement par le crâne, même la simple race du corps, soit parce que, comme on a de bonnes raisons de l'affirmer, pour certaines de ces races, des résidus fossiles n'ont pas pu se conserver jusqu'à nous. Le crâne dolichocéphale - c'est-à-dire allongé -, associé à une taille élevée et à une silhouette élancée, à des cheveux de couleur blonde, à une peau claire, à des yeux bleus, caractérise, on le sait, les derniers descendants des races nordiques directement descendues des régions arctiques. Mais tout ceci ne peut pas constituer le mot de la fin : même en se limitant au domaine positif, il faut, pour s'orienter, faire intervenir des considérons propres au racialisme de second degré. En effet, on a déjà dit que, pour la race, l'élément essentiel, ce ne sont par les simples caractéristiques corporelles et anthropologiques, mais la fonction et la signification qu'elles ont dans l'ensemble d'un type humain donné. Des dolichocéphales à la silhouette élancée, il y en a aussi dans les races négroïdes ; des individus au teint blanc et aux yeux presque bleus, chez les Aïnous de l'Extrême-Orient et dans les races malaises ; traits qui, dans ces races, sont naturellement loin d'avoir la même signification ; il ne faut pas non plus les envisager seulement comme des erreurs ou des caprices de la nature, car, dans certains cas, il peut s'agir de survivances somatiques éteintes de types issus de races qui, à l'époque très lointaine de leur zénith, pouvaient avoir des caractères semblables à ceux qui, dans la période ici considérée, étaient au contraire concentrés dans l'élément nordico-hyper-boréen, avec, jusqu'à une époque relativement récente, la signification et la race correspondantes.

Quant aux migrations des races d'origine hyperboréenne, en ayant déjà parlé dans les livres précités, nous nous limiterons à faire allusion à trois courants principaux. Le premier, parti du nord-ouest dans la direction du sud-est, atteignit l'Inde, où la race indienne, l'indo-afghane et l'indo-brachymorphe de la classification de PETERS en sont les ultimes échos. En Europe, contrairement à ce que l'on peut croire, les traces de ces grands courants sont moins visibles ou, du moins, plus confuses, car il y a eu une superposition de vagues et, par conséquent, un composé de couches ethniques successives. En effet, après ce courant nordico-aryen transversal (direction nord-ouest/sud-est), un second courant s'est dirigé de l'Occident vers l'Orient, en grande partie par les voies méditerranéennes, créant des centres qu'il faut parfois même considérer comme plus anciens que ceux issus de la précédente vague transversale, du fait qu'il ne s'agit pas toujours ici d'une migration forcée, mais aussi d'une colonisation entreprise avant que les centres originels de la civilisation d'origine hyperboréenne aient été détruits ou soient devenus inhabitables. Ce second courant, avec le tronc de races correspondant, nous pouvons l'appeler "aryo-atlantique" ou "nordico-atlantique", ou encore "atlantico-occidental". Il provient en réalité d'une terre atlantique où s'était constitué un centre qui, à l'origine, était une espèce d'image de l'Hyperborée. Cette terre fut détruite par une catastrophe, dont on retrouve également le souvenir mythifié dans les traditions de presque tous les peuples, et, alors, aux vagues des colonisateurs, s'ajoutèrent celles d'une véritable migration.

On a dit que la terre atlante connut à l'origine une sorte de reproduction du centre hyperboréen, car les données qui nous en sont parvenues nous amènent à penser qu'une involution, soit raciale, soit spirituelle, s'est produite dans ces souches nordiques descendues à des époques très anciennes vers le sud. Les mélanges avec les aborigènes rouges-bruns semblent avoir joué, à cet égard, un rôle important et destructeur ; on en trouve un souvenir précis dans le récit de PLATON où l'union des "fils des dieux" - des Hyperboréens - avec les indigènes est présentée comme une faute, en des termes qui rappellent ce qui, dans d'autres souvenirs mythiques, est décrit comme la "chute" de la race céleste - des "anges" ou, de nouveau, des fils des dieux, *ben elohim* -, qui, en s'accouplant, à un certain moment, avec les filles des hommes (avec des races inférieures), se sont rendus coupables d'une contamination significativement assimilée, par certains textes, au péché de sodomie, de commerce charnel avec les animaux.

8. Le groupe des races "aryennes".

La plus récente de toutes est la troisième migration, qui a suivi la direction nord-sud. Certaines souches nordiques prirent déjà cette direction à des époques préhistoriques - ce sont elles, par exemple, qui donnèrent lieu à la civilisation dorico-achéenne et apportèrent en Grèce le culte de l'Apollon hyper-boréen. Les dernières vagues sont celles de la "migration des peuples", à la chute de l'Empire romain ; elles correspondent aux races de type proprement nordico-germanique. À cet égard, il faut faire une observation très importante. Ces races qui se sont répandues dans la direction nord-sud descendent plus directement des souches hyperboréennes qui quittèrent en dernier les régions arctiques. C'est pour cette raison qu'elles présentent souvent, du point de vue de la race du corps, une plus grande pureté et une plus grande conformité au type originel, ayant eu moins de possibilités de rencontrer des races différentes. Il n'en va cependant pas de même du point de vue de leur race intérieure et de leurs traditions. Le fait qu'elles soient restées plus longtemps que leurs races soeurs sous un climat devenu particulièrement rigoureux et défavorable ne put pas ne pas provoquer en elles une certaine matérialisation, un développement unilatéral de certaines qualités physiques et aussi du caractère, du courage, de l'endurance, de la constance et de l'inventivité, qui eut cependant pour contrepartie une atrophie sur le plan proprement spirituel. On le voit déjà chez les Spartiates et, dans une plus large mesure, chez les peuples germaniques des invasions, que l'on peut continuer à appeler "barbares", en sachant cependant que, "barbares", ils ne l'étaient pas par rapport à la civilisation romaine en déclin dans laquelle ils apparurent, mais par rapport à un rang supérieur, dont ils étaient alors déchus. Parmi les preuves de cette dégénérescence intérieure ou obscurcissement spirituel, il y a la relative facilité avec laquelle ces races se convertirent au christianisme, puis au protestantisme ; c'est pour cette raison que, de l'écroulement de l'Empire romain d'Occident jusqu'à Charlemagne, les peuples germaniques ne surent opposer rien d'important, dans le domaine spirituel, aux formes crépusculaires de la romanité. Ils furent fascinés par la splendeur extérieure de ces formes, succombèrent facilement au byzantinisme, ne surent ranimer ce qui subsistait de nordico-aryen, malgré tout, dans le monde méditerranéen, que par l'intermédiaire d'une foi contaminée, sous plus d'un aspect, par des influences raciales sémitico-méridionales, lorsque, plus tard, celles-ci donnèrent forme au Saint Empire romain sous le signe du catholicisme. C'est ainsi que même des raciologues allemands comme GÜNTHER ont dû reconnaître que, si l'on veut reconstruire la vision du monde et le type de spiritualité qui furent ceux de la race nordique, on doit se référer moins aux témoignages des traditions des peuples germaniques de la période des invasions - témoignages fragmentaires, qui, souvent, ont été altérés par des influences étrangères ou ne sont plus que des superstitions populaires ou du *folklore* - qu'aux formes supérieures de spiritualité propres à la Rome antique, à la Grèce antique, à la Perse et à l'Inde, civilisations dérivées des deux premières vagues.

À l'ensemble des races et des traditions engendrées par ces courants, transversal l'un (souche aryo-nordique), horizontal l'autre (souche nordico-atlantique ou nordico-occidentale), le dernier vertical (souche aryo-germanique), on peut appliquer, non qu'il soit adéquat, mais plutôt parce qu'il est devenu d'usage courant, le terme d'"aryen". Si nous considérons les races définies par les études les plus connues et reconnues du racialisme de premier degré, nous pouvons dire que le tronc de la race aryenne, dont la racine est la race hyperboréenne primordiale, se différencie de la manière suivante : il y a d'abord, comme race blonde, la branche "nordique" au sens strict, dans laquelle certains distinguent un rameau teuto-nordique, dolico-falique et finno-nordique ; la même souche, mélangée aux populations aborigènes sarmates, est à l'origine du type est-européide et est-baltique. Ces groupes humains, du point de vue de la race du corps, sont ceux dont, comme on l'a indiqué, le degré de pureté et de fidélité est le plus élevé par rapport à ce que l'on peut supposer avoir été le type nordique primordial, c'est-à-dire hyperboréen.

En second lieu, il faut tenir compte des races déjà plus différenciées par rapport au type originel, qui sont soit des phénotypes de celui-ci, c'est-à-dire des formes auxquelles les mêmes dispositions et les mêmes gènes héréditaires ont donné lieu sous l'action d'un milieu différent, soit des hybridations, à savoir des variations produites par un mélange plus accentué ; il s'agit de types pour la plupart bruns, de taille plus petite, chez lesquels la dolichocéphale n'est pas la règle générale ou n'est pas trop prononcée. Mentionnons aussi, suivant la terminologie la plus en vogue, la race de l'homme de l'ouest (*westisch)*, la race atlantique, qui, telle que l'a définie FISCHER, est différente de la première ; la race méditerranéenne, qui, à son tour, ne se confond pas, selon PETERS, avec la variété de l'homme eurafricain ou africano-méditerranéen, où l'élément obscur a une importance majeure. La classification de SERGI, d'après laquelle ces deux dernières variétés coïncident plus ou moins, est sans aucun doute à rejeter ; du point de vue du racialisme pratique, surtout de l'italien, elle est des plus dangereuses. Appeler, avec PETERS, "pélasgique" la race méditerranéenne est également équivoque : conformément au sens que ce terme eut dans la civilisation grecque, il faut considérer le type pélasgique, d'une certaine façon, à part, surtout comme le produit d'une dégénérescence de certaines souches atlantico-aryennes très anciennes qui s'étaient établies en Méditerranée avant l'apparition des Hellènes. C'est surtout du point de vue de la race de l'âme que se confirme cette signification des "pélasges", dont fait partie l'ancien peuple étrusque.

La race dinarique est, d'une certaine manière, à part, car, par certains de ses aspects, elle se rapproche davantage du type nordique, alors que, par d'autres, elle présente des caractères communs avec la race arménoïde et désertique et, en tant que race des Alpes ou race des Vosges, se révèle généralement brachycéphale : signe de croisements ayant eu lieu selon d'autres directions. La race aryenne de l'est (*ostisch*) a, de nouveau, des caractères distincts, aussi bien physiques que psychiques, en quoi elle s'éloigne sensiblement du type nordique. Rien ne s'oppose, du point de vue traditionnel, à ce que l'on intègre au troisième degré de la doctrine de la race les éclaircissements que certains auteurs racialistes fournissent sur les caractéristiques physiques et, en partie, psychiques, de toutes ces branches de l'humanité aryenne. Mais il ne faut pas se faire trop d'illusions sur leur portée, sur leur capacité à fixer des limites rigides. Ainsi, les races supérieures de l'Iran et de l'Inde, bien qu'elles ne soient ni blanches ni blondes, et beaucoup d'anciens types égyptiens, bien qu'ils ne soient pas blancs non plus, peuvent rentrer sans aucun doute dans la famille aryenne. Mais encore : des auteurs, qui, comme WIRTH et HERDER, ont cherché à utiliser les récentes études sur les groupes sanguins pour la recherche raciale, ont été amenés à considérer certaines souches nord-américaines peaux-rouges et certains types esquimaux comme plus proches du type nordique primordial que la plupart des races aryennes indo-européennes auxquelles on vient de faire allusion ; des enquêtes de cet ordre, il ressort également que le pourcentage de sang nordique primordial en Italie est proche de celui de l'Angleterre, et indiscutablement supérieur à celui des peuples germaniques aryens. Il ne faut donc pas s'appuyer sur des schémas rigides et penser que, à quelques rares exceptions près, "la forme" de la suprarace originelle subsiste, plus ou moins latente, entravée, altérée ou affaiblie, au cœur de toutes ces variétés humaines, et que, dans certaines conditions, elle puisse redevenir prédominante et créer de nouveau un type donné, qui se révélerait leur correspondre, même là où l'on pourrait s'y attendre le moins, c'est-à-dire là où les antécédents, selon la conception schématique et statique de la race, auraient laissé supposer l'apparition d'un type de race, disons, méditerranéenne, indo-afghane ou baltico-orientale.

Émile BOUTROUX, dans son œuvre classique sur la contingence des lois naturelles, a comparé la régularité des phénomènes qui permettent des prévisions scientifiques relativement exactes, au cours d'un fleuve dont les eaux suivent un lit que, cependant, elles ont creusé elles-mêmes et qu'elles peuvent modifier, et même, dans des circonstances exceptionnelles, quitter. Il a considéré les lois naturelles comme une espèce d'"habitude" des choses : ce qui, originairement, put être un acte libre, à force de se répéter, s'automatise, se mécanise, et finit ainsi par apparaître comme une nécessité. Si cela vaut pour les lois de la nature soi-disant inanimée, physique, cela vaut à plus forte raison dans le domaine des races. L'étude descriptive propre au racialisme de premier degré, qui, chez certains auteurs, en arrive à des distinctions d'une pédanterie quasi scolastique, est juste dans la mesure où les forces des races suivent, pour ainsi dire, une espèce de loi d'inertie, qui les rend automatiques et en arrête définitivement l'évolution. Dans ces conditions, la représentation schématique de chacune des races aryennes fait l'affaire, les déterminismes se vérifient et la science a de quoi faire. Lorsque les forces les plus originelles commencent à entrer en action, ces constructions démontrent leur relativité et une attention excessive accordée au racisme de premier degré et à ses résultats "scientifiques" peut même s'avérer nuisible à l'action raciale créatrice et évocatrice.

9. Sur les limites des lois de l'hérédité.

A ce point de notre exposé, il est bon de préciser la portée des lois de l'hérédité et, en particulier, de celles de MENDEL. Le racialisme scientiste voudrait que les lois de l'hérédité aient, à l'égard de l'homme, un caractère absolument déterministe et, dans le même temps, il admet des prémisses qui sont en nette contradiction avec ce point de vue. Les gènes - qui sont les éléments primaires des qualités raciales héréditaires -, selon FISCHER, peuvent "se transformer tout seuls et transmettre cette modification héréditairement" : à quoi, plus généralement, correspond le concept d'"idiovariation", c'est-à-dire de variation interne, laquelle, se produisant dans l'idioplasme, est donc susceptible de se transmettre héréditairement, au contraire des mistovariations, qui sont les variations dues à l'effet d'un croisement, ou hybridations. Voici cependant comment FISCHER conçoit l'origine des races : "Ce sont des mutations de gènes dans l'humanité originairement unique, puis d'importantes sélections parmi les souches affectées de caractères héréditaires nouveaux, qui, sur une période très longue, ont formé chaque race humaine." Il croit cependant que, depuis cette origine, qui coïncide pour lui avec l'ère glaciaire, les races ont toujours été héréditairement distinctes les unes des autres, hypothèse démontrable sur la base des résultats des croisements raciaux, qui, toujours selon cet auteur et, en général, selon le racialisme scientiste, vérifient toujours, rigoureusement, les lois de MENDEL relatives au caractère distinct, indestructible et invariable des éléments de toute hérédité individuelle. L'aspect contradictoire de cette conception, nous l'avons déjà fait remarquer dans *Le Mythe du Sang*, auquel nous renvoyons ceux qui veulent savoir ce que sont proprement les lois mendéliennes. Nous avons observé que, une fois admise, en règle générale, la possibilité d'une mutation interne, ou idiovariation, même dans un passé lointain - idée que nous avons même invoquée pour expliquer la différence des races -, on ne peut exclure, toujours en règle générale, que ce fait se répète à un moment donné ; rien n'autorise donc à penser que les lois de l'hérédité physique ont ce caractère de déterminisme infaillible et fatal dont on a déjà parlé. Même si l'on devait accepter comme limite, avec FISCHER, l'ère glaciaire, hypothèse que nous n'admettons pas et qu'il serait difficile à cet auteur de démontrer, faut-il penser sérieusement que, depuis cette époque, les races se sont sclérosées et ont perdu à tout jamais toute possibilité de mutation vitale ?

Il reste que, encore aujourd'hui, la biologie et l'anthropologie constatent des idiovariations au sens le plus général, mais ce sont toujours d'énigmatiques mutations internes, qui modifient, à un moment donné, tout un tronc d'hérédités. À quelques exceptions près, sans importance pour notre propos (par exemple : les idiovariations de caractère exclusivement organique, dues à l'effet de l'alcool ou de la radio), le racialisme scientiste, jusqu'à présent, n'a su apporter aucune explication précise à ces mutations. Mais, s'il en va ainsi, ce racisme ne peut pas non plus exclure que la cause s'en trouve parfois ailleurs, à savoir dans l'action d'un élément suprabiologique irréductible au déterminisme de l'hérédité physique et que l'on ne peut éclairer qu'en partant d'autres points de vue et en considérant d'autres lois.

10. Le problème des croisements.

Il est évident que, compte tenu de tout cela, le problème même des croisements et de leurs effets doit être étudié de manière plus approfondie que l'on ne le fait d'ordinaire, si toutefois on reste sur le terrain doctrinal et que l'on ne cherche pas, au contraire, des suggestions opportunes pour leur utilité pratique.

En règle générale, il faut admettre sans aucun doute la perniciosité des croisements, naturellement d'autant plus évidente que les éléments raciaux des deux parties sont franchement hétérogènes. Nous soulignerons ensuite que le caractère délétère des croisements ne se révèle pas tant dans la détermination de types humains dénaturés ou déformés du point de vue de la race du corps, que dans la réalisation d'individus dont l'intérieur et l'extérieur ne correspondent plus l'un à l'autre, dont la race du corps peut s'opposer à la race de l'âme, qui, à son tour, peut contredire celle de l'esprit, ou inversement, donnant donc lieu à des êtres déchirés, à demi hystériques, qui, pour ainsi dire, ne se sentent plus chez eux. Et, lorsqu'aucune résistance intérieure, aucun réveil de la force formatrice primordiale ne se vérifie et que, au contraire, aux précédents croisements s'en mutent de nouveaux, le résultat est la création d'un véritable amalgame ethnique, d'une masse désarticulée, informe, à moitié nivelée, pour laquelle commence sérieusement à devenir vrai l'immortel principe de l'égalité universelle. Remarquons ici , que, en constatant, sous sa forme la plus importante et pernicieuse, l'effet des croisements, on relativise la valeur des déterminations raciales purement anthropologiques effectuées par la recherche de premier degré, étant très possible qu'un homme, de type, disons, parfaitement "nordique" du point de vue du corps, ait une âme méditerranéenne et que, pour ce qui est de l'esprit, il n'y ait même pas lieu de parler de race, puisque, chez cet homme, on ne peut trouver aucun instinct, mais seulement quelques idées vagues tirées d'une civilisation essentiellement déstructurée et standardisée, comme l'est celle du monde moderne.

Mais il ne faut pas penser qu'il en va toujours ainsi et que, dans les croisements humains, se vérifient des processus aussi "neutres", fatals et positivement prévisibles, comme dans les combinaisons chimiques. On découvre ici, dans un certain racisme scientiste, une nouvelle contradiction curieuse, car, en se référant à l'idée de race en général, il revendique, face au mythe égalitaire, la valeur et la réalité de ce qui est différence, alors qu'il méconnaît ce principe en supposant que tous les processus de croisement et d'hérédité ont la même issue pour tous les types et toutes les races, qu'il conçoit donc, à cet égard, comme absolument égaux. La conception traditionnelle de la race doit rectifier ce point et expliquer ce dont il s'agit en réalité.

Comme prémisse, le cadre auquel il faut se rapporter est celui des races humaines au sens supérieur, que nous avons opposées aux "races naturelles". En règle générale, il faudrait supposer que toute race dérivée de la souche hyperboréenne a, potentiellement, ce caractère, si cinglant que soit le démenti que semblent y opposer, sur le plan pratique, les conditions actuelles de la majeure partie des races "blanches". Par ailleurs, pour couper court à toute discussion, la doctrine traditionnelle de la race laissera libres les souches actuelles de se reconnaître dans tel ou tel type de races - "naturelles" ou supérieures - et attirera l'attention sur le fait que les conditions suivantes valent exclusivement pour ceux qui sentent qu'ils appartiennent à une race humaine au sens propre, et non naturaliste.

À la défense de la race, en ce cas, il est évident qu'il y a une double condition. Comme la race, ici, correspond à l'affinement, à la sélection et à la formation opérée dans une réalité biologique par une force supérieure et transmise comme potentialité par le véhicule d'une hérédité non seulement biologique mais aussi interne, il est évident qu'il s'agit ainsi de préserver et de défendre cette hérédité même, de la conserver pure, comme une précieuse conquête, mais que, en même temps, si ce n'est en premier lieu, il est nécessaire d'entretenir la tension spirituelle, le feu intérieur, l'âme formatrice interne qui éleva originairement cette matière jusqu'à cette forme déterminée, traduisant une race de l'esprit en une race de l'âme et du corps correspondante.

Sur cette base, nous avons déjà fait remarquer ailleurs qu'il faut rectifier les fameuses idées de GOBINEAU et de ses continuateurs - presque toujours moins géniaux - sur la cause du déclin des civilisations, en ce sens que la décadence des civilisations n'est pas toujours le simple effet mécanique du dépérissement par métissage de la race du corps des peuples correspondants. On confondrait ainsi, dans plus d'un cas, les causes avec les effets, la vérité étant au contraire qu'une race, avec sa civilisation, entre en déclin lorsque son "esprit" décline, c'est-à-dire lorsque disparaît la tension intérieure qui la fit surgir par un contact créateur avec des forces de nature, au fond, métaphysique, et à laquelle elle dut sa forme et son type. Lorsque le noyau central se dissout et s'obscurcit, la suprarace devient une simple race naturelle et, en tant que telle, peut ou se corrompre ou être emportée par la force obscure des croisements. Plusieurs éléments biologiques, ethniques et psychologiques sont en ce cas privés du lien intime qui les retenait ensemble, qu'il faut se représenter non pas comme une espèce de faisceau, mais comme une unité organique, et la première action altérante suffira à produire rapidement la dégénérescence, le déclin ou la mutation non seulement morale et culturelle, mais aussi ethnique et biologique, de cette race. C'est dans ce cas, et dans ce cas seulement, que, comme on l'a déjà dit, se vérifieront le plus approximativement les différents déterminismes attestés par les recherches sur les croisements et l'hérédité, car, alors, la race, ravalée au niveau des forces naturelles, obéit - et ne peut pas ne pas obéir - aux lois et aux contingences spécifiques à ce plan.

La preuve en est que, inversement, beaucoup de civilisations ou de races déclinent ou dégénèrent par une sorte d'extinction intérieure, sans l'action de croisements. C'est le cas des populations sauvages, restées souvent dans un isolement quasi insulaire, sans aucun contact avec l'extérieur. Mais cela vaut aussi pour certains sous-groupes de la race aryenne européenne, qui, aujourd'hui, s'avèrent présenter bien peu de la tension héroïque qui en définit la grandeur jusqu'à il y a quelques siècles, aucune altération notable de leur race du corps par métissage ne s'étant pourtant vérifiée.

La préservation de la pureté ethnique - là où elle serait pratiquement possible - est une des conditions favorables à la conservation de l'"esprit" d'une race dans sa force et sa pureté originelles, tout comme, chez l'individu, en règle générale, la santé et l'intégrité du corps garantissent la pleine efficacité de ses facultés supérieures. Il faut faire, toutefois, deux réserves.

Avoir à vaincre un obstacle, à façonner une matière qui résiste peut, dans certains cas, stimuler, raviver et intensifier la force formatrice, à condition que l'on ne dépasse pas une certaine limite. C'est pourquoi il ne faut pas exclure qu'un croisement d'éléments vraiment hétérogènes, au lieu d'altérer une race, la ravive et la fortifie. Nous ne partageons pas l'opinion de CHAMBERLAIN - un dilettante encore aujourd'hui injustement tenu en haute considération dans certains milieux racialistes -, selon laquelle les races supérieures même ne seraient que des croisements heureux (par analogie avec ce qui arrive dans les espèces animales, où les "pur-sang" de type supérieur proviennent justement de mélanges spéciaux) ; toutefois, si l'on considère les traditions nobiliaires, le seul champ d'expérience raciste centenaire qui nous est positivement offert par l'histoire, tout le monde sait que, en elles, la pureté endogame a souvent eu pour effet la dégénérescence, alors que l'apport d'un sang différent à un certain moment a au contraire galvanisé la lignée. Cela prouve que le croisement, naturellement, dans une certaine mesure, peut avoir la fonction d'un réactif. La présence de l'élément hétérogène impose au noyau interne de la race une réaction : elle le réveille, s'il était assoupi, elle le force à se défendre, à s'affirmer de nouveau. Elle est, en somme, une épreuve, qui, comme toute épreuve, peut avoir une issue positive ou négative. Dans ce cas-là, la "race interne" peut retrouver la force nécessaire pour balayer l'obstacle, pour ramener l'hétérogène à l'homogène (nous verrons ci-dessous ce qui arrive alors aux lois de MENDEL) ; le processus donne alors lieu à une espèce de sursaut, de réanimation, pour ainsi dire de mobilisation générale de l'hérédité raciale latente au sens supérieur : c'est, au sens fort du terme, la voix du sang. Dans les autres cas, ou lorsque le croisement a vraiment dépassé certaines limites, il y a au contraire dégénérescence.

11. Trois modes d'apparition de la race. La race supérieure chez l'homme nordique et chez l'homme méditerranéen.

Le moment est venu de distinguer, donc, trois modes différents d'apparition de la race, si toutefois on part d'une conception complète de celle-ci. La première forme constitue une limite idéale, c'est la race biologique pure déjà indiquée, dans laquelle transparaît à la perfection la race intérieure vivante. La seconde, c'est la race comme survivance biologique, ensemble de caractéristiques physiques et aussi d'instincts et de qualités, qui restent conformes au type originel, mais presque à titre d'écho ou d'automatisme, car l'élément interne s'est éteint ou est devenu latent ou subconscient. La troisième, c'est la race qui se révèle par sursauts, par éclairs, par soudaines résurrections irrésistibles au sein d'une substance humaine dans laquelle figurent des sangs divers, même si un certain type commun y prédomine et y est déterminable (race au sens relatif du terme, comme c'est le cas lorsque l'on parle aujourd'hui de "race italienne" ou "allemande"). Le susdit pouvoir revivifiant, propre, dans certaines conditions, au croisement, peut être à l'origine de ces manifestations.

L'importance de ce point de vue peut être éclairée par les considérations suivantes, qui sont d'un intérêt particulier pour le racialisme italien et à même de dissiper plus d'un malentendu. Nous avons dit que, d'un point de vue traditionnel, on est fondé à admettre l'origine nordique (hyperboréenne) de toutes les races supérieures de souche indo-européenne ; mais nous avons aussi fait remarquer qu'il serait absurde de penser retrouver, dans un peuple européen contemporain, quel qu'il soit, la race hyperboréenne sous la première des trois formes indiquées, celle d'une pureté olympienne et d'une transparence réciproque des races de l'esprit, de l'âme et du corps. Restent donc les deux autres formes, que l'on peut légitimement rattacher, par exemple, respectivement à la branche nordico-germanique et à la branche méditerranéenne - nous pourrions aussi l'appeler "romane" - de la race nordico-aryenne.

C'est surtout en Méditerranée que les Hyperboréens, qui, dans une large mesure, étaient déjà devenus les aryo-atlantes du courant que nous avons appelé "horizontal", et, en tant que tels, s'étaient déjà différenciés du type primordial arctique, entrèrent dans des mélanges de toutes sortes, au gré des vicissitudes d'une histoire plurimillénaire particulièrement mouvementée : cependant, rien n'y fit, l'ancienne flamme ne s'éteignit pas complètement. Des éclairs de l'esprit nordico-aryen illuminent le cycle des grandes civilisations méditerranéennes : ils en constituent le vrai "mystère". De ces résurrections, de ces sursauts, favorisés, en vertu de la réaction et du réveil que provoque le contact avec l'hétérogène, par le choc de sangs différents, il faut considérer l'ancienne civilisation romaine comme la plus haute. Dans le monde méditerranéen, et particulièrement dans les races romanes, il faut donc chercher la race nordico-aryenne, essentiellement, sous la troisième des formes susmentionnées, et c'est sous cette forme que, si l'on considère les sommets qualitatifs plus que l'élément statistico-quantitatif, on la trouve souvent davantage qu'ailleurs. Dans ce cas-là, évidemment, ce qui est significatif, ce n'est pas tant un élément biologique, qu'il serait absurde de prétendre retrouver dans un état de pureté même relatif après des millénaires d'une semblable histoire, qu'un style donné : ce type de réactions et de résurrections, qui, soudaines et créatrices, apparaissent presque comme une libération et une réaffirmation d'un noyau indomptable, et, souvent, *in extremis*. Si la relation entre les recherches sur les groupes sanguins et les races est réelle, il ne faut pas oublier, fait significatif à cet égard, que, par exemple, l'Italie a un pourcentage d'élément nordique primordial égal à celui des Anglo-Saxons et supérieur à celui des peuples germaniques. Ces résurrections constituent le véritable sens de ce que beaucoup appellent le "génie latin", dont ils ont une interprétation purement esthétique et individualiste, sans aucune relation avec la race. Ce "génie", dans tous les domaines et sous tous les aspects où, du point de vue traditionnel, nous pouvons le considérer réellement comme une valeur, est précisément une manifestation déterminée de la "race", non pas de race "latine", car cela n'existe pas, ni même de la "méditerranéenne" ou de celle de "l'homme de l'ouest", car celles- ci sont des dérivés, mais de la suprarace originelle, de la souche primordiale nordico-aryenne.

Quant à l'opposition, si souvent mise en avant, entre le "génie latin" et l'"esprit teuton" ou nordique, elle est réelle, mais uniquement en tant qu'opposition de modes d'apparition différents, non pas en tant qu'opposition raciale essentielle. Réelle, elle l'est du fait que, comme on l'a déjà dit, chez les peuples germaniques, la race s'est surtout manifestée et existe sous la seconde des formes susdites : sous la forme d'une grande pureté biologique, qui, cependant, du point de vue spirituel, a souvent la signification d'une survivance. Pour utiliser une heureuse formule de DI GIORGI, ces peuples nous apparaissent souvent comme "les résidus morainiques du déclin arctique". Ce sont ceux-là qui quittèrent en dernier les régions nordiques et qui purent ainsi se préserver plus que les autres de la fatalité des croisements et rester plus purs, obéissant cependant dans une égale mesure à un processus correspondant, sinon de véritable extinction, du moins de paralysie et d'involution spirituelles. La preuve, on peut l'avoir en jetant un coup d'œil sur les individus que les raciologues "positifs" présentent le plus souvent comme les exemples actuels du type nordico-aryen : des visages de braves adolescents, d'agents de police, d'avocats, de médecins et de sportifs, parfaitement en ordre pour ce qui est des dimensions crâniennes, de la couleur des cheveux et des yeux, mais dont il serait difficile de retrouver dans l'expression la moindre étincelle de ce feu symbolique et de cette irrésistible supériorité olympienne qui transparaissent dans ce qui nous est parvenu des anciennes traditions relatives à la race supérieure hyperboréenne. Comme nous le verrons, l'analyse des civilisations typiques sur la base des "races de l'esprit" renforce encore cette thèse.

Dans les races aryennes romanes, donc, l'élément nordique peut se retrouver et se réveiller sous forme d'étincelle, de "génie", d'explosion ou de résurrection créatrice partant de l'intérieur, alors que, dans les races germaniques, il se retrouve surtout en termes de type commun biologique, avec un sens correspondant de la mesure, de la discipline et de l'ordre ; avec un style qui, dans une large mesure, se fonde sur l'instinct et l'hérédité et reflète très rarement ce qui dépasse la race de l'âme. Ce n'est donc pas par hasard que le racisme, en Allemagne, a eu une orientation particulièrement biologique, ce n'est pas non plus par hasard qu'il a surtout mis en relief la défense et la préservation de la race du corps, comme par une espèce de "complexe d'angoisse" - pressentant ainsi instinctivement les dangers que court une race, lorsqu'elle apparaît principalement sous la seconde forme, une forme semi-automatique qui, en tant que telle, ne permet ni de prendre des risques ni d'affronter, le cœur léger, les "tentatives de réaction" auxquelles on a fait allusion.

Quant aux peuples romans, et surtout à la "race italienne", leur situation étant différente, la doctrine de la race peut et doit proposer des formulations assez différentes et mettre en relief d'autres éléments, que le racialisme allemand prend moins en considération. Tout en ne négligeant aucunement le reste, c'est sur la race la plus profonde que, par d'opportunes évocations selon le troisième mode d'existence, cette doctrine, comme nous le verrons, peut fonder son action de reconstruction.

12. La race intérieure et l'hérédité. Prophylaxie de l'hérédité tarée.

Pour épuiser ce sujet, voyons comment les idées que l'on vient d'exposer se présentent à la lumière des lois de MENDEL sur l'hérédité. Nous avons déjà fait remarquer que l'idée d'"idiovariation", d'une mutation interne de l'idioplasme indépendante du croisement, relativise déjà le déterminisme de telles lois et laisse toujours penser à l'éventualité d'une intervention métabiologique dans le processus de l'hérédité.

Ici, nous ajouterons que, les lois de MENDEL ayant été déduites essentiellement de l'étude de phénomènes appartenant au règne végétal et animal, il est arbitraire d'admettre qu'elles valent de manière aussi positive et mécanique pour cette partie de l'être humain qui ne se trouve ni sur le plan de la vie végétative, ni sur celui de la vie animale. Nous pouvons penser qu'elles sont valables pour certaines maladies, certains traits physiques, certaines qualités, qui dépendent manifestement du corps - et ce sont précisément les confirmations obtenues dans ce cadre qui ont amené les raciologues scientistes à d'illégitimes déductions. En revanche, lorsqu'il s'agit d'éléments différents de l'hérédité, de précises réserves s'imposent.

En second lieu, ces lois sont bien visibles, leurs effets bien déterminables, dans le processus de la simple hérédité, dans les croisements, où entrent en jeu des composantes simples, comme, par exemple, la couleur rouge ou nacrée de la gueule-de-loup, la couleur du pelage du cobaye, la couleur des cheveux d'un homme ou une maladie héréditaire. Mais, à considérer la race humaine au sens fort du terme, le cas est différent ; le type se compose de nombreux éléments, spirituels et corporels, et - ceci, on le verra, est le fondement du racialisme de second degré - ce qui importe surtout, c'est le rôle typique de tous ces éléments dans un type humain donné. Avant toute chose, il faut donc se poser cette question : comment se fait-il que ces éléments se présentent dans une certaine unité ? Que, dans un certain type "pur", soient associées, avec un caractère de stabilité, telles qualités de corps, de caractère et d'esprit - autrement dit : tel groupe de gènes ? Il est évident que, ici, il faut penser à une force, une force unificatrice et organisatrice, force dont l'existence, du reste, a même été admise, pour les espèces animales, par les tendances les plus éclairées du racialisme biologique, qui ont abandonné l'imbécile théorie darwiniste de l'évolution naturelle au moment où ils ont adopté le point de vue du "vitalisme" et évoqué, sur le plan scientifique, l'ancienne conception aristotélicienne de l'entéléchie (DRIESCH, DACQUE et d'autres). La loi mendélienne de l'"indépendance" - selon laquelle la transmission des qualités héréditaires individuelles s'accomplirait invariablement et séparément, sans être influencée par la présence des autres éléments -, dans le cas de l'homme, doit prendre en compte cette force. Elle est au centre de la race, dont elle constitue, comme on l'a si souvent répété ici, l'essence ultime. Or, rien n'empêche de penser que cette force, présupposée par l'assemblage donné et spécifique de qualités ou de gènes de tout type, se transmette dans un mélange ethnique, réagisse sur lui, choisisse, coordonne et produise un type plus ou moins semblable par un emploi fonctionnel analogue des éléments, sachant qu'il n'est pas nécessaire qu'ils soient absolument identiques.

De plus, il faut prendre tout particulièrement en considération le cas où une telle force, dans les croisements, présenterait les caractères que le mendélisme appelle "dominants", ceux de l'autre type étant en revanche dits "récessifs" (ils sont "masqués" par les premiers dans un certain groupe de descendants). Lorsqu'un des géniteurs porte la qualité "dominante" - lorsque, dirions-nous, son "type" conserve intégralement son énergie "formatrice" -, les qualités du géniteur de race différente (différence toujours relative, jamais absolue) peuvent aussi être présentes dans le produit du croisement, mais étouffées, latentes. Si l'on croise ces descendants-là avec de nouveaux types de la race supérieure, originelle, on aura quasiment annulé le dihybridisme, c'est-à-dire la réapparition de l'hérédité issue du géniteur d'une autre race de type "récessif". Cette hérédité sera pratiquement absorbée, emportée par l'autre comme par un courant plus fort. Le type se maintient ou se développe en une série de types qui y correspondent analogiquement : il reste dominant, organisateur, et, dans certains cas, il l'est d'autant plus que la pression exercée par la matière contre laquelle il doit se mesurer est forte. Ceci, tant que n'intervient pas la lésion interne, la cessation de cette tension grâce à laquelle le type a valeur de "dominant". Ce n'est qu'alors que survient le dihybridisme, c'est-à-dire la dissociation et la réapparition des caractères récessifs dominés. Mais ceci n'est rien d'autre que le phénomène général qui se vérifie dans toute mort. Chez l'individu aussi, une fois disparue, avec la mort, l'énergie interne (elle se retire conformément à une loi cyclique en cas de mort naturelle ; dans le cas contraire, par une action violente), l'assemblage des éléments qui formaient l'organisme se défait, ces éléments deviennent indépendants et se mettent à suivre les lois mécaniques ou chimiques de l'espèce naturelle à laquelle ils appartenaient : lois qui, dans le cas présent, seraient précisément les lois mendéliennes de l'hérédité. Une pomme pourrie, introduite dans un sac de pommes qui ne le sont pas, loin de redevenir bonne à leur contact, les gâte : pour habile que puisse être cette comparaison, que certains font valoir, elle n'entre pas dans le cadre auquel nous nous référons ici ; elle ne sert au contraire qu'à indiquer le plan sur lequel les conceptions du racialisme scientiste, adoptées unilatéralement, peuvent conserver toute leur valeur.

Le fait que certaines races aient un caractère dominant par rapport à d'autres est du reste positivement avéré, même à s'en tenir au plan matériel, qui, ici, n'est pas décisif. Ainsi, SALAMAN a observé que le type facial germanique domine sur le judaïque dans le croisement : sur 328 enfants de familles mixtes judéo-allemandes, seuls 26 présentent clairement le type juif. De même, en ce qui concerne le nez, on a relevé positivement que, dans les croisements entre Européens et Juifs, et même entre Européens et Hottentots, c'est toujours la forme haute et fine qui prédomine sur la forme large et courte. Dans la souche juive, les Sépharades, c'est-à-dire les Juifs espagnols, représentent une espèce d'aristocratie par rapport aux Ashkénazes : or, c'est de nouveau le nez fin et presque aryen des premiers qui prédomine sur celui, gros et court, des seconds. D'autres recherches ont établi la qualité dominante du type nordique par rapport au type "ostique" (*ostisch*) dans la descendance des unions mixtes, de même que celle du type anglo-saxon par rapport aux éléments raciaux hybrides des républiques sud-américaines. Tout cela prouve que les types raciaux sont différents en tant que potentialité aussi, et que, dans certains cas, ils dépassent le cadre ici considéré, car nous avons toujours entendu nous référer - qu'on ne l'oublie pas - aux croisements entre races apparentées.

Mais l'utilisation du terme "potentialité" nous a nécessairement amené à considérer des facteurs impondérables, toutefois aussi positifs, et souvent plus décisifs, que les "pondérables". La "potentialité" ne se laisse pas réduire à des nombres et à des schémas : elle est conditionnée essentiellement par un état intérieur, en fonction duquel elle peut aussi bien s'intensifier que s'affaiblir. Dans le second cas, la qualité "dominante", avérée dans un premier temps et attribuée à une race donnée, ne se manifeste plus à partir d'un certain moment, ou ne le fait que sporadiquement. C'est pourquoi, après avoir examiné avec toute l'attention nécessaire, dans les lois de l'hérédité, le "dominant" et le "récessif", il ne faut pas s'empresser de généraliser et d'hypostasier les constatations, mais toujours se demander, non seulement à l'égard d'une race en général, mais aussi en ce qui concerne ses membres, dans quelle phase on se trouve, quelle tension enregistre le dynamomètre, pour déterminer dans quelle mesure le rôle des éléments de caractère spirituel est non seulement significatif, mais encore, souvent, prédominant. Tout ceci, en tant que prémisse critériologique et méthodologique pour une théorie dynamique, plutôt que statique, de la race et de l'hérédité. Sous peu, en considérant la race chez l'homme et chez la femme, nous définirons encore une notion dont il faut tenir compte en la matière.

Ce que la doctrine de la race peut en revanche concéder sans réserve, c'est que les lois mendéliennes, ainsi que les lois plus générales de l'hérédité physique et psychophysique, sont sans aucun doute valables dans les cas d'hérédité pathologique. C'est essentiellement ici que les vues et les lois du racialisme biologique relatives à l'hérédité donnent de précieux points de repère. Du point de vue pratique, il faut sans aucun doute approuver les mesures susceptibles d'empêcher qu'une hérédité corrompue ne se transmette à d'autres générations, mais, plus encore, on peut même penser à renforcer cette exigence, pour faire en sorte que, dans un peuple, dans une nation, les éléments inférieurs d'une race donnée au sens général ne l'emportent pas en nombre sur les éléments supérieurs. Contre des mesures de ce genre, on a objecté, comme on le sait, que, parmi les "races" de l'humanité occidentale, on trouve souvent des personnes à la pureté raciale et à la "nordicité" douteuses, mais aussi des hommes atteints de difformités physiques et de maladies de caractère même héréditaire : représentants, donc, de cette race inférieure ou diminuée, que le racialisme biologique, par des mesures prophylactiques, voudrait éliminer ou, du moins, neutraliser. Que faut-il en penser du point de vue d'une doctrine complète de la race ?

En premier lieu, il faut discriminer les cas allégués par la partie adverse. Voir ainsi jusqu'à quel point il s'agit là de personnes vraiment supérieures. L'échelle des valeurs traditionnelles et raciologiques n'est pas précisément celle de la mentalité moderne, et, surtout, "humaniste". Ainsi, par exemple, nous attachons plus de prix aux qualités de caractère qu'à celles d'un esprit abstrait ou d'une vaine créativité esthétique. Un homme à moitié illettré qui a le sens de l'honneur et de la fidélité a plus de valeur à nos yeux qu'un scientifique lâche ou un universitaire narcissique, prêt à n'importe quelle bassesse de courtisan pour obtenir de l'avancement : et, au sommet, pour nous, les valeurs héroïques et ascétiques sont les seules qui justifient la vie par ce qui est "plus-que-vie".

Mais, même après s'être livré à une discrimination selon ces critères antihumanistes et antibourgeois, il reste qu'il y a des êtres supérieurs dont la santé physique et la race ne sont pas parfaitement en ordre. À cet égard, il faut penser à une situation similaire à celle où, comme on l'a vu, les croisements équivalent parfois à un réactif, à un stimulant qui réveille. Quant aux exemples qui peuvent vraiment accréditer l'objection en question, il s'agit, pour ainsi dire, de crises ou de fractures, ou encore d'états d'instabilité intérieure, qui ont ouvert des brèches sur une réalité à laquelle, à cause du durcissement du moi matérialisé propre à l'homme moderne, ces types n'auraient autrement pas eu accès. Mais il est évident que des cas de ce genre ne peuvent avoir valeur ni d'exemple ni de règle : il serait difficile de montrer des qualités supérieures qui se manifestent héréditairement dans une hérédité corrélative pathologique ou de race diminuée avec la même constance ; c'est le seul cas qui pourrait vraiment donner du poids à l'objection. Il est très possible que les mesures prophylactiques susmentionnées, dans un premier temps et dans quelques cas sporadiques, empêchent les intuitions favorisées par des troubles ou des contradictions ; mais il est certain que cette perte sera, dans une phase suivante, largement compensée, pourvu que ce que l'on a dit sur les conditions internes de l'hérédité et le domaine des races supérieures soit pris en compte, et même mis au premier plan. En effet, pour éviter tout malentendu, disons-le sans détour : ceux qui prétendraient réaliser les objectifs supérieurs du racialisme et faire revivre, dans une certaine mesure, le type racial supérieur dans toute sa pureté par des procédés strictement prophylactiques et biologiques répéteraient la tentative de création de *l'homonculus*, de l'homme artificiel ; entreprise vaine et absurde. Les mesures prophylactiques susmentionnées ne peuvent servir qu'à supprimer des obstacles qui empêchent les facultés d'origine suprabiologique de se manifester de nouveau : mais elles ne peuvent ni créer, ni, toutes seules, réveiller ces facultés, car rien ne sort de rien. C'est pourquoi il faut considérer ces mesures prophylactiques raciales en matière d'hérédité et de sélection de l'hérédité comme un élément d'une action plus large et les mettre en pratique sans jamais perdre de vue l'ensemble.

13. Les sexes et la race.

À la lumière des idées que l'on vient d'exposer, il faudrait aussi revoir, et à fond, la question des croisements. Ici aussi, on rencontre dans le racialisme, qui ne s'est presque jamais posé de problèmes de ce genre, une curieuse contradiction. Le racialisme, qui affirme la différence, en contradiction avec ce principe, considère de la même manière tous les types humains — c'est-à-dire comme également sujets aux mêmes lois biologiques —, tout comme il ne semble jamais avoir pensé que, en règle générale, l'hérédité et le pouvoir de la race peuvent avoir une importance différente selon qu'il s'agit d'un homme ou d'une femme. Certains, qui se sont avisés du problème, l'ont résolu vraiment de travers, en supposant, de nouveau sur la base de considérations purement biologiques, chez la femme, un plus grand pouvoir de conservation de la race et du type.

Du point de vue de l'enseignement traditionnel, c'est précisément le contraire qui, dans le cas d'une humanité normale, est vrai ; cet enseignement, qui est loin de bénéficier de l'attention que certains accordent aujourd'hui à des considérations biologiques des plus plates et insignifiantes, pourrait fournir des idées utiles pour un problème crucial, celui de la technique d'élévation de races relativement inférieures à travers différents cycles d'hérédité. Ainsi, dans le plus ancien code indo-européen - le *Mânavadharmaçâstra* - on admet le passage d'un non aryen dans les castes aryennes après sept générations de croisements de la lignée mâle, et le nombre sept réapparaît dans d'autres traditions, dans des circonstances analogues,tandis que, si l'on se réfère au cycle d'une vie humaine, c'est le nombre d'années qui, selon les recherches modernes, seraient nécessaires au renouvellement périodique de tous les éléments du corps. D'après ce code, voici, en l'occurrence, ce que, du point de vue traditionnel, il faut considérer comme un élément fondamental du problème susmentionné : l'hérédité masculine ne peut pas être mise sur le même plan que l'hérédité féminine, car, en règle générale, la première a le caractère que le mendélisme appele "dominant" ; la seconde, le "récessif" Par conséquent, lorsque la femme est de race supérieure, son hérédité supérieure est oblitérée dans le métissage, alors que l'hérédité masculine supérieure, dans le cas contraire, n'est pas nécessairement contaminée, sauf cas limites ou cas exceptionnels ; on en verra un en traitant de la masculinité. "Quelle que soit la qualité d'un homme uni à une femme par un rite légitime – lit-on dans le texte cité plus haut (IX, 22) -, celle-ci l'acquiert comme l'eau d'un fleuve rejoignant l'océan." Mais encore (IX, 33-36) : Si l'on compare le pouvoir créateur de l'homme à celui de la femme, il faut juger l'homme supérieur car la progéniture de tous les êtres est distincte de la masculinité. Quel que soit le type de la graine qu'on sème dans un champ labouré à la bonne saison, cette graine devient une plante dotée de qualités particulières, qui sont celles de la graine (mâle)." Pour compléter l'image, tout au plus peut-on concéder que, lorsque le champ n'est pas labouré et que ce n'est pas la bonne saison, la qualité masculine, dans la descendance, sera entravée, dépérira ou, sans aucun doute, s'épuisera, mais ce qui ne pourra jamais se produire, par un pouvoir miraculeux du sol ou de la saison - c'est-à-dire, analogiquement, par le pouvoir de la femme ou des conditions psychiques d'une union sexuelle - c'est que, d'une graine, disons, de palmier, sorte un genévrier. Ceci, comme nous l'avons fait remarquer à dessein, tant qu'il est question d'un monde normal, puisque c'est celui qui est toujours présupposé par tout enseignement traditionnel.

Ainsi, si l'on veut savoir ce qu'il faut penser de tout cela aujourd'hui, plutôt que d'interroger la biologie, il faudrait préciser dans quelle mesure le monde moderne, en ce qui concerne l'état des sexes, peut être qualifié de normal. La réponse, malheureusement, ne saurait être que négative. Le monde moderne ne sait plus ce que sont, au sens supérieur, l'homme et la femme ; il va vers une indifférenciation des types, qui, déjà très perceptible sur le plan spirituel, semble se traduire ici et là sur le plan physique et biologique même, donnant lieu à des phénomènes préoccupants. Cela fait longtemps que, en Occident, la virilité et la féminité sont considérées comme des choses simplement corporelles, plutôt que comme des qualités, avant tout, de l'être intérieur, de l'âme et de l'esprit. À cet égard, de ce que sont la polarité, la distance, la fonction et la dignité différentes des sexes, depuis longtemps, l'Occident ne sait plus grand-chose. Ainsi, au lieu d'être considérés sous leurs aspects internes et essentiels, les problèmes très importants concernant la race le sont sous leurs aspects extérieurs et secondaires : par exemple, on se préoccupe beaucoup de la question démographique et on crée toutes sortes d'institutions d'hygiène, d'assistance sociale et de développement de la race au sens strict, mais on oublie le point fondamental, qui est la signification du rapport entre les sexes et l'impératif absolu, pour un individu de sexe masculin, d'être homme, pour un individu de sexe féminin, d'être femme, en tout et pour tout, dans le corps et dans l'esprit, sans mélanges ni atténuations. Ce n'est que dans ce cas que les enseignements traditionnels indiqués plus haut ont de l'efficacité et que s'ouvrent, grâce à des initiatives de sélection et d'élévation de la race à travers des croisements adéquats et des processus héréditaires, des possibilités presque illimitées ; et non certes dans celui où, comme aujourd'hui, on constate, pour ce qui est de la masculinité et de la féminité, un mélange encore plus ambigu qu'en ce qui concerne les races ; où des individus qui ont un corps d'homme ont une âme ou un esprit de femme, et inversement, sans parler de la diffusion de tendances sexuelles et psychiques de caractère franchement pathologique.

Mais, ici, nous devons renvoyer le lecteur à ce que nous avons déjà écrit à ce sujet dans *Révolte contre le monde moderne*, en traitant de la mort des races. Puisque les descendances ne se forment pas par combinaisons d'éléments héréditaires en laboratoire ou dans des instituts d'État spécialisés, mais proviennent des unions des hommes et des femmes, il serait logique que, comme prémisse à toute conception active de la race et à toute discrimination raciale, on définisse et sépare la race des hommes et la race des femmes selon cette globalité corporelle, psychique et spirituelle, en vue de laquelle nous avons formulé la théorie des trois degrés du racialisme.

Il faut, de plus, relever une circonstance singulière, qui confirme le fait, déjà noté, que les races restées biologiquement les plus proches du type nordique présentent, du point de vue intérieur, un degré d'involution et de désagrégation plus élevé que celles qui leur sont apparentées : nous voulons dire que les peuples nordiques - germaniques et anglo-saxons - sont ceux chez qui les rapports traditionnels entre les sexes ont été les plus bouleversés. La soi-disant émancipation de la femme - c'est-à-dire, en réalité, sa mutilation et sa dégradation - est en effet partie de ces peuples, et c'est chez eux que son influence a été la plus forte, alors que, chez les peuples romans, même si c'est indirectement, sous des formes bourgeoises et conventionnelles, on a conservé, à cet égard, quelque chose de la vision normale et traditionnelle. Le comble est que certains raciologues étrangers, ne se doutant pas le moins du monde que, en cela, ils se font seulement l'écho d'un état de fait anormal relativement récent, qui ne concerne que leurs compatriotes, exaltent, comme s'il s'agissait d'une caractéristique de la race nordique, la banalité des rapports de camaraderie entre hommes et femmes et le soi-disant "respect de la femme", tandis qu'ils voudraient imputer aux préjugés asiatiques des races inférieures du Sud toute conception fondée sur la nécessaire distance, la polarité et la dignité différente des sexes. Il faut reconnaître que si de telles falsifications étaient adoptées comme principes, cela conduirait moins au réveil et à la réintégration du pur type nordique, qu'à une autre involution - c'est-à-dire à une banalisation et à un nivellement intérieur des types - de ce qui en reste encore chez les peuples germaniques.

14. La race masculine et la race féminine.

Parler de "race de l'homme" et de "race de la femme", comme on l'a fait il y a peu, n'est pas une extension tout à fait gratuite du concept. Nous croyons en effet que ceux qui veulent vraiment se rendre compte de ce qu'il en est ne devraient pas négliger complètement les remarques développées dans une œuvre très connue d'Otto WEININGER. Deux points sont surtout à retenir. Le premier, c'est la détermination du type de l'homme absolu et de la femme absolue, bases pour pouvoir mesurer la "quantité" de l'un et de l'autre dans chaque individu et, donc, agir en conséquence. Le second, c'est l'idée originale selon laquelle les rapports entre l'homme absolu et la femme absolue correspondent analogiquement à ceux qui existent entre la race aryenne et la race sémite. Pour WEININGER, l'homme serait à la femme ce que l'aryen est au sémite. WEININGER s'est employé à rechercher les qualités féminines, qui apparaissent comme un équivalent précis des qualités typiques du sémite et du Juif. Cette recherche est, dans une large mesure, tendancieuse ; de ce qu'il était à moitié juif, WEININGER, même sans le vouloir, a été surtout enclin à avilir et à dégrader - il n'a pas cherché la vraie valeur de la femme là où il devait la chercher. Reste toutefois valable, dans ses vues, l'idée que, du point de vue d'une conception normale et différenciée des sexes, l'homme et la femme se présentent presque comme l'expression de deux races différentes, sinon même opposées. C'est donc un grave défaut du racialisme descriptif et biologique que, d'une part, de n'en pas tenir compte lorsqu'il s'efforce de déterminer et de décrire les caractéristiques de chaque race, et, d'autre part, de ne pas se demander si, dans une race donnée, certaines qualités, normales pour le type masculin, le sont toujours s'agissant du type féminin.

Ceux qui voudraient y remédier devraient naturellement considérer aussi les sexes sous leur aspect psychique et spirituel. De ce point de vue, il est certainement absurde de concevoir comme normal que la femme "nordique" incarne les mêmes valeurs que celles propres à l'homme nordique absolu - c'est-à-dire : tout ce qui est supériorité calme et dominatrice, solarité, sens de la distance, détachement actif, joint à une promptitude à l'attaque et à ce que nous verrons dans ce qui suit. Sans qu'il faille absolument se référer, avec WEININGER, aux peuples sémites, si l'on ne doit pas en arriver à un nivellement et, donc, à une dégénérescence, il est au contraire souhaitable que la femme nordique même ait ses propres qualités psychiques et spirituelles, qui ont une position centrale dans des races différentes, non nordiques.

Du reste, abstraction faite de la race du corps, de la race anthropologique, où les différences raciales féminines sont connues et manifestes, sur le plan de la race de l'âme les caractères distinctifs des femmes des différentes races sont bien moins prononcés que dans le cas de l'homme. En fait de race de l'esprit, les femmes donnent lieu à une véritable indifférenciation. Celui qui porte vraiment la race de l'âme et, surtout, celle de l'esprit, c'est l'homme ; c'est surtout en lui que se trouve le principe de la différence, alors que celui de l'égalité se reflète davantage dans l'élément féminin. Ce n'est pas par hasard que les anciennes traditions associèrent, par analogie cosmique, l'élément féminin à la matière, à la puissance informe, *yle*, *dynamis*, et le masculin, en revanche, au principe céleste de la forme et de l'individuation ; ni que les anciennes civilisations gynécocratiques et matriarcales, comme conséquence immédiate de la prééminence accordée au principe féminin sous ses différentes formes, maternelles ou aphrodisiaques, se caractérisèrent par la promiscuité, le communisme, le droit naturel, l'égalité générale[8]. En toute rigueur, face à tout homme digne de ce nom, la femme véritable, celle que nos parents qualifiaient significativement de "femme racée", devrait se présenter comme quelque chose de dangereux, comme un principe étranger qui attire, s'insinue et appelle une réaction intérieure : une réaction du type de celle à laquelle nous avons fait allusion en parlant des croisements où l'apport d'un sang étranger met à l'épreuve le type

---

[8] Cf. les considérations développées à ce sujet par BACHOFEN dans l'œuvre, déjà citée, que nous avons traduite : *La Race solaire*.

et donne lieu soit à un réveil, à une réaffirmation et à une réanimation, soit à une dissolution et à une dégradation. Dans le premier cas, l'homme se maintient à la hauteur de sa fonction et, selon l'enseignement traditionnel déjà rapporté, ses qualités demeureront et s'affirmeront de nouveau, intactes, dans sa descendance, avec le caractère de "dominants". Dans le second cas, surviendra, de manière plus ou moins larvée, une dégénérescence, au moins interne, du type ; des forces incontrôlables prendront le dessus dans les processus d'hérédité, la défense de la race deviendra problématique, jusqu'à ce que se vérifie le cas limite, c'est-à-dire le retour, sous des formes nouvelles, à l'esprit et à la promiscuité des civilisations gynécocratiques issues des races antinordiques ou de la dégénérescence des races nordiques.

TROISIÈME PARTIE

LA RACE DE L'ÂME
ET DE L'ESPRIT

1. Racialisme de second degré.
La race de l'âme.

REVENONS MAINTENANT À L'EXPLICATION des trois degrés de la doctrine de la race. Il faut considérer que le racialisme de second degré est une théorie de la race de l'âme et une typologie de l'âme de la race. Ce racialisme doit définir les éléments, à leur façon primaires et irréductibles, qui, agissant de l'intérieur, font en sorte que des groupes d'individus manifestent une attitude, un "style" constant sur le plan de l'action, de la pensée et du sentiment. On en vient ici à un nouveau concept de la pureté raciale d'un type donné : il ne s'agit plus, comme dans le racialisme de premier degré, de voir si un individu donné présente tel ensemble de caractéristiques physiques ou, même, caractérologiques, qui le rendent conforme au type héréditaire, mais d'établir si sa race du corps est l'expression adéquate, conforme, de sa race de l'âme, et inversement. Si cela se vérifie, le type est pur du point de vue du racisme de second degré aussi. Celui-ci intègre donc les résultats des recherches du racialisme de premier degré, car ces différentes caractéristiques corporelles, qui pourraient figurer dans des masques, plutôt que dans des visages et des individus vivants, ce n'est plus dans l'abstrait, dans une simple classification, qu'il les considère ; il cherche au contraire à en percer le secret, c'est-à-dire à saisir ce qu'ils expriment, la fonction qu'ils revêtent et en vertu de laquelle, éventuellement, ils peuvent aussi avoir une signification différente. Comme nous l'avons déjà fait remarquer, un nez d'une certaine forme et un crâne allongé, dolichocéphale, peuvent se rencontrer soit chez un type appartenant à des races issues de la souche nordique, soit chez un individu des races africaines : mais il est évident qu'ils n'ont pas la même signification dans les deux cas. En outre, il peut arriver qu'un type donné ait des caractéristiques prédominantes et que, parce que, par exemple, sa race du corps est méditerranéenne du point de vue anthropologique, le racialisme de premier degré le range justement dans la race méditerranéenne ou dans celle de l'homme de l'Ouest : toutefois, des recherches plus poussées peuvent établir que ces traits méditerranéens, dans le type en question, revêtent une fonction différente de celle à laquelle il faudrait normalement s'attendre. Ce type s'en sert pour exprimer, au contraire, une âme, une attitude intérieure, qui n'est pas méditerranéenne, mais, par exemple, nordique ou levantine, ce qui donne aux traits même une valeur expressive complètement différente et entraîne parfois certaines distorsions ou altérations de l'élément externe méditerranéen, que la recherche de premier degré perçoit à peine ou considère comme insignifiantes et négligeables, alors que, pour la recherche de second degré, elles représentent autant de moyens pour saisir la "race intérieure". Ici, la physiognomonie, c'est-à-dire l'étude de la signification des physionomies humaines, aura un rôle important : elle se développera cependant dans une autre direction que les recherches précédentes, qui concevaient toute individualité séparément, au lieu de l'envisager comme une partie d'un tout suprabiologique, d'une race donnée de l'âme.

C'est sur ce plan plus élevé que l'anthropologie et la paléonthologie deviennent de précieuses auxiliaires pour la recherche des éléments raciaux primaires, qui sont assemblés, superposés ou affrontés aux origines de la civilisation. Pour les tâches les plus élevées de la doctrine de la race, il ne suffit pas d'avoir constaté la présence, par exemple, dans les origines italiques, d'un nombre donné de squelettes et de crânes typiques, et, intégrant ces recherches à celles de l'archéologie, de pouvoir affirmer avec certitude l'existence d'un ancien type humain aryo-nordique italique pur. On ne sortirait pas, avec cela, du cadre de la muséologie. Il faut, en plus, faire parler ce type, découvrir ce que telle forme corporelle exprime, ce dont telle structure humaine est le symbole. Ce qui n'est possible qu'en passant dans le domaine du racisme de second et même, dans une certaine mesure, de troisième degré, disciplines qui travaillent avec d'autres méthodes de recherches et utilisent des documents et des témoignages d'un autre ordre.

On peut considérer que la "psychanthropie" (*Rassenseelekunde)* de L.F. CLAUSS appartient au racialisme de second degré, pour ce qui est de ses méthodes et de ses critères généraux. La nécessité d'une telle recherche, CLAUSS l'a mise en lumière par des exemples convaincants.

Que l'on envisage, par exemple, le phénomène de la compréhension. Dans la réalité, il arrive bien trop souvent que des personnes soient de la même race du corps, de la même souche, parfois même - en tant que frères, fils ou pères - du même sang au sens le plus concret, mais que, pourtant, ils ne réussissent pas à se comprendre. Une frontière sépare leurs âmes ; leur sensibilité et leur jugement sont différents, et une race du corps commune et un sang commun n'y peuvent rien. Il n'existe de compréhension et, donc, de véritable solidarité, d'unité profonde, que là où il existe une "race de l'âme" commune. Entrent en jeu, ici, des éléments subtils, d'une sensibilité instinctive. Alors que, pendant des années, on ne s'est douté de rien, dans une circonstance donnée il peut arriver que telle personne, par sa manière d'agir, nous donne la nette sensation qu'elle est "d'une autre race", et, alors, avec elle, tout est fini, des rapports de nature différente pourront subsister, mais toujours marqués par une grande retenue, une profonde distance. Elle "n'est plus des nôtres". D'ordinaire, ici, on parlait de caractère. L'expression est vague. Il n'y a pas, en effet, un "caractère" en général mais, conditionnées par la race intérieure, différentes manifestations des qualités de caractère. Par exemple, la "fidélité" d'un individu de race levantine est différente de celle d'un homme de race nordique ou dinarique. L'héroïsme, l'homme méditerranéen ne le conçoit pas de la même façon qu'un Japonais ou un Russe, pour utiliser des termes généraux et ne pas entrer ici dans les dénominations précises inhérentes à une doctrine de la race de l'âme.

2. La race de l'âme et la culture.

De la sorte, elle va naturellement articuler aussi le domaine propre à de nombreuses valeurs culturelles, satisfaisant à l'obligation fondamentale de mettre partout en relief ce qui est "forme", différence, et évitant, pour en arriver là, de supposer une dépendance unilatérale et dégradante de la culture et de la civilisation par rapport à la simple race du corps. Non seulement les qualités de caractère reflètent un style déterminé, différent selon les races de l'âme, mais la recherche de second degré peut facilement en venir à la constatation plus générale que, par exemple, il n'y a pas de chercheurs, de guerriers, d'ascètes, de marchands, d'artistes dans l'abstrait et en général, mais autant de manières différentes, conditionnées par la race intérieure, d'être chercheur, guerrier, ascète, marchand ou artiste. Se pose ainsi le problème de déterminer les différentes "lois du style", c'est-à-dire les formes réellement adaptées à l'expression d'une signification donnée, d'une activité donnée ou d'une disposition fondamentale donnée à l'intérieur de telle race de l'âme. Ce problème-là, il est clair qu'il est d'une importance condamentale pour les tâches pratiques du racialisme, surtout pour celles qui sont de nature prophylactique dans le domaine de la culture et des formes de vie sociale. Par exemple, telle qu'elle a été posée en Italie, la question juive s'est visiblement et justement inspirée de considérations propres à un racialisme non de premier, mais de second degré. La mise au ban du Juif en Italie tient moins à des considérations raciales biologiques qu'à ses actes ; moins au fait qu'il montre des caractéristiques physiques absolument opposées à celles des races méditerranéennes qui figurent aussi comme composantes de certaines parties de la "race italienne", qu'à son style, qu'à son attitude et à l'action corrosive et désagrégeante que la race juive exerce sur le plan social et culturel, à de rares exceptions près, souvent même sans le vouloir, par nature, aussi naturellement que le feu brûle, que la vipère mord et empoisonne. Ce style juif, cette race de l'âme, ceux qui sont d'une race différente et qui n'ont pas été complètement abrutis par les "valeurs" de la civilisation moderne neutre et internationaliste le sentent immédiatement. Aucune considération biologique ne peut offrir un fondement aussi solide que celui-là, étant donné que, de fait, le judaïsme est une unité définie essentiellement par une race de l'âme, par un "style" d'action, d'attitude, de vie, unique et héréditaire.

À cet égard, il y a cependant une contrepartie. On a beaucoup parlé à ce sujet, dans la polémique raciale italienne, de "Juifs honoraires" : allusion faite aux personnes qui montrent une mentalité et une "race de l'âme" juives, quand bien même elles sont parfaitement en ordre avec la race du corps. Le *Talmud* rapporte qu'une personne s'était rendue chez un rabbin pour lui dire : "Allons, unissons-nous, devenons tous un seul et même peuple". "Volontiers, répondit le rabbin, mais nous, Juifs, nous sommes circoncis, il n'y a donc qu'un moyen d'y parvenir : faites-vous circoncire vous aussi". DE VRIES DE HEEKELINGEN, rappelant cette anecdote, remarque avec justesse que, dans le monde moderne, s'est réalisée une véritable assimilation à rebours : il ne s'agit pas, certes, de circoncision matérielle, mais de circoncision spirituelle - le fait est cependant que le Juif a réussi à faire son chemin dans la civilisation non juive autant que le non-Juif a souvent adopté une mentalité et une manière d'être propres, originairement, au Juif. Dans ces conditions, on voit l'utilité pratique d'une appréciation de second degré. Il permet au racialiste d'être cohérent, complet, impartial, en lui donnant le moyen de définir et de discerner la mentalité juive même là où elle se manifeste, sans relation directe avec un sang juif, chez des individus influencés dans leur manière d'être et d'agir, même s'ils appartiennent, par le corps, à l'une des races issues de la souche nordico-aryenne.

3. Origine des races de l'âme.

D'où proviennent les "races de l'âme" ? Évidemment, dans le cas limite de races complètement pures, d'un seul jet, si l'on peut s'exprimer ainsi, elles représentent l'expression psychique de l'énergie formatrice particulière qui, sur le plan physique, s'exprime en revanche dans les traits spécifiques et typiques de la race anthropologique du corps et est à la base de leur indissociable unité, tout en appartenant, en soi, à un plan encore plus élevé. Selon l'ancien enseignement traditionnel, l'âme n'est pas simplement ce que croit la psychologie moderne, c'est-à-dire un ensemble de phénomènes et d'activités subjectives se développant sur une base physiologique : l'âme est au contraire une espèce d'entité à part ; comme le *linga-çarîra* ou "corps subtil", elle a son existence propre, ses forces réelles, ses lois, son hérédité à elle, distincte de l'hérédité purement physiologique.

De ce point de vue, il faut penser que les races de l'âme sont sujettes à des accidents analogues à ceux auxquels est soumise la race du corps, si ce n'est que, pour déterminer ces accidents, et, donc, pour connaître la genèse des races de l'âme, leur essence et les lois conditionnant leur développement et leur intégrité, on aurait besoin de moyens d'investigation immatérielle déjà connus des anciennes sciences traditionnelles, inconnus en revanche de la culture moderne, car, si l'on en trouve un souvenir déformé dans certains courants théosophistes et "occultistes", la recherche dite "scientifique", elle, n'en a même pas soupçon. Dans ces conditions, aujourd'hui, il faut procéder par induction ou par intuition, au lieu de partir d'un *corpus* précis de connaissances. En tout cas, il faut tenir compte, en tant que point méthodologique fondamental, du principe selon lequel il existe deux lignes d'hérédité distinctes, celle du corps et celle de l'âme, lignes qui, les races et les traditions ayant perdu la pureté originelle des périodes préhistoriques, peuvent même diverger. Il faut alors penser que la ligne de l'hérédité physique est une continuité visible et déterminable, car elle s'appuie sur le processus de la génération naturelle, alors que celle de l'âme, au contraire, n'a de continuité que sur un autre plan, qui n'appartient plus au monde sensible et peut donc réunir des individus qui peuvent n'avoir rien de commun les uns avec les autres dans l'espace et le temps[9]. Nous y reviendrons en traitant du problème de la naissance. Faisons remarquer ici que, déjà en ces termes, le problème de l'hérédité physique même présente une grande complexité, si on ne l'envisage pas avec une myopie positiviste : en effet, puisque l'âme est en interaction avec le corps, dans le cas d'une divergence entre les deux hérédités, se produiront, dans l'hérédité physique, sous l'influence de l'autre, des modifications qui ne sont pas susceptibles d'être expliquées, parce que, dans son domaine, la recherche biologique et anthropologique ne pourra jamais le vérifier.

Ce plan n'étant cependant pas celui sur lequel il convient de se placer pour approfondir des considérations de cet ordre, ne serait-ce que parce qu'il présupposerait la connaissance de la doctrine traditionnelle des états multiples de l'être, qu'il faut substituer à la façon dont on considère aujourd'hui tous les grands problèmes relatifs à l'homme, à la vie, à la mort et au monde, revenons à notre point de départ, pour dire que, dans une situation de mélange racial, il faut considérer les races de l'âme comme le résultat de trois facteurs. Le premier, qui est le facteur essentiel pour elles, c'est justement la race de l'âme en tant qu'entité distincte ; le second, c'est l'influence que peuvent avoir exercé sur celle-ci un corps d'une race inappropriée et, à travers ce corps, centre positif des rapports avec le monde extérieur, un milieu inadéquat ; le troisième, c'est l'influence possible d'un élément encore plus élevé, c'est-à-dire de la race de l'esprit, en cas d'une nouvelle divergence non seulement entre l'âme et le corps, mais entre l'âme et l'esprit.

En toute rigueur, puisque l'unité des différents éléments n'est pas due au hasard et à des lois automatiques, mais à des liens analogiques et "électifs" (nous expliquerons aussi par la suite ce qu'il faut entendre par là), malgré les divergences, on peut admettre, comme hypothèse de travail et critère de probabilité, une certaine correspondance, en ce sens que, par exemple, sur cent types qui présentent, en tant que race du corps, une pureté raciale, disons, de type nordique, on peut supposer que ceux chez qui y correspond aussi, potentiellement, une qualification psychospirituelle adéquate sont plus nombreux que parmi cent types dont la race du corps n'est pas nordique, ni d'origine nordique. Cette hypothèse appelle les réserves suivantes : tout d'abord, celle qu'impliquait l'emploi du terme "potentiellement", étant donné que,

---

[9] Cf. à cet égard ce que nous avons eu l'occasion d'exposer dans différents points de notre oeuvre critique *Masque et visage du spiritualisme contemporain.* Éditions Pardès, Puiseaux, 1991.

comme on l'a vu, il y a des races pures à moitié éteintes ou en involution du point de vue de la race de l'âme ; en second lieu, parce qu'il faut considérer le cas des "préférences" : en vertu de la loi des affinités, tel type de personnalité peut avoir préféré se manifester dans une certaine race de l'âme, mais selon une conjoncture telle, qu'il devra payer ce choix par l'acceptation d'une race du corps inadéquate (par exemple, en cas de régénération de la race sous la seconde des formes considérées précédemment, les affinités électives conduiraient précisément à une manifestation plus hybride que pure, mais intérieurement déchue) ; en troisième lieu, parce qu'"analogie" et "affinités électives" sont des termes qui, ici, se rapportent à des états d'existence qui ne sont pas simplement humains, de telle sorte que valent, pour eux, des critères qui peuvent même ne pas coïncider avec ce que le commun des esprits serait enclin à supposer et à croire naturel, logique et souhaitable.

4. Des races nouvelles peuvent-elles naître ?

Dans *Le Mythe du Sang*, le lecteur pourra voir quelles races de l'âme CLAUSS a cru pouvoir déterminer et quelles races du corps, pour lui, en constituent la correspondance normale. Il n'y a pas lieu de faire la discrimination de ce qui est acceptable ou non, du point de vue traditionnel, dans les théories de CLAUSS, qui, par ailleurs, constituent l'unique tentative positive faite jusqu'à présent dans ce domaine. On peut, du reste, se poser la question de savoir si, dans une situation de métissage comme celle où nous nous trouvons actuellement, il existe une correspondance numérique entre races de l'âme et races du corps. Il faut aussi penser qu'il arrive que des races de l'âme déterminées, en vertu de certaines lois cycliques, fassent réapparition sous des formes nouvelles, opérant, au besoin, une espèce de sélection dans les mélanges ethniques, avec, pour résultat, une énucléation graduelle et plus ou moins parfaite des types raciaux, qui semblent alors effectivement nouveaux. Sous leur aspect le plus extérieur, ce sont précisément les processus par lesquels une idée devenue état d'âme collectif et idéal d'une civilisation déterminée donnent lieu à un type humain dont les traits constituent presque une véritable nouvelle "race du corps".

Réels, ces processus sont une extension de ce que l'on peut vérifier positivement chez les individus. La force organiquement formatrice propre à une idée suffisamment saturée de forces émotives est attestée, ici, par de nombreux exemples. On peut rappeler les différents cas qui rentrent dans le domaine de l'hypnose et de l'hystérie ; la stigmatisation et d'autres phénomènes analogues de la vie mystique, déterminés par un état d'âme et une idée religieuse. D'une importance particulière sont, d'autre part, les exemples de l'influence de l'état d'âme ou d'une image donnée de la mère sur le fils qu'elle mettra au monde et qui en portera les traces. La télégenèse constitue, en la matière, le cas limite. Une femme dont les rapports sexuels avec un homme de couleur ont cessé depuis des années peut avoir un fils de couleur d'un homme qui, comme elle, est de race blanche : une idée, qui s'est conservée, dans des conditions spéciales, dans la subconscience de la mère sous la forme d'un "complexe", même des années après, a agi de manière formatrice sur la naissance. Si tout cela a une possibilité réelle, on peut très bien imaginer la répétition d'un processus semblable sur le plan collectif. Une idée, dès lors qu'elle agit avec une intensité et une continuité suffisantes dans un climat historique donné et dans une collectivité donnée, finit par donner naissance à une "race de l'âme", et, l'action persistant, fait apparaître, dans les générations immédiatement suivantes, un nouveau type physique commun, qu'il faut considérer, d'un certain point de vue, comme une race nouvelle. Le phénomène a un caractère éphémère lorsque, dans les processus de ce genre, n'intervient pas, aussi, une évocation de principes plus profonds, qui appartiennent au plan de l'esprit, où, en dernière analyse, se trouvent les racines ultimes et "éternelles" des vraies races, des races originelles : c'est seulement alors que la race nouvelle n'est pas qu'un produit conjoncturel. Fausse est cependant l'opinion de certains racialistes biologiques, qui, généralisant et, comme d'habitude, ne prenant en considération que des forces agissant à l'intérieur d'un périmètre assez restreint, croient que tous les types qui surgissent de cette manière et ne se laissent pas ramener aux races qu'ils ont distinguées et cataloguées doivent se dissoudre à brève échéance. Le cas du type juif prouverait déjà le contraire. Ce type est issu d'un mélange ethnique comprenant des éléments raciaux très différents, sous l'action d'une "race de l'âme", et persiste avec une stabilité suffisante depuis plus de deux millénaires : ce que l'on ne constate pas toujours dans les races qui sont, pour ainsi dire, "normales" et "naturelles", selon les racialistes biologiques. À plus forte raison faut-il admettre une possibilité de ce genre lorsque le processus de formation s'appuie sur une évocation, disions-nous, spirituelle, car, alors, le contact s'établit avec quelque chose de plus originel que ne le sont ces races supposées naturelles et élémentaires - et les rapports s'inversent : ce sont ces races qui se révèlent instables et se dissocient, au point de faire apparaître, dans une race à la fois nouvelle et ancienne, le type vraiment pur, sous l'effet de forces essentiellement suprabiologiques. L'importance de tout cela par rapport au racialisme pratique et créateur est bien évidente. De même que les considérations propres au racialisme de premier degré peuvent être tenues pour décisives s'agissant de "races naturelles" ou de races qui le sont devenues par involution, ainsi les considérations spécifiques au plan des "races de l'âme" sont fondamentales là où c'est sur l'élément "âme" qu'un cycle de civilisation donné a mis l'accent. Si un cycle de ce genre peut représenter un "plus", un redressement, face au nivellement des "races de l'âme", il présente cependant toujours des anomalies d'un point de vue supérieur, étant donné que, en règle générale, c'est l'esprit, et non l'âme, qui devrait constituer le point de repère ultime dans la hiérarchie des trois éléments de l'être humain, et, donc, aussi, le vrai principe inspirateur de toute civilisation vraiment "en ordre".

5. La race de l'âme et le "mythe". Limites du "mythe".

Les limites de la validité du second degré de la doctrine de la race ainsi définies, aux théories de CLAUSS, justes et géniales sous de nombreux aspects, on peut justement faire le reproche d'avoir considéré les races de l'âme comme des réalités ultimes et primaires, leurs frontières comme infranchissables, car, pour lui, il n'existerait aucun point de repère plus élevé. Ces considérations ne sont justes que *sub condicione*, c'est-à-dire dans l'hypothèse préalable où elles porteraient sur des civilisations qui se trouvent dans la situation pas tout à fait normale dont on a parlé, sous le rapport de l'élément âme. Faire disparaître les frontières entre les races de l'âme, ce serait, en ce cas, ouvrir la voie à une dissolution et de la race du corps et de ce qui, en elle, peut appartenir à la race de l'esprit, puisque, toujours dans ce cas, l'un et l'autre reposent sur ces frontières. En règle générale, au contraire, les races de l'âme obéissent aux races de l'esprit, dont elles représentent autant d'expressions différentes, les différences particulières étant alors reprises par des différences plus générales.

C'est pour cela, et du fait que le point de vue traditionnel prend uniquement en considération la normalité, que nous n'avons pas cru nécessaire de donner ici une définition des races de l'âme et de voir jusqu'à quel point les idées de CLAUSS sont, à cet égard, acceptables et utilisables. D'autre part, les races de l'âme que CLAUSS fait correspondre aux races du corps rentrent, au mieux, dans le groupe des races issues de la souche hyperboréenne et nordico-atlantique primordiale. Il s'en suit que, s'il s'agit de l'essentiel et non de l'accessoire, les différences des races de l'âme correspondantes ne pourraient pas être considérées comme absolument premières : dans le "style" de "l'homme actif" (nordico-germain), dans celui de "l'homme du paraître" (méditerranéen) et de "l'homme de l'évasion' (dinarique), et ainsi de suite — pour employer la terminologie de Clauss —, il ne peut donc s'agir que de différents instruments d'expression de modalités spirituelles communes de la souche originelle. En réalité, de même que les caractéristiques déterminées par le racialisme anthropologique ne deviennent parlantes que si on les considère comme des moyens d'expression de la race de l'âme, ainsi les modalités des races de lame ne révèlent leur contenu le plus profond que par rapport aux races de l'esprit et, dans le cas spécifique des races aryennes, aux diverses formes, originelles et dérivées, normales ou anormales, revêtues par la spiritualité et la tradition hyperboréennes au cours de son cycle.

Cela ne veut cependant pas dire que, pour les tâches pratiques, les résultats de la doctrine de second degré de la race n'aient pas une importance particulière. Si les courants les plus avancés de la renaissance et de la réaction européennes ont certainement dépassé le plan correspondant au principe corporel, on ne peut cependant pas dire qu'ils aient encore atteint le plan de l'élément purement "spirituel" et qu'ils y aient déjà conduit les masses, ou même seulement une *élite* suffisamment nombreuse et officiellement reconnue. Actuellement, c'est le plan de l'âme, donc tout ce qui est suggestion, sentiment, passions, réaction impulsive, qui prédomine. Dans ces conditions, il serait absurde d'envisager un réveil et une réaffirmation de la race en partant du plan purement spirituel. Pour agir, les valeurs correspondantes doivent plutôt être présentées sous la forme de "mythes", d'idées-forces suggestives, capables de capter et d'affecter profondément les énergies irrationnelles et animiques qui alimentent les mouvements dont a parlé et par lesquelles est en train de s'opérer le renouveau de la conscience politico-sociale des nations correspondantes.

Il faut cependant bien voir qu'il ne s'agit là que d'un critère d'opportunité, d'utilité pratique, conditionné par un certain état de fait. Ce qui, pour pouvoir agir de manière formatrice, doit être présenté à la majorité sous la forme du mythe doit en revanche être connu de l'*élite* sous la forme supérieure d'une réalité spirituelle et affirmé sur la base de forces non pas irrationnelles ou sentimentales, mais suprarationnelles. C'est l'équivalent de ce que, sur un autre plan, on peut expliquer en disant que, derrière les hypnotiseurs et les grands agitateurs de foules, il devrait y avoir - au besoin, invisibles et ignorés

- de vrais chefs spirituels. Dans le cas contraire, on reste fatalement exposé aux plus grands dangers. Le mythe, avec l'irrationalité qui lui est propre, lorsqu'il n'est pas un mode d'apparition déguisé d'un principe spirituel, est un instrument qui peut facilement être arraché à celui qui s'en est emparé. Par des infiltrations et des déformations opportunes, des forces obscures peuvent conduire le processus d'évocation subconsciente déterminé par ces "mythes" de nature purement irrationnelle dans des directions et à des fins tout à fait différentes de celles dont un instinct sûr avait pressenti la justesse. C'est le moment où, dans ces cas-là, la déviation devient perceptible ; où, d'ordinaire, il est trop tard pour pouvoir y remédier ou même seulement se dégager du courant, qui obéit désormais à d'autres forces.

Outre les considérations théoriques, ces raisons pratiques établissent donc la nécessité, pour une doctrine complète de la race, d'aboutir à un racisme de troisième degré, envisageant la race en tant qu'esprit, au-delà de la race de l'âme.

6. Le mystère de la naissance.
L'hérédité historique et l'hérédité d'en haut.

Il convient de faire précéder l'exposition des principes directeurs de cette partie du racialisme par quelques considérations sur le problème de la naissance, pour éclaircir définitivement ce que l'on a dit à propos de l'hérédité.

Quand bien même on est venu à bout de toutes les principales objections que, d'un point de vue immédiat, pratique ou intellectuel, de bonne ou de mauvaise foi, on a l'habitude de formuler contre la doctrine de la race, il semble en rester une, aussi insurmontable que décisive. On peut nous dire : très bien, tout ce que vous affirmez est juste. Mais, tout compte fait, est-ce la faute d'un homme s'il est né dans telle race et non dans telle autre ? Est-il coupable d'avoir des parents ou des ancêtres "aryens", juifs, nègres ou peaux-rouges ? Tout cela, l'a-t-il voulu ? Avec votre théorie de la race vous conservez, malgré tout, un point de vue purement naturaliste. Vous faites d'une donnée naturelle un destin et vous y bâtissez votre système, au lieu de vous préoccuper surtout des valeurs dans lesquelles la responsabilité humaine entre vraiment en jeu et qui peuvent être considérées comme imputables à celle-ci.

Cette objection est, d'une certaine façon, l'*ultima ratio* des adversaires du racialisme. Et il faut reconnaître qu'elle n'est ni spécieuse ni étrange, mais qu'elle a une portée réelle, si l'on n'adhère pas aux dégradations matérialistes et collectivistes de la doctrine en question et que l'on se place, au contraire, du point de vue traditionnel, qui met toujours en relief les valeurs de la personnalité. Cependant, prendre en considération cette objection, c'est sans aucun doute affronter le problème de la naissance. D'un point de vue supérieur, spirituel, la justification de l'idée raciale dépend de ce problème et de sa solution.

Parvenir à des points de référence solides en la matière est toutefois assez difficile tant que l'on reste dans le cadre des idées introduites en Occident avec l'avènement du christianisme. Et ce n'est pas par hasard : race et race supérieure, culte du sang, aryanité, tous ces concepts se formèrent et s'affirmèrent dans des civilisations pré-chrétiennes. C'est dans ces traditions et dans leur sagesse qu'il faut donc chercher les éléments d'une solution aux problèmes que la réapparition de ces idées suscite aujourd'hui. Les plus récentes conceptions de l'homme et de la vie, quant à elles, ne pourront nous fournir que des points de vue incomplets et souvent inadéquats.

Ainsi ne faut-il pas s'étonner que le problème de la naissance reste très obscur dans l'ordre de la vision chrétienne du monde. Pour des raisons précises et, certes, non arbitraires, que nous ne pouvons pas exposer ici, l'Église dut rejeter l'idée de la préexistence, que les traditions précédentes avaient toujours admise : elle a donc nié que le noyau spirituel de la personnalité préexiste à la naissance terrestre, ainsi que, naturellement, à la conception. Dans la théologie chrétienne, les choses, à cet égard, ne se présentent pas toujours d'une manière aussi simple que cette négation pourrait le faire croire. Toutefois, le point de vue fondamental du christianisme est que toute âme humaine est unique et que Dieu la tire du néant d'où elle est insufflée dans un corps ou un embryon humain apte à la recevoir. Qu'un homme soit né dans une race plutôt que dans une autre devient alors un mystère théologique : "Dieu l'a voulu ainsi" et, d'ordinaire, on admet que la volonté divine est impénétrable.

Tout autre était le point de vue de l'ancienne humanité et c'est le seul qui permet de dépasser l'objection déjà indiquée. Pour information, nous devons de nouveau renvoyer le lecteur à *Révolte contre le monde moderne* : en résumé, nous nous limiterons ici à dire que, selon ce point de vue, la naissance n'est ni un hasard, ni le fait de la volonté divine ; et la fidélité à notre nature n'est pas passivité, mais témoigne de la conscience plus ou moins claire d'une relation profonde de notre moi avec le transcendant et le supraterrestre, si profonde qu'elle peut agir d'une façon transfigurante. Telle est l'essence de la doctrine du *karma* et du *dharma*, doctrine que l'on ne doit pas confondre avec l'idée de la "réincarnation". Comme on l'a démontré ailleurs, la théorie de la réincarnation est soit une conception étrangère à la spiritualité "aryenne", essentiellement propre à des cycles préaryens, tellurico-matriarcaux, de civilisations, soit l'effet des équivoques et des déformations auxquelles ont donné lieu certaines idées traditionnelles dans certains milieux théosophistes modernes. Si, dans le monde traditionnel, et même aryen, on trouve, en apparence, des témoignages précis en faveur de la croyance en la réincarnation, en réalité, il ne s'agit ici que de la forme symbolique qu'un savoir supérieur a dû revêtir vis-à-vis du peuple et des non-initiés.

De toute façon, pour le problème qui nous occupe, il faut se référer, non pas à la réincarnation, mais à la doctrine selon laquelle le moi humain, tant qu'il a une nature propre donnée, serait l'effet, le produit, la manifestation, dans certaines conditions d'existence, d'une entité spirituelle qui y préexiste et le transcende. Et, puisque tout ce qui est temps, d'une manière ou d'une autre, est seulement quelque chose d'inhérent à la condition humaine, il n'y a pas, strictement parlant, de préexistence, d'antériorité au sens temporel.

On entre dans un domaine assez difficile, justement parce que les conceptions et les expressions que nous nous sommes forgée ici-bas ne peuvent s'y appliquer et que, si l'on s'en sert pour décrire une réalité différente, elles peuvent facilement conduire à des falsifications et à des déformations. De toute façon, il est nécessaire de distinguer une double hérédité. Celle qui préexiste à l'individu au sens temporel, et non transcendantal, est l'hérédité, notamment, des parents, de la famille, de la race, d'une certaine civilisation, d'une certaine caste, et, donc, plus ou moins, tout ce que l'on entend communément en parlant d'hérédité. Mais tout cela n'épuise pas la réalité spirituelle de l'individu, comme le voudraient le matérialisme et l'historicisme : ce qu'il faut considérer comme déterminant et essentiel, c'est plutôt une intervention d'en haut, un principe revêtant et utilisant, comme matière d'expression et d'incarnation, tout ce que cette hérédité a recueilli, avec ses lois et ses déterminismes. En outre, il faut penser que l'hérédité biologico-historique d'une ligne donnée est choisie et adoptée lorsqu'elle veut équivaloir approximativement à une espèce d'expression analogique d'une hérédité transcendantale.

C'est pourquoi, chez tout être, se rencontrent et confluent deux types d'hérédité, l'une terrestre, historique, que, dans une large mesure, on peut déterminer positivement, l'autre spirituelle, supraterrestre. Pour établir entre elles une continuité, et, donc, pour déterminer la synthèse qui définit une nature humaine donnée, intervient un événement, que les différentes traditions rendent par divers symboles et qu'il n'est pas possible d'examiner de près ici. Au fond, comme on l'a indiqué, ce qui agit ici, c'est une sorte de loi des "affinités électives". Pour l'illustrer par des applications, nous dirons, par exemple, que l'on n'est pas homme ou femme, d'une race ou d'une autre, de telle ou telle caste, parce que l'on est né ainsi, par hasard, par la "volonté de dieu", ou par un mécanisme de causes naturelles, mais, inversement, que, si l'on est né ainsi, c'est parce que l'on était déjà homme ou femme, d'une race ou d'une autre, de telle ou telle caste, naturellement, au sens analogique : c'est-à-dire qu'il s'agit d'une disposition, d'une vocation ou d'une délibération transcendantes que, faute de concepts adéquats, nous ne pouvons pressentir qu'à travers ses effets. D'une certaine manière, il y a donc interférence de la ligne horizontale d'une hérédité terrestre et de la ligne verticale d'une hérédité non-terrestre. C'est au moment où elles se croisent que, selon l'enseignement traditionnel, se produit la naissance ou, pour mieux dire, la conception d'un nouvel être, l'incarnation.

La race, la caste, et ainsi de suite, existent donc dans l'esprit avant de se manifester dans l'existence terrestre et historique. La diversité vient d'"en haut", ce qui s'y rapporte ici-bas n'est que reflet et symbole. Tel on a voulu être selon une nature primordiale et une décision transcendantale, tel on naît. Ce n'est pas la naissance qui détermine la nature, mais inversement, c'est la nature - au sens le plus large, car ici aussi le langage courant est traître - qui détermine la naissance.

7. La race, l'éthique classique et l'éthique romantique.

Dans l'œuvre déjà citée, nous avons reproduit plusieurs textes traditionnels qui éclaircissent et confirment ces idées. Rappelons ici ce passage de PLOTIN : "Le plan général est unique, mais il se divise en plusieurs parties, de sorte que, dans le tout, il y ait des lieux distincts, dont certains sont plus agréables que d'autres - et les âmes, elles aussi inégales, habitent dans ces lieux distincts, qui correspondent à leurs différences." De cette façon, tout concorde et la différence des situations correspond à l'inégalité des "âmes". Plus précisément encore : "On choisit son âme avant son démon et sa vie" - "Ce n'est pas le démon qui vous choisit, avait enseigné PLATON, c'est vous-mêmes qui choisissez votre démon. C'est vous-mêmes qui choisissez le destin de cette vie à laquelle vous serez ensuite irrémédiablement enchaînés."

Ces dernières expressions sont pour nous particulièrement intéressantes, étant donné que le concept de démon n'a rien à voir avec celui, chrétien, d'une entité mauvaise, mais est au contraire étroitement lié aux forces les plus profondes des races, tant de l'âme que du corps. Ici, nous ne pouvons pas non plus approfondir la doctrine traditionnelle en question, mais seulement rappeler que, à cet égard, le "démon", les "lares", les "pénates" , le "double" (analogue, à son tour, au "corps subtil"), sont des notions qui, dans l'Antiquité, interféraient et reflétaient la connaissance précise des vraies racines de la différenciation des sangs, des *gens,* et, enfin, des individus même, selon une vision totalitaire du monde, recouvrant l'invisible et le visible, et non pas selon celle des modernes, qui, mutilée, ne connaît rien d'autre que processus matériels et "psychologie". Ces témoignages, que l'on pourrait multiplier à la lumière des traditions de tous les peuples, confirment donc l'idée de l'hérédité transcendantale, verticale, et du choix qui, selon des correspondances analogiques, détermine sa connexion à une hérédité "horizontale", historico-biologique. Les conséquences de tout cela pour la justification de l'idée raciale sont évidentes.

Le point de vue central du catholicisme est que Dieu, tout en tirant l'homme du néant, a laissé se produire le miracle par lequel cet être tiré du néant est libre, en ce sens qu'il peut réintégrer la racine de son être, Dieu, ou la nier, voler de ses propres ailes, se disperser, dégénérer en une créature au vain arbitraire. Cette doctrine- là, avec les transpositions qui s'imposent, peut s'appliquer aux rapports entre l'être individuel et l'entité spirituelle dont il est la création et la manifestation humaine. Nous voulons dire que l'être individuel, dans une certaine mesure, jouit également du libre-arbitre et qu'à lui se pose la même alternative : ou vouloir être soi-même, approfondir et réaliser sa nature au point de réintégrer le principe préhumain et supraindividuel qui y correspond ; ou se créer arbitrairement une manière d'être artificielle, sans relation avec ses forces les plus profondes ou carrément en contradiction avec elles. Telle est exactement l'opposition entre l'idéal traditionnel, et surtout nordico-aryen, et l'idéal "moderne" de civilisation. Pour le premier, le devoir essentiel est de se connaître et d'être soi-même ; pour le second, en revanche, il faut "se construire", devenir ce que l'on n'est pas, enfreindre toutes les limites pour que tout devienne à la portée de tous : libéralisme, démocratie, individualisme, éthique activiste protestante, antiracisme, antitraditionalisme.

Telle qu'elle a été traditionnellement enseignée, la doctrine de la préexistence dépasse donc aussi bien le fatalisme qu'une liberté mal comprise et individualiste. Pour en venir aux conséquences les plus immédiates, en réalisant sa nature, l'individu met sa volonté en harmonie avec la volonté suprahumaine qui y correspond, il se "souvient", se relie à un principe qui, étant au-delà de la naissance, est aussi au-delà de la mort et de toute condition temporelle : c'est pourquoi, selon l'ancienne conception indo-aryenne, telle est la voie pour ceux qui, à travers l'action, veulent atteindre la "libération" et réaliser le divin. Le *dharma* - à savoir nature propre, devoir, fidélité au sang, à la tradition, à la caste - se rapporte ici, comme nous l'avons déjà expliqué ailleurs, à la sensation de venir de loin ; non pas limitation, comme le croient les "esprits évolués", mais libération. Ramenés à cette vision traditionnelle de la vie, tous les principaux thèmes raciaux acquièrent une signification supérieure et spirituelle, et il n'est plus possible de soutenir que la naissance est un hasard ou un destin.

Mais ce n'est pas tout : ce n'est pas par hasard que le "connais-toi toi-même", devise qui, dans sa signification la plus profonde, renvoie précisément à ces enseignements, fut gravée sur le temple d'Apollon, le Dieu hyperboréen, à Delphes. Laisser agir sur soi ces vérités traditionnelles jusqu'à ce qu'elles réveillent des forces intérieures bien précises, c'est avancer sur la voie qui conduit à un niveau spirituel où la vie a une signification absolument différente de celle qu'elle a pour le reste de l'humanité : là, elle est clarté, force absolue, certitude incomparable. Mais avoir le pressentiment de tout cela, entrevoir un "style" dans lequel, au sentiment de détachement de "ceux qui viennent de loin" et d'inaccessibilité intérieure, se joint une espèce d'indomptabilité, où, donc, coexistent un calme supérieur, une distance et une promptitude à l'attaque, au commandement, à l'action absolue - avoir pressenti ce "style", c'est aussi avoir pénétré le mystère de la race nordique primordiale, de la race hyperboréenne en tant que race de l'esprit. Tel est en effet le "style" olympien et solaire. L'imagination populaire le rapporte aujourd'hui à ceux que l'on appelle les "hommes du destin" ; autrefois, elle l'attribuait aux types peu répandus des grands dominateurs - en réalité, il s'agit là des derniers échos, des derniers éclairs de ce qui fut propre, en général, à la grande race hyperboréenne, avant sa dissémination et son altération. Rappelons l'expression de PLUTARQUE au sujet des membres de l'ancien Sénat romain : "Ils siègent comme un conseil de rois."

Cela implique aussi que, si une civilisation de type "classique", en ce sens olympien et viril, et non pas dans la vulgaire acception esthétique et formaliste du terme, reflète quelque chose de la race nordique de l'esprit, toute civilisation romantique et "tragique", tant qu'elle s'y oppose, sera, en revanche, le signe certain de la prédominance des influences provenant de races et de résidus ethniques de nature non-nordique pré- et antiaryenne.

8. L'élément "démonique" dans l'antirace.

Par rapport à cela, et pour épuiser le sujet, il convient de considérer ce qui suit. Consécutivement à l'objection précédente, on pourrait attirer l'attention sur le fait que, dans la réalité, les types, désormais, ne sont pas assez différenciés pour pouvoir s'enraciner dans le principe de la fidélité ; en second lieu, la doctrine en question semble ne fournir aucune explication au fait qu'il existe des types tellement affectés de troubles et de graves contradictions, qu'ils ne sont pas tous "eux-mêmes" et ne se sentent pas toujours tous "chez eux".

Sur la base du principe général selon lequel tout ce qui apparaît ici-bas est le reflet analogique d'une réalité qui existe ailleurs, pour expliquer ces cas il faut donc penser à tout ce dont est capable le libre arbitre de l'individu et aussi à l'action de conditions historiques et sociales particulières sur le plan collectif ; mais, surtout, il faut supposer des situations prénatales correspondantes. La force centrale qui a conduit une manifestation humaine donnée a pu subir aussi l'influence de forces divergentes moins importantes, qui, toutefois, précisément parce qu'elles sont plus faibles, ont été pour ainsi dire emportées et amenées à se créer des expressions correspondantes dans des éléments d'une hérédité "horizontale" - biologico-historique - défavorable et incompatible.

Ainsi s'expliquent, en dernière analyse, du point de vue traditionnel, les cas d'incompatibilité de la "race de l'âme" et de la "vocation intérieure" avec la race du corps, ainsi que les cas de déchirement romantique. Même la psychologie moderne connaît désormais les prétendues "personnalités secondes". Plus les forces de moindre importance s'écartent de la direction centrale, plus il en résultera des hommes dont le physique ne s'accorde pas avec l'âme, dont l'esprit contraste avec le corps ou avec l'âme, dont la vocation ne correspond pas à la race et à la caste et la personnalité s'oppose à la tradition, et ainsi de suite. Dans ces cas-là, l'éthique "classique", informée par l'ancienne norme nordico-aryenne de vie, révèle de manière encore plus distincte son aspect actif et créateur, car elle exige que les différents éléments divergents de ces natures obéissent à une seule loi de fer, selon une décision intérieure qui ne peut pas faire défaut dans une situation critique : comme nous le verrons, c'est justement cette décision, fondement de tout le reste, que le racialisme activiste doit provoquer chez la majorité des individus d'une nation. Exalter, au contraire, l'âme romantique, tragique, inquiète, toujours à la recherche de nouvelles "vérités", est essentiellement le fait d'une civilisation malade et minée dans sa race. Calme, style, clarté, maîtrise, discipline, puissance et esprit olympien sont en revanche les points de repère pour toute formation du caractère et de la vie au sens nordico-aryen.

Mais si, même dans le monde des causes et des significations métaphysiques, il faut supposer l'existence de natures et de vocations présentant un degré différent d'homogénéité, il faut aussi penser que toutes les civilisations et toutes les époques n'offrent pas les mêmes possibilités d'incarnation et d'expression à chacune des forces qui tendent à une forme d'existence terrestre. On a dit qu'interfèrent dans toute naissance deux hérédités différentes. L'hérédité terrestre et historique recueille, dans une espèce de nœud, certains éléments biologiques, anthropologiques, et aussi, en partie, psychologiques, une tradition, éventuellement aussi une caste, un moment donné dans le temps, un lieu donné dans l'espace, et ainsi de suite. Or, il y a des civilisations dans lesquelles tout cela est "en ordre" : où, en principe, tous ces éléments de l'hérédité "horizontale" ont une grande unité et un caractère organique important. D'autres civilisations sont en revanche caractérisées par l'individualisme, l'anarchie, la destruction de toutes les limites et de toutes les différences provenant de la race, du sang, de la caste, de la tradition et de la nationalité. D'après ce que l'on a dit au sujet de la loi des "affinités électives" et des correspondances analogiques, qui influe sur la naissance, il est évident que les civilisations du premier type sont celles qui, en raison des conditions et des possibilités d'expression adéquates qu'elles offrent, attirent des natures homogènes et des forces pures et déterminées. Les civilisations du second type, les chaotiques, pour la même raison, deviennent en revanche, pour ainsi dire, le "lieu géométrique", le lieu de rencontre, sur terre, de tous les "hystériques transcendantaux". Cette expression, si curieuse qu'elle soit, est la moins alarmante que l'on puisse employer pour expliquer ce dont il s'agit. En effet, sur le plan métaphysique, l'hystérie, la contradiction intérieure, ne peut apparaître que comme la qualité de ces êtres qui, plus ou moins, "disent non à l'être". Mais cette qualité est exactement celle que la théologie chrétienne attribue aux forces "démoniques" - en l'occurrence, au sens courant du terme - ou aux "créatures du chaos", dont la volonté d'incarnation, partout où se présentent des situations qui, pour des raisons d'analogie, les évoquent, a alors une signification aussi précise que préoccupante, qu'il n'y a pas lieu d'approfondir ici. La typologie, la physionomie, une espèce de psychologie transcendantale dans l'ensemble d'une étude raciale de premier et de second degré appliquée aux figures les plus typiques de révolutionnaires et aux chefs, même extérieurs et connus, du front de la subversion mondiale, aussi bien politico-sociale que culturelle et spirituelle, pourrait aboutir, à cet égard, à des résultats impressionnants.

Il n'est pas dit, cependant, que ces civilisations chaotiques accueillent exclusivement ces forces : il peut y apparaître aussi des natures homogènes en soi, qui, cependant, s'y sentiront particulièrement mal à l'aise et, pour tenir bon et rester fidèles à une vocation, qui, dans ces cas-là, a souvent le sens d'une véritable mission, sont condamnées à dissiper une quantité d'énergie pour résister aux contradictions entre l'âme et le corps, la race et le caractère, la dignité intérieure et le rang, qui sont propres à ces civilisations et font d'elles, en règle générale, la patrie de vocations complètement différentes. Mais, dans ces cas-là, il ne faut pas oublier les paroles de SÉNÈQUE, qui compara justement certaines situations difficiles, où peut se trouver un esprit supérieur, aux désagréments et aux dangers auxquels sont exposés ceux qui sont en mission à haut risque ou au front : les plus braves et les plus dignes sont choisis pour ces tâches, tandis que les lâches et les faibles peuvent être laissés à la "vie facile".

Il n'est pas nécessaire, de toute façon, de souligner l'importance que les précédentes considérations, quoiqu'inhabituelles à la mentalité courante de l'homme moderne, ont pour l'idée raciale et, en général, pour la philosophie de la civilisation, une fois laissés de côté ces cas exceptionnels. Si un destin plurimillénaire a conduit l'Occident à des situations où il serait difficile de trouver encore quelque chose de vraiment pur et intact, de différencié et de traditionnel, fixer de nouveau des limites strictes, par tous les moyens, même les plus violents, est une œuvre dont les effets bénéfiques, s'ils ne pourront peut-être pas être sensibles tout de suite, ne manqueront pas de se faire sentir dans les générations suivantes, en vertu des voies secrètes reliant le visible à l'invisible et le monde au "supramonde".

9. Le troisième degré de la doctrine de la race. Valeur du symbole. - La race éternelle.

Nous pouvons désormais parler de la recherche raciale de troisième degré, qui a pour objet, on le sait, les races de l'esprit. C'est, en vérité, la recherche de la racine première de la race, partout où il s'agit de civilisations normales et de souches humaines supérieures ; racine qui communique déjà avec des forces suprapersonnelles, supraethniques, métaphysiques. Pour cette recherche, la façon spécifique de concevoir aussi bien le sacré et le surnaturel que le rapport de l'homme à leur égard, la vision de la vie au sens le plus élevé, et, en outre, le monde des symboles et des mythes dans son entier, constituent une matière aussi positive et objective que le sont, pour le racisme de premier degré, les indices faciaux et les structures crâniennes. C'est essentiellement dans ce domaine que sont perceptibles les "signes" de l'hérédité "verticale", suprahistorique, dont on a déjà parlé dans ce qui précède ; de ce point de vue aussi se confirme donc l'importance particulière de cette nouvelle recherche. Dont, d'autre part, les possibilités d'explorer les origines et, donc, de déterminer les éléments primaires des races, sont plus vastes et précises que celles du racialisme de premier et de second degré. Les documents sur lesquels elle se fonde peuvent effectivement nous faire remonter jusqu'à la plus haute préhistoire, jusqu'à cette période que l'on appelle "mythique" et que, de ce fait, la science "positive" considère à tort comme incertaine et sans importance. De plus, les matériaux anthropologiques, archéologiques et paléontologiques sont muets en soi et ceux de la recherche de second degré sont particulièrement sujets au changement, alors que le mythe et le symbole, de par leur nature atemporelle et anhistorique, ont en revanche un caractère essentiel d'immutabilité, au point de pouvoir souvent nous transmettre des éléments ayant conservé dans une large mesure leur pureté originelle. Mais, naturellement, pour en venir là, dans la nouvelle doctrine de la race, il faut que tout le tronc des recherches préhistoriques, ainsi que ses ramifications, repose sur des bases absolument différentes de celles qui sont en vogue : sur des bases, pour tout dire, sacrées, et non plus profanes. Il faut donc bouleverser complètement l'ordre des critères et des préjugés qui prédominent dans ce domaine, lesquels, selon le procédé habituel, prétendent servir de mesure à tout ce qu'il faudrait considérer comme "sérieux" et "scientifique". Avant toute chose - répétons-le - il est nécessaire de liquider, sous toutes ses formes, le mythe évolutionniste, puisqu'il est évident que, si l'on continue à croire que plus on remonte dans le temps, plus on s'enfonce dans l'horreur d'une barbarie bestiale, il serait démentiel de penser obtenir de l'étude de la préhistoire et des origines "mythiques" des points de repère valables pour le présent. Partout où survit un quelconque préjugé "évolutionniste", rechercher les origines et mettre en relief le principe de l'hérédité conduirait fatalement à des aberrations, comme celles de certaines exégèses psychanalytiques telles que le *Totem et Tabou* de FREUD.

Du point de vue où nous nous plaçons ici, il faut dire que le domaine du symbole et du mythe, chez nous, n'a presque pas encore été défriché. Giovani Battista VICO n'a certes pas fait école en Italie, ou alors seuls s'y sont répandus les aspects secondaires et souvent médiocres de ses théories. Notre culture officielle et officieuse, celle qui se proclame "sérieuse" et "critique" et qui est malheureusement encore largement représentée dans l'enseignement, considère toujours le symbole et le mythe comme une création arbitraire de la conscience "préphilosophique" ou comme quelque chose qui se rapporte à des formes religieuses inférieures, ou encore comme une interprétation figurée et superstitieuse de simples phénomènes naturels, ou, enfin, comme une élaboration du folklore - sans parler des "découvertes" de la psychanalyse et de "l'école sociologique" qui commençaient à être importées, l'une et l'autre créations typiques du judaïsme. Il faut donc dépasser toutes ces limitations et tous ces préjugés, si l'on ne veut pas renoncer aux fruits d'une enquête des plus fécondes en fait de races et de traditions primordiales. Il faut de nouveau concevoir le mythe et le symbole comme les concevait l'homme traditionnel, c'est-à-dire comme l'expression propre à une réalité suprarationnelle, à sa façon objective, et quasiment comme le sceau, reconnaissable pour tout œil exercé, des forces métaphysiques qui agissent dans les profondeurs des races, des traditions, des religions et des civilisations historiques et préhistoriques. S'enfoncer dans le monde des origines en adoptant ce point de vue n'est pas - nous le concédons volontiers - sans dangers, car ce domaine échappe aux moyens ordinaires de contrôle et de critique, et, de par l'absence générale de préparation du milieu, toute interprétation arbitraire et fantaisiste pourrait avoir droit de cité. L'Allemagne n'a pas manqué de nous en montrer des exemples. Sans l'armature de solides principes traditionnels et sans une qualification spéciale, bien différente de la prétention à une recherche "critique" ou à une interprétation "philosophique", cette exploration peut être moins bénéfique que - à cause de déformations et de contaminations - néfaste.

En fait de principes généraux, si, pour ce qui est de cet aspect de la recherche de troisième degré, nous voulons tirer profit de l'expérience d'autrui, nous devons prévenir une erreur de taille.

Il existe un courant assez important, dont KLAGES ainsi que, dans une certaine mesure, JUNG, peuvent être considérés comme les représentants les plus significatifs, courant qui, tout en reconnaissant la valeur du symbole et du mythe comme objet d'une "science des profondeurs", n'y voit qu'une espèce de projection de l'âme des races, conçue de manière irrationnelle, comme une expression de simples forces "vitales" : la "Vie" (avec une majuscule) ou l'"Inconscient collectif" se manifesterait dans le symbole et dans le mythe. Faux. Et dangereux, parce que cela implique une conception romantico-naturaliste et assez unilatérale de ce qu'est la race et de ce qu'elle doit représenter pour nous. Lorsqu'il s'agit de races supérieures, répétons-le, il faut lier étroitement la notion de race à celle de tradition et, dans la tradition, à son tour, il faut reconnaître la présence et l'efficacité de forces en réalité métabiologiques, métaphysiques, non pas sub-rationnelles mais suprarationnelles, qui exercent une influence formatrice sur le donné purement physique et "vital" et constituent le "mystère" de tout ce qui, à travers la race, revêt une expression déterminée et unique. Le symbole et le mythe sont les "signes" de ces forces profondes de la race, dont on a déjà parlé, et non pas d'une espèce de substrat irrationnel, instinctif et inconscient du groupe ethnique conçu en soi, substrat qui ferait vraiment penser aux "esprits" ou aux *totems* des communautés sauvages. Face à des confusions de ce genre, il faut reconnaître que certaines accusations portées contre le racisme, que l'on juge être une espèce de nouveau "totémisme", un retour à l'esprit des hordes primitives, délétère pour toutes les valeurs de la personnalité, sont, dans une certaine mesure, justifiées.

Le symbole et le mythe, dans notre doctrine de la race, peuvent au contraire avoir valeur de documents, pour leur capacité à nous faire connaître l'élément spirituel suprarationnel primaire des souches, ce qui est véritablement "élémentaire" dans le monde des origines. Cet élément constitue le fil conducteur d'enquêtes complémentaires d'un genre différent. Les coutumes, l'éthique, le droit ancien, la langue, fournissent, certes, d'autres "signes" pour la recherche raciale de troisième degré et l'interprétation raciale de l'histoire des civilisations. Mais, ici aussi, pour obtenir des résultats valables, il faut supprimer les limitations de la mentalité moderne et reconnaître que, dans le monde ancien, l'éthique, le droit et les coutumes n'étaient que des parties de la "religion" : ils reflétaient donc des significations et des principes propres à un ordre suprarationnel et sacré. C'est dans cet ordre qu'il faut saisir le point central, capable de conférer au reste sa juste signification ; car, si la recherche s'arrêtait à ces formes considérées en soi, c'est-à-dire à l'éthique, aux coutumes, au droit, à la langue même et à l'art dans l'abstrait, au lieu de les envisager avant tout comme des expressions d'une race donnée du corps et de l'âme, puis, à travers celle-ci, comme des applications ou des reflets de significations générales spécifiques à la tradition, force spirituelle et créatrice de la race, on resterait de nouveau dans le cadre, non pas de l'originel, mais du dérivé, non pas de l'essentiel, mais de l'accessoire. Face à tous ces traités d'aujourd'hui, sans âme et qui se perdent dans le labyrinthe du "spécialisme" et d'une critique sans principes, l'œuvre fondamentale de FUSTEL DE COULANGES, comme d'autres œuvres similaires de la même époque, ainsi que celle de BACHOFEN, conservent, à cet égard, malgré toutes leurs imperfections, dues à l'époque où elles furent écrites, une importance essentielle et déterminante et indiquent la bonne direction pour une série d'études qui les intégreraient en prenant particulièrement en considération l'élément race.

Notons par ailleurs, dès à présent, que faire ressortir comme il se doit cet élément spirituel originel dissimulé par le mythe et le symbole traditionnel, qui, dans les souches, dépasse leur aspect simplement biologique, matériel et, au fond, humain, est très important même du point de vue pratique. Avec lui, en effet, de ce qui est conditionné par le temps et l'histoire et qui, donc, ne pourrait donner lieu qu'à des exhumations virtuelles, pour ainsi dire à des "commémorations", on passe au domaine de ce qui, étant essentiellement atemporel, ne doit pas être considéré comme d'"hier", comme appartenant à une "histoire" ou à une "préhistoire" donnée, mais comme d'une éternelle actualité : à la race pérenne. C'est précisément cette race qui peut se traduire en idées-forces, capables de faciliter, par un réveil dû à la loi des affinités électives, les tâches pratiques et créatrices de la doctrine appliquée de la race, donc : la réalisation, sous le signe de la "race" en tant que peuple, type commun défini par un certain mélange ethnique, de la "race supérieure" ; la réapparition des éléments supérieurs à l'état pur et leur réaffirmation, d'une manière formatrice reproduisant le mystère même des origines, dans un nouveau cycle de civilisation.

10. Les races de l'esprit.
La race solaire. - La race démétrienne.

Plus spécifiquement, le troisième degré de la doctrine de la race doit essentiellement limiter ses recherches à la sphère d'influence d'une race donnée de l'esprit et de sa tradition primordiale, en en suivant les développements, les mutations (paravariations) et aussi les altérations dans le cycle qui y correspond et où elle est en interaction avec des influences de races différentes ou avec un milieu différent. La recherche ainsi circonscrite, on en vient à un concept de race plus limité, qui correspond à celui des différentes différenciations ou articulations de l'élément primaire de ce cycle. Il est naturel que, à cet égard, on ne puisse pas penser à une séparation atomique des différentes "races de l'esprit" : leurs différences ne sont pas telles qu'elles excluent des rapports non seulement de dérivation, mais aussi de dignité hiérarchique différente.

Nous avons déjà ébauché, en ce qui concerne le cycle humain déterminé par la race hyperboréenne, une typologie des races de l'esprit, aussi bien dans *Révolte contre le monde moderne* (en insistant particulièrement sur l'aspect proprement traditionnel et spirituel), que dans notre choix de textes de BACHOFEN et dans l'interprétation raciale que nous en avons donnée dans *La Race solaire*. Pour plus ample information, le lecteur est donc renvoyé à ces deux travaux. Ici, on en donnera seulement une brève synthèse schématique, nécessairement dépourvue des éléments justificatifs.

Doit être considérée comme supérieure et antérieure à toutes les autres, dans le cycle en question, la race solaire ou olympienne, qui correspond au sang et à la tradition hyperboréenne. Elle a pour caractéristique une espèce de "surnaturel naturel" ; esprit et puissance, calme dominateur et promptitude à l'action précise et absolue, sentiment de "centralité" et d'"imperturbabilité" - et, pour ce qui est de ses effets extérieurs, cette vertu que les anciens rapportaient au *numen*, supériorité qui, directement et irrésistiblement, s'impose et suscite simultanément terreur et vénération - constituent les signes de cette "race de l'esprit", grâce auxquels elle est naturellement prédestinée au commandement et, à la limite, à la fonction royale. La glace et le feu s'y unissent, comme dans les symboles confus du siège nordique originel et du cycle où cette race eut sa manifestation éminente et primordiale : la glace, en tant que transcendance et inaccessibilité ; le feu, en tant que qualité radiante proprement solaire des êtres qui créent, réveillent et apportent la lumière, mais toujours avec une distance souveraine et presque avec indifférence, comme dans un sillage, et non à cause d'un quelconque élan, penchant ou souci humain. L'ancien symbole de l'or a toujours été lié à cette forme de spiritualité, qui, sous les aspects politiques qui furent les siens aux origines, servit de substrat à la royauté sacrée ou divine, c'est-à-dire à l'union des deux pouvoirs, de la fonction royale et de la fonction sacerdotale, entendue, celle-ci, au sens supérieur, qui sera expliqué plus loin. Elle fut appelée "race divine" ou "race céleste", expressions symboliques qui doivent être rapportées à l'absence de sentiment dualiste face à la réalité surnaturelle, état qu'il faut cependant bien distinguer de tout ce qui est, au sens moderne, immanence ou velléité prométhéenne ; il ne s'agit pas d'hommes qui se croient des dieux, mais de natures qui, spontanément, parce que le souvenir des origines ne s'est pas encore estompé en eux et que ce souvenir, leur état corporel et psychique n'est pas tel qu'il le paralyse, sentent qu'ils n'appartiennent pas à proprement parler à la race "terrestre", au point de pouvoir se croire hommes par hasard, par "ignorance" ou par "sommeil". C'est ainsi qu'il faut entendre les termes *vîdya* et *avîdya,* qui, dans l'ancien enseignement indo-aryen, signifiaient respectivement "connaissance" (de "l'identité suprême") et "ignorance" (qui conduit à l'identification à l'une des formes ou des modes d'existence du monde conditionné) ; si on les rapporte à une condition humaine différente et à une autre race de l'esprit ou que l'on en fait des termes "philosophiques", ils perdent tout sens et donnent lieu à diverses équivoques.

Les autres "races de l'esprit" du cycle, auxquelles appartiennent aussi nos contemporains, ont pour fondement une scission et une séparation de la "spiritualité" et de la "virilité - ainsi que de la "transcendance" et de l'"humanité" - deux éléments synthétiquement réunis dans la race solaire. En premier lieu, nous ferons allusion à la race lunaire ou race démétrienne. Par analogie, l'élément solaire est celui qui a en soi-même sa lumière et, en général, son principe, le soleil étant, à cet égard, le centre d'un système planétaire donné, alors que la lune est l'élément qui en revanche reçoit ou tire de l'autre sa lumière et son principe. Dans la race lunaire, le sens de la centralité spirituelle a donc été perdu, soit par dégénérescence (c'est la lune en tant que soleil éteint), soit par croisement passif avec des races d'autres cycles, de type "tellurique", qui en ont dégradé la qualité solaire originelle. La lune - relève BACHOFEN — fut aussi appelée par les anciens la "terre céleste". On a donc une sublimation de la loi de la terre, qui se présente comme une espèce d'harmonie cosmique et de loi naturelle : l'homme, ici, n'a plus la sensation d'être le centre actif de la réalité spirituelle : il n'est pas cette réalité même, mais plutôt celui qui la contemple, qui en étudie les lois, qui dépasse par la contemplation l'action matérielle et le "tellurisme", mais n'atteint pas encore à l'action spirituelle. L'adjectif "démétrien", qui, pour nous, qualifie également cette race, se rapporte à une spiritualité de caractère diffus, panthéiste, moins dominatrice que pénétrée par le sens des lois cosmico-naturalistes et d'une sacralité placée essentiellement sous le signe féminin : spiritualité qui fut justement propre à celle des anciens cultes démétriens. Par extension, lunaire est l'homme sacerdotal par rapport à l'homme royal ; c'est l'homme qui, face à l'esprit, se comporte comme une femme normale face à l'homme, c'est-à-dire comme un être qui a le sens de la soumission et du dévouement. Il est par ailleurs intéressant de noter que les anciennes traditions mirent en relation ce que l'on appellerait aujourd'hui la cérébralité ou l'intellectualité avec la lune, en associant, en revanche, le cœur avec le soleil, et en se référant à ces formes supérieures de spiritualité. De type lunaire est en effet aussi l'intellectuel, l'homme de la "réflexion" passive, qui, comme on dit, se meut parmi des "reflets", des ombres d'idées et de choses. La race lunaire a donc différents aspects. Dans le domaine politique, partout où se produit une scission entre le pouvoir temporel et le pouvoir sacerdotal, l'esprit lunaire apparaît inévitablement : lunaire est le dominateur qui reçoit de l'autre, d'une caste sacerdotale différente et elle-même non royale, la suprême consécration de son pouvoir. En général, l'homme lunaire, spirituellement, a des traits féminins. Il lui manque le sentiment de la centralité. Quant aux races du corps correspondantes, les caractéristiques démétriennes prédominent dans la souche que nous avons appelée atlantico-occidentale, dans ses formes préhistoriques, qui nous conduisent, par exemple, à la civilisation pélasgique, minoeno-mycénienne ou étrusque, et à ses manifestations ultérieures, dont, entre autres, le pythagorisme. Cette race représente une altération de la spiritualité hyperboréenne, qui, survenue dans les régions du siège atlante, provoqua, à travers des processus d'action et de réaction, une série d'autres mutations. On peut aussi trouver des éléments lunaires dans la race que certains raciologues appellent "homme de l'Est" (alpino-orientale) - dans la psychanthropie de CLAUSS, c'est la "race de l'évasion" – *der Enthebungsmenschen* -, ce qui correspond visiblement à un aspect de l'homme lunaire.

11. La race tellurique et la race dionysiaque.

La troisième race de l'esprit, que l'on peut déterminer sur la base des anciennes traditions symboliques, est la "tellurique" ou "titanique". C'est un état qui témoigne d'un attachement à la vie dans tout ce qu'elle a d'instantané, d'instinctif et d'irrationnel. Aujourd'hui, à ce mot, plus qu'à son étymologie *(tellus* signifie "terre"), on a tendance à penser à des phénomènes sismiques, assimilation qui, sous un certain aspect, pourrait même avoir une certaine justification. La race tellurique, c'est la race de l'impulsivité explosive, des changements soudains, des identifications absolues. Elle est aussi "intense" que profonde, sans avoir cependant la profondeur et le détachement nécessaires pour pouvoir aussi être tragique. La sexualité joue chez elle un rôle notable, sous son aspect le plus élémentaire : sexualité, naturellement, non pas seulement phallique, virile ; à cet égard, si l'on fait abstraction des races vraiment inférieures, on peut même dire qu'à une femme il est plus facile qu'à un homme de se réaliser selon une nature entièrement "tellurique". Chez l'homme tellurique, le sentiment de la personnalité est peu développé, l'élément collectif prédomine, et c'est en ce sens que se manifestent en lui les liens du sang, et toujours de manière matérielle, atavique, fataliste, ce que l'on peut reconnaître clairement dans certains aspects typiques du sentiment racial propre au peuple juif. Lorsqu'il apparaît, non pas aux premiers stades d'une civilisation, mais à l'intérieur d'une civilisation déjà formée par d'autres types humains, le tellurisme témoigne de la dernière phase de décomposition de cette civilisation : il correspond à la libération et au déchaînement de forces précédemment freinées par une loi supérieure.

Sous cet aspect, l'élément tellurique se laisse discerner dans la race que certains raciologues appellent "désertique", ainsi que dans la race "baltique", d'une particulière instabilité intérieure. En ce qui concerne le côté profond et fataliste, l'homme tellurique est par ailleurs reconnaissable dans la race étrusque, selon la magistrale description qu'en a faite BACHOFEN. Naturellement, cette possibilité "tellurique", il faut que l'homme méditerranéen en général la combatte, encore aujourd'hui, lorsqu'il veut façonner sa vie selon un style nordico-aryen. On sait, d'autre part, que l'adjectif "tellurique" a été, à raison, employé par KEYSERLING pour désigner un aspect incontestable de la "révolution mondiale" contemporaine[10]. Dans les cycles des traditions primordiales, la race "titanique" nous apparaît comme l'antithèse naturelle de la race de l'"homme démétrien", au moment où la synthèse solaire originelle fut perdue : à cause, surtout, de la dégradation de la qualité virile, qui, dès lors, apparaît sous un aspect terrestre et s'apparente non seulement à une affirmation sauvage et violente, mais également à certaines forces élémentaires de la nature inférieure, liées, jadis, au symbolisme et au culte, par exemple, de Poséidon. On pourrait, à cet égard, aller jusqu'à parler de "race prométhéenne", dans la mesure où un autre trait distinctif de certains aspects de cette race est la tentative d'usurper la dignité que possédait originairement la race solaire : d'où les célèbres mythes de la lutte des titans contre les forces olympiennes et les souvenirs que la tradition indoaryenne a gardés des *mlecchas,* race de guerriers déchus en révolte, exterminés par *Paraçu-Râma,* représentant de la spiritualité la plus ancienne et la plus élevée, lorsque les ancêtres des conquérants aryens de l'Inde préhistorique habitaient encore l'Hyperborée.

En traitant des différents degrés de la virilité et de la solarité, surtout

---

[10] Cf. H. KEYSERLING, La Rivoluzione mondiale e la Responsabilita'dello Spirito, Ed. Hoepli, Milano, 1936).

dans le domaine des anciennes traditions mystériques du monde méditerranéen, BACHOFEN distingue assez opportunément le stade apollinien du dionysiaque. Ici aussi les analogies cosmiques nous serviront de base. La solarité a en effet deux aspects. Le premier, c'est la lumière en tant que telle, c'est-à-dire en tant que nature lumineuse immuable et céleste : c'est le symbole apollinien ou olympien, par exemple, du culte delphique, qu'il faut considérer comme une veine, parvenue jusqu'en Méditerranée, de la pure spiritualité hyperboréenne ; c'est le stade qui, comme on l'a vu, définit la race de l'homme solaire. Le second aspect de la solarité, c'est la lumière qui se lève et se couche, qui a une mort et une résurrection, une nouvelle mort et une nouvelle aurore, et, en somme, une loi du devenir et de la transformation. Opposée au principe apollinien, telle est la solarité dionysiaque. C'est une virilité qui aspire à la lumière à travers une passion, qui ne sait pas se libérer de l'élément sensuel et tellurique, pas plus que de l'élément extatico-orgiastique propre aux formes les plus basses du cycle démétrien[11]. L'association, dans le mythe et le symbole, de figures féminines à Dionysos est, à cet égard, très significatif : Dionysos ne parvient pas à changer de nature. C'est une virilité encore terrestre malgré sa nature lumineuse et extatique. Le fait que les mystères dionysiaques et bacchiques s'associèrent aux démétriens, plutôt qu'au mystère purement apollinien, nous indique clairement le point final de l'expérience dionysiaque : c'est un "tu meurs et tu deviens" sous le signe de l'infini, non pas de cet infini qui est au-delà de la forme et du fini, mais de cet infini qui se réalise et se complaît dans la destruction de la forme et du fini, ramenant donc aux formes de la promiscuité tellurico-démétrienne.

L'homme dionysiaque a cependant aussi des traits communs avec l'homme "titanique". Il est celui qui aspire à reconquérir le niveau perdu, qui est capable de dépasser en partie la condition humaine par un déchaînement radical de toutes les forces liées aux sens, mais pas les extases, où la qualité virile vacille et ne peut pas se conserver, où le sensible se mêle au suprasensible et, au fond, la libération n'est atteinte qu'au prix d'une annihilation du principe affirmateur de la personnalité et débouche, donc, sur un état bien différent de l'état "solaire" et

---

[11] Pour une meilleure compréhension de cette expression, nous devons de nouveau renvoyer le lecteur à *La Race solaire*. Il est par ailleurs intéressant de relever que ce sont justement ces extases de type inférieur qui représentent le sommet de la vie spirituelle dans les idées de Klages, auxquelles on a déjà fait allusion en critiquant la conception vitaliste et irrationnelle de la race.

olympien.

Avec les transpositions de plan qui s'imposent, il ne serait pas du tout arbitraire d'établir une corrélation entre l'homme dionysiaque et l'homme romantique. Tous les deux appartiennent à une même race de l'esprit, qui se définit par son opposition à la race olympienne, ou solaire, de l'esprit. Ce point de repère peut nous épargner l'examen d'autres détails caractérologiques, car le lecteur y trouvera ce qu'il faut pour les identifier. Du point de vue racial, il ne faut pas s'étonner de constater que l'homme dionysiaque, en qualité de romantique, est représenté assez largement dans les races nordiques, aussi bien germaniques qu'anglo-saxonnes. Ainsi se confirme la nécessité déjà indiquée de bien distinguer la race primordiale nordico-aryenne des races nordiques des époques plus récentes. Déjà le rôle qu'eut, chez celles-ci, à leur apparition au seuil des époques historiques, l'élément féminin, démétrien et gynécocratique, est assez significatif (encore aujourd'hui, l'allemand est la seule langue indo-européenne, c'est-à-dire aryenne, dans laquelle le soleil - *die Sonne* - est du genre féminin, alors que la lune - *der Mond* - est du genre masculin) et nous amène à penser que, à cet égard, il s'agit d'épigones qui sont loin d'être "en ordre", dès que l'on cesse de considérer la seule race du corps : sur le plan spirituel, certains processus d'involution semblent avoir été plus loin parmi les derniers peuples nordiques que chez les aryens atlantico-occidentaux ou nordico-atlantiques, sur les traces desquels, en Méditerranée, on trouve également de nombreuses formes divergentes de la pure tradition solaire.

12. La race amazonique, la race aphrodisiaque, la race "héroïque".

Une race "démétrienne", qui, face aux usurpations de type "titanique", pour s'affirmer de nouveau ne dispose plus de l'autorité supérieure d'en haut propre à l'homme solaire et s'approprie les forces violentes et matérialisées de son adversaire, va définir un nouveau type, celui de "l'homme amazonique". Dans le mythe, l'Amazone apparaît en effet comme la femme (spiritualité lunaire) qui, contre les prévarications de l'homme ou, simplement, face à l'homme (spiritualité titanique), ne sait plus s'affirmer qu'en recourant à un mode d'existence également masculin, divergent donc de sa première nature (démétrienne). Il s'agit, en bref, d'une usurpation de la force de la part des éléments lunaires dégénérés. Pour généraliser, l'homme amazonique serait celui qui, dans son essence, reste lunaire, tout en s'affirmant par un déploiement de force, force cependant matérielle, non spiritualisée (comme nous verrons que c'est au contraire le cas pour la race "héroïque"). Ainsi, par exemple, aussi paradoxal que ce rapprochement semblera à certains, on est en présence d'un phénomène "amazonique" lorsqu'une caste sacerdotale s'empare du pouvoir temporel pour imposer une domination qu'elle ne saurait plus s'assurer en vertu de sa seule autorité spirituelle. Le mythe nous montre les Amazones affrontant aussi bien des types dionysiaques que des types de héros ; dans le premier cas, les Amazones, vaincues, sont assujetties de nouveau à la loi démétrienne, c'est-à-dire qu'elles sont ramenées à leur condition féminine-lunaire normale ; dans le second cas, leur destruction inaugure une nouvelle période solaire et virile. Une fois que l'on aura vu ce que signifie ici la race "héroïque", tout cela confirmera l'interprétation indiquée. Il pourrait donc y avoir une certaine relation entre l'homme amazonique et le titanique (le prométhéen), étant donné que ce dernier aussi se caractérise par l'usurpation d'une force dont la nature est inadéquate. Cependant, dans le cas de l'homme amazonique, il s'agit d'une force matérielle, tandis que, dans celui du titanisme, il s'agit en revanche d'une force transcendante dont seul le type solaire a le droit de s'emparer - cette remarque sans prévarication. Cette remarque peut suffire, puisqu'il n'est pas difficile d'en déduire, en la transposant dans divers domaines, différentes caractéristiques distinctives du type racial "amazonique".

Une autre race de l'esprit est à proprement parler la race "aphrodisiaque" ; le tellurisme - c'est-à-dire l'attachement à ce qui est terrestre — y revêt les formes d'un extrême raffinement de l'existence matérielle et favorise souvent un développement conséquent de tout ce qui est faste et luxe dans la vie extérieure, donc aussi du monde des arts et du sentiment esthétique. Mais, à l'intérieur, subsistent une passivité et une inconstance lunaire, compensées par une sensualité prononcée et une accentuation de tout ce qui se rapporte à la femme, qui, de cette manière aussi, exerce une domination et assure, sans faire de bruit, sa prééminence. BACHOFEN a suivi le développement de cette condition dans ses relations avec les phases crépusculaires du culte dionysiaque et aphrodisiaque de l'Antiquité. Il nous propose lui-même des indications précises sur les races du corps, là où il note la diffusion particulière que ces formes du culte antique eurent dans les races celtiques. En effet, il n'est pas arbitraire d'admettre que la race aphrodisiaque entre pour une large part aussi bien dans la branche que les raciologues appellent "race euro-occidentale" (ou "de l'Ouest"), que dans ce qui, pour CLAUSS, constitue le type ou la race du *Darbietungsmensch*. La race aphrodisiaque conserve dans une certaine mesure le même thème dionysiaque, là où la recherche du plaisir et de la sensation s'allie au sentiment joyeux d'une destruction, d'une transgression - de la sensation, donc, de la loi même des natures mortelles, de la vie qui surgit et, fatalement, s'écoule dans le cycle éternel des générations.

La race aphrodisiaque d'un côté, la tellurique de l'autre, représentent les limites extrêmes des formes comprises dans le cycle nordico-aryen, les points au-delà desquels on entre, par involution et à cause de la prééminence des éléments inférieurs introduits par les croisements, dans le domaine des "races naturelles".

En dernier lieu, on peut considérer la "race des héros". Le terme "héros", ici, n'est pas pris au sens courant, mais dans l'acception qu'il a dans les traditions mythiques rapportées par HÉSIODE, selon lesquelles, dans les cycles d'une humanité déjà dévoyée et matérialisée, Zeus, donc le principe olympien, aurait engendré une race apte, virtuellement, à reconquérir, à travers l'action, l'état primordial : l'état "solaire" de la première génération du cycle en question (hyperboréen) - "l'âge d'or". Indépendamment du mythe, il s'agit ici d'un type dans lequel la qualité "olympienne" ou "solaire" n'est plus une nature, mais un but à atteindre sur la base d'une hérédité spéciale ou, pour mieux dire, d'une forte composante atavique de la race primordiale, mais pourtant aussi par une transformation intérieure, un dépassement, souvent présenté comme une "seconde naissance" ou "initiation", seule capable d'actualiser ce qui était passé à l'état latent et de faire reconquérir ce qui avait été perdu.

Dans notre recueil d'extraits d'œuvres de BACHOFEN, outre une description plus précise de ces types, on trouve des allusions à la correspondance la plus probable de ceux-ci avec les différentes races du corps, et aussi, en partie, avec celles de la recherche de second degré effectuée par CLAUSS. Si nous nous sommes limité ici à indiquer les caractéristiques relatives au plan le plus élevé, c'est-à-dire aux rapports de l'homme avec le monde spirituel, on trouvera dans l'œuvre susdite des applications et des déductions et on verra quelles valeurs, quelles institutions, quels symboles, quelles coutumes, quelles formes de droit ont essentiellement reflété telle ou telle race de l'esprit.

Adopter des points de référence de ce genre, c'est avoir la possibilité de dépasser l'histoire à deux dimensions, de découvrir les influences qui se sont affrontées, imbriquées ou superposées dans les coulisses des anciennes civilisations, ainsi que le sens de la prédominance, de la décadence ou de la transformation de certaines conceptions religieuses et éthico-sociales. Dans *Révolte contre le monde moderne*, nous avons présenté une introduction à cette métaphysique des anciennes civilisations, tandis que, dans les extraits des œuvres de Bachofen, nous avons déterminé de nombreux éléments susceptibles de favoriser d'autres recherches en ce sens. Il y a même de nombreux aspects du monde moderne et de la civilisation contemporaine qui se présentent sous un jour insoupçonné et révélateur, si l'on utilise ces données[12].

Il ne faut pas oublier de noter que certaines dénominations utilisées dans la classification des races de l'esprit déjà indiquée - solaire, tellurique, lunaire, et ainsi de suite -, comme d'autres, que l'on pourrait adopter à leur place, si elles ont été dictées par des raisons analogiques et des données relatives aux anciens cultes typiques, donnent aussi la possibilité d'explorer le sens le plus profond des traditions, comme, par exemple, celle selon laquelle ce qui déterminerait les caractéristiques décisives des hommes, ainsi que, dans une certaine mesure, leurs destins terrestres, ce serait le choix prénatal de telle ou telle planète par le noyau spirituel de la personnalité - d'où, par exemple, la conviction, professée par le monde romain même, que l'homme royal ou destiné à la dignité royale, parce que *dominus natus* était celui qui s'était approprié les influences du soleil. Dans cet enseignement symbolique, que l'on retrouve dans les traditions aryo-iraniennes et indo-aryennes sous des formes encore plus précises et détaillées, est dissimulé ce que nous avons déjà dit au sujet du mystère de la naissance : les planètes dont il est question ne sont naturellement pas les planètes physiques, ce sont des dénominations de forces spirituelles et supra-individuelles déterminées (non sans relation avec cette notion du "démon" que chacun se choisit) dont les planètes physiques, à la limite, peuvent être des manifestations sensibles symboliques. L'essence de cette doctrine se rapporte donc à cette "nature" ou élection transcendantale dont nous avons indiqué qu'elle seule peut venir à bout de l'objection la plus solide que l'on peut élever contre l'idée raciale ; les résultats du racialisme de second degré, à leur tour, pourront l'éclairer, dans la mesure des possibilités de la compréhension humaine. En venir, spontanément, à sentir comme adéquats et expressifs des termes comme "homme solaire" ou "homme lunaire" est déjà significatif pour une telle conjoncture.

---

[12] Cf. notre article "Viviamo in una civilta'ginecocratica in "Régime Fascista" du 19 décembre 1939 : "Vivons-nous dans une société gynécocratique ?"

13. Les races de l'esprit dans le monde Méditerranéen archaïque et le Judaïsme.

En ce qui concerne l'ancien monde méditerranéen, on a déjà fait remarquer que les branches des races nordico-aryennes et atlantico-occidentales qui avaient atteint cette région à une époque très lointaine en suivant surtout la direction horizontale Occident-Orient et qui y avaient créé des civilisations de type différent, semblent, au commencement des temps dits historiques, en profond déclin. Du point de vue spirituel, même en faisant abstraction des formes de civilisation et de culte visiblement déterminées par l'influence de souches aborigènes inférieures et de détritus ethniques d'origine australe, les races de l'esprit les plus visibles dans le monde méditerranéen de la plus haute Antiquité sont de type démétrien, amazonique, tellurique, dionysiaque, avec les cultes et les coutumes correspondants. Il n'y a que çà et là que l'on trouve, comme s'il s'agissait de réveils momentanés dans les classes dominatrices ou de la continuation secrète d'une tradition transmise sous forme de "mystères" et d'initiations, des éléments de spiritualité olympienne et héroïque. Par rapport à ce monde méditerranéen des origines, les civilisations supérieures, que l'on peut appeler proprement "aryennes", de l'Antiquité historique, surtout de l'Hellade et de Rome, sont plus récentes, ce qui a induit BACHOFEN, pas complètement à l'abri du préjugé évolutionniste prédominant à son époque, à les considérer comme des phases ultérieures du développement des civilisations précédentes, là où il s'agit soit de forces nouvelles qui se sont manifestées brusquement, soit d'un réveil, favorisé par diverses circonstances, de ce qui existait déjà mais était en involution. En d'autres termes, ce que notre Antiquité et la race même de nos ancêtres présentent de plus élevé est soit l'effet de nouvelles vagues, dont la force originelle hyperboréenne était restée la plus pure, soit une espèce de "renaissance", de nouvelle galvanisation d'une hérédité spirituelle et solaire primordiale, enfouie parmi les détritus et les civilisations crépusculaires de la Méditerranée que l'on appelle "pré-aryenne", "pélasgico-sémitique", "ibéro-pélasgique", "chamite", et ainsi de suite.

Plus généralement, et aussi à la lumière de ce qui fut créé en Asie par les ramifications de la souche nordique et nordico-occidentale, il faut rapporter le terme "aryen", dont on a tellement abusé dans le domaine de la recherche de troisième degré, aux formes de civilisation et de spiritualité propres à une "race héroïque", au sens technique susdit : on va en voir tout de suite la raison. Les civilisations "aryennes"

- on peut y inclure celles de la Grèce antique, de la Rome antique, de l'Inde, de l'Iran, du groupe nordico-thrace et danubien - réveillèrent, pendant une certaine période, la race solaire sous sa forme héroïque et recouvrèrent en partie leur pureté originelle. De ces civilisations, on peut dire que l'élément sémitique, et d'ailleurs surtout le judaïque, représenta l'antithèse la plus nette, pour ce qu'il a été une espèce de condensateur des détritus raciaux et spirituels des différentes forces qui se sont affrontées dans le monde méditerranéen archaïque. On a déjà fait remarquer que, du point de vue de la recherche de premier degré, il faut considérer Israël moins comme une "race" (sinon au sens le plus général du terme) que comme un "peuple", puisqu'y ont conflué des sangs très différents, même d'origine nordique, comme cela semble être le cas pour les Philistins. Du point de vue de la race de l'esprit, il en est de même : chez le Juif, dans son besoin d'"être sauvé" de la chair et dans ses côtés mystico-prophétiques, la race dionysiaque semble affleurer, alors que le matérialisme crasse d'autres aspects de ce peuple et l'importance donnée au lien purement collectiviste accusent la race tellurique, son sensualisme la race aphrodisiaque et, enfin, le rigide dualisme de sa religiosité n'est pas sans relations avec la race lunaire même. Du point de vue spirituel aussi, il faut donc concevoir Israël comme une réalité essentielle hétéroclite ; une "loi", quasiment sous la forme d'une violence, a cherché à maintenir unis des éléments assez hétérogènes et à leur donner une certaine forme, ce qui, tant qu'Israël resta sur le plan d'une civilisation de type sacerdotal, sembla même être une réussite. Mais, au moment où le judaïsme se matérialisa et que, d'autre part, plus encore, le Juif se détacha de sa tradition et se "modernisa", le ferment de décomposition et de chaos, retenu jusqu'alors, devait passer à l'état libre et - alors que, avec la dispersion d'Israël, l'élément juif avait pénétré dans presque tous les autres peuples - devait exercer, par contagion, une influence dissolvante dans le monde entier, au point de devenir un des instruments les plus précieux et les plus efficaces du front secret de la subversion mondiale. Détaché de sa Loi, qui lui tenait lieu de patrie et de race, le Juif représente l'antirace par excellence, il est une espèce de dangereux paria ethnique, dont l'internationalisme est simplement un reflet de la nature informe et chaotique de la matière première par laquelle ce peuple a été originairement formé. Ces idées, cependant, font aussi comprendre ce type de Juif moyen, qui, d'un côté, pour lui et pour les siens, en guise de traditionalisme résiduel, observe, dans son style de vie, une pratique de solidarité raciale, solidariste, souvent même intransigeante, alors que, en ce qui concerne les autres, il donne en revanche libre cours à ses autres tendances et exerce cette activité délétère qui, du reste, est même prescrite et rendue obligatoire par la Loi juive, partout où l'on a affaire au non-Juif, au *goï*.

QUATRIÈME PARTIE

LA RACE ARYENNE ET LE PROBLÈME SPIRITUEL

1. Que signifie "aryen" ?

Venons-en maintenant au terme "aryen". Selon la conception devenue courante aujourd'hui, a le droit de se dire "aryen" quiconque n'est pas juif ou d'une race de couleur, ni n'a d'ancêtres dans ces races - en Allemagne, jusqu'à la troisième génération. Pour les objectifs les plus immédiats de la politique raciale, ce point de vue peut avoir une certaine justification, en tant que point de repère pour une première discrimination. Sur un plan plus élevé, et aussi du point de vue historique, il apparaît en revanche insuffisant, ne serait-ce que parce qu'il se réduit à une définition négative, indiquant ce qu'il ne faut pas être, non ce qu'il faut être ; une fois satisfaite la condition générale (n'être ni noir, ni juif, ni de couleur), un type à moitié négroïde des pays du Sud aurait autant le droit de se dire aryen que le plus "hyperboréen" des Suédois. D'autre part, si l'on compare cette signification réductrice de l'aryanité à celle que le mot eut à l'origine, on en vient presque à penser à une profanation, car la qualité aryenne, originairement, coïncidait essentiellement avec celle que, comme on l'a indiqué, la recherche de troisième degré peut attribuer aux groupes de la race restauratrice, de la race "héroïque". C'est pourquoi, dans l'acception courante qui est la sienne aujourd'hui, le terme "aryen" ne peut être retenu que pour circonscrire et distinguer un domaine général, à l'intérieur duquel devrait cependant intervenir toute une série d'autres différenciations, si l'on veut s'approcher du niveau spirituel correspondant à la signification authentique et première des termes en question.

Le racialisme, il est vrai, dans ses ramifications philologiques, s'est livré à une étude comparative des mots qui, dans l'ensemble des langues indo-européennes, contiennent la racine *ar* d'"aryen" et expriment plus ou moins la qualité d'un type humain supérieur. Le latin *herus* et l'allemand *Herr* signifient "seigneur" ; en grec, *aristos* veut dire "excellent", *areté*, "qualité" ; l'irlandais *air,* "honorer" ; l'ancien allemand *êra*, "gloire" - comme *Ehre* signifie "honneur" en allemand moderne -, tous ces mots, et d'autres, semblent justement provenir de cette racine *ar*, que, d'autre part, le racisme a cru retrouver aussi, non seulement en Eran et en Erin (Erenn), qui sont respectivement les anciens noms de l'Iran et de l'Irlande, mais encore dans de nombreux noms propres qui reviennent très fréquemment dans les anciennes lignées germaniques. Toutefois, rigoureusement parlant, le terme "aryen" - du sanscrit *arya* - ne peut être rapporté avec certitude qu'à la civilisation des conquérants préhistoriques de l'Inde et de l'Iran. Dans le *Zend-Avesta*, texte de l'ancienne tradition iranienne, la patrie d'origine des souches auxquelles cette tradition fut propre est appelée *airyanem-vaêjô*, "terre du peuple aryen", et, des descriptions que l'on en donne, il ressort clairement qu'elle ne fait qu'un avec le siège arctique hyperboréen. Sur l'inscription de Behistun (520 av. J.-C.), le grand roi Darius parle ainsi de lui : "Moi, roi des rois, de race aryenne", et, dans les textes, les "Aryens", à leur tour, s'identifient à la milice terrestre du "Dieu de Lumière", ce qui fait déjà apparaître la race aryenne sous un aspect métaphysique, comme celle qui, sans répit, sur un des différents plans de la réalité cosmique, lutte contre les forces obscures de l'anti-Dieu : Hariman.

Ce concept spirituel de l'aryanité se précise dans la civilisation hindoue. En sanskrit, *ar* signifie "supérieur, noble, bien fait" et évoque aussi l'idée d'un mouvement ascendant, d'une élévation. À la lumière de la doctrine hindoue des trois *guna*, cette idée favorise des rapprochements intéressants. La qualité "ar" correspond ainsi à *rajas*, qui est la qualité des forces ascendantes, supérieure et opposée à *tamas*, celle de tout ce qui tombe, va vers le bas, tandis que la qualité supérieure à *rajas* est *sattva*, la tendance propre à tout "ce qui est" (*sat)* au sens éminent - autrement dit : au principe solaire dans son caractère olympien. Cela peut donc faire comprendre le "lieu" métaphysique propre à la qualité aryenne. Sur cette racine *ar*, l'adjectif *àrya* indique, d'autre part, la supériorité, la fidélité, l'excellence, la valeur, la bonne naissance ; substantif, il désigne "le seigneur, de noble lignage, le maître, digne d'honneur" : ce sont des déductions sur le plan du caractère, sur le plan social et, enfin, de la "race de l'âme".

Cela, du point de vue général. Au sens strict, *àrya* était cependant essentiellement une dénomination de caste : elle se rapportait à l'ensemble des trois castes supérieures (chefs spirituels, aristocratie guerrière et "pères de famille" en tant que propriétaires légitimes, avec autorité sur un certain groupe de consanguins) dans leur opposition à la quatrième caste, à la caste servile des *çûdra* - il faudrait dire aujourd'hui : à la masse prolétarienne.

Or, deux conditions définissaient la qualité aryenne : la naissance et l'initiation. Aryen on naît - c'est la première condition. L'aryanité, sur cette base, est une propriété conditionnée par la race, par la caste et l'hérédité, elle se transmet, par le sang, du père au fils et rien ne peut la remplacer, de même que le privilège qu'avait en Occident, jusqu'à hier, le sang noble. Un code particulièrement compliqué, développant une casuistique minutieuse, contenait toutes les mesures nécessaires pour préserver et garder pure cette hérédité précieuse et irremplaçable, lesquelles prenaient en considération non seulement l'aspect biologique (race du corps) mais aussi le plan éthique et social, la conduite, un style de vie donné, des droits et des devoirs, donc toute une tradition de "race de l'âme", différenciée, par ailleurs, par chacune des trois castes aryennes.

Mais si la naissance est la condition nécessaire pour être aryen, elle n'est pas suffisante. Il faut confirmer la qualité innée par l'initiation, *upanayâna*. De même que le baptême est la condition nécessaire pour faire partie de la communauté chrétienne, ainsi l'initiation représentait la porte par laquelle on entrait effectivement dans la grande famille aryenne. L'initiation détermine la "seconde naissance", elle crée le *dvîja*, "celui qui est né deux fois". Dans les textes, *ârya* apparaît toujours comme un synonyme de *dvîjay* re-né, ou né deux fois. Par là, on entre déjà dans un domaine métaphysique, dans celui de la race de l'esprit. La race obscure, prolétarienne - *çudra-varna* -, dite aussi ennemie - *dosa* - non-divine ou démonique - *asurya-varna* - n'a qu'une naissance, celle du corps. Deux naissances, l'une naturelle, l'autre surnaturelle, ouranienne, a en revanche l'*ârya*, le noble. Comme nous l'avons rappelé plusieurs fois, le plus ancien code de lois aryennes, le *Mânavadharmaçâstra*, va jusqu'à juger que celui qui est né aryen n'est pas vraiment supérieur au *çudra*, à l'esclave, tant qu'il n'est pas passé par la seconde naissance ou si sa race a systématiquement oublié le rite déterminant cette naissance, à savoir l'initiation, l'*upanayâna*[13].

---

[13] Cf. R. GUÉNON, in *Études traditionnelles*, mars 1940, a relevé avec raison qu'il ne faut pas confondre l'initiation des castes aryennes avec l'initiation au sens

Mais il y a aussi une contrepartie. En règle générale, n'importe qui n'est pas apte et qualifié à recevoir légitimement l'initiation ; ne l'est que celui qui est né aryen. L'accorder à d'autres est un délit. Nous sommes donc en présence d'une conception supérieure et complète de la race. Elle se distingue de la conception catholique, car elle ne connaît pas de sacrement susceptible d'être administré à n'importe qui, indépendamment du sang, de la race et de la caste, au point d'aboutir à une démocratisation de l'esprit. En même temps, elle dépasse aussi le racisme matérialiste, car non seulement on satisfait aux exigences de celui-ci, mais encore on pousse le concept de pureté biologique et de non-mélange jusqu'à sa forme extrême, celle de la caste fermée, et l'ancienne civilisation aryenne jugeait insuffisante la seule naissance physique : elle avait en vue une race de l'esprit, à atteindre - en partant de la base solide et de l'aristocratie d'un sang donné et d'une hérédité naturelle donnée - par la renaissance, définie par le sacrément aryen. Encore plus élevée, la troisième naissance, ou, pour employer le terme correspondant dans les traditions classiques, la résurrection à travers la "mort triomphale". Le suprême idéal, pour l'ancien aryen, était en effet la "voie des dieux" - *deva-yâna* -, dite aussi "solaire" ou "nordique", le long de laquelle on s'élève et dont "on ne revient pas", et non pas la "voie du Sud", celle de la dissolution dans la souche collective d'une lignée donnée, dans la substance confuse de nouvelles naissances *(pitr-yânà)* : ce qui suffit déjà pour s'imaginer quel cas l'aryen pouvait faire de la soi-disant réincarnation, une conception qui, comme on l'a dit, fut propre à des races étrangères, essentiellement "telluriques" ou "dionysiaques".

2. L'élément solaire et héroïque de l'ancienne race aryenne.

La double condition à remplir pour posséder la qualité aryenne explique que ces anciennes civilisations présupposaient une espèce

---

absolu - *dikshâ* : mais on peut dire que la première contient déjà potentiellement la seconde, qui, par ailleurs, peut se réaliser, dans la plupart des cas, au moment de la mort, conçue comme "troisième naissance" [voir plus haut et p. 136]. L'initiation de caste est ainsi comparable au sacrement chrétien du baptême, auquel on attribue un certain pouvoir transformateur, mais qui est distinct de la "seconde naissance" au sens mystique. Il garde ainsi, en tout cas, la valeur d'un "sacrement" - en outre, il est possible qu'à celui-ci correspondit vraiment, autrefois, un véritable rite initiatique.

d'hérédité surnaturelle latente dans la race aryenne du sang, hérédité que l'on devait cependant réveiller et faire passer de la puissance à l'acte au cas par cas, afin que l'individu puisse réellement se l'approprier. Telle était la signification générale du sacrement aryen sous ses formes les plus élevées. À considérer cependant le sommet de la hiérarchie aryenne, il est facile de voir que la qualité primordiale latente à réveiller correspond essentiellement à celle de la "race solaire" et que, donc, l'aryen, en tant que tel appartient potentiellement à cette race, mais doit la reconquérir ou la restaurer, et présente exactement les traits de la race que nous avons définie par le terme technique d'"héroïque".

Comme on l'a indiqué, la caste aryenne se répartissait en trois autres castes ; la plus élevée, nous l'avons appelée celle des "chefs spirituels", puisque cette expression prévient de nombreux malentendus et nous permet aussi d'éviter le problème assez complexe des rapports qui, dans les anciennes sociétés d'origine hyperboréenne, existaient entre la caste sacerdotale - *brâhman* - et la guerrière - *kshâtram*. La majeure partie des orientalistes, se référant à la première là où elle représenta effectivement le sommet de la hiérarchie aryenne, croient y voir une espèce de suprématie sacerdotale, ce qui est faux. D'abord, il semble ressortir des plus anciens témoignages que la caste sacerdotale, à l'origine, ne faisait qu'une avec la caste guerrière-royale, en pleine adéquation avec la fonction originelle de la "race solaire". En second lieu, même en faisant abstraction de cela et en se limitant aux seuls *brâhmana* (aux membres de la caste du *brâhman)* en tant que chefs aryens, on ne peut pas penser à une société dirigée par des "prêtres" et asservie à des idées "religieuses", tels que les uns et les autres sont conçus dans la religion européenne. Cela, pour deux raisons. Avant tout, à cause de la susdite condition du sang. Pour diverses raisons, l'Église dut imposer au clergé le célibat, privant ainsi d'un fondement racial et héréditaire la dignité sacerdotale. Selon le point de vue catholique - et encore plus selon le protestant -, pour devenir prêtre, il suffit d'avoir la "vocation", de faire certaines études voisines de la philosophie et de respecter certains préceptes moraux : il n'est pas nécessaire d'être de race sacerdotale pour être ordonné prêtre. Ceci est le premier point.

En second lieu, l'ancienne *élite* aryenne en tant que "race solaire" ignorait la distance métaphysique entre un Créateur et sa créature. Ses représentants n'apparaissaient pas comme des médiateurs du divin (fonction du prêtre dans les civilisations lunaires), mais bien comme des natures divines. La tradition les décrit comme les dominateurs non seulement des hommes, mais aussi des puissances invisibles, des "dieux". Voici, à cet égard, un extrait d'un des nombreux textes contenus dans notre ouvrage déjà souvent cité : "Nous sommes des dieux, vous (n') êtes (que) des hommes." Natures lumineuses, ils sont comparés au soleil. Faits "d'une substance ignée radiante", ils constituent le "sommet" de l'univers et "sont un objet de vénération pour les divinités même". Ils ne sont pas les administrateurs d'une foi, mais les détenteurs d'une science sacrée. Cette connaissance est puissance et force transfigurante. Elle agit comme un feu, qui consume et détruit tout ce qui, pour d'autres, sur le plan de l'action, pourrait représenter une faute, un péché, une contrainte - c'est quelque chose de semblable au "par-delà le bien et le mal" nietzschéen, mais sur un plan transcendant, non pas sur celui de la "bête blonde" surhumaine, mais sur celui du surhomme "olympien". Parce qu'ils "savent" et "peuvent", ces chefs aryens n'ont pas besoin de "croire", ils ne connaissent pas de dogmes ; dans le domaine des connaissances traditionnelles, ils sont infaillibles.

Comme ils n'ont pas de dogmes, ils ne constituent pas non plus une "Église" ; ils exercent directement, en personne, leur autorité ; ils n'ont pas de pontifes à vénérer, car, d'une certaine façon, tout représentant légitime de leur caste est un "pontife", au sens premier du terme. Le pontife, c'est celui qui sert d'intermédiaire, qui établit un lien entre les deux rives, entre les deux mondes - entre l'humain et le supra-humain. Parce que telle était la fonction propre au *brâhman* et que, dans une civilisation d'orientation éminemment héroïque et métaphysique, telle que l'était celle de l'ancienne aryanité, elle apparaissait au plus haut point utile et efficace, le chef spirituel, ou *brâhmana*, incarnait aux yeux des autres castes, et, inutile de le dire, à ceux des castes serviles non-aryennes, une autorité illimitée et suprêmement légitime.

L'instrument "pontifical" - donc, de "liaison" - par excellence (à l'origine, prérogative royale) était le rite. Au sujet du rite aussi, nous devrons répéter ici des choses que nous avons déjà dites plus d'une fois. Le rite, pour les anciens, n'était pas une cérémonie vide et superstitieuse. S'y exprimait au contraire une attitude virile et dominatrice face au suprasensible, puisque, alors que la prière est une demande, le rite, selon cette vue, est un commandement et une détermination. Le rite est une espèce de "technique divine", qui se distingue de la pratique moderne du fait qu'il n'agissait pas sur les lois extérieures des phénomènes naturels mais influait sur les causes suprasensibles de ceux-ci ; en second lieu, parce que son efficacité était conditionnée par une force spéciale et objective, supposée présente en celui qui devait accomplir le rite. La mentalité moderne, qui voit tout à l'envers, est notoirement encline à rapporter les rites aux pratiques superstitieuses des sauvages. La vérité est au contraire que les pratiques des sauvages ne sont que les formes dégénératives des véritables rites, qu'il faut expliquer et comprendre sur une tout autre base.

Maintenant, si tous ces traits sont déjà présents dans une manifestation en tant que *brâhmana* de la caste aryenne suprême, nous avons de bonnes raisons d'admettre qu'aux origines, quand le *brâhman* et le *kshâtram* - l'élément sacerdotal et l'élément guerrier ou royal - ne faisaient qu'un, la civilisation des Hyperboréens descendus vers le Sud avait en son centre exactement ce que nous avons appelé "spiritualité olympienne" ou "solaire" et que cette tradition subsista dans les phases suivantes, d'obscurcissement partiel, de cette civilisation, grâce à des restaurations de type "héroïque" dans une *élite,* une caste de chefs spirituels. Une étude des témoignages correspondants de la plus ancienne civilisation grecque et romaine aboutirait aux mêmes résultats ; l'élément solaire et royal, le sentiment d'une communauté d'origine et de vie avec les entités divines y sont également présents.

C'est pourquoi, en résumé, si l'on veut l'expliquer par les idées et les traditions propres aux civilisations auxquelles il est prouvé qu'il appartint à proprement parler, le terme "aryen" se rapporte avant tout, en général, à une "race de l'esprit" d'origine hyperboréenne engagée dans une espèce de combat métaphysique et ayant en propre un idéal particulier de l'*Imperium* - le chef, en tant que "roi des rois" (Iran) ; plus particulièrement, dans toute son éclat, il comprend en premier lieu un idéal de grande pureté biologique et de noblesse de la race du corps ; en second lieu, l'idée d'une race de l'esprit de type solaire, aux traits tant sacraux que royaux et dominateurs : race de véritables surhommes, face à tout ce qu'il y a, au contraire, de matérialiste, d'évolutionniste et de "prométhéen" dans les conceptions modernes du surhomme - même indépendamment du fait que celles-ci ne sont rien d'autre que de la "philosophie", des théories et de pures inventions formulées par des personnes dont la race, presque toujours, est loin d'être en ordre.

Si l'étude de l'aristocratie aryenne des temps primordiaux nous amène à de telles hauteurs, en venir, de là, aux exigences pratiques du problème actuel de la race n'est certes pas facile. Le monde spirituel que les considérations de troisième degré remettent en lumière grâce à une analyse adéquate des traditions et des symboles anciens et jugent apparenté au plus ancien héritage aryo-hyperboréen, à beaucoup d'"aryens" d'aujourd'hui, peut sembler inhabituel et imaginaire ; à d'autres, carrément incompréhensible. Faire revivre des valeurs que des millénaires d'histoire ont enfouies dans les couches les plus profondes du subconscient, pour qu'elles déterminent de nouvelles formes de sensibilité, ne peut pas avoir lieu du jour au lendemain et, en tout cas, c'est une oeuvre qu'il faut associer aux tâches du racisme pratique de premier et de second degré, puisqu'il est nécessaire de supprimer en même temps les obstacles et les déformations qui paralysent, pour ainsi dire, même physiquement, la possibilité de tout retour à l'ancien esprit aryen.

Dans ces conditions, il est essentiel que l'expression "aryen" ne dégénère pas aujourd'hui en un vain mot d'ordre et ne serve pas à désigner quiconque n'est pas noir, juif ou mongol. Il faut toujours tenir compte des points de référence suprêmes, des concepts limites, des cimes, car c'est d'eux dont dépend, dès les premiers stades du développement, le sens de tout entier celui-ci. Même à cet égard, un choix des vocations peut se produire : la sensation de quelque chose qui, aujourd'hui, apparaît comme une cime brillante dans des lointains mythiques inaccessibles peut paralyser les uns et les inciter à ne pas "perdre de temps" dans des rêveries anachroniques, tandis que, chez les autres, elle peut réveiller une tension créatrice qui suscite des possibilités supérieures.

3. *Ex Occidente lux.*
Le problème religieux.

Des remarques que l'on a faites sur les voies parcourues par la civilisation des races nordico-aryennes ressort un nouvel aspect, selon lequel la doctrine de la race a une portée révolutionnaire. L'époque qui a précédé la nôtre tenait à deux idées, présentées presque comme des vérités acquises une fois pour toutes : en premier lieu, la barbarie de l'Occident et l'origine orientale de toutes les anciennes civilisations supérieures - en second lieu, l'origine juive de la "religion supérieure", du monothéisme. La nouvelle exploration raciale de l'histoire, intégrée à des données traditionnelles, bouleverse complètement ces dogmes. D'abord, elle estime que la grande tradition nordico-hyperboréenne connaissait déjà le monothéisme sous des formes supérieures, cosmico-solaires, et qu'elle répandit sa civilisation d'Occident en Orient et du Nord au Sud. Faux, donc, l'*Ex Oriente lux* ; de l'Orient - pourrait-on dire à plus forte raison - vinrent plutôt les ténèbres : comme par une espèce de reflet, en vinrent des formes religieuses, mystiques et sociales contaminées par des influences liées à des races inférieures ou issues, par involution, des civilisations aryennes d'origine nordico-occidentale qui s'étaient répandues en Orient à des époques préhistoriques et étaient déjà en déclin. Soit dit en passant, il faut relever que la sagesse orientale pour laquelle s'exaltent aujourd'hui certains milieux esthétisants ou théosophiques se situe plus ou moins sur le même plan, ne se rapporte pas aux éléments supérieurs d'origine aryenne des civilisations orientales : à cette confusion s'ajoutent, dans ces courants, des déformations et des incompréhensions dues à la mentalité moderne[14].

Il n'est pas non plus originel, le monothéisme de la religion juive, qui, dans sa rigueur et dans l'exaspération unilatérale de son dualisme, doit être considéré comme une sorte de point de repère désespéré pour unifier, d'une façon ou d'une autre, un ensemble de détritus ethniques tendant intrinsèquement à se disperser dans tous les sens, une fonction que nous avons attribuée à la Loi juive. Quant à la prétendue "religion supérieure" en général, supposée être celle d'Israël, des thèmes déjà présents dans les civilisations du cycle aryen s'y mêlent à des éléments suspects, qui finirent par aller au-devant des ferments de décomposition ethnique et morale agissant dans le monde méditerranéen et altérer sensiblement ce qui, dans ce monde, subsistait encore, en tant qu'écho ou reprise, de la tradition nordico-aryenne archaïque.

Il est par ailleurs évident que, du fait des relations de la religion juive avec le christianisme, par rapport à cet élargissement des horizons et à un rejet du judaïsme ne se limitant pas au plan de la race du corps et de l'âme, mais s'affirmant de nouveau sur celui de la race de l'esprit aussi, on en vient à se demander quelles seraient les relations d'une doctrine complète de la race avec, justement, le christianisme. C'est un problème délicat, et ici aussi l'expérience, à savoir les exagérations et les erreurs déjà commises par un certain racialisme étranger, doit nous servir de leçon. En voici la formulation la plus générale : dans les mouvements de renouveau actuels, surtout là où l'on met particulièrement en relief le mythe racialiste et aryen, se réveillent des forces qui ne peuvent pas être contenues dans l'ordre strictement politique ; ce sont aussi des forces qui cherchent des points de référence supérieurs, spirituels, une "vision du monde" conforme à la race et, en même temps, susceptible d'intégrer et de renforcer les idées qui guidaient déjà leurs partis sur le plan politico-national. Cette vision du monde, peut-il s'agir *sic et simpliciter* de la chrétienne ? Ou faut-il se livrer à une certaine discrimination dans le domaine des idées chrétiennes ? Ou, enfin, faut-

---

[14] Cf. pour une critique de ces courants, Masque et visage du spiritualisme contemporain.

il chercher les éléments valables de traditions de type différent ?

Pour l'Italie, pays catholique non altéré par la Réforme, il n'y a certes pas lieu d'envisager des solutions extrémistes et, au fond, ce problème, s'il faut le poser, n'a pas un caractère politique, mais seulement théorique, d'orientation générale. Il est à peine besoin de dire, d'autre part, que dans cet ordre de choses, il faut condamner sans aucun doute toute tentative de créer des "succédanés", de chercher dans telle ou telle conception ou construction philosophique ou "spiritualiste" de penseurs modernes un équivalent religieux. Il n'y a qu'une tradition, au sens le plus strict et suprapersonnel du terme, qui puisse être à la hauteur du problème - et les traditions ne se créent pas sur commande, du jour au lendemain, pour des raisons contingentes. Évidente, de même, est l'inutilité, et même la nocivité, des attitudes purement polémiques et négatives, même dans le cas où elles seraient justifiées par certains aspects militants et obliques d'une tradition donnée. Il s'agit d'autre chose.

Le fait est que, une fois procédé - surtout en ce qui concerne les traditions aryennes des origines - à cet élargissement des horizons dont on vient de parler, il est bien difficile de pouvoir continuer à adhérer inconditionnellement à l'idée selon laquelle le christianisme serait la seule vraie tradition et religion, alors que le monde antique, y compris le monde aryen-romain - si ce n'est une vague "préfiguration" - n'aurait rien connu d'autre que la superstition et une spiritualité inférieure. Il s'agirait plutôt de mettre en relief et en valeur ces aspects du christianisme, mais surtout du catholicisme, selon lesquels il n'apparaît pas comme quelque chose de nouveau, mais a au contraire presque le sens d'une reprise : reprise de certains thèmes solaires et cosmiques d'une tradition primordiale qui, toutefois, a eu aussi d'autres manifestations, sinon même supérieures - supérieures pour la simple raison que, ailleurs, cette tradition a pu rester plus pure, n'étant pas passée au crible de l'élément pré-aryen et sémitico-méridional du monde méditerranéen, et que, toujours ailleurs, les races furent souvent davantage en contact avec les origines. Du reste, dans les enseignements de l'Église, il y a quelque chose qui pourrait se concilier avec ce point de vue. Nous faisons allusion à la doctrine de la "révélation patriarcale primordiale", qui aurait été faite à toutes les races avant une catastrophe, qui est simplement la transcription mythique de celle qui détruisit le siège de la race nordico-atlantique ; révélation qui aurait été perdue ensuite. En partant de cette idée, le père SCHMIDT a même mené en matière d'ethnologie et de cultes "primitifs" des recherches qui témoignent de bien plus de compréhension que celles de l'immense majorité de ses collègues. Difficile, cependant, d'admettre que cette "révélation", qui s'est obscurcie partout, ait été conservée pure seulement par un "peuple élu" identifié à Israël. L'arbitraire de cette thèse peut ressortir de recherches même seulement élémentaires.

Pour ceux qui voient le problème déjà indiqué, il ne s'agit pas, de toute façon, de se raidir dans des attitudes polémiques, qui n'aboutissent à rien, mais de se concentrer sur le monde de l'ancienne aryanité. C'est alors que l'on sera aussi en mesure de reconnaître, de discriminer et de compléter ce qu'il peut y avoir de valable et de fécond dans le christianisme, même pour un peuple se déclarant ouvertement pour un racisme "aryen". Si, comme cela semble être le cas pour l'Allemagne, ce n'était pas considéré comme suffisant par certaines forces révolutionnaires, elles sont libres de chercher des expressions nouvelles et différentes pour leurs propres idées traditionnelles : cependant, il faut toujours rester conscient que cette diversité et cette nouveauté ne concernent, précisément, que l'expression, non pas le contenu, en conséquence de quoi, même dans ce cas, le racialisme, correctement compris, ne devrait pas compromettre la possibilité d'entente entre ceux qui se reportent à la tradition commune par l'intermédiaire du christianisme et ceux qui, en revanche, cherchent à l'évoquer plus directement à travers les symboles et les doctrines aryennes d'origine pré- ou nonchrétiennes.

En suivant ces directives, même indépendamment de l'actualité du problème, le racialisme devrait donc promouvoir une nouvelle science comparée des religions et des traditions spirituelles, aussi éloignée de la plate et fausse objectivité de ceux qui, aujourd'hui, dans les universités européennes, y compris les italiennes, pratiquent quelque chose de semblable, que de toute animosité sectaire.

4. L'équivoque du nouveau paganisme raciste.

Le problème précisé de la sorte, il convient de signaler l'équivoque - équivoque de taille - propre à certains courants racialistes extrémistes contemporains, qui ont cru le résoudre dans les termes d'un néo-paganisme. Cette équivoque, en vérité, naît précisément de l'emploi de mots comme "païen" et "paganisme". Nous les avons nous-même adoptés un temps, et nous le regrettons sincèrement[15].

Il est vrai que chez les écrivains latins, par exemple chez LIVIUS, on rencontre, sans intention spéciale, le terme *paganus*. Cela n'empêche pas que, si l'on se réfère à l'acception générale qui a prévalu à partir de l'avènement de la nouvelle foi, *paganus* est un mot essentiellement péjoratif, employé à des fins polémiques par la première apologétique chrétienne. *Paganus*, qui vient de *pagus*, "village", "bourgade", désigne donc ce qui est propre à un campagnard, à un être inculte et primitif. Pour affirmer et glorifier la nouvelle foi, une certaine apologétique chrétienne, suivant la mauvaise habitude qui consiste à discréditer les autres pour se valoriser soi-même, se livra à une déformation et à un dénigrement souvent systématique et conscient de presque toutes les doctrines, les cultes et les traditions précédents, qu'elle engloba précisément sous le terme péjoratif de "paganisme". Naturellement, dans ce but, elle prit soin de mettre en relief tout ce qui, dans ces traditions, ces cultes non-chrétiens, n'avait pas un caractère originel et normal, mais représentait manifestement une décadence et une dégénérescence. Cet *animus* polémique conduisit ensuite, plus particulièrement, à attribuer sans discrimination un caractère antichrétien à tout ce qui, antérieur au christianisme, pouvait aussi être simplement non-chrétien et ne pas constituer des antithèses vraiment irréductibles.

Sur cette base, il faut donc se rendre compte qu'il y a un "paganisme" essentiellement - et tendancieusement - construit : donc, sans véritable équivalent dans la réalité historique - à savoir : avec ce que, dans ses formes "normales", le monde préchrétien et surtout aryen fut toujours, et pas seulement sous des aspects décadents ou liés à des résidus dégénératifs de civilisations ou de races inférieures plus anciennes.

Ceux qui tiennent compte de tout cela en viennent aujourd'hui à découvrir un singulier paradoxe : c'est justement de ce paganisme qui n'a jamais existé et qui fut forgé par l'apologétique chrétienne, que partent très fréquemment certaines tendances "païennes" et antichrétiennes du racialisme et du nationalisme extrémiste, menaçant donc de le faire devenir, pour la première fois dans l'histoire, vrai. Ni plus ni moins.

Quels sont les traits principaux de la vision païenne de la vie, telle

---

[15] Dans notre oeuvre polémique *Impérialisme païen*, Pardès, Puiseaux, 1993.

qu'elle a été imaginée et répandue par l'apologétique ?

Tout d'abord : la vision païenne de la vie aurait ignoré toute transcendance. Elle n'aurait connu qu'une indistinction entre l'esprit et la nature, une équivoque unité de corps et d'âme. Sa religion se serait réduite à une divinisation superstitieuse des phénomènes naturels ou des énergies raciales, érigées en autant d'idoles. D'où, en premier lieu, un particularisme, un polythéisme conditionné par la terre et le sang. En second lieu, l'absence de notion de personnalité spirituelle et de liberté, un état d'innocence, celui qui est propre aux êtres naturels, à ceux qui n'ont encore éprouvé aucune aspiration véritablement surnaturelle. Ou cette "innocence" - ou la licence, le "péché", les plaisirs de la chair. Dans les autres domaines aussi, soit superstition soit civilisation purement "profane", matérialiste, fataliste. À part certaines "anticipations" jugées négligeables, c'est avec le christianisme que se serait manifesté, pour la première fois, le monde de la liberté surnaturelle, c'est-à-dire de la grâce et de la personnalité, face au déterminisme et au naturalisme "païen" ; c'est avec lui que se serait affirmé un idéal "catholique", à savoir, étymologiquement, universel, un sain dualisme, permettant la subordination de la nature à un ordre supérieur, à une loi d'en haut, et le triomphe de la loi de l'esprit sur celle de la chair, du sang et des "faux dieux".

Tels sont les traits les plus typiques de la conception prédominante du paganisme, c'est-à-dire de tout ce qui n'est pas vision spécifiquement chrétienne du monde. Ce qu'ils ont d'inexact et d'unilatéral, il est à peine besoin de le faire remarquer à tous ceux qui ont une connaissance directe même élémentaire de l'histoire des civilisations et des religions. Du reste, déjà certains Pères de l'Église démontrèrent une plus grande compréhension des symboles et des cultes des civilisations précédentes. Ici, nous ne pouvons mettre en relief que quelques points.

Tout d'abord, ce qui caractérise le monde non-chrétien, surtout aryen, dans toutes ses formes normales, ce ne fut pas la divinisation superstitieuse de la nature, mais, au contraire, une compréhension symbolique de celle-ci, par laquelle - comme nous avons souvent eu l'occasion de l'indiquer - toute chose et toute action apparurent comme la manifestation sensible d'un monde suprasensible : la conception "païenne" de l'homme et du monde eut essentiellement un caractère symbolico-sacral. Dans le cas particulier des forces du sang et des peuples, au lieu d'une superstition polythéiste, il s'agit d'une connaissance bien précise de leurs éléments suprabiologiques, d'en haut, connaissance dont encore aujourd'hui un racialisme de troisième degré aurait beaucoup à apprendre. Nous avons déjà eu l'occasion de mettre en relief le contenu racial précis des cultes familiaux et nobiliaires romains[16].

En second lieu, le mode de vie païen n'eut rien à voir avec une stupide "innocence" ou une licence naturaliste, si ce n'est dans certaines formes de décadence criantes. Il connut déjà un sain dualisme, qui se refléta aussi dans des conceptions religieuses ou métaphysiques générales comme, par exemple, celle, antagoniste, des Aryens de l'ancien Iran, que tout le monde connaît bien ; l'opposition dorico-aryenne entre les deux "natures", entre le monde du devenir et le "supra-monde" ; celle, aryano-nordique, entre la race des *Asen* et le "monde élémentaire" ; celle, indo-aryenne, entre le *samsara*, le "courant des formes", et *mukthi* la "libération" Et ainsi de suite.

Par rapport à tout cela, l'aspiration à une liberté surnaturelle, c'est-à-dire à un accomplissement métaphysique de la personnalité, fut commune à toutes les grandes civilisations préchrétiennes et aryennes, qui connurent toutes des "mystères" et des "initiations". À cet égard, on a déjà fait remarquer que les "mystères" représentèrent souvent une reconquête de l'"état primordial", de la spiritualité propre à la race solaire et hyperboréenne, sur la base d'une tradition et d'un savoir que le secret et l'exclusivisme protégeaient des contaminations d'un milieu déjà corrompu. De plus, on a vu (page 124) que, en Orient, le terme "aryen" se rapportait à une "seconde naissance", conditionnée par l'initiation.

Quant à l'innocence naturaliste, en tant que culte "païen" du corps, elle tient tellement de la fable, que l'on ne peut pas non plus la retrouver, strictement parlant, chez les sauvages, car, malgré l'indifférenciation intérieure de la "race naturelle", chez eux l'existence est tempérée et entravée par une foule de *tabous*, de façon souvent plus stricte que dans la morale des prétendues religions positives. Ce qui, pour certains, qui voient les choses en surface, aurait été le sommet de cette "innocence", soit l'idéal classique, n'est en rien le culte du corps, n'est pas en-deçà, mais au-delà du dualisme entre l'esprit et le corps, puisque c'est au contraire - on l'a vu - l'idéal d'un esprit qui est devenu tellement dominateur, que, dans certaines conditions historiques favorables, il façonne le corps et l'âme entièrement à son image et réalise une parfaite correspondance entre contenant et contenu.

---

[16] Cf. *Difesa della Razza*, n° 14 et 15.

En quatrième lieu, on constate une aspiration supraparticulariste partout où, dans le monde "païen", dans le cycle ascendant des races supérieures de souche nordico-aryenne, se manifesta une vocation à l'empire ; cette vocation, souvent renforcée par une métaphysique, apparut comme la conséquence naturelle de l'extension de l'ancien concept sacral de l'État et comme la forme sous laquelle le "monde supérieur" chercha à se manifester victorieusement dans le monde du devenir. À cet égard, nous rappellerons notamment l'ancienne conception aryo-iranienne de l'empire et du "roi des rois", avec la doctrine correspondante du *hvarenô* (ou "gloire céleste" apportée par les conquérants), la tradition indo-aryenne du "seigneur universel" ou *cakravartî,* dont les significations se reflètent dans les aspects solaires de l'empire romain. Lequel eut un contenu sacral, systématiquement nié ou discrédité non seulement par le christianisme, mais aussi par les recherches "positives" : le culte impérial romain représenta, en réalité, la culmination hiérarchique unificatrice d'un *panthéon,* c'est-à-dire d'une série de cultes particuliers, conditionnés par la terre et le sang, des peuples non-romains, cultes qui étaient respectés, à condition qu'ils restassent dans leur limites normales. Quant à l'unité "païenne" des deux pouvoirs, spirituel et temporel, loin de représenter leur confusion, elle impliquait le pouvoir suprême que, en conformité avec la tradition de la "race solaire", l'autorité spirituelle a et doit avoir au centre de tout État normal - elle n'avait donc rien à voir avec la "statolâtrie", l'émancipation, la "souveraineté" et le "totalitarisme" d'un État de type laïc. Si l'on voulait multiplier les rectifications de ce genre, dans un esprit de pure objectivité, il n'y aurait que l'embarras du choix.

5. Autres confusions "païennes" sur la vision du monde.

Une fois constaté tout cela, la possibilité de "transcender" certains aspects du christianisme serait réelle. Étymologiquement, transcender veut dire "dépasser par le haut". En règle générale, il ne s'agirait pas - il est utile de le répéter - de nier le christianisme ou de montrer à son égard la même incompréhension qu'il montra en son temps - et, dans une large mesure, encore aujourd'hui - pour le "paganisme" ; il s'agirait au contraire, éventuellement, de l'intégrer dans quelque chose de plus vaste, en négligeant certains de ses aspects, par lesquels il ne s'accorde guère avec l'esprit propre à certaines des forces rénovatrices actuelles, surtout avec celles qui agissent dans les pays germaniques, pour en faire ressortir, au contraire, d'autres, plus essentiels, suivant lesquels cette religion peut ne pas contredire les conceptions générales de la spiritualité aryenne et nordico-aryenne pré- et non-chrétienne.

Malheureusement, toute autre est la voie qui, dans le meilleur des cas, a été suivie par ce néopaganisme racialiste extrémiste auquel nous avons fait allusion. Comme s'ils étaient tombés dans un piège tendu à leur intention, ces néo-païens, comme nous le disions, ont fini par professer et défendre des idées qui se réduisent plus ou moins à ce paganisme fictif, naturaliste, sans lumière, sans transcendance, particulariste et pourtant imprégné d'un mysticisme panthéisant équivoque, qui fut créé à des fins polémiques par l'incompréhension chrétienne à l'égard du monde préchrétien et qui, au mieux, ne peut reposer que sur des formes sporadiques de dégénérescence et d'involution de ce monde. Comme si cela ne suffisait pas, on se prête souvent à une polémique anticatholique qui, *mutatis mutandis*, quelle que soit sa justification politique, exhume, de fait, certains arguments et lieux communs de type purement "moderne", rationaliste, voltairien et protestant, qui furent déjà les armes du libéralisme, de la démocratie et de la maçonnerie ; CHAMBERLAIN, dans une certaine mesure, s'y prêta ; elle transparaît cependant aussi dans certaines velléités racialistes italiennes, qui se sont inspirées de la philosophie gentillienne, c'est-à-dire de la philosophie d'une personne pour qui le Fascisme serait la continuation de l'anticatholicisme de la fin du siècle dernier ; l'évocation de la romanité une rhétorique stupide ; pour qui la tradition italienne coïnciderait plus ou moins avec les opinions d'une série de rebelles et d'hérétiques, à partir de Giordano BRUNO.

Mais, plus généralement, c'est ce que l'on a indiqué ci-dessus que l'on discerne dans l'exaltation de l'immanence, de la "vie", de la "nature", à laquelle se livre le néo-paganisme en cherchant à créer une nouvelle superstition religieuse, en contradiction flagrante avec tous les idéaux supérieurs "olympiens" et "héroïques" des grandes civilisations aryennes de l'antiquité préchrétienne.

Que penser par ailleurs d'une affirmation comme celle-ci : "La foi dans un monde suprasensible au-delà du sensible relève de la schizophrénie : il n'y a que le schizophrène qui voit double"[17] ?

---

[17] Elle est d'E. Bergmann, qui s'est aussi ingénié à formuler l'évangile d'une nouvelle "Église nationale allemande", alors que, dans *Muttergeist und Erkenntnisgeist*, il a soutenu la thèse selon laquelle toute l'histoire de la civilisation représente une perversion, car elle se définit par la révolte de l'homme contre la

Ou de celle selon laquelle toute distinction entre le corps et l'esprit serait un produit dégénératif anti-aryen inoculé par la race orientaloïde ? Niant cette distinction, ces racialistes, parfaitement conséquents avec eux-mêmes, nient l'immortalité même : si l'âme est inconcevable sans le corps, on ne peut pas envisager une survie dans l'au-delà, mais seulement une immortalité entendue comme une continuité dans la génération. Immortalité qu'un massacre, un tremblement de terre ou une épidémie, naturellement, suffirait à anéantir...

On a déjà parlé du préjugé anti-ascétique ; le néo-paganisme montre, à cet égard, encore plus d'incompréhension que NIETZSCHE. L'aryen n'aurait pas connu, en règle générale, l'ascèse : sa vraie mystique, ç'aurait été celle de "l'en-deçà ; il n'aurait jamais pensé à un accomplissement surnaturel de la personnalité.

Superstition, reste d'"obscurantisme moyenâgeux et de "magie étrusque", mensonge et instrument de la tactique de domination temporelle d'un clergé dans le commerce des "indulgences", voilà, pour d'autres, à quoi se résumerait tout ce qui est sacrement, rite et pouvoir surnaturel. Cela montre que l'on ne sait pas que toute la vie des anciennes civilisations, des aryennes et spécifiquement de la romaine "païenne", eut toujours un caractère rituel, le rite y accompagnant toutes les formes de la vie individuelle et collective, non pas cérémonie vide, mais instrument de liaison réelle entre les forces humaines et les forces suprasensibles. Par contre, CHAMBERLAIN avait attribué à l'esprit aryen les "conquêtes" propres au soi-disant libre examen et aux sciences profanes modernes.

Naturellement, si l'on croit que le luthérianisme a représenté un réveil de l'esprit de la race nordique plutôt qu'une incitation à l'involution ultérieure de celle-ci et à son importante sémitisation - ailleurs, dans l'édition allemande de *Révolte contre le monde moderne*, nous avons justifié ce point de vue -, à une incompréhension ne peut que s'en ajouter une autre. C'est ainsi qu'il y a quelque chose de naïf - GUÉNON l'a justement relevé - dans les protestations indignées que déclenche, par exemple, la prétention à l'"infaillibilité" qui, dans l'ordre de la connaissance transcendante - en matière de "foi", dirait-on en Occident - par les anciennes civilisations aryennes était au contraire incontestablement reconnue non pas à un seul homme, comme dans le catholicisme, mais à tous les membres légitimes du *brâhman*, de la

---

prééminence naturelle que, selon cet auteur, devrait avoir sur lui la femme.

"caste solaire" des chefs spirituels.

Face à ces confusions, l'alternative se pose de plus en plus nettement : soit revenir aux traditions et aux origines, qui sont sacrées et spirituelles, soit continuer à jongler avec les différentes combinaisons et inclinations de la pensée moderne et profane. Autre exemple : qu'est cette "nature" tant exaltée dans certains milieux racialistes ? Il faudrait peu de chose pour se rendre compte qu'elle n'est en rien la nature telle que la vécurent les anciens, mais qu'il s'agit d'une construction rationaliste de l'époque de l'Encyclopédie française. Ce sont précisément les encyclopédistes qui créèrent, à des fins bel et bien subversives et révolutionnaires, le mythe d'une nature bonne, sage et prévoyante, en contraste avec la corruption de toute "culture" ; c'est ainsi que nous verrons le mythe optimiste et naturaliste de ROUSSEAU et des encyclopédistes aller de pair avec le "droit naturel", l'universalisme, l'humanitarisme, l'égalitarisme et la dégénérescence de toute forme positive d'État et de hiérarchie. On pourrait dire la même chose au sujet des sciences naturelles aussi. Tout scientifique honnête sait que, dans ses recherches - qui ont exclusivement pour but de constater des uniformités abstraites et de formuler des relations mathématiques -, il n'y a pas de place pour la "nature" ; quant aux recherches biologiques, à la science même de l'hérédité, et ainsi de suite, nous avons déjà eu l'occasion de relever les erreurs et les interprétations unilatérales dans lesquelles on tombe en considérant comme définitives des lois qui ne valent que pour un aspect partiel et subordonné de la réalité. De la signification que la nature avait pour l'homme des origines, pour l'homme traditionnel et solaire, caractérisé essentiellement par une distance olympienne et royale précisément à l'égard de ce que, aujourd'hui, on croit être la "nature", on ne trouve aucune trace non plus dans tout cela. Puisque le racisme italien ne s'est pas encore aventuré dans de tels domaines, il est donc bon de faire attention et, comme nous le disions, de mettre à profit l'expérience d'autrui.

6. Christianisme, race, esprit des origines.

D'autres équivoques néo-païennes concernent le terrain politique. Le paganisme, ici, devient souvent synonyme de souveraineté exclusive d'un pouvoir simplement temporel. Ce qui est aux antipodes - nous l'indiquions déjà - de ce qui fut propre aux anciens États : où la synthèse des deux pouvoirs ne fut pas de la statolâtrie, mais, au contraire, une base pour spiritualiser la politique même, là où le nouveau paganisme aurait pour seul résultat - sur la même ligne que le gallicanisme - de politiser la spiritualité et la religion même. On inverse ainsi entièrement l'exigence fondamentale des mouvements rénovateurs actuels, qui visent à adopter comme fondement une vision spirituelle du monde.

Et que faut-il penser de certains milieux — comme celui de LUDENDORFF, ou, pour mieux dire, de la LUDENDORFF, puisque c'est la femme du célèbre général qui est la véritable responsable de pareilles aberrations - qui assimilent judaïsme, romanité, église, maçonnerie, communisme, du fait que leur prémisse est différente de celle de la nation-race ? La nation-race, à cet égard, risque de mener à cette obscurité où tous les chats sont gris et aucune distinction n'est plus possible. Cela montre que l'on a perdu tout sens de la hiérarchie aryenne des valeurs et que l'on ne sait pas dépasser l'antithèse paralysante constituée par un internationalisme destructeur et un nationalisme particularité, alors que la conception traditionnelle de l'empire, ou *Reich*, est au-delà de l'une comme de l'autre : elle est liée à l'idée d'une "suprarace", capable de créer et de diriger une unité hiérarchique supérieure, dans laquelle les unités particulières, ethniquement et nationalement définies, conservent leurs caractères spécifiques et leur relative autonomie, mais sont amenées à participer à un degré de spiritualité plus élevé. Du reste, sur leur lancée, des milieux, qui sont cependant allemands, étaient allés jusqu'à dresser un acte d'accusation contre les meilleurs aspects de leurs traditions précédentes, considérant CHARLEMAGNE, les HOHENSTAUFEN et les HABSBOURG, dans leur "romanité", pratiquement comme des traîtres à la nation-race. Naturellement, les nécessités et le nouveau rayonnement européen de l'Allemagne se sont chargés de liquider ces extravagances.

Enfin, pour ce qui est des nuances d'"héroïsme tragique" et d'"amour du destin" que certains de ces milieux paganisants voudraient présenter comme des caractéristiques de la vision nordique du monde, elles n'ont vraiment rien à voir avec la spiritualité nordico-aryenne originelle, n'étant qu'un reflet, lui-même rendu méconnaissable par des falsifications esthétiques, de la phase crépusculaire, d'effondrement, d'une des races d'origine hyperboréenne. Tel est le véritable sens du *ragnarökkr*, terme de la mythologie nordico-scandinave traduit romantiquement par "crépuscule des dieux", mais qui signifie plutôt "obscurcissement du divin", par allusion à la fin d'un cycle. Loin d'être quelque chose qui puisse donner le ton à une vision du monde, il s'agit ici d'un simple épisode d'une série d'événements bien plus vaste, à comprendre selon l'enseignement traditionnel sur les "lois cycliques". C'est le moment de dire, ne fut-ce qu'en passant, qu'on ne pourra rien comprendre aux vraies traditions nordiques, à leur contenu supérieur originel, un contenu héroïque et solaire, qui, au bout du compte, leur est commun, tant que l'on ne se sera pas rendu compte que tout l'art de WAGNER en représente la pire contrefaçon et la parodie "humaniste", à tel point qu'on se demande si elle est due seulement au hasard. Il en va de même du "romantisme", de tout ce fumeux, ce "nibelungien", ce faux "infini", de tout ce qui témoigne de la prééminence de la sentimentalité et des impulsions confuses sur toutes les facultés supérieures, que de nombreux milieux racialistes allemands attribuent à leur propre tradition, montrant ainsi qu'ils ne sont sensibles qu'à ses aspects crépusculaires, inférieurs, justement à la période de l'"obscuration du divin" et de toutes les confusions sinistres. C'est ainsi que des personnes, qui sont pourtant tenues pour des "germanistes", comme, par exemple, MANACORDA, se sont laissées aller à inventer le mythe de la "Forêt et du Temple" et à imaginer des antithèses unilatérales et essentielles pour toute conscience aryenne entre l'idéal germanique et le véritable idéal romain, que, par ailleurs, cet auteur comprend aussi peu que les milieux allemands déjà indiqués comprennent le leur.

Mais ce qu'il est aussi essentiel de dénoncer, car il s'agit d'une confusion qui peut nous concerner plus directement, c'est le "paganisme" que l'on voudrait exalter dans les formes de l'Humanisme et de la Renaissance, de nouveau, sur la base des thèmes banals de l'immanentisme, de l'"affirmation de la vie", de la "redécouverte du caractère sacré du corps et de la beauté", du dépassement du "despotisme théologal" et d'autres lieux communs qui ne sont même pas dignes d'une loge maçonnique. Ailleurs, dans *Révolte contre le monde moderne*, on a précisé ce que, du point de vue traditionnel, il faut penser en la matière. Ce paganisme "humaniste" n'est qu'un paganisme désacralisé, qui reprend les aspects les plus superficiels et les plus inférieurs du monde antique. Le type humaniste croit être "complet", alors qu'il représente une humanité mutilée, humanité qui, selon l'heureuse expression de GUÉNON, s'est détournée du ciel sous le prétexte de conquérir la terre. Il est l'antécédent immédiat, dans un processus de chute, du type invidualiste, chez qui la destruction, déjà présente, mais de façon moins visible, chez le premier, devait devenir manifeste. Le nivellement universaliste et humanitariste, une civilisation standardisée et sans visage, l'effondrement de la race intérieure et l'affaiblissement des traditions familiales et nationales, une conception complètement désacralisée du monde, un enjuivement à outrance de la culture, tels sont, entre autres, les thèmes de l'épilogue fatal du processus qui s'est amorcé avec les brillants feux d'artifice de l'Humanisme et de la Renaissance, c'est-à-dire avec ce qui, selon ces interprétations dilettantes de l'histoire, aurait été une espèce de reprise du "paganisme" et de triomphe de la vie[18]. Et, sur cette ligne, on pourrait continuer longtemps.

Tout cela est vraiment du "paganisme" dans le sens négatif souhaité et supposé par l'ancienne et la nouvelle apologétique chrétienne militante. Outre une préoccupante impréparation, il démontre une méconnaissance complète de la voie que, éventuellement, pour une action positive, certains courants racialistes pourraient prendre. Au lieu de "transcender" - de dépasser par le haut -, lorsque c'est de cette façon que l'on combat, effectivement on descend, et il est encore heureux que l'adversaire, habituellement, ne sache pas en tirer tout le profit possible.

Ces considérations, répétons-le, nous les avons développées sur le pur plan des principes, dans le but de prévenir des confusions et aussi pour expliquer, par rapport à elles, certaines valeurs de l'ancienne spiritualité aryenne. Nous ne croyons donc indiquer, ici, aucune solution particulière aux nouveaux courants réformateurs qui sont ou seront à la recherche de nouvelles formes de spiritualité, ni préciser le rapport entre ces formes et le christianisme. Nous voulons seulement faire ressortir que, quelles que soient ces solutions, il doit rester entendu qu'elles exigent que l'on soit au moins au même niveau que la tradition qui, par un ensemble de circonstances, pas toutes heureuses, fut celle de l'Occident : que l'on ne perde pas, spirituellement, de l'altitude. Pour nous limiter à un seul aspect, le dogmatisme catholique même remplit, essentiellement, une utile fonction de barrage : il empêche que la mystique de l'immanence et d'autres invasions prévaricatrices du bas ne dépassent un certain point ; il fixe une limite rigide, au-delà de laquelle règne ou - tout au moins devrait régner - une connaissance transcendante, l'élément réellement "surnaturel" et "non-humain".

---

[18] L'Américain LOTHROP STODDARTD, qui, dans un livre intéressant - *The Revolt against Civilisation* -, a interprété d'un point de vue racial les mouvements révolutionnaires de notre époque, a établi que leur substrat biologique est une sous-humanité. On pourrait faire quelque chose de semblable en ce qui concerne la Renaissance et l'Humanisme. Il serait difficile de trouver parmi les types les plus caractéristiques de cette époque - surtout dans le domaine politique - un grand nombre de physionomies "en ordre" du point de vue de la race. La règle est, au contraire, l'antirace, des visages pleins d'asymétries, des nez déformés et disproportionnés, une déformation systématique de l'arête nordique, et ainsi de suite. Non décisifs en eux-mêmes, ces symptômes deviennent cependant significatifs si on les considère par rapport au reste.

Maintenant, on pourra critiquer la façon dont, dans le christianisme, cette connaissance, cette transcendance, surtout à cause d'influences non-aryennes (par exemple, le fait de concevoir le surnaturel exclusivement en tant que "révélation" est un trait typique de la race de l'âme que CLAUSS appelle "du désert"), a été souvent adoptée et l'on pourra viser à la rectifier, en partant de vues "héroïques" et "olympiennes" de type proprement nordico-aryen : mais l'on ne peut pas passer à des critiques "profanes", saisir tel ou tel expédient polémique et divaguer sur une prétendue aryanité de l'immanentisme, du panthéisme et du culte de la "nature" et de la "vie", sans finir sur un plan effectivement inférieur et, en somme, non dans le monde des origines, véritable aspiration de la doctrine de la race, mais dans celui de l'antitradition pure et simple. Cela serait vraiment la seule façon d'inciter à devenir immédiatement catholiques pratiquants et intransigeants tous ceux qui nourriraient les meilleures intentions "païennes".

Voilà des considérations qui, probablement, plairont aussi peu aux racialistes "païens" qu'aux racialistes chrétiens, étant donné que, à cet égard, nous n'avons fait que suivre la cause de la vérité impartiale, après avoir tiré profit de nos expériences et de celles d'autrui. Pour que, d'autre part, on ne se méprenne pas malgré ce que nous avons déjà déclaré explicitement, répétons encore que nous n'avons pas voulu affirmer que le racisme - et surtout le racisme italien - doit entreprendre des révisions du genre déjà indiqué ; nous avons en revanche relevé que, au moment où il développera tout son potentiel d'idée spirituellement révolutionnaire, il sera difficile au Fascisme d'éviter de se poser la question de la vision du monde. Si cela se vérifie, il faudra faire attention à ne pas tomber dans les équivoques et les erreurs auxquelles nous avons fait allusion ici, qui, au fond, ne serviraient qu'à faire le jeu d'adversaires communs. Dans cette éventualité, il faut être capables de se placer sur un plan où la confusion doctrinale n est pas admise, où tout dilettantisme et tout exercice intellectuel arbitraire sont à exclure, où toute sujétion à de confuses impulsions passionnelles et à des antipathies polémiques doit être énergiquement combattue, où, enfin et surtout, seule la connaissance précise, rigoureuse et objective de l'esprit des traditions primordiales doit être décisive.

7. La race et la mort.

Nous voulons maintenant nous arrêter un instant pour préciser en particulier, sur la base des explications que l'on vient de fournir, les limites de l'appartenance de la personnalité à la race. Disons tout de suite que, à cet égard, il est inacceptable, du point de vue traditionnel, de concevoir la race comme une entité purement biologico-humaine, historique et, en somme, seulement terrestre, et de soutenir ensuite que c'est dans cette entité que se trouve la fin de tous les êtres qui y appartiennent, qu'il n'existe rien de supérieur à la race, étant donné que la race est la source de toute valeur et que l'idée d'un accomplissement et d'une destination supraterrestre de l'individu est illusoire et délétère : "rester fidèles à la terre et à la race".

Cette conception, nous l'avons déjà rencontrée et critiquée plus d'une fois. Face à elle, du reste, on peut avoir recours au critère racial d'évaluation des "vérités" : en particulier, il y a autant de conceptions de la race que de "races de l'esprit" - nul doute que la conception que l'on vient d'indiquer ne peut être "vraie" que pour une race tellurique, puisqu'il n'y a qu'à l'homme tellurique qu'il peut arriver de considérer comme absolus des horizons aussi limités. Dans cette vision tellurique de la race entre aussi par ailleurs la supposition de ces racistes "néopaïens" selon laquelle la seule immortalité concevable serait une survie dans le sang, dans la descendance terrestre.

Il est vrai que de semblables positions, aujourd'hui, se présentent à nous avec une valeur moins théorique que pratique et politique - avec elles, on vise donc à consolider l'unité de la race-peuple et à concentrer toutes les énergies spirituelles de l'individu sur les devoirs temporels et historiques qu'il a à accomplir. Mais il est aussi vrai que les anciennes civilisations aryennes, en fait de réalisations terrestres, héroïques et politiques, ont connu la grandeur sans cependant ressentir le besoin de recourir à ces mythes, en reconnaissant au contraire des vérités assez différentes ; il est bien évident, en effet, que l'idée déjà indiquée au sujet de la race renvoie au *pitr-yana*, à la "voie du Sud", qui s'oppose à la "voie divine du Nord" - *deva-yâna* - la seule qui définisse l'idéal aryen le plus élevé.

À cet idéal se rattache aussi la théorie de la "double hérédité" (déjà exposée plus haut). La personnalité ne se réduit certes pas à l'hérédité historico-biologique ou hérédité horizontale : elle apparaît plutôt comme un principe qui, tout en se manifestant dans la race (ici, toujours au sens strict du terme), en soi se trouve au-delà de la race et ne peut s'y réduire. Reconnaître la race — comme on l'a déjà expliqué au commencement - ce n'est pas mutiler la personnalité : à la race et à ce que l'hérédité terrestre recueille, la personnalité doit la matière vivante et articulée de son expression spécifique, de sa manifestation et de son action. En cela, il y a bien quelque chose de conditionné qui, cependant, n'est ni passif ni unilatéral. Tout individu réagit aussi sur la race et l'hérédité, selon sa nature propre la plus profonde, élabore la substance dans laquelle il s'est manifesté, la façonne ultérieurement, et c'est ainsi que se réalise cette différenciation inter-raciale, cette différence de pureté et d'achèvement entre les types, dont on a déjà parlé et sur laquelle nous allons revenir en traitant de ses influences dans le domaine social : c'est, ici, un échange à part égale. Lorsque l'on parvient à un équilibre et à une adéquation suprêmes (équilibre, selon notre point de vue tripartite de l'être humain, des différentes composantes de la vraie race), on a comme un sommet que la personnalité ne peut pas dépasser - ne peut pas dépasser sur le plan horizontal, terrestre. À ce plan appartiennent strictement son oeuvre, sa créature, et, physiologiquement, sa descendance. Mais la personnalité même, si elle a atteint ce sommet, est "libre" et peut se diriger vers une perfection désormais proprement surnaturelle.

Telle est exactement la plus ancienne conception aryenne, relative à ceux qui n'appartiennent pas proprement au groupe des chefs spirituels, conception que l'on peut retrouver aussi dans différentes idées et légendes de l'Occident médiéval même. C'est ainsi que le *Dharma* prescrit la scrupuleuse observance de la loi de la terre, de la race, de la caste, et ainsi de suite, jusqu'à une complète adéquation. Cette loi demande aussi l'assurance d'une descendance : la vie, que l'on a reçue à la naissance, il faut la restituer avant la mort, avec notre empreinte, à un autre être - et c'est pour cela que l'on appelait le premier-né "le fils du devoir". Après cela, après la "vie active", selon la loi aryenne, on pouvait se retirer et mener une existence ascético-contemplative. Très expressif est l'adage irano-aryen qui rappelle que le vrai devoir n'est pas de procréer seulement sur le plan horizontal de la descendance terrestre, mais aussi vers le haut, dans une direction verticale ascendante. Dans la religion occidentale, toutes ces idées ont été embrouillées - surtout, on a séparé violemment ce qui concerne la vie active de ce qui est au contraire vie contemplative et, presque toujours, on a oublié les solutions véritablement traditionnelles, selon lesquelles la loi qui n'est pas de ce monde prolonge, complète et renforce celle qui est de ce monde. Mais encore plus délétères que ces confusions seraient les idées raciales "telluriques" indiquées un peu plus haut, si elles devaient être prises au sérieux et avoir un avenir. Selon l'enseignement traditionnel des peuples aryens, il est au contraire entendu que, ce qui est essentiellement surnaturel, c'est la fin et la dignité de la personnalité ; cette fin, par conséquent, agit comme l'impulsion motrice la plus forte et la force créatrice la plus profonde au sein de l'expression que la race donne à la personnalité, elle élève donc simultanément la race jusqu'à une limite, au-delà de laquelle, après avoir laissé un sillage de grandeur, la force même se libère et fait en sorte que la mort soit justement un accomplissement - ΤΕξσο - et une nouvelle naissance - la troisième naissance de l'enseignement indo-aryen.

Il n'y a que des médiocres et des ratés, c'est-à-dire des êtres qui n'ont pas su accomplir pleinement la loi et le devoir terrestres, dont on peut penser qu'ils n'ont pas d'au-delà, qu'ils ont pour destin de se dissoudre de nouveau dans la vitalité confuse de la race, dans la substance collective et terrestre du sang et de l'hérédité, ne survivant - au sens très relatif du terme - que de cette façon à la destruction de leur individualité physique et transmettant à d'autres la tâche à laquelle ils étaient inadaptés.

8. Le droit et la race. Le concept anti-collectiviste de la communauté nationale-raciale.

Il faut maintenant parler de la signification que la doctrine de la race peut avoir dans le monde du droit. Ici aussi, commençons par indiquer les erreurs. De même que, comme on l'a vu, certains courants racialistes ne savent pas dépasser l'antithèse internationalisme/particularisme nationaliste, ignorant le troisième terme, qui est l'empire au sens traditionnel, ainsi ils semblent ne savoir pas non plus dépasser l'antithèse individualisme/collectivisme par rapport à une communauté donnée, méconnaissant le troisième terme, constitué par les valeurs de la personnalité. Maintenant, on a déjà dit que, de notre point de vue, il faut combattre résolument toute interprétation collectiviste de l'idée raciale. Il faut donc bien connaître les limites au-delà desquelles l'identification de la "race" à la "nation" ou au "peuple" - utile en tant que "mythe" dans les termes précédemment définis - devient dangereuse et même pernicieuse. Cela se produit lorsque, face à cette chose hypothétique que devient, dans cette extension du concept, la race ou la communauté nationale-raciale (*Volksgemeinschaft*), on proclame l'égalité de tous ses représentants ou membres, la disparition de tous les privilèges, et que l'on rabaisse tout à un même dénominateur commun.

Dans ce cas, le racisme représenterait vraiment la dernière attaque déclenchée par la démocratie moderne contre ce qui reste de l'Europe hiérarchique. En effet - comme l'a justement noté le Prince de ROHAN - s'il y avait quelque chose que la démocratie et le rationalisme n'avaient pas encore pu détruire, c'était le privilège du sang, la race au sens supérieur. Dans aucune civilisation la race ne fut simplement le "peuple". Au contraire, la "race" au sens supérieur fut le sceau de la noblesse face au simple "peuple", et ce fut justement la noblesse qui anticipa la biologie et la culture raciale. Maintenant, lorsque, au contraire, on identifie la race au peuple, ce dernier bastion, qui résistait à la démocratie et au rationalisme, est, en principe, anéanti, le concept de sang, de race, démocratisé ; et, à la limite, en pensant que des procédés adéquats pourront purifier la race-peuple, les courants déjà indiqués ont justement en vue une espèce de communauté égalitaire, que l'on croit même pouvoir retrouver aux origines. Il y en a, en effet, qui, supposant que les anciens nordico-aryens se sentirent différents des autres races, mais égaux, pairs, entre eux, oublient même les distinctions de caste qui, au contraire, existaient dans la communauté des *àrya* les plus purs. Il faut reconnaître que les différentes tentatives pour réformer le droit dans un esprit racial et l'émanciper du droit romain selon la *Volksgemeinschaft* (communauté nationale-raciale) s'inspirent précisément de vues socialisantes erronées de ce genre.

En pareil cas, il est évident que, du point de vue romain, la conception raciale du droit apparaît simplement comme préjuridique. Elle ne connaît pas encore la "personne", qui est le véritable sujet du droit positif ; la personne, qu'il ne faut pas confondre avec l'individu du libéralisme (cible polémique commode, et dont on a abusé, dans ces courants), car elle est l'individu intégré à un ordre de valeurs supérieur à toutes les données sensibles, instinctives, naturalistes, participant à cette réalité plus élevée qu'est la tradition spirituelle, la race de l'âme et la race de l'esprit. Cette dignité est présupposée dans l'individu en tant que sujet du droit par le droit romain authentique - à ne confondre ni avec ses formes tardives et décadentes de l'époque de l'empire sémitisé, ni avec les assomptions modernes et libéralisantes auxquelles il a donné lieu. En référence à cette dignité, on peut citer le *suum cuique* classique, "à chacun son dû", que les tendances en question trahissent au point de concevoir l'individu exclusivement dans un état de "socialité", sous la dépendance du groupe national-racial : état qui, du point de vue traditionnel, équivaut plus ou moins à la prépersonnalité.

La doctrine traditionnelle de la race doit donc éviter que le salutaire principe de l'inégalité humaine, observé dans d'autres domaines, donne lieu, ici, à son contraire. Pour saisir exactement la hiérarchie des valeurs, on peut se référer aux idées de Paul DE LAGARDE, en les adoptant de la manière suivante : le fait d'être simplement "homme" (mythe égalitaire, démocratie, internationalisme, antiracisme) est un moins par rapport au fait de se dire et d'être homme d'une nation ou d'une race donnée en général ; mais cela, à son tour, est, de nouveau, un "moins" par rapport au fait d'être "personne". En somme, en passant de l'humanité en général à la nationalité et à la race, puis à la personnalité, on procède par degrés de plus en plus intenses de concret, de valeur, de dignité, de responsabilité - de ce qui est informe on va vers ce qui est individué et réellement différencié. Évalué en tant que "personne", l'homme est l'élément d'un ordre nouveau, vraiment concret, organique, articulé, volontariste, hiérarchique, qui, naturellement, n'abolit pas le précédent, mais le comprend et le présuppose. Surgit ainsi l'idée d'une forme nouvelle, non pas prépersonnelle, mais, désormais, dans un certain sens, suprapersonnelle, de communauté, qui se définit essentiellement en termes de "race de l'âme". Ici, l'essentiel n'est plus l'appartenance naturaliste à une communauté ou à une nation-race, mais une espèce de consécration et la fidélité à des principes éthiques supérieurs et à un style de vie particulier : comme dans les anciens "Ordres" ascético-guerriers. Or, des tendances similaires se font jour dans les principaux courants du renouveau national en Europe. Le *Männerbundprinzip*, le principe de communautés viriles politiques conçues comme une forme plus élevée que n'importe quelle communauté naturelle, y joue un rôle significatif, comme l'ont déjà relevé plusieurs études.

La conception fasciste du Parti comme parti national unique reflète, en règle générale, des valeurs analogues ; celui qui est membre de cette organisation politique est toujours, en règle générale, plus qu'un simple "Italien" : "personne", un serment précis l'engage à un degré plus élevé de fidélité, de responsabilité politique, de discipline, de promptitude, en cas de nécessité, au sacrifice héroïque et à la subordination de tous les liens naturalistes, de tous les intérêts particuliers à des buts plus élevés.

Partout où, d'autre part, non seulement la race de l'âme, mais aussi celle de l'esprit pourrait se manifester positivement, on aurait une autre différenciation, qui, là où elle définirait une forme encore plus élevée de communauté, au-delà de la politico-guerrière, reproduirait presque, sous des formes nouvelles, ce qui fut la suprême *élite* aryenne des chefs spirituels. Une fois admis cet idéal hiérarchique, antibourgeois et anticollectiviste en fait de droit, il est évident qu'il faudrait attendre et souhaiter la réapparition de quelque chose de semblable à l'ancien, et tant décrié, *ius singulare*, comme liquidation définitive des "immortels droits de l'homme et du citoyen", de tous leurs dérivés et de tous leurs déguisements : une conception organique et différenciée du droit, qui, en outre, est exactement celle de l'ancien droit aryen et aryo-romain et de tout droit impérial.

Du reste, que l'on considère, aujourd'hui, la législation relative aux

Juifs en Italie et, encore plus, en Allemagne ; en Allemagne, la distinction entre citoyens du *Reich*, membres du *Reich* et hôtes du *Reich*, ayant chacun des droits différents, pourrait correspondre à un premier indice de cette tendance à différencier le droit. En second lieu, l'apparition du "Parti unique" national, qui, de nouveau, de fait, définit certains privilèges, non seulement politiques, mais aussi juridiques, en est une seconde manifestation. Un troisième signe est, en Allemagne, d'un côté, la tentative de créer, sur la base de critères raciaux précis, une espèce de nouvel Ordre politico-militaire qui soit le gardien de l'esprit de la révolution nationale-socialiste et le défenseur de l'État (c'est le corps des SS, *Schutz-Staffeln*), de l'autre, l'institution d'une sorte de séminaire d'éléments sûrs destinés aux postes politiques du parti : les "Châteaux de l'Ordre" *(Ordensburgen)*. La seconde initiative, comme on le sait, correspond en Italie au "Centre de préparation politique" récemment fondé, si toutefois il développe ses possibilités les plus élevées, que nous avons eu nous-même l'occasion de préciser[19].

Même en fait de race, on ne peut évidemment pas se limiter à des mesures prophylactiques et purement défensives, qui, pour les unes, interdisent les mélanges nuisibles et, pour les autres, cherchent à empêcher la transmission de tares héréditaires par des unions irresponsables. Étant donné le sens général du mot "race" dans les nouvelles idéologies, il est indispensable, en plus de cela, de procéder à une discrimination inter-raciale. Il est absurde de penser que la race se réalise selon le même degré de pureté chez tous ses membres. La force formatrice de la race ne s'incarne pleinement que chez une minorité ; il n'y a que chez une minorité que peut se réaliser l'idéal de la race dans toute sa pureté, en tant que correspondance, parfaite adéquation et présence de la race du corps, de l'âme et de l'esprit. Dans une production en série et dans un élevage industriel de bétail, on peut s'attendre à un tas d'individus tous égaux et "purs" à la naissance. Cela est absurde dès que l'on entre dans le domaine de la personnalité et de ses relations avec la race de l'âme et de l'esprit et que l'on considère l'élément racial dans son caractère concret, c'est-à-dire tel qu'il apparaît aux différents stades d'une affirmation ou d'un combat. Le combat différencie, sélectionne, crée la hiérarchie ; surtout lorsque - pour employer des expressions traditionnelles - ce n'est pas la petite guerre, mais la grande guerre ; non pas le combat d'un homme contre

---

[19] Cf. notre essai : *Possibilta'del Centro di preparazione politica* - in "Rassegna Italiana", mai 1940.

un autre ou contre le milieu, mais le combat de l'élément surnaturel de l'homme contre tout ce qui, en lui, est nature, sensation, matérialité, agitation, mirage de vaine grandeur, contre le chaos et l'antirace qui sont en lui, avant d'être à l'extérieur.

CINQUIÈME PARTIE

LA RACE ET LE PROBLÈME DE LA NOUVELLE "ÉLITE"

1. La "race italienne".
Signification de son aryanité.

APRÈS CES CONSIDÉRATIONS, IL EST OPPORTUN de parler plus spécifiquement de la race italienne. Dans le manifeste mis sur pied par certains spécialistes dans le but de faciliter le virage ouvertement raciste du Fascisme, il est dit que "la population de l'Italie actuelle est d'origine aryenne et (que) sa civilisation est aryenne", très peu y ayant subsisté "de la civilisation des peuples préaryens". "La conception du racisme en Italie, ajoutait-on, doit être essentiellement d'orientation nordico-aryenne." Ces points de repère demandent des éclaircissements, ne serait-ce que parce que, malheureusement, après leur énonciation, rien de très concluant n'a été fait en Italie, et même la formule nordico-aryenne, si elle n'est pas vraiment tombée aux oubliettes, n'a pas aujourd'hui l'importance qui devrait être la sienne et semble être incapable d'empêcher la libre diffusion simultanée d'idées assez différentes et même contradictoires : par exemple, on a pensé à reprendre les idées racialistes d'un GOBERTI, qui exaltait la primauté de la souche italienne pour ce qu'elle était, selon lui, une noble descendance de la race pélasgique, qui fut justement la race préhellénique d'un monde méditerranéen archaïque en déclin...

La recherche raciale de premier degré, à laquelle nous nous référerons avant tout, peut effectivement nous autoriser à dire que la "race italienne" a des caractères aryens, car c'est le type "méditerranéen" qui y prédomine, celui de la branche brune et de taille moyenne de la souche nordico-aryenne primordiale, qui, de celle-ci, s'est probablement différencié par "paravariation". Le type italien prédominant, des plus dolichocéphales, a le visage long et droit : ses caractéristiques, en ce qui concerne la race du corps, correspondent surtout à celles des Anglo-Saxons, en net contraste avec celles des groupes franco-celtes et slaves, dans lesquels le brachycéphale est au contraire prédominant. Selon les recherches de SERGI, il y a une correspondance entre les crânes préhistoriques italiques et ceux des Italiens d'aujourd'hui, ce qui prouve une certaine permanence, sur des millénaires, du type original. GÜNTHER, RIPLEY et plusieurs autres raciologues admettent la fondamentale analogie anatomique du type méditerranéen brun italique avec le type blond nordique, de taille plus élevée. Les monuments et les documents de l'ancien monde romain confirment cette parenté et font apparaître le type en question comme une branche de la même souche, qui se manifesta aussi dans le premier cycle hellénique. On notera, enfin, que, parmi les traits que, selon la théorie indo-aryenne des "Trente-deux attributs", devrait présenter le type aryen de l'*élite,* beaucoup correspondent au type classique romain brun - DE LORENZO, à cet égard, établit un parallèle, par exemple, avec CÉSAR. Le fait de parler de "nordico-aryen" au sujet de la race italienne ne doit provoquer aucune réaction nationaliste par rapport au problème des origines, comme si, de la sorte, on dévalorisait ou, tout au moins, on contestait le côté originel de cette race au profit des peuples germaniques et que l'on reconnaissait les prétentions de certains racistes allemands à la supériorité. Ces prétentions, il est facile de les remettre à leur juste place. En ce qui concerne la race du corps, par exemple, la "race allemande" n'a guère de quoi se vanter, aujourd'hui, face à la race aryo-méditerranéenne, car, ce n'est un secret pour personne, le brachycéphale y est très répandu et l'élément nordique est mélangé au dernier point à celui de l'"homme de l'Est" et de l'homme baltico-oriental, qui, l'un et l'autre, sont loin d'être considérés comme supérieurs : outre les Juifs, au moins six races, de l'aveu explicite des racialistes les plus orthodoxes, font partie de la "race allemande", et les différences entre le Bavarois et le Prussien, le Rhénan et le Saxon ou le Tyrolien, sont aussi importantes que celles des différentes souches de la "race italienne".

Quant aux origines, nous avons déjà dit que, historiquement, il faut considérer les peuples germaniques de la période des invasions comme les dernières vagues d'une race dont un autre courant créa aussi dans le monde méditerranéen des formes archaïques de civilisation, non seulement avant que se soient produites ces invasions, mais encore avant que, dans la péninsule italienne, venant du siège du Danube central, ne soient apparues ces souches du "peuple des terremare" et de la "culture de Terreneuve" (les premiers vers 1500 av. J.-C. ; les seconds vers 1100 av. J.-C.), que certains spécialistes considèrent à tort comme les premiers habitants aryens préromains de l'Italie. Déjà la civilisation étrusque nous montre des signes très clairs d'une très lointaine tradition aryo-atlantique (une ramification de la civilisation préhistorique franco-cantabrique de l'homme de Cro-Magnon - courant Occident-Orient) ; abstraction faite des Étrusques, car, émanations du cycle du déclin pélasgico-méditerranéen, ils s'étaient déjà établis en Italie, comme les Ligures, avant ces vagues en provenance du Nord, nous trouvons certaines souches de l'Italie centrale, comme, par exemple, les Albains, qui présentent, soit anthropologiquement, soit traditionnellement, des éléments de pur héritage aryen. C'est pourquoi, avec les transpositions qui s'imposent, lorsque c'est des peuples nordiques de la période des invasions qu'il s'agit, pour ceux qui y tiennent, et sur une base commune purement aryenne, on pourrait conserver la formule : "Nous étions grands que vous n'étiez pas encore nés", autrement dit : pas encore "apparus" sur la scène de la grande histoire occidentale.

Une fois clarifié ce point et, en outre, constaté, dans le peuple italien, le rôle du type dolichocéphale et de la structure anatomique voisine du type blond répandu dans les régions septentrionales de l'Europe, parler d'un élément romain ou italien "nordique" ne doit faire ombrage à personne mais représenter un titre de noblesse qu'il ne faudrait pas se laisser contester facilement par les autres nations, surtout lorsqu'il s'agit, en premier lieu, des origines, et, en second lieu, des vocations. Il est donc bon d'affirmer que l'orientation du racialisme italien doit être nordico-aryenne, même si, pour obvier à tout malentendu, il serait sans doute préférable d'employer l'expression de "race aryo-romaine" pour caractériser l'élément central et valable du peuple italien et le distinguer des autres branches de la même famille. Répétons-le, il ne reste qu'à déplorer que cette thèse n'ait pas été développée de manière cohérente dans toutes ses conséquences naturelles. Du strict point de vue biologique, le sang germanique de la période des invasions, en Italie, représenta un apport neuf, non pas hétérogène mais revivifiant, qui confirma, de génération en génération, l'ancienne composante aryo-romaine de la souche italienne, souvent de manière particulièrement féconde.

Quant à l'antiquité romaine, de nombreux raciologues, à partir de GÜNTHER, se sont employés à y repérer - tant directement qu'indirectement - des traces et des indices de types et de caractères purement nordiques. La recherche ne devient cependant persuasive que si on l'intègre à celle du racialisme de second et de troisième degré. Comme nous l'avons déjà dit, déjà au seuil des temps historiques, l'ancien monde méditerranéen, donc aussi italique, se présente à nous comme un amas de décombres de races nordico-occidentales primordiales, constellé d'éléments miraculeusement restés intacts et illuminé par de soudaines résurrections solaires ou héroïques - si on laisse de côté ce qui subsistait secrètement dans les veines souterraines des traditions mystériques. Or, il est incontestable que la Rome antique fut une manifestation et une création de la race "héroïco-solaire" et que cette race fut à l'origine et à la base de l'ancienne grandeur romaine, quels que soient les moyens qu'elle employa pour y conduire l'ancien héritage hyperboréen. Dans *Révolte contre le monde moderne*, nous avons déjà parlé de certains aspects de cette "romanité nordique" ou "solaire".

En second lieu, on a déjà clairement indiqué ce qu'il faut penser du prétendu "génie latin" (cf. p. 67). De nombreux éléments de l'ancien style de vie aryen se maintiennent de génération en génération. De l'aveu de GÜNTHER lui-même, il faut considérer le génie clair et rigoureux du peuple latin et romain comme une qualité héréditaire nordique et bien le distinguer de l'esprit proprement celtique et ibéro-celtique : il est, pour ainsi dire, un reflet de l'ancien idéal de clarté, de "forme", de *cosmos*. Au contraire - il est bon de le répéter -, les aspects romantiques, nébuleux, panthéistes et naturalistes de l'âme des peuples germaniques et nordiques actuels, qui se reflètent dans une quantité d'expressions culturelles bien reconnaissables, nous incitent à penser qu'une involution intérieure s'est produite dans certaines parties de ces races, au point de les éloigner sensiblement de l'esprit des origines. On peut ajouter que d'autres motifs de soupçon naissent de l'observation de la façon dont se conduisent de nombreux Germains à leur arrivée dans le sud et en Italie même : ici, c'est essentiellement par l'élément non-aryen qu'ils sont attirés et fascinés (et, significativement, les femmes en premier), et la spontanéité manifeste avec laquelle ils se laissent dissoudre dans les sensations favorisées par le climat et les banalités du "pittoresque" méridional fait ressortir la supériorité de ce que, de "nordique", la race italienne peut avoir conservé, là où, au cours des siècles, elle a su tenir bon et ne s'est pas laissé emporter par les circonstances et les milieux, devant lesquels l'intériorité germanique semble souvent être complètement désarmée, dans ses nostalgies romantiques et suspectes pour le "Sud".

2. La sélection inter-raciale dans le monde méditerranéen.

Mais il ne faut pas passer d'une interprétation unilatérale à une autre. Le fait de savoir que, dans les origines italiennes, et surtout dans la grandeur romaine, l'élément nordico-aryen a exercé une influence et que cet élément s'affirme aussi comme une composante importante de la souche italienne actuelle en tant que "race du corps" ne dispense pas des devoirs précis de sélection, de purification et d'intensification, si, en Italie, on veut faire preuve de sérieux. L'élément nordico-aryen doit y servir de point central de référence pour la purification et le renforcement du peuple italien d'aujourd'hui, et presque de cellule germinale, de laquelle, à travers ce processus, doit sortir un type nouveau, auquel pourraient légitimement s'appliquer les désignations d'"homme fasciste" et de "race fasciste". Telle est la tâche du racialisme actif, tâche qui, cependant, présuppose celle de bien identifier les différentes composantes de la "race italienne" et de les rectifier, là où leur style s'éloigne de l'idéal, à la fois nouveau et ancien, dont on vient de parler et qui serait censé faire descendre jusqu'à nous, de la hauteur des temps primordiaux, quelque chose du lumineux héritage solaire originel.

Cette action, à l'évidence, a pour domaine spécifique la race de l'âme et de l'esprit. Intervenir, pour ainsi dire, de manière chirurgicale pour empêcher des croisements de types très hétérogènes, mais quand même de race italienne, en plus de susciter des réactions bien compréhensibles et d'aller trop loin dans la "rationalisation" du processus, est ce à quoi on aboutirait peu à peu, si le corrélatif interne manquait : l'essentiel, en effet, est de réveiller un instinct, en vertu duquel ces unions indésirables seraient écartées spontanément - et la formation de cet instinct incombe, de nouveau, au racialisme actif de second et de troisième degré, qui agit non pas sur le corps, mais sur l'âme et sur l'esprit.

Du point de vue extérieur, au contraire, on ne peut pas en dire plus que ce qui suit. Les principales races du corps comprises dans la "race germanique" sont, selon les auteurs les plus estimés, la nordique, la falique, la dinarique, celle de l'homme de l'Est et celle de l'homme de l'Ouest (*ostisch* et *westisch*), la baltico-orientale. À l'exception de la dernière et de celle de l'homme de l'Est, qui n'y figurent presque pas du tout, les autres races sont également présentes dans la "race italienne" - ainsi que, en plus, deux composantes importantes, que nous pouvons appeler génériquement "race africo-méditerranéenne" et "race pélasgique". De notre point de vue, la première race est le produit d'un mélange d'éléments provenant de la Méditerranée orientale et africaine et de race aryo-méditerranéenne, selon une prédominance de la première - et c'est par sa prédominance que l'Empire romain fut miné ; elle fut renforcée, à l'époque sarrasine, par de nouveaux croisements et apports de sang du Sud. Au contraire, il faut considérer la race pélasgique comme l'effet de cette involution ethnique de très anciennes souches aryo-occidentales ou atlantico-occidentales qui s'étaient établies en Méditerranée centrale, dont on a déjà parlé plusieurs fois.

L'élément le plus valable dans le composé italien reste le nordico-aryen, que, en ce qui nous concerne, nous avons proposé d'appeler proprement "aryo-romain". Les mélanges les plus défavorables, que l'instinct dont on vient de parler devrait progressivement éviter, seraient celui de l'élément aryo-romain, d'abord, à l'élément africo-méditerranéen (présent surtout dans l'Italie du Sud), puis à l'élément pélasgique. Cependant, même le mélange de cet élément à la race de l'homme de l'Ouest présente en Italie ne serait pas très souhaitable - mais, cela, déjà plus pour des raisons de race de l'âme que pour des motifs purement anthropologiques. À notre avis, l'homme de l'Ouest ou vestique, à proprement parler, c'est celui qui prédomine dans le mélange ethnique qui a donné à la civilisation française son visage, déjà, pour ainsi dire, dès la période provençale ; il est présent aussi en Angleterre et en Allemagne occidentale (Rhénanie), où, cependant, son influence est très faible tempéré qu'il est par la race nordique. En Italie, au contraire, tant qu'une conscience raciale et éthique plus nette ne renforcera pas le noyau aryo-romain, ne le cimentera pas, y introduire du sang vestique pourrait le léser gravement. Bons, en revanche, sont les mélanges de la race aryo-romaine à l'aryo-germanique, à la nordique proprement dite, à la dinarique et à la falique. Étant entendu que tout ceci, en tant que schéma général, n'aura de valeur que lorsque, par différents moyens, on y aura créé une sensibilité correspondante.

En Allemagne, on est enclin à voir dans la prépondérance de la composante ostique la base raciale du type bourgeois local, c'est-à-dire du type allemand que tout le monde connaît, grassouillet, gros buveur de bière, à la tête ronde, presque toujours avec des lunettes, parfait bureaucrate ; intérieurement, d'une sentimentalité molle, enclin au conformisme social. Un dérivé racial de ce genre en Italie, où la composante ostique est faible, est peu vraisemblable ; toutefois, à employer abusivement le terme de race, il faut bien reconnaître qu'il existe chez nous, hypertrophiée, une race bourgeoise du corps et de l'âme, qui, comme le Fascisme l'a distinctement perçu, est le vrai danger pour l'avenir de notre peuple.

Cette race est proprement l'antirace, une bouillie, une sciure ethnique et sociale, aussi insaisissable qu'encombrante : partout, elle est absolument partout, étouffant tout dans sa médiocrité, son opportunisme, son conformisme social, son amour de la vie facile, sa terreur de toute espèce de responsabilité, son obstructionnisme et son indifférentisme. Celui qui se sent aryo-romain, c'est surtout cette race qu'il doit mépriser, dont il doit sentir qu'elle lui est étrangère, qu'un abîme infranchissable la sépare des siens ; c'est surtout de ce détritus racial dont il doit s'isoler, aussi bien physiquement, c'est-à-dire du point de vue des unions, que spirituellement, s'immunisant contre toute infiltration de sa mentalité et de sa manière d'être même. La pureté raciale, à cet égard, se manifestera par une absolue intransigeance et par la résolution de ne négliger aucune occasion et de prendre tous les risques, sociaux et même politiques, pour témoigner son mépris de cette "race bourgeoise", partout où elle se trouve, quels que soient les postes que ses représentants peuvent encore occuper dans l'Italie d'aujourd'hui.

Quant à la protection du noyau racial supérieur en Italie, c'est-à-dire de l'aryo-romain, et aux croisements jugés favorables, il faut toujours tenir compte de ce que l'on a dit sur celui qui porte vraiment la race, le type masculin. Bien entendu, les croisements favorables susdits sont ceux où l'homme est de race aryo-romaine ; si c'est au contraire la femme qui l'est, en règle générale, une baisse de niveau du type se vérifiera.

Le fait d'avoir fait remarquer que tout cela est un schéma et que le véritable devoir est de créer des instincts correspondants nous empêche d'être soupçonné de considérer comme souhaitable une espèce d'administration rationnelle, contrôlée par des techniciens, des unions entre les sexes et de vouloir supprimer tout ce qu'il y a de spontané dans l'amour, l'affection et le désir. Tel n'est pas notre point de vue, lequel, du reste, a déjà été exposé précédemment. Il est pourtant certain que l'on ne peut envisager une sélection inter-raciale et une élévation du type commun tant que, chez les représentants racialement les plus élevés d'un peuple, l'amour et le désir même n'ont pas été affinés et, surtout, tant qu'ils ont une existence indépendante, privée de toute forme de sensibilité éthique, de tout instinct de "race" - race, ici, au sens supérieur. Ainsi, par exemple, une femme pleine de charme, de sensualité, mais égoïste et menteuse, une femme très belle de corps, mais fate et vaniteuse, une femme élégante et qui a - comme on le dit malheureusement aujourd'hui - "de la classe", mais snob, exhibitionniste, irresponsable, une femme cultivée, plaisante et "intéressante", mais poltronne et pleine de limitations bourgeoises - tous ces types de femmes devraient être perçus immédiatement comme des êtres d'"une autre race", avec qui on peut avoir une passade, mais avec qui il ne peut pas exister de vie commune et il est impensable d'avoir une descendance : certains traits physiques aussi, c'est-à-dire de la race du corps, dont le langage est éloquent, même s'il n'est pas compréhensible par tous, devraient prévenir un instinct masculin aussi aigu.

Mais, avec cela, nous touchons déjà au problème de la rectification de la race du point de vue de l'âme. Par rapport à ce que l'on vient de dire, il est encore bon de faire allusion aux conditions particulièrement défavorables créées par la civilisation bourgeoise et matérialiste. C'est cette civilisation qui a donné au "sentiment" et à l'"amour" une primauté qui, dans n'importe quelle civilisation de type différent, était inconnue, au point qu'aujourd'hui il est presque impossible de lire un roman, de voir un film ou une pièce de théâtre qui ne soient pas axés sur des choses de ce genre : primauté qui, naturellement, paralyse et anesthésie tout autre thème plus élevé. En second lieu, c'est la civilisation bourgeoise qui, surtout dans l'aire méditerranéenne, a créé une société pleine de conformismes et de conventions, à cause de laquelle il est devenu difficile de connaître à fond et à temps la vraie nature, la vraie race de l'âme d'une femme, premier préambule d'une compréhension et d'une union.

3. Rectification de l'homme méditerranéen.

Pour ce qui est maintenant de la race de l'âme, l'expression d'"homme méditerranéen" ne correspond plus à cette variété du type nordico-aryen dont on a parlé et qui représente l'élément le plus valable dans l'ensemble ethnique de notre peuple. Elle désigne au contraire un style de vie donné, une certaine orientation de l'âme : vérifiables, l'un et l'autre, chez les peuples méditerranéens en général, ils ne sont certes pas souhaitables pour une vocation aryo-romaine. Selon CLAUSS, à qui l'on doit une intéressante étude à cet égard, les caractéristiques de l'homme méditerranéen correspondent à celles du *Darbietungsmensch*, un terme assez difficile à traduire. *Darbietung* signifie "spectacle", "représentation", "exhibition" : le propre de l'homme méditerranéen serait donc d'exister moins pour soi que par rapport aux autres et en fonction des autres. Il serait celui qui a besoin d'une "scène", non pas toujours dans le mauvais sens, par simple vanité et exhibitionnisme, mais en ce sens que son entrain et son impulsion, même ses élans de grandeur et de sincérité, il les tire d'un rapport au regard des autres, et que la préoccupation de l'effet qu'il fera sur les observateurs et, en général, sur ses semblables joue un rôle important dans sa conduite. Ce n'est que lorsque l'homme méditerranéen a le sentiment de se trouver à la tribune - imaginaire ou réelle - qu'il pourrait donner le meilleur de lui- même et s'engager à fond.

C'est pourquoi à l'homme méditerranéen serait inhérente une certaine préoccupation pour l'extériorité, pour le paraître. Cela, de nouveau, non pas au sens négatif, en tant que vacuité, mais en ce sens que son style d'action le plus spontané le conduirait toujours à donner à l'acte certains des caractères de la "pose", d'une chose qui doit attirer l'attention, même là où celui qui agit sait qu'il n'a que lui-même comme spectateur. Ainsi, il y aurait un certain dédoublement chez l'homme méditerranéen, dédoublement d'un moi qui joue un "rôle" et d'un autre moi qui le considère du point de vue d'un observateur ou d'un spectateur potentiel et s'en complaît.

Or, il est évident que, dans la mesure où une composante "méditerranéenne" de ce type est présente aussi dans la "race italienne", il faut la "rectifier" et, au besoin, quel meilleur modèle pourrait-il y avoir que le style de l'ancienne race romaine, style sévère, sobre, actif, sans extériorisations, mesuré, sereinement conscient de sa dignité ? Être plus que paraître ; saisir le sens de son individualité et de sa valeur indépendamment de toute référence extérieure, aimer l'isolement autant que les actions et les expressions réduites à l'essentiel, dépouillées de toute chorégraphie et de toute préoccupation de l'effet - tous ces éléments sont sûrement fondamentaux pour le "style" en vertu duquel doit se produire la consolidation et la purification, au sens nordico-aryen, de la souche italienne. Là où l'Italien, dans une certaine mesure, aurait en commun avec l'homme méditerranéen la scission intérieure indiquée plus haut (en acteur et spectateur), cette scission doit être utilisée en vue non d'une évaluation des effets possibles sur les autres et d'une étude pour obtenir les effets voulus, mais bien d'une critique objective, d'une surveillance calme et attentive de sa conduite et de son expression, qui évite toute primitivité et toute instantanéité ou "expansivité" naïve et étudie l'expression même, non pour l'"impression" qu'elle provoque sur les autres et non par rapport à leur jugement, mais en adéquation étroite et impersonnelle avec ce que l'on entend obtenir et avec le style que l'on veut se donner.

Avec la race "désertique" et, sans doute, par suite de la présence en lui de quelque chose de cette race, l'homme méditerranéen aurait, en outre, une âme aussi intense et explosive que changeante et liée au moment : les feux de paille, le désir irrésistible et cru dans la vie passionnelle, l'intuition, les éclairs de génie intellectuel. L'équilibre psychique et la mesure ne seraient donc pas son fort : en apparence, et surtout lorsqu'il est en compagnie, il semble joyeux, enthousiaste et optimiste, alors que, en réalité, tout seul, l'homme méditerranéen connaît de soudains abattements, découvre de sombres et arides perspectives intérieures qui le font fuir avec horreur tout isolement et le réduisent de nouveau à l'extériorité, à la sociabilité bruyante, aux "éruptions" de joie, sentimentales ou passionnelles.

Pour "rectifier" cet aspect, partout où il est vraiment présent aussi dans la race italienne ou dans certains de ses éléments (surtout méridionaux), il ne faut pas procéder par simple antithèse. La phrase de Nietzsche : "Je mesure la valeur d'un homme à son pouvoir de retarder la réaction" doit certes servir de directive éducative précise en ce qui concerne l'impulsivité désordonnée et l'impétuosité. Mais Nietzsche nous a lui-même avertis des dangers d'une "castration morale". La capacité à se maîtriser, l'équilibre et la continuité des sentiments et de la volonté est un style qui ne doit pas aboutir à un dessèchement et à une mécanisation de l'âme, comme dans certains aspects négatifs de l'homme germanique ou anglo-saxon. Il ne s'agit pas de supprimer la passion et de donner à l'âme une forme belle, claire et homogène, mais plate ; il s'agit d'organiser totalitairement son être pour le rendre capable de reconnaître, de discriminer et d'utiliser de manière adéquate les impulsions et les lumières qui jaillissent des profondeurs. Que la passion ait une certaine prépondérance chez de nombreux Italiens, on ne peut pas le contester ; mais cette disposition ne se résout pas par une défaite, mais par un enrichissement, dès qu'elle trouve son correctif et son contrepoids dans une vie éthique saine et solide : cette tâche, la "fascisation" de l'Italien, et surtout de notre jeunesse, est en train de commencer à l'accomplir.

4. Autres éléments du style de vie de l'âme méditerranéenne.

L'homme méditerranéen serait aussi naturellement disposé à s'instituer son propre défenseur que l'homme nordique serait enclin, au contraire, à s'ériger en son propre juge. Le premier serait toujours plus indulgent envers soi qu'avec les autres, et on ne peut plus allergique à l'examen cru et objectif de toutes les *arrière-pensées*[20] de sa vie

---

[20] N.d.t. : en français dans le texte.

intérieure. Cette opposition est assez unilatérale. En tout cas, il ne faut pas oublier les dangers inhérents à une introspection, une analyse intérieure exagérée : les aberrations issues du sentiment sémitique de la "faute", ainsi que celles qui dérivent au contraire du protestantisme et du puritanisme, constituent un salutaire avertissement. Il est certain, toutefois, qu'un style caractérisé par la simplicité et la loyauté, à l'égard, avant tout, de son âme, est un élément essentiel pour toute rectification d'une race au sens nordico-aryen ; de même qu'être dur avec soi, cordial et compréhensif envers les autres, fait partie, du point de vue de la race de l'âme, des principes de toute éthique virile, constructrice, aristocratique.

Un autre élément de l'âme méditerranéenne serait une certaine susceptibilité, une certaine disposition à ressentir les offenses trop aisément et un sens de l'honneur exagéré et, de nouveau, presque théâtral. Ici, pour être juste, il faudrait faire observer que ces dispositions sont vérifiables, dans une mesure au moins égale, chez des peuples non-méditerranéens comme les Hongrois et les Polonais. Peuvent sans doute apparaître ainsi, dans l'aire méditerranéenne, les Espagnols ; en Italie, certains Siciliens et certains Napolitains. Quant à la "rectification", nul ne contestera que la réaction immédiate de son sang à une offense injuste est une qualité "raciale" au sens supérieur. Ce qu'il nous faut surmonter, ce sera plutôt la réaction passionnelle fondée sur un sentiment de culpabilité de notre personne, de notre "moi" ; donc, le fait de réagir non seulement lorsque l'on a raison, mais aussi lorsque l'offense touche en nous un point faible et quelque chose qui n'est pas vraiment en ordre. Auquel cas on peut certes envisager une rectification, de manière que l'on ne soit plus disposé à laisser les autres juger de notre valeur et de notre honneur. Sans aller jusqu'aux excès de la morale stoïque, dont, cependant, on admet généralement qu'elle est une adaptation, pour ainsi dire désespérée, du style de vie nordique, on peut bien rappeler les mots de SÉNÈQUE, qui notait que l'offense implique l'intention de faire mal, un mal qui ne peut être que la honte : mais cette honte, celui qui est conscient de sa droiture ne peut pas la ressentir. Il saura donc toujours extraire le dard de l'injure et de l'offense, qui vise à mettre hors de soi une âme impulsive ; ce dard, il ne le laissera pas pénétrer en lui et la réaction consistera simplement à anéantir l'intention de l'adversaire, qui se heurtera à un mur là où il croyait trouver une substance réceptive faisant son jeu ; elle consistera, ensuite, à empêcher objectivement l'adversaire de répandre des mensonges, de faire du tort et, enfin, de mesurer les autres à son aune.

Quant à une tendance excessive à la "grâce", à la "finesse", aux "manières", que les racialistes en question attribuent à la race méditerranéenne, ayant sans doute en vue surtout ses exemplaires féminins et ses variétés françaises, il n'y a pas grand-chose à dire et à "rectifier". De la "finesse" et des "manières", le *gentleman* anglo-saxon en a aussi. Nous ne voulons certes pas élire en style général une rudesse de caserne ou de jeune homme sans éducation : s'il y a quelque chose à combattre, ce sont les excès, c'est-à-dire la pose et un style de salon tendant à enrober de "manières" l'intériorité misérable d'êtres sans visage, de marionnettes mondaines. Ce qui, cependant, plus que la disposition d'une race donnée, est aujourd'hui la caractéristique générale des milieux "comme il faut" de tous les pays constituant la prétendue "société", le *monde*, l'Amérique en tête, qui bat le *record*.

Sur un plan plus large, on ne peut qu'être d'accord pour dénier aux arts et aux lettres, à tout ce qui est esthétique et, pour ainsi dire, "civilisation aphrodisiaque" contemporaine, l'importance exagérée et anormale que le monde moderne y accorde. Contre cela, une certaine barbarie iconoclaste doit être comprise comme une force réactive salutaire pour le rétablissement de l'équilibre et la réaffirmation des valeurs aryo-romaines. C'est, au fond, notre plus ancienne tradition : que l'on se rappelle du mépris nourri par la première romanité aryenne pour le monde hellénique des lettres et des arts, assimilé catoniciennement à un amollissement et à une corruption ; que l'on se souvienne que la caractéristique de la religion romaine fut l'aversion pour la mythologie esthétisée et la mise en relief de l'action rituelle pure et nue, ainsi que de l'élément éthique et guerrier. De même que la Renaissance n'a été qu'une falsification de l'Antiquité, dont elle n'a repris que les aspects décadents, si tape-à-l'œil qu'ils soient du point de vue esthétique, ainsi il faut aussi se souvenir que l'Humanisme italien n'a pas grand-chose à voir avec la tradition aryo-romaine de notre race ; à cette époque-là, cette tradition fut bien plus vivante chez des hommes qui, tel SAVONAROLE, cherchaient à empêcher que les poses et les esthétismes ne ravalent les forces de la race aryenne qui subsistaient en Italie au niveau d'une culture "aphrodisiaque", au sens technique, déjà expliqué, de ce terme. C'est pourquoi, contre la tradition "humaniste" de la race italienne, il faut avancer de précises réserves, surtout aujourd'hui que l'Italie n'est plus précisément celle des musées, des ruines, des monuments et des choses pittoresques à l'usage des touristes étrangers et que, chez les meilleurs représentants du Fascisme, se manifeste une intolérance à l'égard des petits cénacles des "gens de lettres" et des "intellectuels", milieux aussi vides que superficiels et dilettantes, qui n'ont même pas le don des anciens bouffons de la noblesse féodale : celui de divertir.

5. Rectifications des relations entre les sexes dans le monde méditerranéen.

C'est le mérite des théories que nous avons exposées ici, que de ne pas imputer au seul homme méditerranéen la sensualité. Selon CLAUSS, "la disposition à la sensualité n'a rien à voir avec une race donnée. Des hommes de toute race peuvent être enclins à la sensualité : si ce n'est qu'elle se manifeste de façon différente dans chaque race. Il est faux de prétendre que l'homme du Sud est sensuel et que l'homme nordique ne l'est pas ; la vérité est que, par rapport à la sensualité, le premier a un comportement différent de celui du second." On affirme plutôt que la race méditerranéenne donne à tout ce qui concerne la sensualité et les rapports entre les sexes une importance plus grande que les autres races, surtout en permettant à ces choses d'exercer une influence dans l'ordre des valeurs proprement morales et spirituelles.

Cette thèse vaut la peine d'être examinée ; mais, à présent, dans le cadre d'une "rectification" qui concerne davantage la femme que l'homme méditerranéen, car nous croyons que, ici, c'est surtout elle qui est partie en cause. Il est effectivement vrai que non seulement tout étranger, mais aussi tout Italien ayant vécu un certain temps à l'étranger, à peine arrivé dans les pays méditerranéens, ne peut pas s'empêcher de ressentir une impression curieuse face à la psychologie et au "style" du comportement des deux sexes. Tout comme il est vrai que si, dans l'abstrait, l'homme du Sud peut n'être pas plus sensuel que celui du Nord, son attitude à l'égard de la sensualité, de l'amour et de la femme, est très différente et que, ici, il arrive fréquemment que les questions et les préoccupations relatives au sexe trouvent, avec une facilité préoccupante, le moyen de devenir des problèmes moraux et même spirituels.

C'est ainsi que nous sommes en présence de connexions extrêmement unilatérales, par exemple, entre l'honneur et les choses du sexe, connexions singulières et ne dénotant certes pas un sens très élevé de la dignité masculine. Nous ferons remarquer, en effet, qu'il est difficile d'indiquer une race héroïque qui ait laissé la vie d'alcôve décider de l'honneur viril. Tout aussi singulière apparaît la place du sexe dans la religion même : le "péché" - qui, normalement et du point de vue aryen, devrait surtout concerner la vie intérieure et le monde éthique - y reçoit une interprétation essentiellement liée à ce plan charnel et sensuel. Il suffira de rappeler la déformation moraliste qu'a subie, par exemple, le terme *"virtu"* : loin de se rapporter aux préceptes d'une petite morale surtout sexuelle, la *virtus*, dans l'Antiquité, c'était la qualité virile, la qualité du *vir*, de l'homme au sens éminent (et non pas *homo*) ; la force, le courage, le pouvoir d'affirmation et de décision. Il ne faut pas se faire d'illusions à cet égard : ici, c'est une influence étrangère à l'élément aryen qui s'exerce, une influence dont la relation avec l'état d'esprit sémite saurait difficilement être contestée.

Sur un plan plus concret, il ne s'agit pas seulement de l'importance exagérée donnée à tout ce qui concerne le sexe et les sentiments : il se trouve aussi, et surtout, que, à cause d'un système correspondant de complications, de limitations et d'artifices dans la vie quotidienne, le comportement général de l'homme et de la femme méditerranéens different du style nordico-aryen. Déjà, la femme méditerranéenne, presque sans exception, destine sa vie, de façon on ne peut plus unilatérale et, pour ainsi dire, primitive, à l'homme. Nous sommes certes à cent lieues de souhaiter la femme masculinisée ou neutre, qui, nous l'avons même indiqué, est un type dégénéré caractéristique des races du Nord : ce que nous entendons faire remarquer, c'est que la femme méditerranéenne néglige presque toujours de se former une vie intérieure propre, autonome, même dans un esprit conforme à sa nature propre et à sa fonction normale. Sa vie intérieure se réduit au contraire aux préoccupations du sexe et à tout ce qui peut servir à "paraître" et à attirer l'homme dans son orbite. C'est ainsi que nous voyons de très jeunes femmes, souvent tenues par leurs parents presque complètement à l'écart des hommes, toutes maquillées et équipées comme, dans les pays du Nord, ne le sont même pas les "professionnelles" : il suffit de les examiner un instant pour se rendre compte que, malgré tout, l'homme et les rapports avec l'homme sont leur unique préoccupation, d'autant plus évidente qu'elle est cachée par des limitations bourgeoises et conventionnelles ou par une savante administration rationalisée de l'abandon. À quoi s'ajoutent immédiatement des complications bien compréhensibles, du fait de l'attitude correspondante de l'homme.

On peut voir tous les jours, dans toutes les rues des grandes villes des pays en question, ce qui arrive lorsqu'une femme à peine désirable passe devant un groupe de jeunes hommes : ceux-ci la scrutent et la suivent d'un regard "intense", comme s'ils étaient autant de Don Juan ou d'affamés de retour au pays après des années d'Afrique ou de Pôle Nord ; l'autre, qui, par son maquillage, son allure majestueuse et ses vêtements, ne fait pas mystère de sa qualification féminine, affecte cependant une suprême indifférence et un grand "détachement" ; à tel point que celui qui observe ces scènettes est enclin à se demander sérieusement si tout ce beau monde n'a vraiment rien de mieux à faire que de se complaire dans ce petit jeu. Par l'instantanéité et, pour tout dire, la grossièreté de son désir, l'homme méditerranéen effarouche la femme, la met sur la défensive, favorise toutes sortes de complications préjudiciables : préjudiciables, avant tout, pour lui-même. La femme, d'un côté, ne pense qu'à avoir des relations avec l'homme et à l'effet qu'elle peut produire sur lui, alors que, de l'autre, elle a l'impression d'être une proie désirée et pourchassée qui doit faire bien attention à ne pas commettre de faux pas et doit "rationaliser" de manière adéquate toute relation et toute concession.

Mais tout, dans ce comportement effectivement faux et non aryen de la femme méditerranéenne, ne s'explique pas par ces circonstances extérieures, dont l'homme est responsable. On peut affirmer que, dans 95% des cas, une femme de cette race peut déjà avoir dit "oui" intérieurement sous un certain rapport, mais qu'elle se sentirait avilie en se comportant résolument en conséquence avant d'avoir soumis l'homme à toute une série de complications et de limitations, à une véritable *via crucis* érotico-sentimentale. Elle craindrait, autrement, de n'être pas considérée comme une "personne sérieuse" ou "comme il faut", là où, d'un point de vue supérieur, c'est justement cette insincérité et ce caractère artificiel qui indiquent son manque de sérieux. C'est sur une base analogue que se déroulent le train-train ridicule des *flirts*, le rituel des "compliments", de la "cour", du "peut-être que oui, peut-être que non". Que, dans tout cela, l'homme ne sente pas une offense directe à sa dignité, un jeu, dans lequel ce n'est pas à lui de s'engager, constitue un indice inquiétant, qui témoigne de la présence effective d'une composante "méditerranéenne", dans le mauvais sens, non seulement dans les mœurs italiennes, mais dans la civilisation bourgeoise en général, composante que l'homme nouveau, viril, aryen, devra sans aucun doute dépasser.

Il est indiscutable que la "femme méditerranéenne", et l'Italienne même, si l'on excepte les qualités pour ainsi dire "naturalistes" qu'elle pourra aussi avoir en tant qu'épouse et mère, a bien besoin d'être "rectifiée" selon un style fait de spontanéité, de clarté, de sincérité, de liberté intérieure. Chose impossible si l'homme ne l'aide pas, d'abord en lui faisant sentir que, si importants qu'ils soient, l'amour et le sexe ne peuvent avoir qu'un rôle subordonné dans sa vie formée selon un style nordico-aryen ; ensuite, en cessant de se comporter continuellement comme un Don Juan avide de plaisir ou comme quelqu'un qui n'a jamais vu une femme, car, en règle générale, des deux, c'est la femme qui doit chercher l'homme, et non l'inverse. Isolement, distance : ou des relations d'amitié, sans sous-entendus ni failles ; ou des relations réelles et intenses d'homme à femme.

On peut reconnaître la justesse du point de vue selon lequel aurait été propre aux peuples germaniques, à partir de la période provençale, une séparation artificielle entre les sexes, au fond inconnue de l'homme nordico-aryen. Cette séparation a conduit aussi bien à une fausse idéalisation qu'à une fausse dégradation de la femme : à la Béatrice et à la Dame d'une certaine chevalerie d'un côté, à la "femme", à la créature de la chair et du péché de l'autre - types "construits" l'un et l'autre, éloignés de la réalité ou, au moins, de la normalité. Avec les WERTHER et les JACOPO ORTIS, le premier a disparu avec le déclin du romantisme du dix-neuvième siècle. Mais on ne peut pas dire non plus qu'existe encore, aujourd'hui, chez les peuples germaniques, le second type, à savoir la femme au sens fort du terme, la femme "racée", car on n'y trouve plus qu'une version amoindrie, domestiquée, attentive à "coller" aux conventions bourgeoises et à "briller" dans l'escarmouche des *flirts* et dans les foires aux vanités mondaines.

Que l'antidote ne soit ni la *garçonne*[21], ni le type anglo-saxon "émancipé", nous n'avons pas besoin, ici, de le souligner. Il faut rendre plus sincères, directs, organiques, les rapports de la femme avec l'homme, rapports, naturellement, non pas d'égal à égal, mais de rencontre et de compensation entre deux manières d'être différentes. Et l'intensité de ces rapports dépendra de la mesure dans laquelle chacun saura être véritablement soi-même, complet, sans complications intérieures et sans transports artificiels, loyal, libre et déterminé.

6. L'Italie nouvelle. La race et la guerre.

Bien que, dans ces considérations sur la "rectification de la race méditerranéenne", on n'ait fait allusion qu'à quelques-uns des points les plus importants, on peut déjà se rendre compte que le préjugé "anti-nordique", du côté italien, se fonde sur un malentendu et que les fameuses oppositions rhétoriques entre le Nord et le Sud n'ont pas plus de consistance, oppositions, en réalité, seulement verbales ou dérivant d'attitudes unilatérales et dilettantes. Ce qui est important pour nous, comme, du reste, pour n'importe quel peuple, étant donné que, actuellement, aucun ne peut prétendre être une race pure, c'est une décision intérieure. Il faut mettre la race à la croisée des chemins et la contraindre à une espèce de profession de foi. Entre les différentes

[21] N.d.t. : en français dans le texte.

composantes de son peuple, l'individu doit choisir. De même qu'il est certain que, dans la race italienne, il existe des noyaux importants de la race nordico-aryenne dans l'esprit, dans l'âme et dans le corps même, ainsi il est tout aussi certain que, à côté de cela, il y a l'Italie des types petits et basanés, aux traits et aux sens altérés par des siècles de croisements ; des types sentimentaux, gesticulants, impulsifs, profondément et anarchiquement individualistes, une Italie du "farniente", des rimes en "cuore e amore"[22], des maris siciliens jaloux, des femmes "ardentes" mais inhibées par des préjugés bourgeois ; celle des polichinelles, des macaronis et des chansonnettes. Pendant trop longtemps, partout où l'on parlait de l'Italie, c'est à cette Italie-là que, à l'étranger, on pensait immédiatement et, il faut le reconnaître, les Italiens ont contribué, ne serait-ce que par leur passivité, à la formation de ce mythe assez peu reluisant.

Désormais, il faut dire que, de cette Italie antiraciste, bourgeoise, superficielle, déséquilibrée, aryenne seulement sur le papier, cela en est virtuellement fini, dès lors que le Fascisme a renversé un régime démo-parlementaire sans autorité et a pris la résolution de construire une nouvelle nation romaine et guerrière sous le signe, notamment, de cet Aigle et de cette Hache compris dans le faisceau, qui sont les symboles primordiaux de la tradition hyperboréenne. Même d'un point de vue extérieur, si l'Italie nouvelle a pleinement conscience de ses beautés naturelles, ce dont elle s'enorgueillit, ce n'est pas précisément d'être le pays des touristes étrangers, résonnant de mandolines et de *Sole mio*, entre autres accessoires d'une chorégraphie mièvre : l'Italie fasciste veut plutôt être et équivaloir à un monde nouveau de forces dures et infrangibles, un monde héroïque pénétré de conscience éthique et de tension créatrice, hostile à tout relâchement, à tout affaiblissement de l'âme, ayant pour symbole non les tarentelles et les gondoles au clair de lune, mais les puissants carrés de fer de ce pas romain dont le rythme des parades prussiennes est la reproduction exacte.

Avec tout cela, on peut dire que l'âme italienne a déjà choisi une orientation nordico-aryenne ; en vérité, elle l'avait choisie bien avant que la doctrine de la race ne fasse officiellement partie de l'idéologie du Fascisme et que certains intérêts politiques conjoncturels ne rapprochent l'Italie de l'Allemagne.

Quant aux antécédents de cette décision, il faut avant tout

---

[22] N.d.t. : "cœur et amour".

mentionner l'expérience de la Grande Guerre. En parlant des éléments qui font ressortir une race de l'âme, CLAUSS a justement noté que cette expérience a différencié deux générations, laissant une empreinte indélébile sur ceux qui l'ont vécue et faisant d'eux quasiment les représentants d'une "race" à part, pour ce qu'ils sont différents de tous ceux qui n'ont pas combattu. Il faut toutefois préciser ce point de vue, en ce sens que ce fait, la guerre, n'a pas eu pour tous la même signification. Il a au contraire constitué une espèce d'épreuve. Il est certain que la guerre provoqua la crise de la petite personnalité bourgeoise, du moi enfermé dans les étroites limites de son existence terne et individualiste. Mais cette crise peut avoir, selon les cas, une issue différente. En lisant certains livres, tels que les romans célèbres de REMARQUE ou de BARBUSSE, on a la nette impression que la guerre peut conduire à un dépassement de l'individu, représentant, cependant, un retour au stade de la "race naturelle". Les personnages de REMARQUE, par exemple, bien qu'ils ne croient plus en rien et constituent une "génération brisée, quand bien même les grenades l'ont épargnée", ne deviennent ni des lâches, ni des déserteurs ; mais, à aller au devant d'épreuves tragiques en tout genre, ils ne sont plus que des faisceaux d'instincts, des forces déchaînées, des réflexes et des impulsions élémentaires, qui témoignent de la régression de l'individu sur un plan vraiment infrahumain.

Mais, chez d'autres êtres, l'issue est absolument différente : si la guerre les fait également dépasser les limites de la conscience simplement individuelle, chez eux cela acquiert la valeur d'un réveil spirituel, d'un dépassement intérieur, d'une espèce d'ascèse active et de catharsis. Du point de vue collectif, c'est à travers eux que commence à se réveiller et à s'affirmer aussi la "race" supérieure d'un peuple : on a une nouvelle révélation des forces les plus profondes et les plus originelles de la souche[23].

Eh bien, alors que la première issue caractérise ceux qui, de retour du front, se mirent à faire le procès de la guerre et de l'interventionnisme italien en rejoignant la phalange de la subversion

---

[23] On peut noter que, dans le texte le plus important de l'ascèse guerrière aryenne, la *Bhagavad-gîtâ*, la justification spirituelle et même métaphysique de la guerre et de l'héroïsme, le mépris de tout sentimentalisme, de tout humanitarisme, sont présentés comme faisant partie de la "sagesse solaire primordiale", qui, par le "Soleil", aurait été transmise au premier législateur de la race indo-aryenne pour être ensuite léguée à une dynastie de rois sacrés.

marxiste et communiste, le Fascisme, lui, dès la première heure, se proclama représentant de l'Italie combattante, interventionniste et victorieuse, de l'Italie qui, grâce à la guerre seule, sentait qu'elle était parvenue à une nouvelle conscience héroïque et restait aussi ferme sur ses positions que résolue à en finir avec les restes d'un régime et d'une mentalité dépassés. C'est ainsi que reculèrent les limites de la compréhension, que se différencia une "race de l'âme" qui, avec l'essor du Fascisme, revêtit des traits toujours plus nets. Si, dans la période insurrectionnelle et illégale du Fascisme, on pouvait encore avoir des doutes sur les tendances qui, dans cette périlleuse expérience alimentée par des forces profondes réveillées par la guerre, auraient pris le dessus, lorsque Mussolini prit légalement en main le pouvoir et le gouvernement, de concert avec la monarchie, le courant des forces de la "race des combattants" se purifia et se développa dans un esprit sans aucun doute romain. Un instinct très sûr donna à une masse incandescente et dynamique des points de référence précis et s'en servit comme matière première pour la construction d'un nouvel État et la formation de cet homme - nouveau et ancien à la fois, et de style essentiellement nordico-aryen - dont on a parlé.

Tels sont les antécédents du réveil racial qui, même là où le mot "race" ne fut pas prononcé, s'est produit dans la substance italienne. Le processus de sélection et de formation de la race nordico-aryenne italienne est désormais en cours et il s'agit seulement de déterminer les étapes fondamentales de l'itinéraire qu'il reste encore à parcourir.

7. Conditions du réveil de la race.

Pour ce qui concerne l'aspect interne, la loi de la discrimination et du renforcement de la race se résume au principe suivant : "le semblable éveille le semblable, le semblable attire le semblable, le semblable s'unit au semblable". On a donc besoin des symboles pour parvenir à une décision et à une évocation. Le chef d'un mouvement national européen a illustré ce principe par l'exemple suivant : "Quand je demande quelque chose d'héroïque, l'homme héroïque répond à l'appel ; par contre, quand je promets des avantages, c'est l'esprit marchand qui cédera à la tentation". Plus généralement, on peut dire que la doctrine et l'idée de la race nous placent devant une alternative, qui sera résolue par chacune des lois des affinités électives : réagir contre le racialisme, sentir en soi une révolte contre ses propres idées, c'est se prouver que l'on n'est pas très en ordre avec la race ; trouver que le mythe aryen et nordico-aryen a un côté ridicule ou "scientifiquement" insoutenable, c'est se forger un alibi pour une vocation non-aryenne et non-nordique, qui ne peut pas être en relation avec le substrat d'une race du corps (ou, du moins, d'une race de l'âme) correspondante, dans la personne en question. Et ainsi de suite. Le processus de sélection exige donc la formulation d'un mythe complet qui serve de centre de cristallisation et de réactif pour des choix que, selon les affinités électives, il faut provoquer dans toutes les parties d'un peuple et dans tous les domaines de sa civilisation. Cela, pour ce qui est des prémisses générales. Quant aux conditions particulières, elles peuvent se résumer aux suivantes : en premier lieu, un climat héroïque, à savoir une haute tension spirituelle ; en second lieu, une idée-force, qui galvanise et façonne les forces émotionnelles d'une collectivité donnée de façon aussi profonde et organique que la suggestion ou l'image d'une mère qui peut s'imprimer en tant que réalité biologique dans le fils ; enfin, au premier plan, un type humain exemplaire, en tant qu'idéal incarné, expression tangible de cette idée, mais aussi, en même temps, en tant que reprise approximative du type primordial supérieur de la race pure. C'est alors que s'amorce un processus d'évocation, de formation, de réveil de pouvoirs profonds. Ce processus finira par impliquer la réalité biologique même, par écraser les éléments étrangers ; l'action persistant, il fera apparaître, dans les générations suivantes, de plus en plus distinctement, le type conforme. La "race pure" renaîtra.

Pour faire retrouver à un peuple sa race, à part le plan pratique et prophylactique, la reconnaissance de la signification, trop souvent méconnue par une culture abstraite et intellectualiste, de tout ce qui est lié au sang et à la continuité du sang, il faut donc évoquer sa tradition interne : ce qui exige, *in primis* et *ante omnia*, une restauration hiérarchique, la renaissance, lente, difficile, irrésistible, d'une tradition ininterrompue de Chefs. Le réveil de la force formatrice primordiale, ou race de l'esprit, qui s'est engourdie durant des siècles de contingence et de mélange, ne peut être pratiquement efficace que grâce à des hommes qui en reproduisent une incarnation "classique" et reprennent fermement en main le pouvoir, au centre de la nation. L'action de ces hommes sera double.

Avant tout, elle s'accomplira positivement dans l'État conçu ni comme une entité juridique abstraite, ni comme une superstructure régulatrice inerte créée par la nécessité humaine, mais comme une force dans une certaine mesure transcendante, qui façonne, articule, ordonne d'en haut la société tout entière. C'est en ce sens que MUSSOLINI a pu dire que "la nation est créée par l'État" et que "l'État est l'autorité qui guide les volontés individuelles, leur donne une forme de loi et une valeur spirituelle" ; c'est "la forme la plus haute et la plus puissante de personnalité : c'est une force, mais spirituelle". Ainsi conçu, l'État sert de nouveau de "mythe", - c'est-à-dire d'idée-force -, de point de repère pour une décision intérieure, de pilier à ce dévouement héroïque et à cette tension dont nous avons déjà dit qu'ils font partie des conditions indispensables de la renaissance, même physique, d'une race.

En second lieu, on peut parler plus précisément, ici, d'une action de présence. Nous voulons dire que les Chefs, en tant que suprêmes incarnations du "type" de la race supérieure et dominatrice, se présentent comme des "idéaux réalisés" et, en tant que tels, raniment, dans les individus, une force profonde latente, qui est la race intérieure même, partout où les circonstances ne l'ont pas réduite à néant : d'où la magie de l'enthousiasme et de l'ardeur que les Chefs suscitent en vertu d'une véritable reconnaissance et d'un dévouement héroïque et conscient, et non pas d'une suggestion collective passive. Telle est la véritable clef de cet "honneur", de cette fidélité et de ces autres qualités guerrières que le racialisme considère comme typiques de la race aryenne de l'âme, mais qui partent en fumée lorsqu'elles ne reposent pas sur un régime fortement personnalisé, hiérarchique, soutenu par une idée supérieure ; qui se réduisent plus ou moins à des manières soldatesques susceptibles même de se manifester par une organisation de *gangsters*, lorsqu'elles ne sont pas animées par une sensibilité à la transcendance. C'est à la même idée, par ailleurs, que s'est référé MUSSOLINI en définissant la souche non comme une quantité, une collectivité ou une unité matérialiste, mais bien comme une "multiplicité unifiée par une idée" ; cette idée, "dans le peuple, se réalise en tant que conscience et volonté d'une minorité, et même d'un seul, et cet idéal tend à se réaliser dans la conscience et la volonté de tous" ; ayant lui-même déjà indiqué qu'une "réalité permanente et universelle" est la condition d'une action spirituelle dans le monde, en tant que "volonté humaine dominatrice de volontés".

C'est alors que les nombreuses forces d'un peuple, les sangs variés présents dans le type commun, qui couraient fatalement à la dégradation et la désagrégation s'ils avaient été abandonnés à la contingence des facteurs matériels, sociaux et même politiques au sens étroit, retrouvent un centre unificateur solide et vivant grâce à un contact galvanisant. C'est l'élément suprabiologique de la race qui se réveille et agit, et, cette race, ce n'est pas un simple sujet polémique ou une liste de "caractéristiques" dressée par l'anthropologie classificatrice ou encore un mécanisme héréditaire, mais la race vivante, la race que l'on porte vraiment dans le sang, et même bien plus dans les profondeurs que dans le sang, puisqu'elle communique avec ces forces métaphysiques, "divines", dissimulées par les anciens dans les différentes entités symboliques des *gentes* et des souches.

8. La race de l'homme fasciste.
Sur le nouveau front aryo-occidental.

Ainsi, par la présence de conditions de ce genre, le fait est qu'en Italie, surtout dans les nouvelles générations, un nouveau type humain est en train de prendre forme, reconnaissable à son caractère et à son attitude intérieure, et même, chez les éléments les plus jeunes, déjà à son corps. Ce type manifeste des traits extrêmement ressemblants à l'ancien type aryo-romain, souvent en net contraste avec celui des parents. C'est une race - nouvelle et ancienne à la fois - que l'on pourrait bien appeler "race de l'homme fasciste" ou "race de l'homme de Mussolini". Elle ne résulte évidemment pas de mesures racistes au sens étroit, car cela fait à peine deux ans que le racialisme a été intégré à l'idéologie officielle fasciste ; elle est au contraire, répétons-le, l'effet du climat et des idéaux de la Révolution et, corrélativement, de l'évocation de forces profondes, que, dans un premier temps, la guerre mondiale, puis cette Révolution, inconsciemment, sous le signe romain, ont provoquée dans la substance collective de l'homme italien.

La persistance d'une telle évocation - mais, à présent, avec une conscience raciale et spirituelle plus nette - et, avec elle, le renforcement du climat héroïque, la tension propre à une mystique fasciste au sens le plus austère, antisentimental, antirhétorique, actif du terme, sont les conditions du développement ultérieur et de l'approfondissement du processus, de l'affirmation toujours plus claire et précise de cette nouvelle race de l'homme fasciste, comme type supérieur et *élite* de la "race italienne" en tant que race nordico-aryenne ou aryo-romaine.

À la lumière de nos remarques sur le rapport entre la race et le droit, l'institutionnalisation, pour ainsi dire, de cette *élite*, moins sous la forme d'une "classe dirigeante", qui se ressent de l'idéologie de formes politiques dépassées, que sous celle d'un Ordre, dans l'esprit des anciennes organisations ascético-guerrières, représenterait une autre condition particulièrement favorable à l'œuvre constructrice ; l'idéal "classique" nous invite à concevoir, comme réalisation suprême, des Chefs dont la noblesse et la pureté raciale ne le cèdent en rien à la qualification et à l'autorité spirituelle. L'ancienne idée d'"Ordre" est certainement supérieure à celle, moderne, de "Parti" : elle correspond à une *élite* et à une formation volontaire jurée, à laquelle n'est pas étrangère la notion d'une certaine prestance, d'une certaine perfection physique, aux caractères tant "ascétiques" que militants, *élite* qui défend essentiellement une idée, qui garde une tradition et sert de soutien à un groupe de personnes plus nombreuses, mais moins qualifiées, plus concernées par les intérêts particuliers et contingents, au sens des responsabilités plus faible et à la sensibilité politique inférieure. Si tout mot, selon la conception ancienne, recèle un pouvoir, nous ne doutons pas qu'une appellation comme celle d'"Ordre Fasciste de l'Empire italien" représenterait une puissante amplification pour cette liturgie de la puissance qui, dans tout ordre politique autoritaire et traditionnel, a un rôle considérable : elle serait la plus susceptible de réveiller, de recueillir et de restituer - intensifiées - les forces qui peuvent le plus contribuer à la formation nordico-aryenne de l'Italie nouvelle. Apparaîtrait, enfin, le côté, à sa façon sacré, de l'engagement que l'on prend en devenant membre de ce groupe par un serment "du sang", tel qu'il ne laisse pas d'autre alternative que la fidélité ou la trahison, l'honneur ou la honte, en son for intérieur et par rapport à un principe, plutôt qu'à l'égard d'une autorité ou d'une hiérarchie visible.

Par extension, si une situation internationale plus claire le permettait, de là on pourrait même en arriver au mythe d'un nouveau front aryo-occidental. Y serait comprise, en premier lieu, l'idée d'une humanité renforcée sur le plan biologique et protégée de tout mélange contaminateur ; en second lieu - passant de la race du corps à celle de l'âme - l'idée d'une identité d'attitude intérieure, d'un style de vie aryen commun, c'est-à-dire d'une unité dans la vérité, l'honneur et la fidélité ; enfin, comme couronnement, la race de l'esprit - car, par tous les moyens, malgré les conditions d'une civilisation en tout et pour tout défavorable, il faudrait chercher à donner une nouvelle expression à une partie de l'héritage hyperboréen, de notre héritage commun de spiritualité olympienne et solaire, au moyen d'éléments qualifiés et d'une transmission régulière.

Telle serait la conception limite de la doctrine traditionnelle de la race sous son aspect pratique et constructif. Elle ne préjuge pas de la valeur et de la nécessité d'étapes intermédiaires et préparatoires. Seul l'avenir pourra nous dire jusqu'à quelle profondeur l'action du nouveau mythe pourra aller, jusqu'à quel point l'idée aryenne pourrait agir de manière créatrice et décisive non seulement à l'intérieur d'une nation, mais dans une famille de peuples d'origine commune, pour faire en sorte que cette communauté d'origine soit plus forte que les éléments d'opposition, de dénaturation, de déformation, de déclin "moderne", qui, en chacune d'elles, à l'heure actuelle, semblent prévaloir. Au cas où ce sentiment de race se réveillerait aussi dans les termes d'un front aryo-occidental, avec le caractère d'achèvement dont on a déjà parlé, il ne fait aucun doute que les combats et les crises qui, au rythme accéléré de l'histoire actuelle, devront, sans doute bientôt, décider de la vie ou de la mort de la civilisation européenne tout entière, trouveraient une issue positive et définitive.

ÉLÉMENTS POUR UNE ÉDUCATION RACIALE

Préambule de l'éditeur italien

D ans le cadre d'une tentative de conférer à l'idée de « race » un contenu antimoderne et spirituel, et de l'intervention d'Evola dans le débat auquel cette question donna lieu dans les années trente en Italie, le présent petit livre marque l'entrée des formulations évoliennes dans le monde de l'école. Car c'est en fait aux *éducateurs* que l'Auteur s'adresse dans la préface, les invitant à garder à l'esprit « la valeur essentiellement politique et éthique que l'idée de race doit avoir pour le fascisme et, surtout, pour l'école fasciste ». La race devra être considérée par les enseignants « comme très différente de celle dont pouvaient hier parler la biologie et l'anthropologie. Notre racisme va bien au-delà de telles disciplines qui — du moins dans leurs formulations les plus courantes —, de par leur esprit positiviste et scientiste, sont même, au fond, diamétralement opposées à la véritable idée raciste. Le racisme authentique, plus qu'une discipline particulière, est une *mentalité (...)* ».

Après avoir passé en revue quelques définitions de la race, Evola pose avec cohérence la supériorité des conceptions qui considèrent une telle réalité comme un groupe humain défini par un style homogène, un mode d'être différencié, une *mentalité* spécifique, justement. En reconnaissant la prééminence d'un tel point de vue sur ceux purement naturalistes et biologiques, Evola se réfère explicitement à la « doctrine de l'âme des races » formulée par Ludwig Ferdinand Clauss.

Poursuivant la voie tracée par ce dernier, Evola formule une théorie de la « race de l'esprit », en s'appuyant sur les catégories spirituelles définies dans *Révolte contre le monde moderne* (race « olympienne » ou « solaire », race « démétrienne » ou « lunaire », race « titanique », « amazonienne », etc.), catégories tirées de l'œuvre de Bachofen. Si Clauss, toutefois, en limitant son étude au niveau psychologique, pouvait se dispenser d'établir une hiérarchie des différentes races, Evola — qui s'attache à considérer les valeurs spirituelles de chaque race en particulier et cherche à définir une typologie des races de l'esprit — devait nécessairement ranger les types spirituels particuliers selon les différents degrés d'une échelle hiérarchique. Si Clauss avait raison d'affirmer que « la valeur objective d'une race ne pourrait être connue que par quelqu'un qui serait au-delà de toutes les races », Evola a également raison d'affirmer la supériorité de la « race solaire » sur la

« titanique » ou de la race « héroïque » sur la « tellurique » : il n'existe aucune contradiction entre les positions des deux auteurs puisque chacun effectue ses recherches à un niveau différent. Et le niveau auquel s'applique la démarche évolienne — ou, plutôt, ce que celle-ci comporte de nouveau par rapport aux travaux d'autres chercheurs en ce domaine — permet à l'être humain de connaître les différences hiérarchiques objectives qui existent entre les diverses « races de l'esprit », précisément parce que c'est dans l'élément spirituel que réside chez l'homme le principe universel capable de l'amener « au-delà de toutes les races » et de lui faire entrevoir la véritable hiérarchie selon laquelle les types spirituels se rangent. Un tel jugement objectif, la psycho-anthropologie ne peut évidemment pas le porter, puisque fait défaut dans l'âme, dans la psyché, cet élément capable de transcender la subjectivité individuelle.

Mussolini, dans un discours prononcé à Trieste le 18 septembre 1938, affirma la nécessité d'une « claire et sévère conscience raciale qui établisse non seulement des différences mais aussi des supériorités très nettes ». Nous avons là une démonstration de l'illégitimité qui consiste à parler de supériorité raciale dans un sens absolu, quand on ne fait pas partie d'une « race de l'esprit » réellement supérieure. En fait, Mussolini parlait à cette occasion de l'Empire et du prestige sur lequel il devait se fonder. Or, de quelle réelle supériorité pouvait bien se targuer le colonisateur italien, représentant d'une civilisation qui, tout au plus, était celle de l' « Occident chrétien », vis-à-vis des peuples de l'Éthiopie ou de la Libye — pays où la Tradition était une réalité vivante et effective, en dépit de leur décadence culturelle et politique ? De quelle supériorité « raciale » — si l'on entend avant tout la « race » au sens de « race de l'esprit » — pouvait s'enorgueillir le squadriste sur le *mujâhid* (le « combattant de la guerre sainte »), ou bien le missionnaire christianisateur sur le *sheikh* ou le *sûfî ?*

Le jugement positif émis par le Duce sur les vues qu'exposait Evola dans ses livres sur la race —jugement qui eut, entre autres, pour conséquence l'autorisation d'intituler *Grundrisse des Faschistischen Rassenlehre*[24] l'édition allemande de *Sintesi* — apparaît donc dans toute sa contradiction : il est bien clair qu'il ne visait à rien d'autre qu'à favoriser un simple démarquage doctrinal, en fait de « race », par rapport au Troisième Reich. En d'autres termes, il s'agissait d'une approbation essentiellement tactique, comme le démontre, du reste, le

---

[24] Littéralement : « Fondements de la doctrine fasciste de la race » (N.D.T.).

fait qu'en Italie, les théories raciales d'Evola ne firent jamais autorité.

En dépit des possibilités limitées qu'offrait le milieu politique et culturel dans lequel il lui fallut travailler, Evola conduisit de façon cohérente et jusqu'au bout son intervention dans le domaine de la race, avec ce sérieux et cette dignité que lui ont reconnus des historiens de l'envergure d'un Renzo De Felice ; autrement dit, dans ce domaine également, Evola fit *ce qui devait être fait.*

AR

PRÉFACE

À lui seul, le titre même de ce petit livre indique clairement le type de préoccupations qui ont présidé à sa rédaction et, par suite, l'objectif que nous nous sommes fixé.

Il ne s'agit pas, ici, d'un exposé abstraitement scientifique sur la théorie de la race et pas davantage d'un panorama des différentes doctrines en la matière. À cet égard, du reste, il nous aurait fallu répéter ce que nous avons déjà eu l'occasion d'écrire, puisque tel était précisément l'objet de notre livre *Il mito del sangue,* paru chez Hoepli il y a plusieurs années.

Il ne s'agit pas non plus de l'examen critique, d'un point de vue doctrinal, des idées fondamentales du racisme aussi bien biologique que philosophique ou spirituel, puisqu'en ce domaine le lecteur trouvera ce sujet traité dans un autre de nos ouvrages, plus récent, *Sintesi di dottrina délia razza,* également paru chez Hoepli. En outre, en ce qui concerne la question du cadre général dans lequel s'inscrivent certaines perspectives historiques et traditionnelles liées à ce problème ainsi qu'à l'« aryanité », on pourra aussi consulter utilement, toujours chez le même éditeur, notre *Révolte contre le monde moderne.*

Notre objectif, dans ce petit livre, est tout à fait particulier : il n'y sera pas question d'exposés abstraits destinés à une « instruction » ou à une information générales de base, ni d'approfondissements proprement doctrinaux, mais de la définition des idées — et même des « idées-forces » — dont a besoin un *éducateur* pour remplir, y compris dans le domaine racial, la mission qui est la sienne. Il s'agit donc de notions simples mais claires et riches de force suggestive, capables d'agir sur l'âme des jeunes gens plus que sur leur intellect, dans le but de promouvoir une certaine formation de leur volonté et une certaine orientation de leurs vocations les plus hautes.

Ce que tout éducateur doit garder présent à l'esprit, c'est, en ce domaine, la valeur essentiellement politique et éthique que la théorie de la race doit avoir pour le fascisme et, surtout, pour l'école fasciste. Il doit être conscient que la race dont il est ici question est quelque chose de bien différent de celle dont pouvaient hier parler la biologie et l'anthropologie. Notre racisme va bien au-delà des limites de ces disciplines, qui — du moins dans leurs formulations les plus courantes

— sont même, par leur esprit positiviste et scientiste, diamétralement opposées à la véritable idée raciste. Le véritable racisme, plus qu'une discipline particulière, est une *mentalité* : aussi investit-il également des domaines qui — selon la commune opinion et notamment celle des soi-disant « intellectuels » — sembleraient n'avoir rien à voir avec ce type de problème.

La consigne donnée par Mussolini est claire : « Sachez, et que chacun sache, que sur la question de la race aussi nous tirerons juste ». Et il a ajouté, faisant allusion à des insinuations bien connues : « Dire que le fascisme a imité quelqu'un ou quelque chose est tout simplement ridicule ».

Cependant, il ne faut pas se cacher qu'en dépit d'une telle consigne, alors que deux ans et demi se sont écoulés depuis cette prise de position pourtant officielle et déclarée du fascisme, bien peu de chemin a été parcouru. En gros, les raisons de cet état de choses sont les suivantes :

En premier lieu, il y a le préjugé, auquel nous avons déjà fait allusion, qui voudrait que le racisme tienne tout entier dans un chapitre de sciences naturelles, auquel, pour des raisons purement contingentes et même d'opportunité (comme, par exemple, à propos de la question juive), on a dû concéder une certaine place — un peu plus importante, toutefois, que celle à laquelle on aurait pu s'attendre — aux côtés d'autres disciplines existantes, et qu'il convient de laisser en l'état.

En second lieu, beaucoup ont nourri — et nourrissent encore — le soupçon que le racisme était une denrée d'importation n'ayant pas grand-chose à voir, tant avec la culture « sérieuse » qu'avec notre propre tradition, dont relèveraient la « latinité » et non pas l'« aryanité », l'universalisme et non la spécificité d'une race donnée.

Il y a, enfin, une raison « technique », due à l'incompétence et au manque de préparation doctrinale. Diverses causes ont fait que, jusqu'à maintenant, le racisme a surtout été l'objet d'une propagande confiée à des incompétents, à des gens qui se sont réveillés racistes ou antisémites du jour au lendemain et chez qui de simples slogans ont tenu lieu de principes et d'information sérieuse.

Les causes d'un tel blocage doivent être balayées. Il faut se convaincre', et convaincre, que l'idée raciste, loin d'être un feu de paille qui aurait déjà fait son temps sous prétexte qu'il y a bien d'autres sujets de préoccupation à l'heure actuelle, appartient au contraire à l'avenir : pour des raisons qui ne sont pas seulement intérieures, mais également historiques, et indissociables de l'époque vers laquelle nous sommes en marche — ainsi que nous avons eu l'occasion de le montrer ailleurs.

Ceci étant, si l'on veut réellement progresser en ce domaine, il convient de mettre tout particulièrement l'accent sur l'action formatrice et pédagogique à déployer vers les jeunes générations, aussi bien dans le cadre des organisations de jeunesse du Parti que dans les écoles. Car il n'y a pas d'illusions à se faire quant aux effets d'une propagande uniquement journalistique sur un public qui, comme en Italie, n'y est pas préparé et fait même preuve de scepticisme. De même peut-on difficilement prétendre que des gens ayant déjà pris le pli de certaines conceptions et de certaines habitudes mentales puissent sincèrement changer d'orientation et adopter brusquement des idées totalement nouvelles pour eux, s'agissant souvent de gens qui, hier encore, en étaient les adversaires ou tout simplement les ignoraient.

C'est, par contre, sur les nouvelles générations qu'il faut essentiellement tabler : de nouvelles générations d'élèves, mais aussi d'éducateurs. Et, à cet égard, il faut répéter qu'il s'agit d'abord de la formation d'une *mentalité,* d'une *sensibilité* et non pas de schémas intellectuels ou de classifications pour manuels de sciences naturelles.

C'est dans ce but que nous avons écrit ce petit livre où nous avons voulu expliciter, de la manière la plus vivante et la plus directe possible, la signification des idées fondamentales qu'il convient d'utiliser pour compléter par une orientation adéquate les conceptions fondamentales de l'éthique et, d'une façon plus générale, de la vision du monde du fascisme. Ceux de nos lecteurs qui souhaiteraient approfondir ultérieurement tel ou tel point particulier, trouveront — soit dans nos ouvrages indiqués au début, soit dans ceux des auteurs que nous aurons l'occasion de citer au passage — de quoi satisfaire amplement leur curiosité.

1 – Que signifie le mot « race » ?

Qu'est-ce que la « race » ? Citons quelques définitions parmi les plus connues : « la race est une unité vivante d'individus de même origine dont les caractéristiques corporelles et spirituelles sont identiques » (Woltmann) ; « c'est un groupe humain qui, du fait qu'il réunit, d'une façon qui lui est propre, un certain nombre de caractéristiques physiques et de dispositions psychiques, se distingue de tout autre groupe humain et donne naissance à des individus toujours semblables à eux-mêmes » (Günther) ; « c'est un type héréditaire » (Topinard) ; « c'est une lignée définie par des groupes de "génotypes" (c'est-à-dire de potentialités héréditaires) identiques, et non pas d'hommes extérieurement semblables morphologiquement » (Fischer, Lenz) ; « c'est un groupe défini non par le fait de posséder telles ou telles caractéristiques spirituelles ou corporelles, mais par le style qui s'exprime à travers elles » (Clauss).

Nous n'avons pas cité au hasard ces définitions de la race. On passe de l'une à l'autre selon une sorte de progression qui correspond à celle que, durant ces dernières décennies, la théorie de la race elle-même a enregistrée. Au départ, la race se définissait uniquement comme un concept anthropologique, c'est-à-dire comme relevant d'une discipline qui a cessé d'avoir le sens, antique et étymologique, de « science de l'homme », en général, pour revêtir celui d'une science naturelle particulière considérant simplement l'homme sous l'angle des caractéristiques vis-à-vis desquelles il ne représente qu'une espèce naturelle parmi tant d'autres.

C'est ainsi qu'au départ, on ne disposait que d'un concept purement naturaliste et descriptif de la race : de même que l'on décrivait, en leur évidente inégalité, les différentes variétés animales et végétales, de même regroupait-on les êtres humains en diverses catégories à partir du constat de la récurrence de certaines caractéristiques, lesquelles étaient essentiellement corporelles, somatiques. Critère purement statistique et quantitatif, par conséquent : c'étaient les caractéristiques communes rencontrées chez la majorité des individus que l'on considérait comme définissant la race.

À l'origine de l'anthropologie moderne, la recherche s'arrêtait à l'extériorité la plus immédiate : couleur de la peau, des cheveux et des yeux, stature, traits du visage, proportions, forme du crâne. Un premier progrès consista en l'adoption de mesures : on mit en chiffres les proportions du corps, on mesura les indices crâniens et les angles faciaux. Les techniques descriptives s'efforçaient donc de devenir « positives » au moyen de formules numériques. S'y ajoutèrent ensuite les données de la psychologie : on chercha à identifier les dispositions qui, par leur caractère répétitif, correspondaient — ou étaient censées correspondre — aux divers groupes humains.

L'anthropologie d'hier considérait, elle aussi, l'élément héréditaire : une fois constatées les différences morphologiques existant entre les êtres humains vivants, on en vint naturellement à supposer la constance de ces différences aussi bien chez les géniteurs que chez leurs descendants. Toutefois, l'importance particulière accordée à l'élément « hérédité » est propre à une anthropologie plus récente, assez voisine du racisme proprement dit. D'où ces définitions de Topinard, Lenz et Fischer évoquées plus haut. *Pour le racisme moderne, la théorie de l'hérédité est fondamentale.* On y affirme, contrairement aux conceptions de la vieille anthropologie, que ce ne sont pas toutes les caractéristiques ou dispositions rencontrées chez un groupe humain donné qui doivent être attribuées en propre à une race, mais uniquement celles aptes à se transmettre de façon héréditaire.

Ce n'est pas tout. Après avoir constaté un certain nombre de modifications externes (dites aussi *paravariations)* que, pour diverses raisons, un type donné peut subir sans pour autant qu'elles se transmettent héréditairement, on formule la distinction fondamentale entre le *génotype* et son *phénotype*. Le « génotype » est, pour ainsi dire, une *potentialité* : c'est la force qui donne naissance à un type, ou à une série de types, lesquels ne peuvent varier qu'entre certaines limites bien déterminées. La forme extérieure (extérieure au sens large, car la théorie de l'hérédité appliquée à l'homme considère non seulement les caractéristiques morphologiques, physiques, mais aussi les dispositions psychiques), qui, à chaque fois, naît du « génotype », peut en réalité être variable et peut, apparemment, s'éloigner du type originel normal au point même de n'être plus reconnaissable. Cette forme extérieure s'appelle *phénotype*. Parmi les espèces naturelles, on a pu constater que les modifications concernant le « phénotype » ne touchent pas l'essence. Sous l'influence de phénomènes extérieurs à lui (qu'ils soient subjectifs ou bien dus au milieu), la potentialité du « génotype » se comporte quasiment comme une substance élastique : elle semble perdre, à l'intérieur de certaines limites, sa forme propre — mais elle la reprend, dès que cesse la sollicitation, dans les types auxquels celui-ci donne naissance au cours des générations suivantes. Un exemple typique nous en est donné par le monde végétal : la primevère chinoise produit, à température normale, des fleurs rouges, alors que, dans une atmosphère surchauffée, elle produit, au contraire, des fleurs blanches. Si nous mettons en serre une plante de cette espèce et que nous en transplantons des graines dans la même atmosphère surchauffée, nous obtiendrons toujours, parmi la série des nouvelles plantes, des fleurs blanches. Mais si, au bout d'un certain temps, nous décidons de planter une graine d'une de ces plantes dans un milieu à température normale, nous verrons pousser une plante aux fleurs rouges, identique à sa progénitrice. La variation du phénotype n'est donc pas essentielle, mais transitoire et illusoire : la potentialité subsiste, intacte, conforme au type originel.

Ce qui est héréditaire — et, selon les conceptions plus récentes, « de race » —, ce ne sont donc pas les formes extérieures en elles-mêmes, mais les potentialités, les façons constantes de réagir en face de circonstances diverses, éventuellement de manière différente, mais toujours en conformité avec certaines lois.

Tel est le fondement de l'actuelle conception de la race. Avec la définition de Clauss évoquée plus haut, fondateur de ce qu'on a appelé la psycho-anthropologie, on va encore plus loin et l'on constate une certaine « spiritualisation » du génotype : l'essence de la race doit être recherchée dans un « style », dans une manière d'être. Ici, la race devient une sorte de « ligne » constante qui s'exprime non seulement à travers les caractéristiques physiques — c'est-à-dire à travers la « race du corps » —, mais aussi dans la façon d'utiliser certaines dispositions ou aptitudes psychiques, ainsi que nous le mettrons bientôt en évidence. C'est à partir de ce style — lui-même héréditaire — que se définit un groupe humain, groupe qui, par rapport à d'autres groupes de style différent, correspond à une race.

2 – Signification intérieure de la race

Si, avec ce rapide survol des travaux les plus récents en la matière, nous avons pu constater une évolution du concept de « race », nous n'avons toujours pas quitté le domaine des définitions abstraites. Il nous reste à préciser ce que devrait aujourd'hui signifier, de façon vivante, la race pour l'individu et, par suite, ce qu'il faut entendre, à proprement parler, par « conscience de race ». Il s'agit là d'un point fondamental, * propos duquel on peut maintenant se référer à l'expérience de tous les jours.

L'expression courante d'« homme racé » n'est pas née d'hier. En règle générale, elle se référait à une idée aristocratique : de la grisaille des individus communs et médiocres se détachent des êtres « racés », c'est-à-dire des êtres supérieurs, « nobles ». Une telle noblesse — nous insistons sur ce point — ne renvoyait pas nécessairement à une signification « héraldique » : d'un paysan, d'un homme du peuple restés purs et sains pouvait se dégager cette impression de race tout autant que des représentants dignes de ce nom d'une authentique aristocratie. Ce n'était pas par hasard : tout comme, parmi la noblesse, certaines traditions internes ont réussi à sauvegarder longtemps la pureté du sang, de même certaines conditions favorables, à la campagne, loin des villes, ou des occupations et des mœurs saines ont-elles pu produire des effets comparables chez d'autres éléments, non aristocratiques, d'un peuple donné.

Outre le terme de « race », celui de « sang » a, dans le passé, revêtu une signification précise et vivante, bien différente de celle qu'on lui donne aujourd'hui et qui est surtout d'ordre scientiste et biologique. On dit, par exemple : « Bon sang ne saurait mentir ». On parle d'« instinct du sang ». Il y a des injures « sanglantes », des situations en face desquelles « le sang ne fait qu'un tour ». Que signifie tout cela ? Eh bien, qu'au plus profond de l'être humain, au-delà de la zone des concepts abstraits, du raisonnement discursif et des conventions nées de la vie en société, il existe des instincts ayant une forme déterminée, de pair avec la possibilité de réactions directes et absolues qui chez l'homme « racé » sont normales, tandis que chez l'homme commun tout ceci ne se manifeste que de façon sporadique : dans les cas extrêmes et les situations d'exception.

S'agit-il ici d'impulsions appartenant à la pure vie animale et biologique ? Il serait bien téméraire de l'affirmer. Les forces auxquelles nous faisons allusion, les réactions instinctives de l'homme « racé », loin d'être un prolongement des instincts animaux, bien au contraire les contredisent souvent en imposant à la simple vie une norme supérieure, lui prescrivant d'obéir à une certaine « ligne », à un « style » fait de maîtrise de soi, de tension intérieure, d'affirmation, et devenu chez lui naturel et spontané. Les réactions de la race n'ont de commun avec les instincts animaux que l'immédiateté et la précision : elles ne procèdent pas du raisonnement ou de considérations intellectuelles ; bien au contraire, elles manifestent dans leur spontanéité toute la personnalité d'un être. Ce n'est pas tout : elles investissent également le domaine de l'intellect car elles se manifestent selon des formes spécifiques et directes de sensibilité, de jugement et d'adhésion à certaines valeurs. Par la race, par le sang, l'homme est conduit à des évidences qui ne se discutent pas et qui, à leur niveau, sont aussi directes que celles des données fournies par des sens sains et normaux. De même que personne ne se perd en discussions sur la raison pour laquelle la couleur rouge est rouge, de même appartiennent en propre à l'homme « racé » un certain nombre d'évidences naturelles et précises — alors que, dans le même domaine, l'homme « moderne » intellectualisé et abâtardi en est réduit à avancer pour ainsi dire à tâtons, essayant de substituer à la faculté perdue de la *vue* celle du *toucher,* par le biais du discours et de l'instrument intellectuel — ce qui a souvent comme maigre résultat de lui permettre de passer, sans les résoudre, d'une crise à une autre ou d'adopter de simples critères conformistes.

Tel est donc le plan sur lequel il convient de comprendre et de *vivre* la race. Elle vit dans le sang et même au-delà, à un niveau plus profond encore, là où la vie individuelle communique avec une vie supra-individuelle qui, toutefois, ne doit pas être comprise au sens naturaliste (en tant que « vie de l'espèce »), mais comme un domaine où agissent déjà des forces réellement spirituelles.

Tout cela, les Anciens le savaient bien : que l'on pense aux cultes voués aux Lares, aux Pénates, aux héros archégètes, au « démon » de la *gens,* entités qui toutes symbolisaient le mystère du sang et les forces mystiques de la race.

La science est certes en mesure de mettre en évidence, au moyen des résultats obtenus par la génétique, la théorie de l'hérédité, la démographie ou la pathologie, l'importance de la race. Mais cela peut tout au plus favoriser l'éveil d'un sentiment de race, non le créer. Aussi faut-il qu'une réaction interne se produise, et pour cela le « mythe » — en tant qu'« idée-force », qu'idée animatrice — est beaucoup plus efficace que n'importe quel ordre de considérations scientistes. Quel est ce mythe ? Nous y avons déjà fait allusion : c'est la race, en tant qu'elle confère à l'existence une plénitude, une supériorité et une rectitude. *Il y a des êtres vulgaires et il y a des êtres « racés ».* De quelque classe sociale qu'ils proviennent, ils constituent une aristocratie en laquelle vit encore un mystérieux héritage venu du fond des âges.

C'est pourquoi, au niveau même de ses définitions les plus générales, le racisme possède une valeur de mise à l'épreuve, de réactif. Les réactions des individus vis-à-vis des idées racistes constituent une sorte de baromètre qui révèle la « quantité » de race présente en eux. *Dire oui ou non au racisme n'est pas une simple alternative intellectuelle, ce n'est pas un choix subjectif et arbitraire.* Dit oui au racisme celui chez qui la race vit encore ; s'y oppose, au contraire, celui qui, en cherchant des alibis dans tous les domaines afin de justifier son aversion et de discréditer le racisme, démontre qu'il a été intérieurement vaincu par l'anti-race — celui chez qui les forces originelles ont été étouffées soit sous le poids de rebuts ethniques hérités de croisements et de processus de dégénérescence, soit par un style de vie bourgeois, efféminé et intellectualisant, ayant perdu depuis de nombreuses générations tout contact avec ce qui est authentiquement originel.

Ceci doit être mis clairement en relief, quasiment à titre de prémisse, dans tout exposé sérieux des idées racistes. Aujourd'hui, c'est de tous ceux chez qui la « race » n'est pas encore éteinte que le fascisme bat le rappel.

3 — Conséquences du sentiment de race

Le comte de Gobineau qui, d'un certain point de vue, peut être considéré comme le père du racisme moderne, ne fit jamais mystère des raisons profondes de sa démarche : ce qui l'incita à écrire son fameux *Essai sur l'inégalité des races humaines,* en 1853, fut une réaction de tout son être contre le « marécage démocratique et égalitaire » dans lequel s'enfonçaient de plus en plus les nations européennes.

Or, c'est précisément ce *pathos* qui devrait accompagner toute attitude raciste cohérente et, par déduction, produire des effets bien précis dans le domaine politico-social. Bien entendu, de telles déductions ne peuvent aller que dans le sens des idées maîtresses du fascisme, lesquelles s'en trouvent ainsi confortées et dynamisées, pour ainsi dire.

Se réclamer du racisme signifie, en effet, s'élever contre le mythe démocratico-maçonnique selon lequel la valeur suprême serait l'« humanité » au singulier tandis que tous les êtres seraient par essence égaux et frères. En réalité, *cette mythique « humanité » présupposée par l'évangile des « immortels principes » soit n'existe pas, soit, représentant à nos yeux non pas un plus mais un moins, ne nous intéresse en rien.*

Il doit être bien clair qu'il n'est nullement dans nos intentions de nier l'existence d'un certain nombre d'éléments qui sont communs à la grande majorité des êtres humains : ceci posé, l'existence d'autres aspects, présentant des différences également évidentes et incontestables, n'en est pas moins réelle. Or, si l'on veut établir une échelle des valeurs entre les unes et les autres, il faut bien prendre position : pour les vocations internes, il s'agit là d'une nouvelle mise à l'épreuve. Le racisme, nous pouvons l'affirmer sans ambages, se définit conformément à *l'esprit classique,* cet esprit dont la caractéristique fut l'exaltation de tout ce qui a une forme, un visage, une individuation par opposition à tout ce qui est informe, bon pour tous, indifférencié. L'idéal classique et, ajouterons-nous, également « aryen », est celui du *cosmos,* c'est-à-dire d'un ensemble de natures et de substances bien individualisées, reliées de façon organique et hiérarchique à un tout : il n'a rien à voir avec l'idéal plus ou moins romantique ou panthéiste du *chaos* en tant que principe qui, en son indifférenciation, se situerait au-dessus de tout ce qui a une forme.

Dans le droit fil de cette conception, la mythique « humanité » de la fable démocratico-maçonnique apparaît, de notre point de vue, simplement comme un dénominateur commun, un substrat collectif qui n'a d'intérêt pour nous que dans le cadre des formes vivantes, concrètes et bien définies en lesquelles il s'articule. Or, ces formes sont précisément les races en tant qu'unités aussi bien de sang et d'instinct que d'esprit. Le raciste, par conséquent, reconnaît la différence et *veut* la différence : pour lui, être différent, être chacun soi-même n'est pas un mal, mais un bien. À quel moment existe-t-elle vraiment, cette fameuse « humanité » ? Lorsque d'un monde bien articulé on rétrograde à un monde chaotique, collectiviste, indifférencié, qu'on ne peut concevoir que comme le stade final et effrayant d'un processus de nivellement et de désagrégation sociale et spirituelle. C'est à ce moment-là que, dans l'hypothèse où quelque différence corporelle subsisterait encore, on la considérerait comme accidentelle, non essentielle, insignifiante et négligeable. Voilà ce qui se cache derrière le mythe égalitaire et derrière l'idéologie démocratico-maçonnique !

Dans la vision raciste de la vie, par contre, toute différence — même physique — est *symbolique* : l'intérieur se manifeste à l'extérieur, ce qui est extérieur est symbole, signe ou symptôme de quelque chose d'intérieur : tels sont les principes fondamentaux d'un racisme complet. Du point de vue romain et fasciste qui est le nôtre, il est particulièrement important d'insister sur cette vocation classique, à laquelle nous avons déjà fait allusion, du racisme : volonté de forme, refus de tout ce qui est indifférencié, reprise des principes mêmes de notre antique sagesse : *Connais-toi et sois toi-même.* Fidélité à sa propre nature, c'est-à-dire à son sang et à sa race : telle est la contrepartie intérieure, éthique et spirituelle, des données que la génétique, les sciences de l'hérédité et la biologie fournissent aux formulations du racisme scientifique. Et telles sont les directives précises qui en découlent pour l'éducation raciale.

4 – Hérédité raciale et tradition

Quelle est, en particulier, la signification, sur le plan intérieur, telle qu'elle peut être réellement vécue, de la loi de l'*hérédité* ?

Cette signification est double. Elle consiste tout d'abord en un dépassement de la conception libérale, individualiste et rationaliste : pour la conscience raciste, l'individu n'est pas une espèce d'atome, une entité en soi qui n'a de sens et ne vit que pour elle-même. Le racisme conçoit et valorise, au contraire, l'individu en fonction d'une communauté donnée : que ce soit dans l'espace (en tant que race d'individus vivants) ou dans le temps (en tant qu'unité d'une lignée, d'une tradition, d'un sang). En ce qui concerne le premier aspect (c'est-à-dire la valeur de l'individu comme fonction organique d'un tout dans l'espace), on constate à nouveau une convergence du racisme et de la conception totalitaire corporative du fascisme. Quant au second aspect (à savoir l'unité dans le temps), la conscience raciste attribue une signification à la fois plus vivante, plus stimulante et plus intérieure à ce que, dans l'acception la plus courante de ce terme, l'on entend par « tradition ». Car, en effet, on donne trop souvent à ce mot un sens purement historiciste, culturel et « humaniste » — quand on ne tombe pas carrément dans la rhétorique. Lorsque par tradition, on entend la somme des créations, des acquisitions et des croyances héritées de nos prédécesseurs, on est loin, ce faisant, de mettre en relief l'essentiel, le substrat plus profond de toute tradition digne de ce nom. Ce substrat, c'est le sang, la race vivante, le sentiment d'être reliés moins aux créations de nos ancêtres qu'aux forces mêmes dont leurs œuvres procédèrent — forces qui perdurent dans notre sang, dans les replis les plus mystérieux et les plus sacrés de notre être. C'est ainsi que le racisme *vivifie et rend palpable le concept de tradition :* il habituera l'individu à voir dans nos ancêtres non pas une série de « morts » plus ou moins illustres, mais l'expression de quelque chose qui vit encore en nous et avec lequel, intérieurement, nous sommes reliés. Nous sommes porteurs d'un héritage qui nous a été transmis et qu'à notre tour nous devons transmettre — et, dans cette conscience, il y a quelque chose qui dépasse le temps, quelque chose qui commence à faire pressentir ce qu'ailleurs nous avons appelé la « race éternelle ».

Venons-en maintenant à la seconde signification de la conception raciste de l'hérédité : celle grâce à laquelle nous comprenons comment le racisme est l'exacte réfutation de la théorie lamarckienne et aussi, en partie, de la théorie marxiste concernant l'influence du milieu. Il est faux de prétendre que le milieu détermine les individus et les races.

Qu'il soit naturel, historique, social ou culturel, le milieu peut uniquement influer sur le « phénotype », c'est-à-dire sur *la manière* dont, extérieurement et d'une façon contingente, se manifestent chez un individu ou un groupe donné certaines tendances héréditaires et de race qui resteront toujours l'élément premier, originel, essentiel et incoercible. Etre raciste signifie donc avoir une conscience et une connaissance précises du fait que ce sont des forces enracinées au plus profond de nous (et non pas les influences mécaniques et impersonnelles du milieu) qui, véritablement, sont déterminantes pour notre existence, notre caractère et nos vocations. Point de vue qui, entre autres, nous amène à de nouvelles perspectives historiques : en prenant ainsi le contrepied de la théorie du milieu, on réfute également l'idée selon laquelle les grandes civilisations du passé auraient été déterminées par leur situation géographique, les conditions climatiques ou même historiques au sens étroit du mot, l'économie et ainsi de suite. C'est, au contraire, l'homme la force décisive qui, souvent même dans un milieu hostile, a donné forme aux diverses civilisations — toutefois, il faut le répéter, non pas l'homme *in abstracto,* mais l'homme en tant que représentant d'une race, aussi bien corporelle que spirituelle. Cette race extérieure et intérieure n'est pas seulement la cause de ce que, dans l'ensemble d'un peuple donné, une vocation donnée soit le fait de groupes d'individus donnés : c'est aussi en fonction d'elle que, dans un milieu et à une époque donnés, est née une civilisation de guerriers plutôt que de commerçants, d'ascètes plutôt que d'humanistes, etc. S'avèrent une fois de plus décisives ces forces fatales ou, mieux, fatidiques qui vivent en nous, donnent forme à notre nature propre et sont reliées au mystère des origines.

Quels sont les rapports qu'entretient l'individu et, d'une façon générale, la personnalité humaine, avec de telles forces ? D'aucuns pourraient croire qu'avec le racisme, on retombe dans une nouvelle forme, quoique intériorisée, de déterminisme : la race serait tout et la personnalité en tant que telle, rien. C'est pourquoi on en vient même, parfois, à suspecter un vague collectivisme, un retour à l'esprit du clan, à la promiscuité de la horde sauvage. Mais la réalité est bien différente. On peut dire avec raison que — mis à part certains problèmes d'ordre proprement métaphysique — *si l'individu n'existe pas en dehors de la race, d'une certaine manière, la race n'existe pas non plus en dehors de l'individu* ou, mieux, *de la personnalité.* Si l'on veut donner tout son sens à cette formulation, il convient de se rappeler le contenu aristocratique déjà souligné d'expressions telles qu'« être racé » ou « avoir de la race ». D'une façon quelque peu paradoxale, on pourrait dire que la race n'existe vraiment que chez ceux de ses représentants qui, réellement, « ont de la race ». En d'autres termes, la race est un héritage en même temps qu'un substrat collectif : bien qu'elle tende à s'exprimer chez tous, et y parvienne effectivement d'une façon ou d'une autre, ce n'est que chez quelques-uns qu'elle atteint une pleine et parfaite réalisation — et c'est justement là que s'affirme l'action et la signification de l'individu, de la personnalité. Chez les hommes vraiment supérieurs, la race s'accomplit et se concrétise, atteignant un niveau qui est en même temps celui des valeurs de la véritable personnalité. L'hérédité raciale peut se comparer à un patrimoine reçu des ancêtres et transmis aux héritiers. Il n'y a aucun déterminisme, puisqu'est accordée à la descendance une totale liberté d'en user à sa guise : elle peut tout faire pour le conserver, l'augmenter et le faire diversement fructifier tout comme, au contraire, elle peut choisir de le dissiper et de le réduire à néant. De ce qu'une hérédité aussi bien spirituelle que biologique lui a transmis, l'individu peut donc, s'il reste fidèle à sa race, extraire les forces nécessaires pour atteindre une perfection personnelle et représenter l'incarnation parfaite de l'idéal d'une race toute entière. Tout comme il peut aussi contaminer cet héritage, le dilapider, le mettre à la merci des déterminismes auxquels donnent lieu mélanges des sangs et métissages de telle sorte que celui-ci sera tôt ou tard étouffé par des influences soit paralysantes, soit dissolvantes.

C'est pourquoi si, d'une part, la conscience raciste reconnaît la signification et le rôle de la personnalité dans la race, elle vise, d'autre part, à éveiller chez l'individu le sens exact de ses responsabilités quant à l'usage de sa liberté vis-à-vis du patrimoine racial, aussi bien biologique que spirituel, qu'une longue chaîne de générations lui a transmis.

5 – Race et nation

Il n'existe pas de raciste, même extrémiste, qui ne soit prêt à reconnaître que des expressions telles que « race italienne », « race allemande », « race anglo-saxonne » et même « race hébraïque » sont scientifiquement incorrectes car, en ce domaine, il convient au contraire de parler de *peuples* ou de *nations,* sachant pertinemment qu'à notre époque aucun peuple et aucune nation ne peuvent prétendre correspondre à une race unique, pure et homogène. Nous le démontrerons bientôt en faisant valoir qu'aujourd'hui, quand on parle de race, on ne recourt plus aux grandes catégories générales de l'anthropologie d'hier (laquelle se contentait de parler de races blanche, noire, rouge, jaune, etc.), mais on se réfère à des unités ethniques plus individualisées et plus originelles que, d'une certaine manière, l'on pourrait comparer aux corps simples (ou « éléments ») qui sont les données de base de la chimie dans son étude des composés. Les nations et les peuples seraient, par conséquent, des composés — plus ou moins stables et homogènes — de tels éléments. C'est ainsi que pour Deniker, par exemple, le mot « race » se réfère à un ensemble de caractéristiques que l'on rencontrait à l'origine chez un ensemble d'individus, mais qui, aujourd'hui, sont éparpillées dans des proportions variables en ces divers groupes ethniques que sont précisément les peuples et les nations modernes — groupes qui se distinguent les uns des autres principalement par la langue, le mode de vie, les mœurs, etc.

Quels sont alors les rapports qui subsistent entre Vidée nationale et Vidée raciale ?

Où réside l'élément prépondérant : dans la nation ou dans la race ? Quelque délicat qu'il soit, ce problème doit être abordé, car si, en la matière, notre position venait à manquer de clarté, il serait impossible de pénétrer le sens et le bien-fondé de tous les aspects pratiques et « opérationnels » du racisme, et notamment du racisme sélectif. Tout comme les peuples, les nations sont des synthèses. On peut concéder que les éléments qui figurent dans une telle synthèse ne sont pas uniquement raciaux lorsque l'on conçoit la race comme une entité purement ethnique et anthropologico-biologique. Mais cette conception-là n'est pas la nôtre. Pour nous, la race est une entité qui se manifeste aussi bien dans le corps que dans l'esprit. Les différentes formes de la culture, de l'art, de la religion, de l'éthique, etc., sont des manifestations de la « race de l'âme » et « de l'esprit ». C'est ainsi que les éléments non ethniques et non anthropologiques qui permettent de définir une nation peuvent eux aussi devenir l'objet des recherches « racistes ».

À présent, il convient de dire quelques mots à propos des conséquences du métissage. Relevons tout d'abord que, lorsque des races hétérogènes se mêlent, le résultat n'est pas seulement (ou n'est pas toujours) la dénaturation, chez leurs descendants, des traits caractéristiques propres aux types purs correspondants. En fait, on observe une hybridité beaucoup plus grave quant à ses effets, c'est-à-dire une descendance chez qui, à la « race du corps » d'un type donné ne correspondent plus la « race de l'âme » ni la « race de l'esprit » qui, de façon normale, devraient y correspondre et auxquelles, à l'origine, elle était liée : une disharmonie et, souvent, même, un déchirement intérieur en découlent nécessairement.

En second lieu, il est nécessaire de s'arrêter sur la généralisation de deux concepts propres à la théorie de Mendel concernant l'hérédité des croisements : ceux de « *dominant* » et de « *récessif* ». Dans un croisement, il peut arriver que, chez les descendants, durant une ou plusieurs générations, viennent à prédominer seulement les caractéristiques de l'un des deux types, au point de faire naître l'illusion qu'aucun mélange, qu'aucun abâtardissement ou hybridisme n'a eu lieu. Ce n'est que simple apparence. Les « phénogènes », c'est-à-dire les potentialités héréditaires (y compris celles de l'autre type), se transmettent et agissent chez les descendants, mais sous une forme latente ; elles sont, pour ainsi dire, *« en embuscade »*, du fait que, pendant un cycle donné, seule a prédominé l'influence des « phénogènes » propres au premier type. Mais, à un moment ou à un autre, elles réapparaîtront, elles s'affirmeront de façon visible et détermineront une forme correspondante. Ce sont ces caractéristiques latentes qui définissent la qualité « récessive » par opposition à l'autre, dite « dominante ».

Tandis que, dans le domaine strictement biologique et dans celui des espèces naturelles — végétales et animales —, la fonction « récessive » et la fonction « dominante » sont, dans leur alternance, soumises à des lois objectives et impersonnelles, leur application aux races humaines fait à nouveau intervenir le facteur spirituel. Une qualité reste « dominante » lors de croisements qui restent cantonnés dans certaines limites : tant que subsiste une certaine tension, une certaine présence à soi-même, pour ainsi dire, de la race. Quand cette tension diminue, la qualité « dominante » cesse d'être telle et des influences externes — que, jusqu'ici, celle-ci obligeait à demeurer « récessives », c'est-à-dire présentes uniquement de façon latente — se manifestent à leur tour.

Une fois précisées ces notions élémentaires en matière de doctrine de la race, on peut affronter le problème des rapports existant entre race et « nation », entre race et « peuple ». Nous avons dit que les nations comme les peuples sont, aujourd'hui, à rigoureusement parler, des entités ethniques mixtes qui, sous leur forme actuelle, procèdent de diverses vicissitudes historiques. Les unes et les autres sont des points de jonction non seulement de diverses « races du corps », mais aussi de diverses « races de l'esprit », lesquelles constituent le substrat plus profondément enfoui d'éléments de civilisations et d'influences culturelles variés. Le point de vue qui prévalait à l'ère démocratique était, en ce qui concerne les nations, d'ordre historiciste et agnostique : on évitait le problème de la genèse et de la formation des nations en acceptant celles-ci comme des « faits accomplis » d'une communauté donnée et l'on s'évertuait simplement à maintenir selon un certain équilibre les diverses forces qui agissaient en son sein, souvent même de façon contradictoire.

Avec le racisme et, simultanément, les nouveaux concepts d'État et de nation définis par le fascisme, le point de vue est tout autre. Le problème des origines ne peut plus être éludé dans la mesure où l'on reconnaît que la ligne de conduite politique ne peut être un « système d'équilibre », mais la ferme direction de l'État et de la nation par une *élite*[25], par un noyau représentant l'élément le plus valable et le plus digne par rapport à n'importe quel autre — au point qu'il est souhaitable que ce soit lui qui donne son empreinte au tout. C'est alors que le problème de la formation des nations exige qu'on le replace dans un cadre bien différent de l'ancien, et non plus simplement historiciste. À l'origine de toute véritable tradition nationale, on voit une race relativement pure et homogène — du moins en tant que race dominatrice vis-à-vis d'autres races qui lui sont soumises. On constate aussi qu'au cours des siècles, cette race originelle a traversé des vicissitudes dramatiques et parfois même tragiques ; qu'il y a eu des époques et des civilisations où elle a perdu de sa vigueur, où des influences étrangères ont fini par faire partie des unités politico-sociales créées par elle, où les lois naturelles de la race furent bafouées, où, dans le domaine des créations culturelles et spirituelles, un métissage se manifesta du fait qu'avaient été accueillis des éléments propres à d'autres races — lesquels parvinrent à faire en sorte que ce qui avait jusque-là conservé un caractère « dominant » ne persistait plus que sous une forme étouffée, « récessive ». Par ailleurs, on constate également des résurgences sporadiques de la race et de la tradition originelles, leur tendance à se maintenir malgré tout, à s'affranchir ou à se réaffirmer, à donner lieu de nouveau à des formes et à des créations fidèles à leur nature propre.

C'est conformément à cette nouvelle façon de voir que *doit être écrite et enseignée toute notre « histoire nationale »*, non pas en vue d'une connaissance abstraite ou de stériles récriminations, mais bien de promouvoir des décisions d'ordre intérieur et une formation de la volonté bien précises. Il faut, par conséquent, s'imprégner de cette idée que, dans le composé « nation », a existé et existe toujours une « race supérieure ». Tout ce qui, venant de l'extérieur, de races différentes, s'ajoute à la tradition nationale née de cette race-là, n'a eu et n'aura, en

---

[25] En français dans le texte (N.D.T.).

principe, une valeur positive que dans l'exacte mesure où les origines raciales dont ceci procède sont similaires et lorsque prévalent des conditions grâce auxquelles le noyau originel peut maintenir, avant tout dans le domaine spirituel, sa qualité « dominante ». Si tel n'est pas le cas, ce qui s'est ajouté est toujours quelque chose d'inutile, de paralysant ou même de dissolvant. En ce qui concerne l'avenir, si l'on doit évidemment tendre à maintenir la cohésion et l'intégrité de la synthèse correspondant à un peuple donné, il faut aussi être conscient du danger consistant, pour le reste, à « laisser faire l'histoire ». Il faut au contraire agir afin que la partie racialement la plus valable incluse dans la nation se conserve et même se développe au long des générations futures et qu'inversement, les composantes les moins valables (ou simplement secondaires) ne prennent de l'extension et ne se renforcent au point de prévaloir.

C'est dans les diverses vicissitudes et dans les diverses époques des « histoires nationales » qu'un œil averti devra précisément s'habituer à reconnaître les aspects cachés, y compris sur le plan racial, à découvrir l'alternance d'influences d'éléments qui, de « récessifs » deviennent « dominants » (et vice versa) et dont procèdent des périodes ou des cycles qui ne sont nullement les étapes d'un processus homogène et continu, mais des symptômes et des manifestations de l'une ou de l'autre de ces composantes qui, par croisement, se soit associées au cours de l'histoire.

De ce point de vue, la « race » — en tant que « race éminente » — signifie sans nul doute bien plus que la simple « nation » : c'est l'élément dirigeant et formateur de la nation et de sa civilisation dominante. Et ceci est parfaitement conforme à l'idée fasciste. Le fascisme — divergeant en cela du national-socialisme et le dépassant — se refuse, en fait, à concevoir la « nation » en dehors de l'État. Pour le fascisme, c'est l'État qui donne forme et conscience à la nation. Mais l'État, à son tour, n'est pas une entité abstraite et impersonnelle : selon l'idée fasciste, l'État est lui aussi l'instrument d'une *élite* [1] politique, des meilleurs éléments de la « nation ». Avec le racisme, on fait un pas de plus en avant : *cette élite* [1] *est destinée à reprendre le flambeau de la race et de sa tradition la plus haute, présentes dans le composé national.* Et lorsque Mussolini disait, en 1923 : « Rome est toujours, comme demain et dans les siècles à venir, le puissant cœur de notre race ; c'est le symbole impérissable de notre vitalité », il indiquait déjà sans équivoque la direction d'une décision inéluctable : *la race idéale de la nation italienne, c'est la race de Rome, c'est celle qu'à juste titre nous avions qualifiée d'« aryo-romaine ».*

Rappelons également ce que disait Mussolini, toujours en 1923, en s'adressant à l'*élite*[26] fasciste : « Vous représentez réellement le prodige de cette vieille et merveilleuse race qui, certes, connut des heures sombres, mais jamais les ténèbres du déclin. Si elle apparut par moments éclipsée, ce fut toujours pour renaître avec plus de clarté encore ». Tout ceci correspond très exactement à ce que, il y a peu, nous avons exposé en termes de « racisme » en évoquant la persistance héréditaire de la race primordiale et des vicissitudes nées de l'alternance des formes « dominantes » et « récessives » au cours du développement des histoires « nationales ».

6 — Signification de la prophylaxie raciale

En Allemagne, comme chacun sait, sur la base des résultats obtenus par la théorie de l'hérédité appliquée à la race, à l'hygiène raciale et à la démographie, on a adopté, depuis un certain temps déjà, des mesures afin d'empêcher la transmission d'une hérédité tarée aux descendants. Ce n'est pas ici le lieu d'examiner de près le bien-fondé de telles mesures ni d'en discuter. Nous dirons simplement ceci : en ce qui concerne la limite de validité des lois de l'hérédité, dans de nombreux cas, celle-ci, selon nous, ne saurait être fixée de façon absolue. À elle seule, l'idée d'une simple *probabilité* de risque devrait être suffisante pour imposer à tout homme doué d'une conscience éthique une ferme ligne de conduite et réfréner tout ce qui peut lui être dicté par l'instinct aveugle ou le simple sentimentalisme. Dans une telle conjoncture, apparaît également au grand jour et se reconnaît pour ce qu'il est celui qui a vraiment de la « race » — la race au sens d'un sentiment inné de responsabilité et de noblesse qui sait imposer sa loi aux impulsions de la vie naturaliste.

Il faut évidemment en dire de même en ce qui concerne les croisements avec des races non européennes et l'on sait que l'une des circonstances qui ont favorisé les prises de position « racistes » de l'Italie a précisément été la nécessité de prévenir le métissage de notre nouvel empire colonial. Mais, une fois de plus, ce qui devrait être décisif, c'est d'abord une attitude intérieure, de concert avec la nette conscience d'accomplir une pure et simple trahison vis-à-vis de son sang et de ses ancêtres en même temps qu'un crime vis-à-vis de sa

---

[26] En français dans le texte (N.D.T.).

descendance puisque, pour satisfaire un caprice et par passivité en face de ses propres instincts physiques ou de ses sentiments, on favorise une contamination de la race. Et ici, bien entendu, il n'est pas nécessaire de présupposer la pureté raciale au sens absolu : si le type général est déjà « mixte », c'est une raison supplémentaire pour précisément s'imposer de le défendre contre tout métissage et tout mélange contaminateur du même ordre, car un type « mixte » a encore plus besoin d'être protégé puisqu'il ne dispose pas des caractères « dominants » du type pur qui, lui, (dans certains circonstances sur lesquelles nous reviendrons) peut parfois absorber et organiser sous sa loi, sans pour autant s'altérer, des éléments raciaux relativement hétérogènes introduits dans la lignée à la suite d'un croisement.

La défense contre le métissage et la mise à l'écart des éléments chez lesquels la race est déjà atteinte : tels sont donc les principaux aspects du racisme prophylactique, et qui font l'objet des mesures propres à ce qu'on appelle l'« hygiène raciale », laquelle n'est évidemment pas sans entretenir d'étroites relations avec la démographie en général. Mais notre racisme va plus loin ; il entend promouvoir une action non seulement négative, c'est-à-dire de défense, mais aussi positive : nous entendons par là une action de renforcement et de sélection internes. En ce domaine, il est bien clair qu'il serait vain d'envisager une législation au sens propre du terme comme dans le premier cas : le principal objectif est au contraire, ici, la formation d'un instinct, l'affinement d'une sensibilité. Ceci revient à poser le problème, ô combien délicat, du choix conjugal, y compris lorsqu'il s'agit de quelqu'un appartenant au même peuple. En matière de sélection, *tel est le seul domaine où l'on puisse passer de la théorie à la pratique* et agir de façon positive afin que la race des générations à venir d'une nation donnée — d'une nation en général — se purifie graduellement, s'élève et se rapproche toujours davantage du type propre au noyau supérieur (ou « race idéale ») présent dans ce peuple.

7 — Le danger des contre-sélections

Si l'on veut s'engager dans cette direction, il est nécessaire non seulement d'avoir une conscience raciste d'ordre général, mais surtout un idéal racial bien précis — non pas théoriquement, mais en tant qu'objet d'une aspiration vécue et sincère, laquelle doit être partagée par le plus grand nombre possible d'individus de ce peuple. Pour y parvenir, un méthodique et patient travail d'éducation est indispensable. Et c'est évidemment d'abord à la jeunesse qu'il doit s'adresser, en faisant appel à tous les moyens possibles pour atteindre ce but : modèles du passé, littérature spécialisée, cinéma même. Nul n'ignore les suggestions qu'a pu exercer, par exemple, un certain cinéma américain sur les masses, conférant la qualité d'« idoles » populaires internationales à certains types d'acteurs et d'actrices — souvent bien peu représentatifs du point de vue racial. C'est donc par des moyens de ce genre qu'il faudrait parvenir à rendre vivant, chez les gens, un idéal humain donné correspondant à la race éminente qui y est présente. Et si aux « suggestions » exercées par un tel type humain s'ajoutaient une conscience raciale, de pair avec ce sentiment de dignité intérieure et de responsabilité que nous avons évoqué avec insistance, les prémisses essentielles d'une sélection interne et d'une consolidation de la race seraient alors réunies.

En matière de choix conjugal, celui de la femme par l'homme est évidemment essentiel, et ceci non seulement parce que, dans la pratique, cette initiative est surtout prise par lui, mais également en conformité avec des lois raciales bien précises. Selon les antiques enseignements aryens concernant la race, dans un croisement, l'hérédité masculine aurait en fait un caractère « dominant » tandis que l'hérédité féminine aurait, par contre, un caractère « récessif ». De ceci découlent deux lois importantes :

1) chez les descendants par les hommes de l'union d'un homme de race « inférieure » et d'une femme de race « supérieure », cette dernière demeure étouffée et contaminée ;

2) chez les descendants de l'union d'un homme de race « supérieure » et d'une femme de race « inférieure », la race de cette dernière peut être rectifiée et pratiquement neutralisée.

Pour le problème qui nous occupe ici, nous ne considérons que le cas d'une supériorité et d'une infériorité relatives, s'agissant au fond de races qui ne sont pas vraiment hétérogènes et que l'on trouve simultanément présentes chez un même peuple européen. Ces deux lois reposent sur des conditions internes, spirituelles, dont nous avons déjà parlé dans nos autres ouvrages sur la race : à leur simple énoncé général, toutefois, l'importance qu'elles peuvent revêtir dans la question du choix conjugal et de la sélection raciale saute aux yeux. Une nouvelle sensibilité, un nouvel instinct, la suggestion exercée par un idéal racial bien précis devraient donc graduellement « ordonner » les unions. Non pas au sens de les rationaliser, comme cela pourrait avoir lieu dans quelque établissement zootechnique d'État, mais au sens de les rendres davantage conscientes — afin que ce qui les détermine ne soit plus seulement l'aveugle sentiment ou le désir (et encore moins une certaine conjoncture économique, utilitaire ou conformiste !), mais que pèsent au moins d'un poids égal les intérêts et les inclinations propres à ce type d'homme qui, au sens supérieur du terme, est « racé » et « a de la race ».

C'est pourquoi le racisme doit clarifier et préciser sa position en matière de démographie, notamment quant à ce que l'on a appelé la « campagne démographique », en gardant à l'esprit, sur la base des lois de l'hérédité, que des contre-sélections, ou « sélections à rebours », sont toujours possibles. Nous voulons dire par là qu'en matière de démographie, on ne peut se contenter du pur critère quantitatif (donner naissance au plus grand nombre possible d'enfants) car il convient de considérer aussi la *qualité,* ce qui revient à se demander *quels* sont les enfants qu'une nation prolifique doit vouloir. En multipliant simplement et sans discrimination le nombre sans avoir aucune notion de l'état racial d'ensemble d'une nation, on peut finalement être amené à favoriser une invasion des éléments de la race la moins désirable — alors que, en raison de circonstances particulières, ceux-ci sont les plus prolifiques — au détriment de la race éminente mais moins nombreuse. C'est dans ce cas que se produit le phénomène de « sélection à rebours » attentivement étudié par Vacher de Lapouge et dont le résultat est une baisse du niveau racial d'une nation. Un pareil danger — qui, dans un grand nombre de civilisations, a sévi et fut fatal aux organismes politiques mis en place par divers noyaux de races aryennes dominatrices —, un pareil danger peut être neutralisé lorsque l'on se consacre à cette éducation de la sensibilité et des inclinations à laquelle nous avons déjà fait allusion, jusqu'à ce que tout cela parvienne à exercer une action précise et positive dans les choix conjugaux et, d'une façon plus générale, dans les unions à l'intérieur d'une nation donnée.

8 — Race et esprit

Nous avons dit que, dans le cadre de la conception « totalitaire » du racisme fasciste, la race ne se réduit pas à une simple entité biologique. L'être humain n'est pas seulement corps, il est aussi *âme* et *esprit.* Mais l'anthropologie scientiste, ou bien partait d'une conception matérialiste de l'être humain, ou bien, tout en reconnaissant la réalité de principes et de forces non matérielles chez l'homme, se contentait néanmoins de poser le problème de la race dans le cadre du corps.

Même dans de nombreuses formes de racisme contemporain, les positions quant aux rapports existant entre la race, le corps et l'esprit manquent de clarté : qui plus est, on y relève parfois de dangereuses déviations dont, évidemment, les adversaires du racisme ne manquent pas de tirer tout le parti possible. De notre point de vue, *il faut prendre clairement position contre un racisme qui considérerait toute faculté spirituelle et toute valeur humaine comme le simple effet de la race au sens biologique du terme* et qui opérerait de la sorte une consternante réduction du supérieur à l'inférieur — plus ou moins selon la démarche propre au darwinisme et à la psychanalyse. Mais, parallèlement, il convient de prendre aussi position contre ceux qui mettent à profit le point de vue d'un racisme cantonné aux problèmes anthropologiques, génétiques et biologiques pour soutenir que, certes, la race existe, mais qu'elle n'a rien à voir avec les problèmes, les valeurs et les activités proprement spirituelles et culturelles de l'homme.

Notre position, en affirmant que *la race existe aussi bien dans le corps que dans l'esprit,* dépasse ces deux points de vue. La race est une force profonde qui se manifeste tout autant dans le domaine corporel (race du corps) que dans celui animico-spirituel (race intérieure, race de l'esprit). Au sens complet du mot, la pureté de race existe lorsque ces deux manifestations coïncident, c'est-à-dire lorsque la race du corps est conforme à la race de l'esprit, ou race interne, et apte à la servir en tant qu'organe d'expression le plus adéquat.

On ne manquera pas de relever l'aspect révolutionnaire d'un tel point de vue. L'affirmation selon laquelle *existe une race de l'âme et de l'esprit* va à contre-courant du mythe égalitaire et universaliste, y compris sur le plan culturel et éthique ; elle fait mordre la poussière à la conception rationaliste qui affirme la « neutralité » des valeurs ; elle consiste finalement à affirmer le principe et la valeur de la *différence, y* compris sur le plan spirituel. C'est toute une nouvelle méthodologie qui en découle. Auparavant, en face d'une philosophie donnée, on se demandait si elle était « vraie » ou « fausse » ; en face d'une morale donnée, on la sommait de préciser les notions de « bien » ou de « mal ». Eh bien, du point de vue de la mentalité raciste, tout ceci apparaît comme dépassé : celle-ci ne se pose pas le problème de savoir ce qu'est le bien ou le mal, elle se demande *pour quelle race* une conception donnée peut être vraie, *pour quelle race* une norme donnée peut être valable et « bonne ». On peut en dire autant des formes juridiques, des critères esthétiques et même des systèmes de connaissance de la nature. Une « vérité », une valeur ou un critère qui, pour une race donnée, peut s'avérer valable et salutaire, peut ne pas l'être du tout pour une autre, mais conduire au contraire, une fois accepté par elle, à une dénaturation et à une distorsion. Telles sont les conséquences révolutionnaires dans le domaine de la culture, des arts, de la pensée, de la sociologie, et qui dérivent de la théorie des races de l'âme et de l'esprit, par-delà celles du corps — en d'autres termes, pour user de la terminologie adoptée par nous dans d'autres ouvrages, dérivées du racisme « au second et au troisième degré », par-delà celui « au premier degré ».

Cependant, il convient de préciser : d'une part, les limites du point de vue exposé ici et, d'autre part, la distinction qu'il faut faire entre *race de l'âme* et *race de l'esprit*. La race de l'âme concerne tout ce qui est forme du caractère, sensibilité, inclination naturelle, « style » d'action et de réaction, attitude en face de ses propres expériences. Ici, nous sommes dans le domaine de la psychologie et de la typologie, cette science des types qui s'est développée sous la forme du racisme typologique (ou typologie raciste), discipline à laquelle L. F. Clauss a donné le nom de *psycho-anthropologie*. De ce point de vue, la définition de la race est celle que nous avons déjà évoquée : « un groupe humain défini non par le fait qu'il possède telles ou telles caractéristiques psychiques et corporelles, mais par le *style* qui se manifeste à travers elles ».

On constate immédiatement la différence qui sépare la conception purement psychologique de la conception raciste, laquelle cherche à aller plus avant. Ce que la psychologie définit et étudie, ce sont certaines dispositions et certaines facultés *in abstracto*. À leur tour, certains racistes ont cherché à répartir ces dispositions parmi les diverses races. De son côté, le racisme au second degré, ou psycho-anthropologie, comme on l'appelle, procède de façon différente. Celui-ci soutient que *toutes* ces dispositions, bien que de façon différente, sont présentes dans les différentes races : mais, en chacune d'elles, elles ont une signification et une « fonction » différentes. C'est ainsi qu'il ne soutiendra pas, par exemple, qu'une race a comme caractéristique l'héroïsme et une autre, inversement, l'esprit mercantile. Dans *toutes* les races humaines, on trouve des hommes ayant des dispositions pour l'héroïsme ou l'esprit mercantile. Mais, si ces dispositions sont présentes en lui, l'homme d'une race donnée les manifestera conformément à cette race, se distinguant ainsi d'un homme de race différente qui, en exerçant ces activités ou ces dispositions, fera preuve d'un « style » différent. C'est ainsi qu'il y a différentes façons, conditionnées par la race interne, d'être un héros, un chercheur, un marchand, un ascète, etc. Le sentiment de l'honneur, tel qu'il apparaît, par exemple, chez l'homme de race nordique n'est pas le même que chez l'homme « occidental » ou le Levantin. On pourrait en dire autant de la fidélité, et ainsi de suite.

Tout ceci, donc, afin de préciser la signification du concept de « race de l'âme ». Celui de « race de l'esprit » s'en distingue parce qu'il concerne non plus les différents types de réaction de l'homme en face du milieu et les contenus de l'expérience normale de tous les jours, mais ses différentes attitudes vis-à-vis du monde spirituel, supra-humain et divin, tel qu'il se manifeste sous la forme propre aux systèmes spéculatifs, aux mythes et aux symboles comme à la diversité de l'expérience religieuse elle-même. Il existe également, en ce domaine, des « invariants », ou dénominateurs communs, si l'on veut, des similitudes d'inspiration et d'attitude qui reconduisent précisément à une cause interne différenciatrice — laquelle est précisément la « race de l'esprit ».

Ici, toutefois, il convient de considérer jusqu'où peut aller la norme raciste de la « différence » et du déterminisme des valeurs de la race. Ce déterminisme est réel et décisif, même dans le domaine des manifestations spirituelles, lorsqu'il s'agit des créations propres à un type « humaniste » de civilisation, c'est-à-dire de civilisations où l'homme s'est barré toute possibilité d'un contact effectif avec le monde de la transcendance, a perdu toute véritable compréhension des connaissances relatives à un tel monde et propres à une tradition vraiment digne de ce nom. Lorsque, cependant, tel *n'est pas* le cas, lorsqu'il s'agit de civilisations vraiment traditionnelles, l'efficience des « races de l'esprit » elle-même n'outrepasse pas certaines limites : elle ne concerne pas le contenu, mais uniquement les diverses formes d'expression qui, chez un peuple ou chez un autre, en un cycle de civilisation ou un autre, ont assumé des expériences et des connaissances identiques et objectives en leur essence, parce qu'elles se référaient effectivement à un plan supra-humain.

9 — Importance de la théorie des « races intérieures »

La doctrine totalitaire de la race précise les rapports existant entre la race et l'esprit sur la base des principes que nous avons énoncés : *l'extérieur est fonction de l'intérieur, la forme corporelle est à la fois l'instrument, l'expression et le symbole d'une forme psychique.* La conception du type racial vraiment pur, tel que nous l'avons ébauché, en découle : c'est un type « tout d'une pièce », un type harmonieux, cohérent, unitaire. C'est celui chez lequel les suprêmes aspirations spirituelles d'une espèce donnée ne rencontrent ni obstacle ni contradiction dans les traits de caractère et le « style » de l'âme, tandis que l'âme de cette race se trouve elle aussi dans un corps apte à l'exprimer et à la rendre manifeste.

Il est bien évident que l'on ne peut trouver un tel type « pur » massivement représenté chez les peuples existant aujourd'hui et qui, comme on l'a vu, correspondent essentiellement à des « composés » ethniques. Du reste, il ne le serait pas davantage même chez une race qui serait restée suffisamment isolée de toute influence hétérogène, parce que ceci correspond à un concept idéal, c'est-à-dire à une culmination et à une réalisation théoriques parfaites de la race au sens général — s'agissant, en fait, de ces culminations à propos desquelles nous avons dit que les valeurs suprêmes de la personnalité s'identifient à celles de la race.

C'est pourquoi, en ce domaine, les recherches racistes ne peuvent être simplement quantitatives : sans pour autant ignorer les éléments extérieurs communs qui prédominent numériquement, elles doivent procéder à un *choix*, chercher *quel* représentant d'une race donnée est le plus apte à incarner l'exemple le plus complet et le plus pur d'un style bien particulier — de façon à ce que l'on puisse saisir et comprendre ce qui s'y exprime et l'anime (c'est-à-dire également sa « race intérieure ») et rendre sensible le sens de l'unité originelle en laquelle convergent les différents éléments d'une race. Une fois ceci fait, on peut aussi considérer le cas de types raciaux moins purs — c'est-à-dire ceux chez qui la correspondance entre les différents éléments, extérieurs et intérieurs, n'est pas aussi complète et parfaite, chez lesquels on constate, pour ainsi dire, une *distorsion* du « style » de cette race. Il s'agit donc là d'une démarche qualitative, d'une recherche basée sur un examen intérieur, sur une faculté intuitive et introspective. Bien entendu, la *physiognomonie,* ou science de la physionomie, joue ici un grand rôle : dire que « le visage est l'expression de l'âme », c'est énoncer un lieu commun, car le corps tout entier (la forme du crâne, les proportions des membres, etc.) a, pour qui sait le comprendre, un langage plein d'enseignements. D'où la signification bien précise de sciences telles que la craniologie, l'étude du squelette, etc., qui, de prime abord, peuvent sembler aridement techniques.

Dans cette optique, le racisme favorise donc une nouvelle sensibilité vis-à-vis du corps, et, de façon plus générale, de la forme physique de l'être humain. Il n'est pas indifférent qu'un corps ait une forme ou une autre : ce n'est pas quelque chose de fortuit et de neutre. Quiconque est sensible au type chez qui *tous* les éléments de l'être humain sont réellement unifiés ne peut que ressentir également tout l'aspect tragique et négatif des cas où une telle unité a disparu. Une âme qui vit le monde comme quelque chose en face duquel on prend position, comme l'objet d'un combat et d'une conquête, devrait, normalement, posséder un visage dont les traits énergiques et ardents reflètent cette expérience intérieure, de pair avec un corps élancé, grand, nerveux et qui se tient droit — un corps « aryen » ou « nordico-aryen ». Imaginons maintenant le cas où une telle âme a inversement pour instrument un visage plein et grassouillet, un corps trapu et lent — une race physique, en somme, qui semble faite pour exprimer une intériorité d'un type très différent. Certes, la race intérieure fera en quelque sorte violence à ce corps hétérogène, elle donnera aux traits eux-mêmes une autre expression : elle trouvera malgré tout le moyen de s'exprimer. Mais, pour utiliser une image de L. F. Clauss, ce sera comme si l'on était contraint de jouer avec un ocarina une partition écrite pour un violon.

Ce qu'une éducation raciale doit mettre en évidence, c'est le fait qu'en ce domaine également, le racisme est animé d'un *esprit classique* et propose un idéal humain conforme à cet esprit. Il veut une exacte correspondance entre l'intérieur et l'extérieur, entre le contenu et le contenant. *Il veut des êtres tout d'une pièce, en tant que forces cohérentes et unitaires.* Il déteste et s'oppose à toute promiscuité, à tout dualisme destructeur et, par conséquent aussi, à cette idéologie romantique qui se complaît dans une interprétation tragique de la spiritualité et suppose que c'est uniquement à travers une éternelle opposition, une souffrance, une incessante convoitise et une lutte confuse que l'on peut parvenir aux valeurs extrêmes. La véritable supériorité des races aryennes est au contraire *olympienne :* elle se traduit par la calme domination de l'esprit sur le corps et sur l'âme qui, pour refléter (selon leur « style » et les lois qui sont les leurs) la race, se présentent à nous comme d'adéquats moyens d'expression.

La théorie de la race intérieure est importante, car elle met en évidence l'aspect le plus délétère des croisements et des métissages : ceux-ci conduisent à une dislocation et à une contradiction intérieures, à une rupture de l'intime unité d'un être humain d'une race donnée. Ils ont pour effet que les âmes d'une race se trouvent dans le corps d'autres races, ce qui provoque l'altération des unes comme des autres. Ils créent de véritables inadaptés, au sens fort du mot, jusqu'à ce que, la force interne s'étant épuisée en combats et en frictions de toutes sortes — et ce qui était demeuré, dans une certaine limite, encore « dominant » ayant perdu cette qualité—, la race intérieure s'estompe pour être remplacée par une substance informe et disloquée que portent des corps où les caractéristiques raciales initiales éventuellement subsistantes ne sont plus que de lointains souvenirs, des formes vidées de leur signification profonde. C'est à ce moment-là que les mythes internationalistes et cosmopolites, que l'idéologie de la soi-disant égalité spirituelle fondamentale du genre humain commencent à devenir réalité.

C'est donc dans la direction opposée qu'il conviendra d'agir. Le point de départ, c'est un examen intérieur destiné à découvrir quel est vraiment en nous l'élément fondamental, la « nature propre » (ou race spirituelle) à laquelle il faut essentiellement accorder notre vie et rester fidèle envers et contre tout. Il faut ensuite agir afin de conférer à notre être le maximum de cohésion et d'unité ou tout du moins de faire en sorte que, chez les descendants, des conditions plus favorables soient réunies, sur la base de ce qui a déjà été obtenu : car l'influence plastique formatrice qu'une idée exerce jusque sur le plan somatique et biologique (dans l'hypothèse où elle aurait une certaine relation avec l'élément intérieur primordial de la race), est une réalité positive qu'attestent des exemples historiques bien précis, au niveau collectif comme au niveau individuel.

En matière de politique culturelle, les conséquences de la science raciale sont également bien claires. Comme l'écrit L. F. Clauss : « Dans la mesure où il est donné à une connaissance scientifique d'exercer une influence sur l'histoire, l'objectif qui s'impose en ce domaine à la psycho-anthropologie est le suivant : celle-ci doit indiquer les frontières qu'aucun peuple, aucune communauté de sang et de culture ne peut franchir ou bien ouvrir sans courir le risque de sa propre destruction. La *recherche des frontières de l'âme* constitue, par conséquent, à l'heure actuelle, une tâche historique ». Ceci fait essentiellement allusion à la tâche de défendre et de favoriser — non seulement parmi les individus, mais aussi les nations — la même cohésion et la même unité, la même correspondance entre l'élément extérieur et l'élément intérieur dont nous avons parlé à propos de l'individu. Avec ceci, le thème central des considérations développées jusqu'ici à propos des rapports entre race et nation n'en apparaît que plus clairement.

Ce qui est également propre à une doctrine exhaustive de la race, c'est de dépasser les dangers d'un relativisme et d'un particularisme étriqués auxquels de telles vues, lorsqu'elles sont exposées de façon unilatérale et extrémiste, peuvent donner lieu. C'est surtout dans le domaine de la culture et de la « race de l'âme », stade intermédiaire entre corporéité et pure spiritualité, qu'apparaît la nécessité impérative de définir et de défendre certaines frontières intérieures car la « fermeture » qui en découle est, selon la formule de Goethe, une « limite créatrice » et non pas paralysatrice — une limite qui ne barre pas la voie vers le haut, mais vers le bas, vers une promiscuité subraciale et même, au fond, sub-personnelle, laquelle laisse le champ libre à des processus de dénaturation, de désagrégation et de déchirement intérieurs.

10 – Physionomie des diverses races

Nous l'avons déjà dit avec insistance, une des caractéristiques du racisme moderne, c'est la recherche des noyaux ethniques primitifs. L'anthropologie d'hier se bornait à une classification sommaire des races connues : blanche, noire, jaune, malaise, rouge, etc., telle que chacun a pu l'apprendre à l'école. Mais le racisme moderne a poussé beaucoup plus loin l'analyse et la classification, notamment en ce qui concerne la race blanche qui nous intéresse tout particulièrement. En matière de races physiques, les recherches contemporaines distinguent ainsi, à l'intérieur de ce que l'on entendait de façon très générale par « race blanche » ou « caucasienne », une série de races au sens plus particulier de races possédant chacune une physionomie et une « constance » propres, si bien que l'on peut leur appliquer les lois de l'hérédité et des croisements.

Nous renvoyons le lecteur à la classification établie dans notre ouvrage : *Il mito del sangue,* nous bornant ici à en rappeler les points essentiels. Il convient de distinguer dans le monde blanc six races principales. Tout d'abord, la race *nordique* et la race *occidentale,* qualifiée également de méditerranéenne par certains auteurs : en chacune prédomine la dolichocéphalie, le type blond chez la première, le type brun chez la seconde, mais la proportion des membres est identique ; en général, les types occidentaux sont de plus petite taille mais possèdent quelque chose de plus raffiné et de moins abrupt dans les traits. On a ensuite la race *falique* qualifiée par Günther de « race blonde pesante », laquelle, tout en ayant de nombreux traits communs avec la race nordique, est plus massive, carrée, souvent trapue et de plus haute taille ; faisant preuve d'une certaine lenteur aussi bien physique qu'intellectuelle, elle est plutôt renfermée ; éventuellement brachycéphale, elle a des dispositions particulières à la constance, laquelle dégénère souvent en obstination. Y fait suite la race *dinarique* en laquelle semblent s'être fondus les éléments des races nordique et occidentale, de pair avec un élément que l'on retrouve dans certaines races non européennes telles que la souche arménienne ou levantine : ceci apparaît du moins dans les traits physiques (nez, lèvres, etc.), sans qu'il y ait pour autant de résonances d'une telle composante hétérogène sur le plan spirituel : l'homme dinarique est un type actif, il a des dispositions pour la guerre, l'ordre et le « style » propre à l'homme nordique mais fait preuve de moins de concentration et de plus de légèreté (goût particulier des couleurs, inclination à la joie, etc.). Nous avons ensuite la race *alpine* ou, selon une autre nomenclature, « de l'est » *(ostisch),* qui se distingue par une physionomie plus marquée : le type est plutôt rond et bien en chair, le plus souvent brachycéphale, brun, avec des yeux petits un peu bridés ou ronds, de petite taille, dont l'épiderme tire sur le jaune. Vient enfin la race *baltico-orientale* qui prédomine chez les peuples proches de la Russie, elle aussi au visage large, blondasse, aux yeux gris, dont les pommettes et la forme des yeux rappelle le type mongol, au nez camus et au front bas. Il semblerait ici aussi que, dans cette race, les éléments du tronc commun nordico-occidental aient absorbé certains éléments d'une race non européenne, correspondant à celle des premières peuplades slavo-asiatiques.

Telles sont les principales « races du corps » présentes chez les peuples européens, dans des proportions et selon des combinaisons variées, et que l'on peut qualifier de constitutives ou d'essentielles. Car chez ces mêmes peuples, des infiltrations de races étrangères n'ont pas manqué : races *levantine, « désertique », mongoloïde, négroïde, méditerranéo-africaine,* auxquelles s'est ajouté l'*élément hébraïque* qui, en dépit de la persistance de types généraux spécifiques, ne doit cependant pas être considéré comme une race à proprement parler mais comme un certain mélange ethnique qui se définit avant tout à partir d'une « race de l'âme » commune.

Si l'on passe maintenant au « racisme au second degré », il s'agit justement de voir quels contenus, quelles âmes (ou « races de l'âme ») trouvent, dans les formes physiques et les dispositions de chacune de ces « races du corps », l'instrument qui leur permet de s'exprimer de façon fidèle. Celui qui est allé le plus loin dans ce type de recherches est, une fois de plus, L. F. Clauss. Nous renvoyons ici encore au résumé de ses théories figurant dans notre ouvrage *Il mito del sangue,* nous bornant à y faire simplement allusion.

Au type physique « nordique », l'âme (ou le style de l'âme) la plus adéquate est celle de la « race de l'homme actif », de l'homme qui ressent le monde comme quelque chose qui se tient devant lui en tant qu'objet de conquête ou d'attaque. Normalement, au type « occidental » est propre, par contre, le style d'une âme plutôt extériorisée, prédisposée au jeu, au geste et à l'exhibition, d'une âme qui se sent dans le monde un peu comme un acteur qui doit exécuter son rôle devant un public. La race « alpine » se prête, quant à elle, à un mode d'expression « intimiste » de l'âme : elle aime à se replier sur soi, elle cherche à se soustraire à l'ampleur des problèmes que pose le monde grâce au groupe, à des activités tournées vers la réalisation d'un calme et sûr bien-être. La race « falique » exprime le style d'une âme qui « attrape et tient bon », parfois jusqu'à l'absurde : opiniâtre et tenace dans les buts qu'elle se fixe, mais avec pesanteur, sans l'étincelle d'une liberté intérieure. Clauss évoque ensuite les deux dernières races de l'âme qui correspondraient respectivement, selon lui, à la race orientaloïde ou « désertique » et à la race « levantine » : pour la première, il s'agit de la race de l'« homme de la révélation », enclin à vivre le monde comme un perpétuel miracle, une continuelle manifestation du hasard, amoureux de l'imprévisible et du changeant comme le nomade ; pour la seconde, il s'agit de la race de l'« homme de la rédemption », caractérisée par un sentiment d'esclavage vis-à-vis du corps et de la chair, de pair avec un trouble désir de s'en libérer et de s'en racheter, sur la base d'un infranchissable dualisme entre la chair et la spiritualité (ou le sacré).

Cependant, les liens établis par Clauss entre race du corps et race de l'âme dans ces deux derniers cas doivent être considérés comme très approximatifs, car les mêmes dispositions internes peuvent tout aussi bien caractériser d'autres éléments raciaux. C'est ainsi que la race de l'« homme de la révélation », comme le montrent diverses observations de Clauss lui-même, se retrouve dans la race baltico-orientale du corps, tandis que celle de l'« homme de la rédemption », reflète surtout certains aspects caractéristiques du « style » propre au composé hébraïque. Clauss n'a pas appliqué sa démarche concernant la race intérieure à la dernière race du corps, la race «dinarique » : on peut toutefois supposer sans risque de se tromper que le style qui lui est propre comprend certains éléments de l'âme « active » auxquels s'ajoutent quelque chose de l'élément occidentalo-méditerranéen (goût d'un certain « théâtre » pour l'action, bien que moins extériorisé) ainsi que l'influence de l'instabilité propre à l'« homme de la révélation ».

Ici, le lecteur se trouve cependant confronté à une série d'appellations qui ne sont guère parlantes tant que l'on ne passe pas au stade pratique, c'est-à-dire tant que l'on ne s'attache pas à *ressentir* ce qu'elles signifient vraiment par l'examen des traits des divers types caractéristiques de l'une ou de l'autre race — en cherchant, par suite, à faire l'analyse spectrale des physionomies pour découvrir chez les types les plus « purs » (au sens exhaustif du terme indiqué par nous) l'élément intérieur, la race de l'âme. Il conviendra pour ce faire d'avoir recours à une documentation photographique que l'on trouvera sans peine dans les principaux ouvrages parus sur la question — citons notamment, outre l'iconographie figurant dans nos deux livres *Mito del sangue* et *Sintesi di dottrina délia razza,* ceux de Günther, de von Eickstedt, de Fischer, de Clauss lui-même. Dans un deuxième temps, *il faudra passer des livres à la réalité, à la vie,* c'est-à-dire s'habituer à découvrir les influences et les interférences d'une race ou d'une autre sur des physionomies particulièrement « marquées » d'hommes vivant à l'heure actuelle parmi nos connaissances, afin d'exercer l'œil, non seulement de l'anthropologue, mais aussi du psychologue, à voir les concordances (ou les discordances) entre l'élément intérieur et les éléments somatiques et physiognomoniques.

On s'attachera tout particulièrement, ensuite, à avoir un sens aigu des interférences raciales (entre races similaires) qui sont aptes à produire des résultats favorables : ceci grâce à l'examen et à l'analyse non seulement de la « ligne » physique, mais également du style d'action, de comportement et de pensée propres aux différents types. D'une façon générale, si l'on admet que les croisements entre éléments nordiques et occidentaux, entre éléments faliques et dinariques sont favorables, ceux entre ces mêmes éléments et la race alpine ou baltico-orientale sont, par contre, considérés comme défavorables — tout comme le sont également les mélanges de ces dernières races entre elles ainsi qu'avec l'occidentale. Tandis que la rencontre d'éléments falico-méditerranéens et dinaro-occidentaux n'est pas, elle, défavorable.

À l'élément le plus pur et le plus valable que recèlent toutes ces races grâce à une lointaine unité d'origine, il est possible de faire correspondre l'appellation de « *race aryenne* » ou « *nordico-aryenne* » dont nous nous réservons de préciser ultérieurement le sens.

11 – Le problème des races spirituelles

Nous avons dit qu'au-delà de l'âme et du corps, la race se manifestait également dans l'esprit. Or, la recherche des « races de l'esprit » est une discipline très particulière qui, aujourd'hui encore, en est à l'état embryonnaire : exception faite de notre contribution personnelle, bien peu de choses ont été faites en ce domaine pourtant capital si l'on veut mener une action vraiment complète sur le plan racial. En Allemagne, en fait partie ce qu'on appelle le *Kampf um die Weltanschauung,* c'est-à-dire la « lutte pour la vision du monde » (bien entendu, il s'agit d'une vision conforme à la race, chaque conception générale du monde pouvant effectivement être considérée comme l'expression des diverses races de l'esprit). En Alle magne, toutefois, les simples mots d'ordre politiques et les « mythes » ont pris une place excessive et tiennent trop souvent lieu d'une connaissance exacte et scientifique.

La science des « races de l'esprit » ramène aux origines et se développe parallèlement à une morphologie des traditions, des symboles et des mythes primordiaux. À cet égard, se restreindre au monde moderne et tenter de s'y orienter serait une entreprise condamnée d'avance : dans le monde et la culture modernes, il n'existe plus que de lointains reflets, d'équivoques survivances, de simples dérivations des « races de l'esprit ». En matière de « race de l'âme », il est encore possible de faire appel à certaines connaissances, à une certaine expérience directe : il suffit de se référer à des qualités de caractère, à des réactions internes immédiates, à des styles de comportement — à des inclinations qui ne s'apprennent ni ne se fabriquent, mais qui sont innées. Des qualités, par conséquent, que l'on possède ou non, qui sont intimement liées au sang et même, comme nous le disions, à quelque chose de plus profond que le sang et que rien ne peut remplacer. La « race de l'âme » relève de la vie relationnelle si bien que, lorsqu'elle existe à l'état latent, on peut toujours la contraindre à se révéler et en connaître les traits et l'intensité chez chacun dans les cas d'exception, les épreuves et les crises.

Dans le domaine des « races de l'esprit », la tâche est beaucoup plus ardue. Ce qui, de nos jours, a cours en fait d'esprit — et même depuis de nombreux siècles — n'a pas grand-chose à voir avec ce que nous, nous entendons à proprement parler par « esprit ». En réalité, nous nous trouvons, à l'heure actuelle, confrontés à un monde profondément standardisé et désarticulé où il est bien difficile de retrouver ce que peut être un juste instinct au sens supérieur. Sur le plan de la connaissance, l'ensemble des sciences modernes a comme point de départ le rationalisme et l'expérimentalisme ; leurs formulations et les évidences auxquelles elles parviennent procédant de facultés qui seraient plus ou moins identiques chez tous les êtres humains, de telles connaissances sont, de l'avis général, soit utiles, « positives » et « scientifiques », soit peuvent être acquises, reconnues, acceptées et appliquées par n'importe qui, quelles que soient sa race et sa vocation. Sur le plan de la culture, on se borne, dans le domaine de l'art et de la pensée, à des positions plus ou moins subjectivistes, à des créations qui n'ont que trop souvent le caractère de « feux d'artifices » : elles sont aussi brillantes par leur lyrisme et leur habileté critico-dialectique que privées de toute racine profonde.

En un monde et une culture qui, à partir de telles prémisses, ont perdu quasiment tout contact avec la réalité au sens transcendant, il est forcément très difficile de poursuivre une recherche visant à définir tout autant le « style » de l'expérience de la transcendance que la « forme » des diverses attitudes possibles de l'homme en face d'elle : ce qui est précisément l'objet des recherches portant sur les « races de l'esprit ».

Il convient donc de revenir à un monde où la véritable spiritualité et la réalité métaphysique étaient indubitablement les forces formatrices qui servaient d'axe à la civilisation sous toutes ses formes : du plan mythologico-religieux à celui juridico-social — ce qui signifie revenir au monde des civilisations pré-modernes et « traditionnelles ». Une fois obtenus, grâce à une telle démarche, des points de référence, on peut alors passer au monde contemporain afin de découvrir les diverses influences qui, quasiment à titre d'échos, proviennent encore de l'une ou de l'autre « race de l'esprit », même en ce monde exténué, en cette culture essentiellement « humaniste » — c'est-à-dire uniquement déterminée par « l'humain, trop humain ».

Nous ne ferons ici qu'une très rapide allusion à la typologie des races de l'esprit : nous renvoyons quiconque souhaiterait disposer d'autres éléments utilisables pour la formation d'une « conscience raciale » à nos deux ouvrages : *Sintesi di dottrina délia razza* et plus spécialement *Révolte contre le monde moderne,* ainsi qu'aux morceaux choisis des écrits de J. J. Bachofen traduits par nous sous le titre *La razza solare — Studi sulla storia segreta dell'antico mondo mediterraneo.*

Un auteur grec ancien a dit : « Il existe des races qui, situées à égale distance des deux, oscillent entre la divinité et l'humanité ». Les unes ont fini par s'axer sur le premier élément, les autres sur le second, c'est-à-dire sur l'humanité.

La première attitude définit la « *race solaire* » de l'esprit, dite aussi « *race olympienne* ». Pour elle, c'est l'élément plus qu'humain qui lui apparaissait comme naturel — exactement comme pour les autres, c'était au contraire l'élément humain. D'où, dans ses rapports avec le monde métaphysique, cette absence d'un sentiment d'étrangeté et de transcendance : c'est bien plutôt l'élément humain qui lui apparaissait étranger et lointain ! D'où, également, un sentiment de « centralité » (justifiant précisément son nom de « race solaire »), un style fait de calme, de puissance, de souveraineté indomptable et d'intangibilité qu'exprime l'autre appellation, celle de « race olympienne ».

À l'opposé de la « race solaire » de l'esprit, on trouve celle « *tellurique* » ou « *chtonienne* ». Ici, l'homme tire sa propre signification d'un obscur et sauvage rapport avec les forces de la terre et de la vie, sous leur aspect inférieur et privé de lumière : en découle une confuse relation avec le sol — cultes antiques des « démons » de la végétation et des forces élémentaires, sentiment de fatalisme (notamment vis-à-vis de la mort), sens de la caducité de l'individu qui se redissout dans la substance collective de la lignée et du devenir.

Vient ensuite la *« race lunaire »* ou *« démétrienne »* : de même que la Lune est un soleil éteint, de même ne correspond-il plus à cette race (comme c'est le cas de la race « olympienne ») aucun sentiment de centralité spirituelle, parce que cette race vit de façon passive, comme un reflet, la spiritualité : étrangère à tout style d'affirmation et de calme virilité, c'est la forme propre à l'expérience « contemplative », à base essentiellement panthéiste. Le terme « démétrien » a pour origine le fait que les antiques cultes des Grandes Mères de la nature exprimèrent de façon caractéristique cette race et la spiritualité qui fut la sienne, placée sous le signe « féminin » en tant que calme lumière diffuse, que sentiment d'un ordre éternel à la fois spirituel et naturel en lequel s'efface toute angoisse du devenir, de pair avec l'individualité elle-même. Sur le plan social, c'est souvent la race lunaire qui donne naissance au système matriarcal alors que le droit paternel (ou patriarcal) fut toujours le propre d'une race solaire ou de races en dérivant.

La *« race titanique »,* maintenant : même lien avec les forces élémentaires, avec l'aspect abyssal, intense et irrationnel de la vie que la race « tellurique », mais non pas, ici, selon un « style » fait d'identification neutre et passive mais, au contraire, d'affirmation, de volonté et de virilité ; on y retrouve cependant la même absence d'une lumineuse libération intérieure : c'est ainsi que seul le héros Héraclès pourra libérer le titan Prométhée (nous verrons plus loin ce que tout cela signifie).

Par cette curieuse appellation de *« race amazonienne »,* nous faisons allusion au « style » propre à une expérience qui, en son essence, est « lunaire » (et, par analogie, féminine), mais qui fait siennes des formes d'expression affirmatives et viriles — de la même manière que l'amazone adopte le mode d'être propre au guerrier.

« Race aphrodisienne » de l'esprit : à cet égard, il ne faut pas se référer uniquement au domaine érotico-sexuel, mais plutôt au style « épicurien » au sens large que revêt une telle expérience. C'est ainsi qu'en relèvent tout raffinement des diverses formes de la vie matérielle et toute culture au sens esthétique du terme : une spiritualité, en somme, qui oscille entre l'amour de la beauté et de la forme et puis les plaisirs des sens.

Quant au « style » propre à une expérience où l'exaltation des instincts et l'intensité de la vie sont liées à la sensation, ne proposant que des solutions confusément extatiques (c'est-à-dire « lunaires », par leur passivité et leur absence de forme), si bien qu'aucune véritable libération intérieure n'en découle, hormis quelques brefs instants d'évasion — c'est le « style » définissant la « *race dionysiaque* ».

La dernière race de l'esprit est celle des « *héros* ». « Héros » non pas au sens courant, mais tel qu'il dérive de l'enseignement exposé par Hésiode à propos des quatre âges de l'humanité : chez le « héros » subsiste une nature « solaire » ou « olympienne », mais à l'état latent ou, mieux encore, comme une possibilité de se réaliser à travers un dépassement actif de soi où l'on peut même retrouver certains traits du style de l'homme « titanique » ou « dionysiaque », même si leurs fonctions sont tout à fait différentes.

Bien entendu, tout ce qui précède n'est qu'un très rapide survol de la question. Mais quiconque entreprend d'approfondir une telle typologie, au point d'acquérir en retour une certaine faculté de discernement, ne pourra que voir désormais l'histoire — celle des civilisations et des mœurs comme celle des religions — sous un éclairage radicalement différent. Ce qui, jusque-là, lui apparaissait comme unitaire, il en identifiera les composantes effectives. Il reconnaîtra la continuité, à travers l'histoire, de veines profondes qui sont autant de sources communes à des ensembles de manifestations individuelles et collectives, en apparence distinctes ou éparses dans le temps et l'espace. Et même dans les formes les plus anodines de la culture moderne, il pourra alors s'orienter et pressentir, ici ou là, des résurgences ou des adaptations de ces formes originelles des « races de l'esprit ».

Dans un deuxième temps, le problème consistera à montrer quelles correspondances devraient s'établir entre la race de l'esprit, celle de l'âme et celle du corps. Quelques éléments de réponse : race « solaire » et race « héroïque » sont prédisposées au style propre à l'« homme actif » et à l'homme dolichocéphale nordico-aryen et aryo-occidental sur le plan physique. La race « lunaire » posséderait sa meilleure expression dans les caractéristiques psychiques et somatiques de la race alpine et de ce qui subsiste de cette très ancienne race « méditerranéenne » que, d'une façon générale, on peut désigner par le terme de « pélasgique ». Les races « aphrodisienne » et « dionysiaque » pourraient s'harmoniser assez bien avec certains rameaux de la race occidentale, notamment celtiques ; la race « dionysiaque » le pourrait même avec le type « désertique » ou « baltico-oriental » et, en ses aspects les plus tourmentés, avec celui de la race « levantine ». Par contre, un élément « titanique » pourrait parfaitement s'exprimer dans l'âme et le corps de l'homme de race « falique ». L'élément tellurique, enfin, réclamerait des composantes raciales physiques dérivées de souches non-aryennes ou pré-aryennes telles que celles que présentent, par exemple, le type africano-méditerranéen et, partiellement, l'élément sémitique (« orientaloïde »), etc.

C'est là un champ de recherches aussi vierge que vaste, recherches qui ont essentiellement pour objet de susciter chez les nouvelles générations l'intérêt qu'elles méritent : c'est alors seulement que ce que l'on aura acquis jusque-là pourra donner lieu à d'adéquats développements permettant d'acquérir une conscience raciale vraiment complète et « totalitaire ».

12 – La race et les origines

L'importance que revêt pour notre doctrine l'étude des origines — et, par conséquent, la *science de la préhistoire* elle aussi — ne peut qu'apparaître dans toute sa clarté à l'issue de ce rapide survol des recherches relatives au racisme « au troisième degré ». Mais il faut introduire dans ces disciplines des critères révolutionnaires et écarter résolument un certain nombre de préjugés propres à la mentalité scientiste et positiviste qui, favorisés par une école historique désormais dépassée, n'en persistent pas moins dans les formes les plus répandues de l'enseignement général. Nous ne prendrons que deux exemples.

Il convient tout d'abord de *dépasser le préjugé évolutionniste* au nom duquel, en étroite relation avec celui progressiste et historiciste, on interprète le monde des origines et de la préhistoire comme le monde obscur et sauvage d'une humanité semi-bestiale qui, peu à peu, péniblement, se serait « civilisée » et rendue capable de posséder une culture. Ce que le racisme affirme, bien au contraire, c'est qu'ont *déjà existé, à l'époque préhistorique, des peuples qui, outre une pureté raciale ensuite perdue, avaient une vaste intelligence du monde spirituel.* Ceux-ci n'étaient certes pas « civilisés » au sens moderne de ce mot (en relation avec le développement des connaissances expérimentales, de la technique, du système juridique positif, etc.), mais ils possédaient des qualités de caractère et une vision spirituelle du monde bien à eux, laquelle procédait de contacts réels avec les forces supra-humaines de la nature — vision non pas « pensée » mais vécue, concrétisée par des traditions, exprimée et développée par des symboles, des rites et des mythes.

En relation avec ceci, il convient également de *repousser les frontières de la nouvelle recherche préhistorique* : les hypothèses racistes les plus récentes relatives à la question des origines de l'homme nous amènent aux alentours du dixième millénaire avant J.-C., alors qu'il y a peu encore, il paraissait déjà hasardeux d'évoquer des civilisations remontant à 2 ou 3000 ans avant J.-C. En ce qui concerne maintenant le cadre général du problème de ce qu'on appelle la « descendance », *il faut prendre résolument position contre le darwinisme*. La souche originelle de l'humanité — à laquelle les races supérieures, qu'elles soient antiques ou contemporaines, appartiennent — ne provient ni du singe, ni de l'homme-singe de l'ère glaciaire (l'homme moustérien ou de Néanderthal, et l'homme de Grimaldi), fait que les spécialistes non racistes ont de plus en plus tendance à reconnaître à l'heure actuelle. L'homme simiesque ne correspond à un rameau humain bien particulier, en grande partie déjà en voie de disparition, que par ceux de ses éléments qui se sont incorporés à d'autres races humaines supérieures bien précises — éléments qui apparaissent comme plus récents que lui (faisant ainsi naître l'illusion qu'ils ont subi une « évolution ») — pour l'unique raison qu'il apparut plus tard sur les mêmes territoires, venant de régions en grande partie détruites ou dévastées par des cataclysmes et des modifications climatiques.

Il est absolument capital de comprendre la vivante signification d'un tel changement de perspective propre aux conceptions racistes : *le supérieur ne dérive pas de l'inférieur*. Dans le mystère de notre sang, dans la profondeur la plus abyssale de notre être demeure, ineffaçable, l'hérédité des temps primordiaux : mais il ne s'agit pas d'une hérédité de brutalité, d'instincts bestiaux et sauvages livrés à eux-mêmes, comme le prétend une certaine psychanalyse et comme on peut logiquement le conclure à partir de l'« évolutionnisme » et du darwinisme. Cette hérédité des origines, cet héritage qui nous vient du fond des âges est bien au contraire *un héritage de lumière*. La force des atavismes, en tant qu'expression des instincts inférieurs, n'appartient *pas* à cette hérédité fondamentale : c'est quelque chose qui, soit a pris naissance et s'est développé selon un processus de dégradation, d'involution ou de chute (dont le souvenir demeure sous forme de mythes divers dans les traditions de quasiment tous les peuples), soit procéda d'une contamination, d'une hybridité, due à l'apport étranger, à des avatars de l'homme de l'ère glaciaire. C'est la voix d'un *autre* sang, d'une autre race, d'une autre nature, et dont on ne peut dire qu'elle est humaine que par pur parti pris. Quoiqu'il en soit, à chaque fois que l'on ressent la justesse de la formule platonicienne : « deux âmes luttent en mon sein », il faut interpréter ceci à la lumière de ce que nous venons d'exposer pour en comprendre le sens exact. *Seul peut adhérer au mythe de P évolutionnisme et du darwinisme V homme chez qui parle Vautre hérédité* (celle introduite à la suite d'un hybridisme), car elle a réussi à se rendre suffisamment forte pour s'imposer et étouffer toute sensation de la présence de la première.

Un autre préjugé combattu par le racisme est celui enfermé dans la formule bien connue : *Ex Oriente lux.* Chez beaucoup persiste aujourd'hui encore l'idée selon laquelle les plus antiques civilisations seraient nées dans le bassin méditerranéen oriental ou en Asie occidentale : ce serait d'elles, puis de la religion hébraïque, que l'Occident aurait tiré sa lumière — Occident qui, jusqu'à une époque beaucoup plus tardive, surtout dans les régions septentrionales, serait resté à l'état sauvage et barbare. Avec le racisme, on a, ici également, un changement total de perspective. Ces civilisations asiatiques n'ont rien pour nous d'originel ni, bien au contraire, de pur. *L'origine de la civilisation la plus haute propre aux races blanches* et, d'une manière générale, indo-européennes, *n'est pas orientale mais occidentale et nordico-occidentale.* Ainsi que nous l'avons dit, on se trouve en ce domaine ramenés à une préhistoire qu'hier encore l'on aurait pu croire fabuleuse. En face de l'éclat d'une telle préhistoire nordico-occidentale et aryenne, les civilisations asiatico-orientales nous apparaissent comme déjà crépusculaires et hybrides — aussi bien spirituellement qu'ethniquement. Ce qu'elles recèlent de vraiment grand et de lumineux provient en fait de l'action initiale civilisatrice de noyaux appartenant à la race dominatrice nordico-occidentale ayant jadis essaimé jusque-là.

13 – Les migrations nordico-occidentales

La « *lumière du Nord* », le « *mystère hyperboréen* » : tel est donc le motif central de notre doctrine de la race — ce qui ne manquera pas d'apparaître à certains quelque peu paradoxal, pour ne pas dire suspect et quasiment diffamatoire vis-à-vis de nos traditions, considérées comme « méditerranéennes ». Quelques éclaircissements s'imposent donc.

En premier lieu, lorsque nous parlons du Nord, ce n'est pas de l'aire germanique que nous parlons. Le berceau primordial de la race aryenne doit au contraire être identifié avec une région qui correspond à l'*actuel Arctique* : ceci, à la très lointaine époque préhistorique évoquée plus haut. Ultérieurement, toujours à l'époque préhistorique, le centre d'irradiation semble s'être fixé dans une *région nordico-occidentale*. Dans d'autres de nos ouvrages, nous avons indiqué les références qui justifient une semblable thèse — laquelle correspond d'ailleurs à des réminiscences et à des enseignements traditionnels qui, dans toutes les civilisations, concordent. Même du point de vue positif, géographique, il est possible d'admettre que l'Arctique (ou, si Ton veut, l'Hyperborée) ne soit devenu une région inhabitable aux glaces éternelles que peu à peu et à partir d'une époque donnée ; quant au second berceau (celui nordico-occidental), il aurait, semble-t-il, disparu à la suite d'un cataclysme sous-marin.

Pour ce qui concerne maintenant l'inquiétude suscitée par la thèse nordico-aryenne, celle-ci repose sur une équivoque. Soutenir une telle thèse ne signifie nullement adhérer au mythe pangermaniste — lequel, après avoir quasiment fait des termes « nordique », « germanique », « aryen » et « allemand » des synonymes, prétend maintenant soutenir que tout ce qu'il y a de supérieur dans les diverses nations et civilisations de notre continent proviendrait des éléments germaniques — tandis que tout ce qui ne se ramènerait pas à eux serait carrément inférieur et subalterne.

C'est précisément pour éviter ce genre d'équivoque que, vis-à-vis de la race aryenne primordiale, nous utilisons d'habitude le terme *d'hyperboréen,* forgé en Grèce à une époque où l'on ignorait tout des Germains. Quoiqu'il en soit, nous tenons à préciser sans la moindre ambiguïté qu'aryen, nordico-aryen, nordico-occidental, etc. *ne signifient pas,* dans le cadre d'une doctrine raciale sérieuse, « allemand » ou « germanique » : ce sont des termes qui désignent une réalité beaucoup plus vaste. Ils se réfèrent à une souche dont les peuples germaniques de la période dite des invasions ne sont qu'une des nombreuses ramifications, car les plus grandes races créatrices de civilisation, que ce soit en Orient comme en Occident (l'antique Perse comme l'Inde ancienne, de même que l'Hellade des origines ou Rome elle-même) auraient pu très légitimement y faire remonter leur origine. Entre toutes ces races, ce qui a pu exister, c'est un rapport de consanguinité, *mais en aucun cas de dérivation*. On ne peut parler de dérivation que par rapport à cette commune souche hyperboréenne évoquée plus haut — laquelle remonte toutefois à une préhistoire si éloignée que toute prétention, de la part de quelque peuple historique que ce soit (à plus forte raison s'il est récent), de vouloir se faire passer pour sa descendance exclusive, est purement et simplement une absurdité.

L'expansion des races nordico-aryennes emprunta deux directions fondamentales : l'une *horizontale* (venue de l'Occident à travers la Méditerranée, les Baléares, la Sardaigne, la Crète et l'Égypte), l'autre *transversale* (directions nord-ouest sud-est, depuis l'Irlande jusqu'à l'Inde, avec des centres localisés dans la région danubienne et le Caucase — lequel, loin d'être, comme on le croyait, le « berceau » de la race blanche, fut un foyer d'expansion sur l'itinéraire emprunté par l'un des courants nordico-aryens). Quant à la migration des peuples proprement germaniques, celle-ci, par rapport aux deux précédentes, remonte à une époque incomparablement plus récente — ici, c'est en millénaires qu'il faut compter. C'est le long de cet axe horizontal et, partiellement, à la suite de rencontres avec l'axe transversal sur le continent eurasiatique, que sont nées les plus grandes civilisations du bassin méditerranéen — celles que nous connaissons aussi bien que celles dont rien d'autre ne nous est parvenu, sinon des résidus dégénérescents. Par rapport à de telles civilisations, eu égard à ces horizons préhistoriques totalement nouveaux, il faut voir dans les peuples nordico-germaniques de la période des invasions de simples épigones, des gens qui, issus d'une famille commune, ont simplement été les derniers à apparaître sur la scène de l'histoire. À tous points de vue, ils n'y apparurent nullement comme « purs ».

Bien entendu, n'ayant pas derrière eux tout le passé des autres groupes de la même famille, ceux-ci ne furent pas aussi exposés au danger des métissages : physiquement et biologiquement, ils apparurent donc davantage « en ordre ». Leur vie dans des régions où les conditions climatiques comme celles du milieu étaient devenus très dures, et qu'ils furent les derniers à quitter, ne fit que renforcer le processus de sélection : c'est ainsi que se confirmèrent et se renforcèrent des dispositions de caractère comme la ténacité, l'ingéniosité et la hardiesse, tandis que l'absence de tout contact avec des formes extérieures et urbaines de civilisation maintinrent vivaces, chez ces peuples germaniques, des rapports d'homme à homme cimentés par les vertus guerrières et le sentiment de l'honneur et de la fidélité.

Les choses en allèrent tout autrement en ce qui concerne le domaine proprement spirituel chez ces descendants de la race nordico-aryenne primordiale, lequel subit une involution certaine. Les traditions virent leur contenu métaphysique et « solaire » primordial s'obscurcir : elles devinrent fragmentaires, périclitèrent en folklore, en sagas et en superstitions populaires. En outre, plus que le souvenir des origines, en vint à prédominer dans ces traditions celui, mythologisé, des tragiques vicissitudes traversées par l'un des centres de la civilisation hyperboréenne : celui des *Ases,* ou héros divins du « Midgard » — d'où le thème bien connu du *« ragna-rôkkr »,* communément traduit par « crépuscule des dieux ». De sorte que, pour s'orienter parmi les traditions nordico-germaniques des peuples de la période dite des invasions et pour comprendre la véritable signification des principaux symboles et des réminiscences qu'elles contiennent, il convient d'extraire des points de référence de l'étude approfondie de traditions aryennes plus antiques, dans lesquelles se sont conservés, sous une forme plus pure et plus complète, ces mêmes enseignements — traditions qui, une fois de plus, ne sont pas « germaniques » mais relèvent des civilisations aryennes antiques de l'Inde et de la Perse, de l'Hellade des origines et de Rome elle-même. Et certains racistes allemands, tels que Günther, sont les premiers à le reconnaître sans discussion.

Le cadre général du problème des origines tel que nous venons de l'exposer ne doit donc en aucun cas susciter un sentiment d'infériorité ou de subordination de notre part, en tant qu'italiens, par rapport aux peuples germaniques, plus récents. Bien au contraire : de même que les meilleurs éléments du peuple italien correspondent, du point de vue de la « race du corps », à un type qui doit être considéré comme une dérivation de celui de la race nordique, de même peut-on retrouver dans le patrimoine de nos traditions les plus hautes (lesquelles remontent le plus souvent aux temps primordiaux), les mêmes éléments propres à la « race de l'âme » (en termes de style de vie, *d'ethos,* etc.) et à la vision du monde commune à toutes les grandes civilisations aryennes et nordico-aryennes. *Avec la thèse nordico-aryenne que défend notre racisme, ce que nous contestons par conséquent, c'est le droit de quelque peuple que ce soit de vouloir s'emparer et monopoliser la noblesse de la commune origine.* Ce qui signifie que nous, dans la mesure où nous sommes et voulons être les héritiers de la romanité antique et aryenne, tout autant que de la civilisation romano-germanique qui lui succéda, nous ne nous reconnaissons les seconds de personne en fait d'esprit, de vocation et de tradition nordico-aryens.

Il va de soi qu'une telle prise de position *engage :* du racisme théorique, celle-ci nous mène au racisme actif et créateur, c'est-à-dire à celui qui consiste à faire en sorte que, dans le type général italien tellement différencié d'aujourd'hui, s'extraie et s'affirme de façon toujours plus substantielle et précise le type à la fois physique et spirituel de la race éminente — lequel est tout aussi présent dans le peuple italien que peut l'être celui proprement nordique dans le peuple allemand, l'un et l'autre étant toutefois étouffés sous le poids de rebuts ethniques, d'autres composantes raciales et des effets de processus antérieurs de dégénérescence biologique et culturelle.

L'importance de situer convenablement le problème des origines pour la formation de la volonté et de la conscience de soi d'un nouveau type d'Italien saute maintenant aux yeux. En découle effectivement une idée-force, un sentiment de dignité et de supériorité qui n'a rien à voir avec l'arrogance et se fonde, non pas sur des mythes confus à usage simplement politique, mais sur des connaissances traditionnelles bien précises.

14 – Le problème de la « latinité »

On pourrait cependant objecter : « Tout ceci est bel et bon mais que devient, avec de telles idées, la *latinité ?* Est-ce que, par hasard, nous ne serions pas des Méditerranéens et des Latins ? L'origine de notre peuple et l'inspiration de notre civilisation ne sont-elles pas, comme on l'admet universellement, latines ? » Ce mythe latin — sinon sous la forme (dont de récents événements ont démontré la solidité très relative) de la « fraternité latine » et de la fondamentale unité d'esprit et de sensibilité des peuples « latins », du moins au sens de la « latinité » de notre civilisation italienne — ce mythe latin garde encore de sa vigueur dans de nombreux milieux, notamment chez les gens de lettres et les intellectuels, et n'est pas étranger à l'inspiration d'une bonne partie de l'enseignement tel qu'il est encore délivré aujourd'hui dans les écoles. En se réclamant d'un tel mythe, on insiste surtout sur l'antithèse qui, malgré tout, existerait entre notre peuple et les autres et, par conséquent, sur l'impossibilité d'une entente qui ne serait pas simplement dictée par de communs intérêts politiques.

Or, ici encore, nous sommes confrontés à une grossière équivoque née de l'utilisation passive de phrases toutes faites et de formules que l'on ne se donne pas la peine d'approfondir. Car, à la fin, qu'entend-t-on exactement par « latin »? Et à quel domaine se réfère-t-on lorsqu'on emploie une telle expression ?

Ce n'est pas par hasard si nous avons souligné que le mythe latin est avant tout l'enfant chéri de milieux d'hommes de lettres et d'intellectuels. En réalité, tel qu'il est utilisé couramment, le terme de « latin » (au même titre que celui de « civilisation latine ») n'a de sens qu'à condition de se référer à un plan esthétique, « humaniste » et littéraire — c'est-à-dire au monde des arts et de la culture au sens le plus extérieur du terme. Ici, la « latinité » est plus ou moins synonyme d'élément « roman » : en d'autres termes, il s'agit de reflets que certains peuples ayant jadis appartenu à l'Empire Romain conservèrent, sur le plan culturel, de l'action formatrice de la Rome antique — au point d'adopter sa langue, la langue latine.

Si l'on voulait cependant se donner la peine d'examiner d'un peu plus près les choses, on s'apercevrait bien vite que cette « latinité », simple écho de l'antique civilisation gréco-romaine, est quelque chose de superficiel. Nous dirions presque qu'il s'agit d'un vernis qui s'efforce vainement de recouvrir des différences aussi bien ethniques que spirituelles qui, comme l'histoire nous l'a montré hier encore, peuvent même se traduire par des antagonismes sans merci. Comme nous le disions, cette unité ne subsiste que dans le monde des lettres et des arts, du moins en vertu d'une conception typiquement « humaniste » de celui-ci et qui se réfère à un monde pour lequel la Rome antique, héroïque et catonienne ne dissimulait pas son mépris. Un autre domaine où cette unité subsiste est celui de la philologie, bien que cette unité soit remise en question depuis que l'on a établi de façon indiscutable l'appartenance de la langue latine au tronc général des langues aryennes et indo-germaniques ; c'est, par ailleurs, un fait établi que, au niveau sinon des vocables, du moins de l'articulation et de la syntaxe (les déclinaisons, notamment), l'antique langue latine est plus proche de l'allemand que des langues latines romanes. De sorte que, pour parler sans fioritures inutiles, cette « latinité » tant vantée s'avère ne concerner aucune des formes réellement créatrices et originelles propres aux peuples censés en relever. Elle ne concerne qu'une façade — non pas l'essentiel, mais l'accessoire. Ce n'est pas tout : il faudrait aussi revoir une bonne fois pour toutes, d'un point de vue raciste, la signification de ce monde classique « gréco-romain » dont dérive soi-disant la latinité et pour lequel les « humanistes » nourrissent un culte quasi superstitieux.

Ce n'est pas ici le lieu de traiter ce problème : nous dirons simplement que ce « classicisme » est un mythe du même tonneau que celui de la philosophie des Lumières, laquelle voudrait faire croire que ce n'est qu'avec les « conquêtes » de la Renaissance et leurs conséquences, l'encyclopédisme et la Révolution française, que serait née, après les « ténèbres » du Moyen-Âge, la « véritable » civilisation. Dans le mythe « classique » lui aussi on sent la même mentalité esthétisante et rationaliste. Qu'il s'agisse de Rome ou de la Grèce, ce que la plupart des gens considèrent comme « classique », c'est en fait une civilisation qui, sous plus d'un aspect — en dépit de sa splendeur apparente, bien faite pour séduire une race « aphrodisienne » —, nous apparaît, à nous, comme déjà décadente : il s'agit de la civilisation qui naquit lorsque le cycle précédent — la civilisation héroïque, sacrale, virile et proprement aryenne de l'Hellade et de la Rome des origines — avait déjà amorcé sa courbe descendante.

Ce qu'il convient, par contre, de noter, c'est que si l'on se reporte à ce monde des origines bâti par des races « solaires » et « héroïques », le terme « latin » revêt une tout autre signification — signification qui inverse carrément le mythe auquel nous faisions allusion au début. Nous nous bornerons ici à évoquer quelques résultats des recherches actuellement en cours à propos des traditions de l'Italie préhistorique et préromaine. Originellement, le terme « Latins » désignait une ethnie dont la parenté raciale et spirituelle avec le groupe des peuples nordico-aryens n'est contestée par aucun auteur sérieux. Les Latins constituaient un rameau, ayant poussé jusqu'à l'Italie centrale, de cette race pratiquant le rite de la crémation des morts qui s'opposa à la civilisation osco-sabellienne caractérisée, elle, par le rite funéraire de l'inhumation — or, la relation entre les civilisations « inhumatrices » et les civilisations méditerranéennes et asiatico-méditerranéennes (pré et non indo-européennes) est elle aussi incontestable. Et ces Latins occupèrent certaines régions de l'Italie bien avant l'apparition des Étrusques et des premiers Celtes.

Parmi les traces laissées derrière elles, quasiment comme un sillage, par les races dont dérivèrent les Latins, on peut notamment citer celles découvertes récemment dans le Val Camonica. Eh bien, ces traces correspondent de façon significative aux traces préhistoriques des races aryennes primordiales, aussi bien nordico-atlantiques (civilisation franco-cantabrique de Cromagnon) que nordico-scandinaves (civilisation de Fossum). Nous y trouvons les mêmes symboles d'une spiritualité « solaire », le même style, la même absence de traces d'une religiosité tellurico-démétrienne, qui sont au contraire propres aux civilisations méditerranéennes non aryennes ou à la décadence aryenne (Pélasges, Crétois, etc. ; en Italie : Étrusques, civilisation de la Maiella, etc.).

Ce n'est pas tout : on constate également des affinités entre ces traces laissées dans le Val Camonica et *la civilisation dorienne* propre aux races qui, venues du Nord, s'établirent en Grèce et créèrent Sparte, et caractérisées par le culte d'Apollon conçu comme dieu solaire hyperboréen. En réalité, comme l'établissent les travaux d'Altheim et de Trautmann, *cette migration des peuples dont dérivèrent les Latins et dont la conclusion devait être, en Italie, la fondation de Rome, cette migration ressemble en tous points à la migration dorienne qui, en Grèce, donna naissance à Sparte.* Rome et Sparte sont donc des manifestations correspondant à des races du corps et de l'esprit semblables qui, à leur tour, sont parentes de celles spécifiquement nordico-aryennes.

Mais quand on évoque la première romanité et Sparte, il s'agit d'un monde de forces à l'état pur, d'un *ethos* sans faiblesse, d'une maîtrise de soi incontestablement virile et dominatrice — monde que l'on retrouverait difficilement dans la civilisation dite « classique » qui lui succéda et dont on voudrait faire dériver la « latinité » et l'« unité de la grande famille latine ».

Si, par contre, on emploie le terme « latin » en se référant aux origines, on constate un retournement complet de la thèse de la « latinité ». Originellement, cette dernière — qui correspond à ce que la grandeur romaine recélait de vraiment aryen — se rapporte à des formes de vie et de civilisation non pas opposées, mais au contraire semblables à celles que les races nordico-germaniques elles aussi devaient plus tard manifester en face d'un monde en décadence qui, plus que latin, était désormais « roman » et plus ou moins byzantinisé. Sous son vernis tout extérieur, la supposée « latinité » renfermait, au contraire, des forces hétérogènes capables de ne former un tout qu'aussi longtemps qu'elles se trouvent simplement confrontées au dérisoire « monde des lettres et des arts ».

15 — La race, la romanité et l'histoire italienne

Ainsi que nous l'avons dit, pour passer de la théorie à la pratique en matière de racisme, l'une des conditions premières consiste à avoir très nettement le sens de l'idéal humain correspondant à la race la plus éminente parmi celles qui composent une nation donnée. Puisque la totalité des peuples se présente désormais comme des mélanges raciaux, il est nécessaire de prendre position vis-à-vis de ces diverses composantes : prise de position qui doit être aussi bien intérieure et individuelle que politique et collective. De ce point de vue, la race apparaît essentiellement comme l'objet d'un choix, d'une option, d'une décision.

Tout ce qui précède dit éloquemment sur quoi se fixera notre choix. N'avons-nous pas également cité les propres paroles de Mussolini, lequel a clairement indiqué comme noyau central — le « cœur » impérissable — de la race italienne, l'élément romain ? On peut donc dire sans ambages que l'*italianité fasciste s'identifie à la romanité*. Reste à approfondir, sur la base d'une conscience raciale aryenne bien précise, le sens d'une semblable formule.

Malheureusement, la romanité se réduit trop souvent, chez nous, à une simple tournure de rhétorique, à une expression toute faite au contenu excessivement fluctuant. La preuve en est qu'on ne l'a jamais autant utilisée qu'aujourd'hui, alors que force est de constater l'absence de toute étude sérieuse destinée à donner à ce qui est romain une signification réellement vivante, qui laisserait loin derrière elle les poussiéreux travaux archéologiques, philologiques et aridement historicistes propres aux universitaires spécialisés. On ne manquera pas de s'étonner du fait que ce n'est pas à des Italiens, mais à des étrangers que l'on doit les contributions les plus valables en matière d'études vraiment vivantes sur la romanité : à un Bachofen (Suisse), à un W. Otto, un F. Altheim et un Günther (Allemands), à un Kerényi (Hongrois), à un Eitrem (Norvégien) — auxquels on peut ajouter un Macchioro qui, citoyen italien, n'est cependant pas d'origine « aryenne ».

Nous nous bornerons à dire ici que ce n'est pas seulement vis-à-vis des traditions italiennes, mais aussi des traditions romaines qu'il convient de faire un choix. La romanité, elle aussi, nous présente de multiples visages. Il existe une romanité proprement aryenne, caractérisée par les symboles de la hache, de l'aigle, du loup, etc., lesquels appartiennent finalement à l'héritage hyperboréen — et puis il existe une romanité composite qui se ressent des influences hétérogènes relevant, soit de strates italiques pré-aryennes, soit de civilisations aryennes dégénérées. Dans le cadre d'une éducation raciale, il est d'une importance capitale de faire clairement ressortir de telles divergences, lesquelles se manifestent dans les mœurs, les cultes, les rites, les institutions elles-mêmes de la Rome antique. De même est-il très important de faire comprendre le sens des luttes au travers desquelles l'élément aryo-romain réussit à prévaloir au cours d'un certain cycle, s'étant émancipé des influences étrangères (notamment étrusques) ou les ayant converties à son idéal supérieur de civilisation. Nous nous trouvons, une fois de plus, en face d'une histoire secrète qui, dans une large mesure, reste à écrire. Quiconque souhaiterait disposer d'éléments en ce domaine pourrait utilement se référer à notre *Révolte contre le monde moderne*, où il est précisément question de la « romanité nordique », de l'ouvrage de Bachofen *Die Sage von Tanaquil*, et de différents autres auteurs qui y sont également cités.

À l'époque impériale, la romanité aryenne chancelle : et si des provinces asiatiques lui parvinrent des éléments d'une antique spiritualité solaire (tels que le mithraïsme ou la conception « divine » de la royauté) qui lui rendirent sa vigueur, en provinrent également des ferments de décomposition ethnique et spirituelle particulièrement virulents, compte tenu de la décadence éthique, démographique et raciale de l'ancienne souche aryo-romaine. Pour l'Italie fasciste, qui exerce depuis peu sa propre mission impériale, les considérations raciales concernant le destin de l'ancien empire romain, au même titre que celui du symbole impérial au Moyen-Âge, sont particulièrement instructives.

C'est une élite — dont le style viril et aryen comme l'exclusivisme originel sont connus de tous — qui avait fait la grandeur de Rome. Or, il aurait paru logique que, au fur et à mesure que Rome fédérait sous son empire et dans son « espace » un ensemble de plus en plus complexe et divers de peuples, ceci débouche parallèlement sur une consolidation, une défense et un accroissement du noyau dominateur originel aryo-romain. Or, c'est le contraire qui se produisit : plus l'ancien empire s'étendit et plus la « race de Rome » s'affaiblit et s'ouvrit de façon irresponsable à toutes sortes d'influences ainsi qu'aux classes subalternes : elle éleva à la dignité de citoyens romains des éléments ethniquement les plus discutables qui soient, elle accueillit des cultes et des mœurs dont le total contraste avec la mentalité originelle romaine était, comme le notait déjà Livius, proprement stupéfiant. Qui plus est, les Césars firent bien souvent le vide autour d'eux : au lieu de s'appuyer sur l'élite, de s'entourer de gens fidèles à l'antique romanité et encore capables de « tenir bon » sur le plan racial comme sur celui de l'éthique, ils firent de l'absolutisme leur symbole, aveuglés par le pouvoir magique de leur fonction divinisée, mais devenue désormais abstraite, isolée, sans racines. Il est absurde de penser que, tombé aussi bas, l'Empire aurait pu continuer d'imposer encore longtemps son autorité aux diverses races qui, politiquement, gravitaient dans son orbite. De pures contingences, de pair avec les premiers heurts sérieux aux frontières, devaient provoquer l'écroulement de cet énorme organisme désormais privé d'épine dorsale.

En ce qui concerne le Moyen-Âge, on sait que l'Église s'efforça d'y ressusciter le symbole supranational de Rome en y ajoutant les idéaux du catholicisme puis une nouvelle conception de l'idée d'empire, celle du *Sacrum Imperium*. Malheureusement, le peuple italien fut pour ainsi dire étranger à l'élaboration de ce nouveau symbole : on ne se fixa nullement pour tâche d'extraire de la substance même de notre race une élite qui, racialement et spirituellement, aurait été à la hauteur d'un tel symbole. C'est, au contraire, la composante méditerranéenne — anarchisante, individualiste, particulariste et source de contestations et d'antagonismes sans fin — qui prévalut, pour ne pas parler d'une chute de niveau générale sur le plan éthique. D'où cette phrase bien connue de Barberousse et qui marquait à juste titre au fer rouge ces gens qui se vantaient de n'être « romains » que par le nom... La conséquence de tout ceci fut que la fonction impériale médiévale fut essentiellement assumée, bien qu'elle se qualifiât de romaine, par des représentants d'autres races que la nôtre : notamment germaniques, où s'étaient beaucoup mieux conservées un certain nombre de qualités de race. De sorte qu'en tant que telle, l'Italie ne joua qu'un rôle mineur dans la construction de la civilisation impériale romano-germanique médiévale.

Nous avons donc là deux exemples éloquents des périls auxquels toute formation ou idée de type impérial se trouve exposée lorsque n'y correspondent pas de solides assises raciales. En ce qui concerne maintenant le « choix des traditions » qu'impose une conscience raciale aryenne dans le domaine de l'histoire italienne moderne, il faut s'accoutumer à bien des changements radicaux de perspective. Nous nous bornerons à signaler qu'il est hors de question de considérer comme vraiment nôtre — contrairement aux suggestions d'une certaine « histoire de la patrie » d'inspiration maçonnique — l'Italie des Communes révoltées contre l'autorité impériale : car ici, il ne s'est nullement agi d'une « lutte contre l'étranger », mais d'une lutte entre les tenants de deux types de civilisation opposés : c'est avec l'empereur (et contre les Communes) — pour lequel se battirent également des princes on ne peut plus italiens, comme les Savoie et les Montferrat — que l'on trouvait la civilisation aristocratico-féodale, conservant encore dans une large mesure le style de vie aryen et nordico-aryen. L'Italie qui est la nôtre, c'est donc l'Italie gibeline, celle de Dante, et non pas celle du guelfisme et des Communes.

De même, au risque de passer pour iconoclaste, il convient de ne pas tirer une gloire excessive de la contribution italienne à la civilisation humaniste et, de façon générale, à ce que l'on a coutume d'appeler la Renaissance. En dépit de sa splendeur apparente, cette civilisation humaniste et « aphrodisienne » des lettres et des arts signifie surtout une baisse de niveau et l'abandon d'une tradition bien plus profonde et valable. Sans compter le côté individualiste, que l'on retrouve dans le style propre aux seigneuries et dans les continuelles luttes entre les cités et leurs *condottieri,* c'est précisément au sein de cette civilisation que se sont développés les germes qui devaient déboucher sur la philosophie des Lumières et autres phénomènes caractéristiques de la décadence moderne. En outre, la prétendue reprise de l'antiquité classique par l'Humanisme repose sur une équivoque fondamentale : ce ne sont que les aspects les plus extérieurs du monde antique qui furent repris

— nullement ceux, plus anciens, proprement aryens, c'est-à-dire héroïques, sacrés, traditionnels.

C'est une démarche identique qui nous amène à une nécessaire révision des valeurs « italiennes » concernant le *Risorgimento* et même la Première Guerre mondiale. Il est désormais incontestable et reconnu par tous que, exception faite de la pureté d'intention de nombreux patriotes, les courants qui jouèrent un rôle prépondérant dans le *Risorgimento* appartenaient soit à la franc-maçonnerie soit au jacobinisme français et, d'une façon générale, à des idéologies qui, comme le libéralisme et la démocratie, sont fondamentalement antiracistes et anti-aryennes. On peut en dire autant en ce qui concerne notre intervention de 1915 : nous avons choisi notre camp certes pour des revendications nationales, mais par dessus tout sous le signe de l'idéologie démocratico-maçonnique des Alliés, lesquels entendaient bien rayer de la carte les États ayant conservé une structure hiérarchique et aristocratique de pair avec un sentiment racial et traditionnel

— en dépit de certaines concessions au capitalisme apatride et à une certaine *Kultur.* Toutefois, l'intervention eut aussi pour nous le sens d'une épreuve héroïque : elle permit la restauration de ces mêmes forces qui devaient, par la suite, conduire à l'Italie fasciste et romaine grâce à un changement radical de cap.

Il ne s'agit là que de simples aperçus, qu'il conviendrait de développer de façon adéquate et de généraliser, à propos de cette nouvelle façon de considérer l'histoire italienne qui doit être l'exacte expression de notre conscience raciale et de notre choix aryen.

16 – L'archétype de notre « race idéale »[27]

Quelles sont les caractéristiques de notre archétype ? Extérieurement, il est de haute taille avec, chez les hommes, de larges

---

[27] Littéralement « super-race » *(superrazza)* (N.D.T.).

épaules ; ses membres sont bien proportionnés ; il est mince, nerveux, dolichocéphale — c'est-à-dire au crâne allongé —, même s'il l'est parfois moins que le type proprement nordique (pensons au crâne de César). La plupart du temps, ses cheveux sont bruns ; à la différence de certains types moins purs de Méditerranéo-Italiques, ses cheveux ne sont pas frisés, mais tout au plus ondulés ; les lèvres ne sont pas charnues ni les sourcils épais. Le nez est fin et long, soit droit soit légèrement busqué (la race « aquiline » de Fischer). La mâchoire inférieure est assez développée et, quoique moins prononcée que chez le type nordique, n'en exprime pas moins, avec le ressaut du front et du nez, un type actif, présent à soi-même et prompt à l'attaque.

Les yeux peuvent être marrons, bleus ou gris. Alors que, chez les types méditerranéo-italiques de moins noble extraction, le regard est souvent inquiet, éteint ou mélancolique, il a chez lui des mouvements précis et décidés (c'est celui qui « regarde en face », droit devant lui : un regard pénétrant qui ne cille pas, sans aucune comparaison avec celui, oblique ou plein de malice, des Méditerranéens mâtinés d'éléments levantins). L'habitude de gesticuler — que l'on croit être une caractéristique italienne — lui est étrangère : certes, ses gestes sont expressifs, mais ils n'ont rien d'impulsif ou de désordonné ; ce sont des gestes qui, loin d'indiquer la prédominance de la part instinctive et incontrôlée de soi-même, sont le prolongement d'une pensée consciente. Ses capacités de réaction sont plus grandes que chez le type nordique de même origine, tout comme son dynamisme — lequel demeure cependant toujours contrôlé et lucide, à cent lieues de la fébrilité ou de la vulgaire exubérance.

Telles sont, selon divers auteurs racistes, les vertus cardinales de l'ancien type romain de race nordico-aryenne : l'audace consciente, la maîtrise de soi, le verbe concis et ordonné, la résolution mûrement méditée, le sens du commandement hardi. On cultivait une *virtus* qui ne signifiait pas « vertu » au sens moralisant et stéréotypé du terme, mais virilité intrépide et force ; la *fortitudo* et la *constantia*, c'est-à-dire la force d'âme ; la *sapienta*, i.e. la sage réflexion ; l'*humanitas* et la *disciplina*, en tant que sévère formation de soi sachant mettre en valeur la richesse intérieure de chacun ; la *gravitas* ou *dignitas*, dignité et sérénité intérieures qui, chez l'aristocratie, se sublimaient en *solemnitas*, en une solennité mesurée. *La fides*, la fidélité, vertu aryenne, était également la vertu romaine par excellence. Étaient tout autant romains qu'aryens : le goût pour l'action précise et sans ostentation ; le réalisme qui, comme on l'a fait très justement remarquer, n'avait rien à voir avec le matérialisme ; l'idéal de la clarté, lequel, même affaibli en rationalisme, n'en reste pas moins un écho de la mentalité dite « latine » : écho plus fidèle, en ce domaine, à l'essence originelle que l'âme romantique de certains types humains physiquement plus « nordiques ». Chez l'homme antique aryo-romain, la *pietas* et la *religio* n'avaient pas grand-chose à voir avec la plupart des formes ultérieures de religiosité : c'était un sentiment de respect et d'union avec les forces divines et, d'une manière générale, suprasensibles, dont il avait l'intuition qu'elles faisaient partie intégrante de sa vie, qu'elle soit individuelle ou collective. Le type aryo-romain a toujours nourri la plus grande méfiance pour tout abandon de l'âme et tout mysticisme confus ; de même ignorait-il toute servilité en face de la divinité. Il sentait que ce n'était pas en tant qu'individu déchiré et souillé par le sens du péché et la chair qu'il pouvait rendre à la divinité un culte digne d'elle, mais en tant qu'homme, debout et intégral — l'âme en paix et fière, capable de pressentir les directions dans lesquelles une action consciente et déterminée de sa part pouvait être le prolongement de la volonté divine elle-même.

Qu'il s'agisse aussi bien du monde que de la société, *res publica,* l'homme aryen et aryo-romain des origines les concevait comme *cosmos,* c'est-à-dire comme un ensemble de natures bien distinctes reliées entre elles non pas par la promiscuité mais par une loi supérieure. D'où également l'idéal de la hiérarchie, en laquelle le sens de la personnalité et de la liberté se concilie avec celui d'une unité supérieure. Ni libéralisme, par conséquent, ni « socialisme » ou collectivisme : à chacun son dû, *suum cuique.* La femme — située ni trop en bas, comme dans certaines sociétés asiatiques, ni trop en haut, comme dans d'autres sociétés chez lesquelles prévalaient les races lunaires et démétriennes. Une certaine distance, toutefois, vis-à-vis de la femme comme des préoccupations pour les affaires du sexe, et la claire affirmation du droit paternel, de l'autorité virile du chef de famille ou de la *gens.* Sentiment, enfin, quasi « féodal » de responsabilité et de fidélité de ce dernier vis-à-vis de l'État.

Tels sont donc les éléments propres au style romain et aryo-romain de l'âme et de l'esprit : il s'agit maintenant de voir peu à peu quelles sont leurs correspondances organiques avec la forme physique du type aryo-italien supérieur évoqué plus haut, afin d'incorporer ces éléments dans l'idéal vécu de notre « race idéale ».

Car, plus un tel type deviendra une réalité tangible, et plus une ambiance spirituelle collective bien particulière deviendra diffuse. Et ceci ne contredit nullement ce que nous avons pu dire à propos du rôle du milieu et en faveur de l'hérédité. Dans la mesure, précisément, où les types raciaux sont désormais hybrides et où, par conséquent, diverses composantes raciales agissent à l'intérieur des individus, le rôle joué par le milieu gagne en importance — non pas au sens de créer artificiellement et de l'extérieur quelque chose qui n'existe pas, mais de favoriser la manifestation et la prééminence de l'une de ces composantes, et même de plusieurs. Imaginons une civilisation où prédominent des conceptions de type levantin et antiracistes : il s'ensuivra fatalement, même chez les peuples chez qui le sang aryen et nordique est majoritaire (exception faite de cas de réaction dus à un brusque réveil), qu'apparaîtra à la surface et que viendra à prévaloir ce qui — chez chacun, et chez ce peuple de façon plus générale — correspond à l'antirace et aux scories laissées par un sang inférieur et contaminé. De même, là où l'aphroditisme, le dionysisme ou un autre type de « race de l'esprit » donneront le ton à toute une civilisation, en vertu de la loi qui veut que « le semblable appelle le semblable », on constatera une nette évolution sur le plan racial : l'hérédité qui y correspond deviendra « dominante » tandis qu'inversement, deviendra « récessive » et réduite à l'impuissance l'hérédité, elle aussi présente, des éléments de race aryenne (races solaire et héroïque, par exemple).

Ceci étant, il faut donc être parfaitement conscient que c'est dans un milieu saturé de forces spirituelles et de vocations héroïques que se trouve le climat qu'exige notre « race idéale » pour se relever et jouer un rôle décisif dans l'avenir de notre nation.

17 — Champ historique du racisme fasciste

En vue de fournir aux idées exposées jusqu'ici un cadre vraiment complet, il convient, pour finir, de dire maintenant quelques mots sur le « *champ historique* » *du racisme.*

La valeur de toute idée vraiment créatrice et rénovatrice ne dépend pas de circonstances contingentes mais procède du fait que celle-ci s'est présentée *au juste moment,* qu'elle s'est greffée sur un ensemble d'exigences historiques confuses, les organisant de façon positive dans une direction précise. Posséder, par conséquent, le sens du « champ historique » d'une idée est une condition imprescriptible pour qu'elle puisse manifester pleinement ses effets.

En ce qui concerne le racisme, il convient de rappeler très brièvement les grandes lignes d'une interprétation générale de l'histoire basée sur la quadripartition sociale et propre à toutes les antiques civilisations de type traditionnel, depuis celles d'origine aryenne d'Orient jusqu'à l'Empire romain germanique médiéval.

Selon cette quadripartition, on trouve au sommet de la hiérarchie les chefs spirituels ; viennent ensuite l'aristocratie guerrière, à laquelle est subordonnée la bourgeoisie, puis la caste servile.

C'est surtout à René Guénon que l'on doit d'avoir nettement mis en évidence que la signification de ce qu'on appelle le « progrès » n'a été rien d'autre que la décadence successive du pouvoir, et du type de civilisation qui y était lié, de l'une à l'autre des quatre castes, ou modes d'être, selon lesquelles la hiérarchie évoquée plus haut se définissait. L'époque où des chefs spirituels — sous une forme ou sous une autre, par exemple comme rois sacrés — détenaient l'autorité suprême, une telle époque remonte quasiment déjà à la préhistoire. Le pouvoir descend alors d'un degré, c'est-à-dire qu'il passe aux mains des aristocraties guerrières : ceci débouche sur un cycle de civilisations où les rois sont essentiellement, en fait, des chefs de guerre. C'est le tableau que présentait, hier encore, l'Europe avec les diverses dynasties traditionnelles.

Les révolutions (libérales et démocratiques) amorcent une nouvelle descente : le pouvoir effectif passe aux mains de la bourgeoisie sous les diverses formes des oligarchies ploutocratiques avec leurs « rois » de l'or, du charbon, du pétrole, de l'acier, etc. Pour finir, la révolution socialiste et le mouvement communiste semblèrent être le prélude à la phase finale de la chute, car la dictature du prolétariat[28] aurait signifié la passation du pouvoir à l'équivalent moderne de la dernière des antiques castes aryennes : à celle des *çûdra,* aux masses informes et matérialisées des serfs. Nous avons, d'ailleurs, développé ce type de conception dans plusieurs de nos ouvrages.

Il convient de relever que la hiérarchie évoquée ci-dessus loin d'avoir été le fruit de circonstances contingentes, procède au contraire de raisons d'ordre « analogique » bien précises. Celle-ci reflète la même différenciation et la même hiérarchisation existant parmi les éléments d'un organisme humain normal, l'État apparaissant, par analogie, comme un « homme en grand ». À ce titre, les chefs spirituels correspondaient aux fonctions appartenant, dans l'organisme humain, à l'esprit, au noyau « surnaturel » de la personnalité ; la bourgeoisie, aux processus propres à l'économie organique ; les serfs, à tout ce qui, chez

---

[28] Rappelons que ce texte fut écrit en 1938 (N.D.T.).

l'être humain, relève du déterminisme inhérent à la pure corporéité.

De cette analogie découle une conséquence importante lorsqu'on pense que tout être humain a un visage, une qualité et une personnalité propres qui sont avant tout fonction des deux principes supérieurs : l'esprit et la volonté. Lorsque ces derniers ne prévalent plus, on rétrograde alors fatalement vers l'indifférencié et le subpersonnel. Or, l'exactitude de l'analogie évoquée plus haut se trouve confirmée par le fait que les époques qui se sont ouvertes avec l'avènement des deux dernières castes présentent très exactement les caractéristiques propres aux forces qui, chez l'être humain, y correspondent par analogie : lorsque le pouvoir n'est plus détenu ni par les chefs spirituels ni par une élite[29] aristocratique, mais est usurpé par le tiers état, par les oligarchies ploutocratiques et, enfin, par le monde des masses matérialisées, finit également par sombrer tout ce qui est sentiment naturel d'appartenir à une nation, à un sang, à une race, à une caste : ce qui disparaît, par conséquent, c'est donc tout ce à quoi les diverses sociétés humaines devaient leurs différences qualitatives, leur personnalité, leur dignité. Inversement, ce qui les remplace, c'est le cosmopolitisme, l'internationalisme, le nivellement collectiviste, la standardisation : tout ceci se situant, en vertu d'une nécessité logique, sous le signe d'un mélange de rationalisme et de matérialisme. C'est de la sorte que, en ces formes crépusculaires de civilisation, l'on a pu sérieusement concevoir que l'économie soit la suprême loi historique (cf. Karl Marx) et que ces dernières aient créé, en lieu et place des anciennes lois désormais « dépassées », une superstitieuse religion de la science et de la technique et, de pair avec le mythe collectiviste, qu'elles aient favorisé l'avènement d'une civilisation et d'une culture mécanistes, primitivistes et sans âme ou obscurément irrationalistes.

Même s'il s'agit d'un rapide survol, le cadre historique que nous venons de tracer est suffisant pour faire comprendre de façon définitive, en matière d'éducation raciale, la légitimité des revendications du sang et de la race. Le fascisme et les autres mouvements politiques d'inspiration analogue se sont affirmés comme une révolte et une volonté de reconstruction, par-delà le crépuscule de la civilisation occidentale. Ils sont donc destinés à donner un relief toujours croissant aux valeurs et aux principes se référant aux deux premières fonctions de la quadripartition évoquée plus haut. C'est donc une nécessité logique que, faisant pendant au refus fasciste de l'internationalisme et

---

[29] En français dans le texte (N.D.T.).

du cosmopolitisme, réapparaissent au premier plan des idées absolument irréductibles à tout ce qui est mécaniste, déterministe et sans âme, qu'il s'agisse du plan purement matériel, de l'économie comme du mythe rationaliste : *et ces valeurs ne peuvent être, dans un premier temps, que celles du sang et de la race* : de groupes humains bien différenciés par les forces profondes des origines, forces qui prévalent et s'affirment sur tout ce qui n'est que pur déterminisme économique, matérialisme massificateur, culture bourgeoise moribonde et désagrégation individualiste. Car c'est précisément de telles forces que procèdent ces « qualités de race » qui, nous l'avons vu, impliquent toujours quelque chose d'aristocratique et, parallèlement, transcendent l'horizon restreint de l'individu : elles ne se fabriquent pas, elles ne sont pas davantage interchangeables, mais sont liées à une dignité bien précise et à une tradition.

Tout ceci suffit amplement pour une première approche du « champ historique » de la doctrine de la race et de la signification qu'elle doit revêtir pour le fascisme. Implicitement, *ce que l'on peut déjà en déduire, c'est l'axe selon lequel il conviendrait que nous développions ultérieurement cette doctrine.*

Là où le fascisme a pris clairement position — soit contre le monde des masses collectivisées et mécanisées, soit contre le rationalisme issu de la philosophie des Lumières, la civilisation bourgeoise, en général, et la ploutocratie, en particulier — les formes correspondant aux deux dernières phases de la décadence européenne (et aux deux castes inférieures de l'antique hiérarchie aryenne : celle des serfs et celle des marchands, *çûdra* et *vaiçya,* troisième et quatrième états), ces formes ont, en principe, été dépassées. Mais il faut aller plus loin, c'est-à-dire faire en sorte que, dans cette civilisation en gestation, soient à nouveau déterminants les valeurs ainsi que les modes d'être et de sentir propres aux deux premières castes auxquelles correspondaient, jadis, l'aristocratie guerrière et la souveraineté spirituelle.

En conformité avec ceci, il convient donc de développer maintenant dans deux directions la doctrine fasciste et, par conséquent, de la concevoir comme un tout dont, dans les chapitres précédents, nous avons tenté de donner le sens. Tout d'abord, il faut s'attacher à ce que la race, outre son aspect biologique et anthropologique, revête, de façon toujours plus nette, une signification également *héroïque* et *aristocratique.* La communauté de sang ou de race sera la prémisse, la base. Mais, à l'intérieur d'une telle communauté, un processus de sélection adéquat fixera d'ultérieures hiérarchies en fonction desquelles pourra naître quelque chose de semblable à une nouvelle aristocratie :

un groupe qui — non seulement sur le plan physique, mais en termes d'âme héroïque, de style fait d'honneur et de fidélité — témoignera de la « race pure », c'est-à-dire de la *véritable* race ou race idéale.

Se découvre ainsi à nous un champ vaste et fécond pour diverses synthèses entre les principes racistes et les *leitmotive* de la « mystique » et de l'éthique fascistes, qui permettent de rester fidèles à ce que nos traditions eurent de meilleur, mais aussi de prévenir certains « virages » collectivistes et socialisants que l'utilisation hâtive faite du racisme dans d'autres pays a déjà permis de vérifier çà et là. Le racisme au second degré (ou « racisme des races de l'âme ») tend, de son côté, à préciser les principales lignes de force d'une action en ce sens, et qui soit à la fois décisive et scientifiquement fondée.

Pour ce qui est de l'ultime phase de la reconstruction, c'est-à-dire du problème des chefs spirituels, c'est encore dans le « mythe aryen », compris comme il le fut aux origines, que l'on pourrait trouver les meilleurs points de référence. Force est malheureusement de constater que, dans certains milieux, « aryen » a quasiment le sens d'« antisémite » et que, même dans le domaine législatif, ce terme n'a qu'une signification négative puisqu'il indique uniquement ce que l'on ne doit *pas* être, étant qualifié d'Aryen quiconque n'a pas de sang juif ou de couleur, un point c'est tout. Il conviendrait de réagir inlassablement contre la banalisation de ce concept. Dans son intégrité, le terme d'Aryen devra, au contraire, signifier toujours davantage, pour les nouvelles générations comme pour leurs éducateurs, une « race de l'esprit » et, plus précisément, de type soit « solaire » soit « héroïque », au sens bien particulier que nous avons ici donné à ce second terme.

Sur cette voie, le racisme fasciste finira par liquider définitivement tout soupçon de « matérialisme » ou de « zoologisme » que d'aucuns nourrissent à son égard. Loin de l'exclure, c'est au contraire dans le domaine propre à une réalité supramondaine et supratemporelle qu'il finira par trouver son couronnement naturel et par concrétiser, en se référant à une tradition originelle bien précise profondément enracinée, cette aspiration fasciste de donner également à la Révolution une signification « religieuse » et d'en faire une véritable renaissance dans le domaine des valeurs suprêmes elles-mêmes.

BIBLIOGRAPHIE

AMMON O., *Die natürliche Auslese beim Menschen*. Jena, 1893.

Die Gesellchaftsordnung undihre natürlichen Grundlagen. 1895.

ANDLER C., *Le pangermanisme philosophique.* Paris, 1917.

BALLARATI G., *Le leggi razziali tedesche*, Milano, 1939.

BAUER E., *Der Untergang derKulturvôlker im Lichte der Biologie.* München, 1923.

BAUR, *Einführung in dieVererbungslehre*, Berlin, 1930.

BAUR, FISCHER, LENZ, *Menschliche Erblichkeitslehre und Rassenhygiene.* München, 1927.

BENDISCIOLI, MOENIUS, HERWEGEN, WUST, *Romanesimo e Germanesimo.* Brescia, 1933.

BERGMANN E., *Erkenntnisgeist und Muttergeist.* Breslau, 1933.

Die deutsche Nationalkirche. Breslau, 1934.

BLÜHER H., *Die Erhebung Israels gegen die christlichen Güter.* Hamburg-Berlin, 1931.

BLUMENBACH J. F., *De generis humani variÉtate nativa.* Gottingae, 1775.

BOAS F., *Kultur und Rasse.* 1922.

BODIN J., *Les six livres de la République.* Lyon, 1582.

BOEHM M., *Das eigenstândige Volk.* Gôttingen, 1932.

BOPP F., *Vergleichende Grammatik des Sanskrit, Zend, Griechischen, Lateinischen, Letthuanischen, Gothischen und Deutschen.* Berlin, 1833.

BOULE M., *L'homme fossile.* Paris, 1921.

BRIE S., *Der Volksgeist bei Hegel und in der historischen Rechtsschule.* 1909.

BRYN B., *Der nordische Mensch.* 1929.

BURKHARDT H., *Die seehschen Anlagen des nordischen Menschen.* Berlin, 1941.

CHAMBERLAIN H. S., *Die Grundlagen des 19. Jahrhunderts.* München, 1937.

➢ *Politische Ideale.* 1915.

➢ *Rasse und Persônlichkeit.* 1925.

➢ *Arische Weltanschauung.* 1920.

➢ *Kriegsaufsàtze.* 1916.

➢ *Der Wiîle zum Sieg.* 1918.

➢ *Die Zuversich t.* 1916.

➢ *Idéal und Macht.* 1917.

CHILDEV. G., *The Dawn of european civilisation.* London 1927. - *The Aryans.* London, 1926.

➢ *The Danube in Prehistory.* Oxford, 1929.

➢ *The Bronze Age.* Cambridge, 1930.

CLAUSS L. F., *Rasse und Seele.* München, 1926. *L'âme des races,* Editions de L'Homme Libre, 2001.

➢ *De nordische Seele.* 1940.

➢ *Rasse und Charakter.* München 1938.

➢ *Von Seele und Antlitz der Rassen und Vôlker.* 1928.

COGNI G., *Il razzismo.* Milano, 1937.

➢ *I Valori délia stirpe italiana.* Milano, 1937.

COUDENHOVEKALERGI H. et R., Das Wesen des Antisemitismus.

➢ Judenhass von Heute. Wien 1935.

COURTET DE D'ISLE V., *La science politique fondée sur la science de l'Homme ou Etude des races humaines sous le rapport philosophique.* Paris, 1838.

➢ *Tableau ethnographique du genre humain.* Paris, 1849.

DARRE W., *Neuadel aus Blut und Boden.* München, 1937.

➢ *Das Bauerntum als Lebensquelle der nordischen Rasse.* München, 1937.

DEFFOUXL., *Trois aspects du comte de Gobineau.* Paris 1929.

DE MICHELIS E., *L'origine degli Indoeuropei.* Torino 1903.

DENIKER J., *Les races et les peuples de la terre.* Paris 1900.

DE VRIES de HEEKELINGEN E., *Israël, son passé, son avenir.* Paris 1937.

➢ *L'orgueil juif.* Paris, 1939.

DIETERICH A., *Ueber Wesen und Ziele der Volkskunde.* 1902.

DRIESMANS H., *Die plastische Kraft in Kunst, Wissenschaft und Leben.* 1898.

➢ *Das Keltentum in der europâischen Blutmischung.* 1899.

➢ *Wahlverwandschaften der deutschen Blutmischung.* 1899.

➢ *Wege zur Kultur.* 1910.

➢ *Deutsche Kulturliebe.* 1911.

➢ *Kulturgeschichte der Rasseninstinktes.* 1899.

DUCATI P., *Etruria antica.* Torino, 1926.

➢ *Italia antica.* Milano, 1936.

➢ *Corne nacque Roma.* Roma, 1940.

DYRSSEN C., *Die Botschaft des Ostens.* Breslau, 1933.

EICHENAUER R., *Musik und Rasse.* München, 1937.

EICHTAL G. (d'), *Lettres sur la race noire et la race blanche.* Paris, 1839.

EICKSTEDT E. (von), *Rassenkunde und Rassengeschichte der Menschheit.* Stuttgart, 1937.

➢ *Die rassischen Grundlagen des deutschen Volkes.* Kôln, 1936.

➢ *Grundlagen der Rassenpsychologie.* Stuttgart 1936.

ERBT W., *Weltgeschichte auf rassischer Grundlagen.* Frankfurt, 1933.

ERGANG P. R., *Herder and the foundation of german Nationalism.* 1931.

EVERLING F., *Organischer Aufbau des Dritten Reiches.* München, 1931.

EVOLA J., *Révolte contre le monde moderne*. Paris, 1934. Omnia Veritas Ltd, 2018.

FABRE D'OLIVET A., *Histoire philosophique du genre humain*. Paris, 1824.

FICHTE J. G., *Reden an die deutsche Nation*. 1846 S. W., v.

VII. FISCHBERG M., *Die Rassenmerkmale der Juden*. München, 1913.

FISCHER F., *Rassenlehre*. Leipzig 1923.

➢ *Rasse und Rassenentstehung beim Menschen*. Berlin, 1927

FISCHER-GÜNTHER, *Deutsche Köpfe nordischer Rasse*. München, 1930.

FLEISCHHAUER U., *Die echten Protokolle der Weisen von Zion*. Erfurt, 1935.

FORD H., *Le juif international*.

➢ *Forschungen zum Judenfrage*, 5 vol., Hamburg, 1938-1941.

FOUILLÉE A., *Essai sur le principe des nationalités*. Paris, 1882.

➢ *Esquisse psychologique des peuples européens*. Paris, 1903.

FRASSETTO F., *Lezioni di antropologia*. Milano, 1918.

FROBENIUS L., *Vom Völkerstudium zur Philosophie*. 1925.

➢ *Weltgeschichte der Steinzeit*. Wien, 1931.

➢ *Der falsche Gott*. Leipzig, 1933.

GEIGERL., *Zur EntwickJungsgeschichte der Menschheit*. 1871.

GERLACH K., *Begabung und Stammesherkunft im deutschen Volkes*. München, 1929.

GIUFFRIDA RUGGERI V., *Sull'origine deU'uomo*. Bologna, 1921.

➢ *L'uomo attuale*. Roma, 1913.

GOBINEAU G. A. (de), *Essai sur l'inégalité des races humaines*. Paris, 1853-1855.

➢ *Les religions et les philosophies dans l'Asie centrale*. Paris, 1865.

GOETZ, KRETSCHMER, PETERS, WEIDENREICH, *Rasse und Geist*. Leipzig, 1932.

GORSLEBEN R. J., *Hoch-Zeit der Menschheit.* Leipzig.

GRANT M., *Le Déclin de la grande race.* Editions de L'Homme Libre.

GROTJAHN, *Hygiene der menschlichen Fortpflanzung.* 1926.

GUEYDAN DE ROUSSEL W., *À l'aube du racisme.* Paris, 1939.

GUMPLOWICZ L., *Der Rassenkampf.* 1883.

GUNTHER H. F. K., *Rassen des deutschen Volkes.* München, 1933.

➤ *Rassenkunde des jüdischen Volkes.* München, 1930.

➤ *Rassenkunde Europas.* München 1929.

➤ *Adel und Rasse.* München, 1927.

➤ *Rasse und Stil.* München 1926.

➤ *Rassengeschichte des hellenischen und rômischen Volkes.* München, 1929.

➤ *Die nordische Rasse bei den Indogermanen Asiens.* München 1934. *La Race nordique chez les indo-européens d'Asie*, Editions de L'Homme Libre, 2006.

➤ *Frömmigkeit nordischer Artung.* Jena 1934.

➤ *Ritter, Tod und Teufel* (Der heldische Gedanke). München, 1928.

HADDON A. C., *Les races humaines et leur répartition géographique.* Paris, 1927.

HADDON J., *History of Anthropology.* 1910.

➤ *The races of Man.* 1924.

HALLER I., *Partikularismus und Nationalstaat.* 1926.

HAUER W., *Deutsche Gottschau.* Stuttgart, 1935.

HEMPEL J., *Altes Testament und vôlkische Frage.* Gottingen, 1931.

HENTSCHEL W., *Vom Vormenschen zum Indogermanen.* Leipzig, 1927.

➤ *VarunaEine Weltund Geschichtsbetrachtung vom Standpunkt derArier.* Leipzig, 1924-1925.

HERZT L., *Rasse und Kultur.* 1925.

HIRTH., *Die Indogermanen*. Strassburg, 1905-1907.

HITLER A., *Mein Kampf.* München, 1937.

HURVICZ E., *Die Seelen der Vôlker*. 1930.

INQUIRE WITHIN, *The trail of the serpent*. London, 1936.

INTERLANDI T., *Contra Judaeos*. Roma, 1938.

JOSEY C. C., *Race and nationai-solidarity*. 1923.

JUST, *Vererbung und Erziehung*. 1930.

KADNER S., *Urheimat und Wege der Kulturmenschen*. Jena, 1931.

➢ *Deutsche Vàterkunde*. Breslau, 1934.

KANIG K., *Sonnensôhne*. Leipzig, 1930.

KEITER F., *Rasse und Kultur*. Stuttgart, 1938.

KERN, *Stammbau und Artbildder Deutschen und ihrer Verwandten*. München, 1927.

KLEINEKE P., *Gobineaus Rassenphilosophie*. Berlin, 1902.

KLEMM G., Allgemeine *Kultur-geschichte der Menschheit*. Leipzig, 1843.

KNOX R., *The race of men. A philosophical inquiry into the Influence of race over the destinies of nations*. London, 1850.

KOSINNA G., *Die Indogermanen*. München, 1921.

➢ *Ursprung und Verbreitung der Germanen in vorund frühgeschichtlicher Zeit*. Berlin, 1927.

KRETSCHMER, *Kôrperbau und Charakter*. Leipzig, 1925.

KYNASTK., *Apollon und Dionysos*. München, 1927.

LAGARDE P. (de), *Nationale Religion*. Jena.

LANGBEHN J., *Rembrandt als Erzieher*. 1890.

LANGE F., *Reines Deutschtum*. 1894.

LASSALLE F., *Die Philosophie Fichtes und die Bedeutung des deutschen Volksgeistes*. 1862.

LEERSJ. (von), *Geschichte auf rassischer Grundlage*. Leipzig, 1934.

LE FUR L., *Races, nationalités, états*. 1922.

LEITPOLDT J., *Antisemitismus in der alten Welt.* Leipzig, 1933.

LETOURNEAU E., *La sociologie d'après l'ethnographie.* 1884.

LIPPE F. W. (zur), *Vom Rassenstil zur Staatsgestalt.* Berlin, 1928.

➢ *Angewandte Rassenseelenkunde.* Leipzig, 1931.

LIVI L., *Gli ebrei alla luce délia statistica.* Firenze, 1933.

MALINSKY E., DE PONCINS L., *La guerra occulta.* Milano, 1938.

MARRO G., *Caratteri fisici e spirituali délia razza italiana.* Roma, 1939.

➢ *Primato délia razza italiana.* Milano-Messina, 1940.

MARTIAL L., *La race française.* Paris, 1938.

MARTIN, *Lehrbuch der Anthropologie.* Jena, 1928.

MEILLET A., *Introduction à l'étude comparée des langues indoeuropéennes.* Paris, 1912.

MENGHIN O., *Geist und Blut.* Wien, 1934.

➢ *Weltgeschichte der Steinzeit.* Wien, 1931.

MERKENSCHLAGER F., *Rassensonderung, Rassenmischung, Rassenwandlung.* Berlin s. d.

➢ *Götter, Helden und Günther.* Nürnberg, s. d.

MOELLER VAN DEN BRUCK A., *Der Preussische Stil.* 1916.

➢ *Das Recht der jungen Völker.* 1919.

➢ *Das Dritte Reich.* Hamburg, 1923.

➢ *Das Ewige Reich.* Breslau, 1933.

MONTANDON G., *La race, les races.* Paris, 1933.

MÜLLER M., *La science du langage* (tr. fr.). Paris, 1867.

MUSSOLINI B., *La dottrina del Fascismo.* Milano, 1935.

NICEFORO A., *Italiani del nord e italiani del sud.* Torino, 1901.

NICOLAI H., *Die rassengesetzliche Rechtslehre.* München, 1934.

➢ *Rasse und Recht.* Berlin, 1933.

PASSARGES., *Das Judentum als îandschaftskundîichethnologisches Problem.* München.

PATRIDGE G. E., *Psychology of Nation*. 1919.

PAUDLER, *Die hellfarbigen Rassen*. Heidelberg, 1911.

➤   *Die hellfarbigen Rassen und ihre Sprachsàamme, Kulturen und Heimaten*. 1924.

PENDE N., *Trattato di biotipologia umana*. Milano, 1939.

PENKA K., *Origines ariae*. 1883.

➤   *Die Herkunfr derAryer*. 1886.

➤   *Die Entstehung der neolithischen Kultur Europas*. 1907.

PETERS, *Die Vererbung geistiger Eigenschaften und der psychischen Konstitution*. 1925.

PEYROUX DE LA COUDRENIÈRE, *Mémoire sur les sept espèces d'hommes et sur les causes des altérations de ces espèces*. Paris, 1814.

PICTET R., *Les origines indo-européennes ou les Aryas primitifs*. 1859-1863.

PITTARD E., *Les races de l'histoire*. Paris, 1924.

POISSON G., *Les aryens*. Paris 1934.

PONCINS L. (de), *Les forces secrètes de la révolution*. Paris, 1928.

➤   *La mystérieuse internationale juive*. Paris, 1936.

PÔSCHE, *Die Arier*. 1878.

POTT A. F., *Die Ungleichheit menschlicher Rassen*. 1856.

PRANAITIS I. B., *Cristo e i Cristiani nel Talmud*. Roma-Milano, 1939.

➤   *Protocolli dei Savi anziani di Sion*, éd. ital. di « Vita Italiana ». Introduction de Julius Evola. Milano, 1939.

RADL E., *Rassentheorie und Nation*. 1918.

➤   *Die Rasse in den Geisteswissenschaften*. 1928-1931.

RAPPAPORT A. S., *Pioneers of the Russian Révolution*. London, 1918.

RATZELF., *Vôlkerkunde*. 1894-1895.

REIMERL. M., *Ein pangermanistisches Deutschland*. 1905.

REINACH S., *L'origine des Aryens*. 1892.

RENAN E., *Histoire du peuple d'Israël*. Paris, 1887-1894.

RIPLEY W. Z., *The Races of Europe*. London, 1900.

ROSENBERG A., *Houston Stewart Chamberlain*. München, 1927.

➤ *Der Mythus des 20.Jahrhunderts*. München, 1930.

➤ *Blut und Ehre*. München, 1934.

ROSENKRANZ K., *Hegel als deutscher Nationalphilosoph*. 1870.

RUTTKE F., *Die Verteidigung der Rasse durch das Recht*. Berlin 1939.

➤ *Rasse, Recht und Voile* (Beitrâge zur rassengesetzlichen Rechtslehre), Berlin, 1937.

SALLERK., *Leitfaden der Anthropologie*. Berlin 1930.

SCALIGERO M., *La razza di Roma*. Roma, 1939

SCHAERER O., *Reallexikon der indogermanischen Altertumskundey* Berlin, 1929.

➤ *Sprachvergleichung und Urgeschichte*. Jena, 1883.

➤ *Die Indogermanen*. 1911.

SCHEIDT E., *Die Rassen der jungeren Steinzeit in Europa*. München, 1924.

➤ *Lebensgesetze der Kulturen*. 1929.

➤ *Allgemeine Rassenkunde*. München, 1925.

➤ *Rassenbiologie und Kulturpolitik*. Leipzig, 1930-1934.

➤ *Familienanthropologie*. München, 1923.

➤ *Kuiturbiologie*. Jena, 1930.

➤ *Rassenunterschiede des Blutes*. Leipzig, 1927.

SCHEMANN L., *Gobineau Rassenwerk*. Stuttgart, 1910.

➤ *Hauptepochen und Hauptvôlker in der Geschichte in ihrer Stellung zur Rasse*. München.

➤ *Die Rassenfrage im Schrifttum der Neuzeit*. München.

➤ *Die Rasse in den Geisteswissenschaften*. München 1928-1931.

SCHIERENBERG R., *Der politische Herder*. 1932.

SCHMIDT H., *Vorgeschichte Europas.* Leipzig, 1924.

SCHUCHHARDT C., *Alteuropa.* Berlin-Leipzig, 1935.

➢ *Westeuropa als aîter Kulturkreis.* Berlin, 1913.

SCHULTZ B. R., *Erbkunde, Rassenkunde und Rassenpflege.* München.

SCHWARZ H., *Gottestum im Volkstum.* 1928.

SEILLIÈRE E., *Le comte de Gobineau et l'Aryanisme historique.* Paris, 1903.

SERGI G., *L'uomo.* Torino, 1911.

➢ *Europa.* Torino, 1908.

➢ *Origine e diffusione délia stirpe mediterranea.* Torino, 1895.

➢ *Gli Arii in Europa e in Asia.* 1903.

➢ *Arii e italici.* Torino, 1893.

➢ *Italia. Le origini.* Torino, 1919.

SIEMENS H. W., *Vererbungslehre, Rassenhygiene und Bevölkerungspolitik.* München, 1930.

SOMBART W., *Les Juifs et la vie économique.* Paris, 1923.

Vom Menschen Versuch einer geistwissenschaftlichen Anthropologie. Berlin, 1938.

SOTTOCHIESA G., *Sotto la maschera d'israele.* Milano, 1938.

SPIESS C., *Impérialisme. La conception gobinienne de la race.* Genève, 1917.

STAPEL W., *Der christliche Staatsmann.* Hamburg, 1932.

➢ *Antisemitismus und Antigermanismus.* Hamburg.

➢ *Sechs Kapitel über Christentum und Nationalsozialismus.* Hamburg.

STODDARD L., *Racial Realities in Europa.* 1925.

➢ *The Revolt against Civilisation. The Menace of the Underman.* New-York, 1922.

TILLENIUS, *Christentum und Rassenseele.* München, 1927.

TOPINARD P., *Éléments d'anthropologie générale.* Paris, 1885.

VACHER de LAPOUGE G., *L'Aryen. Son rôle social.* Paris, 1899.

➤   *Race et milieu social.* Paris, 1909.

➤   *Les sélections sociales.* Paris, 1896.

➤   *De l'inégalité parmi les hommes.* « Rev. Anthr. », 1888, V VII.

➤   *L'hérédité dans la science politique.* « Rev. Anthr. », 1888, V VII.

VIREY J. J., *Histoire naturelle du genre humain.* Paris, an IX.

WAHLE, *Deutsche Vorzeit.* Leipzig, 1932.

WAST H., *Oro.* Buenos Aires, 1935.

WEILL J. *Le judaïsme.* Paris, 1935.

WERTH E., *Der fossile Mensch.* Berlin 1930.

WILSER W., *Stammbau und Ausbreitung der Germanen.* 1895.

➤   *Herkunft und Vorgeschichte der Arier.* 1899. Europäische Volkerkunde und Herkunft der Deutschen. 1911.

WIRTH A., *Das Geheimnis der Unworte. Rassenkunde und Rassenphilosophiey* 1926.

WIRTH H., *Der Aufgang der Menschheit.* Jena, 1928.

➤   *Die Heilige Urschrift der Menschheit.* Leipzig, 1932.

WOLF H., *Angewandte Rassenkunde.*

➤   *Weltgeschichte der Revolutionen.*

WOLTMANN L., *Politische Anthropologie.* 1903.

➤   *Die Germanen in Italien.* 1905.

WOLZOGEN H. V., *Die Religion des Mitleids und die Ungleichheit der menschlichen Rassen.* Leipzig, 1883.

WORSAE J., *La préhistoire du Nord.* 1881.

WUNDT W., *Elemente der Völkerpsychologie.* 1912.

➤   *Problème der Völkerpsychologie.* 1921.

ZABOROWSKI S., *Les peuples aryens d'Asie et d'Europe.* Paris, 1908.

ZOLLSCHAU J., *Das Rassenproblem*. 1912.

Déjà parus

OMNIA VERITAS

OMNIA VERITAS LTD PRÉSENTE :

JULIUS EVOLA

RÉVOLTE CONTRE LE MONDE MODERNE

«Partout, dans le monde de la **Tradition**, cette connaissance a toujours été présente comme un axe inébranlable autour duquel tout le reste était hiérarchiquement organisé.»

Il y a un ordre physique et il y a un ordre métaphysique

OMNIA VERITAS

OMNIA VERITAS LTD PRÉSENTE :

JULIUS EVOLA

MÉTAPHYSIQUE DU SEXE

Une vaste fresque tout entière consacrée à l'expression spirituelle et mythique de l'amour sexuel.

Les significations essentielles de la puissance qui anime cet univers de l'Eros

OMNIA VERITAS

OMNIA VERITAS LTD PRÉSENTE :

JULIUS EVOLA

MÉTAPHYSIQUE DE LA GUERRE & LA DOCTRINE ARYENNE DU COMBAT ET DE LA VICTOIRE

«La guerre, en posant et faisant réaliser la relativité de la vie humaine, a toujours une valeur anti-matérialiste et spirituelle. »

Une connaissance transfigurante de la vie en fonction de la mort